Erste Auflage 2023
KATAPULT-Verlag Greifswald
Die Originalausgabe ist 2021 unter dem Titel *Rosja od kuchni*
bei Grupa Wydawnicza Foksal, Warschau erschienen.

www.katapult-verlag.de
verlag@katapult-verlag.de

Gesetzt aus: Arno Pro, Bebas Neue Pro
Druck und Bindung: Print Best, Estland
Papier: Lessebo
ISBN: 978-3-948923-78-5

An diesem Buch haben mitgewirkt: Kristin Gora, Felix Lange, Iris Ott und Sebastian Wolter

Der CO_2-Ausstoß dieses Druckproduktes wurde mit ClimateCalc berechnet und kompensiert:
South Pole
www.climatecalc.eu
Cert. no. CC-000113/EE

WITOLD SZABŁOWSKI

DIE KÖCHE DES KREML

Wie Russland mit Essen Politik macht

Aus dem Polnischen von
Paulina Schulz-Gruner

KATAPULT

Dem Andenken von

Leokadia Szabłowska

gewidmet

1 NOWY AFON, GEORGIEN
Hier steht eine der Sommerdatschas von Stalin. Hier entstand die Idee für dieses Buch.

2 GORI, GEORGIEN
Von hier stammen sowohl Josef Stalin als auch sein Stiefbruder und späterer Leibkoch und Vorkoster Alexander Egnataschwili. Dieser führte während des Zweiten Weltkriegs einen ungleichen Kampf mit Lawrenti Beria um das Leben seiner geliebten Ehefrau.

3 PIONIERLAGER »MÄRCHENWALD« BEI TSCHORNOBYL
Hier kochten mehrere Köchinnen aus dem Atomkraftwerk in Kusnjetzowsk für die ersten Liquidatoren der Tschornobyl-Katastrophe. Die meisten von ihnen sind nicht mehr am Leben.

4 MOSKAU
Viktor Beljajew hat viele Jahre im Kreml gekocht und wurde später Leiter der gesamten Kremlküchen.

5 LENINGRAD
Die Belagerung dieser Stadt kostete über anderthalb Millionen Menschen das Leben. In Leningrad gestorben sind unter anderem der Bruder und ein Onkel von Wladimir Putin. Wir erfahren von der Blockade aus der Erzählung von Frau Tamara, die damals als Bäckerin arbeitete.

6 BAIKONUR
Von hier aus startete der erste Mensch seine Reise ins All: Juri Gagarin. Für ihn kochte Maria Kritnina. Den Borschtsch nach ihrem persönlichen Rezept können Sie bei sich zuhause nachkochen.

7 BAGRAM
Auf diesem sowjetischen Fliegerstützpunkt in Afghanistan kochte Mama Nina, Schuhmacherin und Leiterin einer Parteizelle in der Schuhfabrik im sowjetischen Kubina.

8 JEKATERINBURG
Hier verbrachte Zar Nikolaus II. seine letzten Lebensmonate mit seiner Familie und den treuesten Bediensteten. Einer davon war sein Koch Iwan Charitonow, der zusammen mit dem Zar erschossen wurde.

9 KUNZEWO
Stalins geheime Datscha am Stadtrand von Moskau. Hier gab es einen Bauernhof und Fischteiche, damit Stalin ausschließlich Lebensmittel aus sicherer Quelle zu sich nahm.

10 GORKI LENINSKIJE
Der Ort, an dem Wladimir Iljitsch Lenin in seinen letzten Lebensjahren lebte. Seine Leibköchin, Schura Worobiowa, kochte für ihn Buchweizengrütze – auch wenn die Ärzte davon abrieten.

11 ILINSKOJE
Hier kochte Spiridon Putin, der Großvater des heutigen russischen Präsidenten, in einem Sanatorium für Mitglieder der Kommunistischen Partei. Sein Grab befindet sich ebenfalls dort.

12 STERNENSTÄDTCHEN BEI MOSKAU
Fejna Kasetskaja kochte hier die Leibspeisen der zukünftigen Kosmonauten. Sie war es auch, die Juri Gagarin stets frische Milch servierte – wie auch kurz vor dem unseligen Flug, bei dem er sein Leben verlor.

13 WELYKA ROSTIWKA
Die Hälfte der Bewohner dieses Dorfes starb bei der Großen Hungersnot, die von Stalin in den Dreißigerjahren angezettelt wurde. Überlebt haben zwei Töchter von ehemaligen Köchinnen, sie gehören zu den letzten noch lebenden Zeuginnen dieser Ereignisse.

14 WISKULI
Hier schafften die Führer Russlands, Belarus' und der Ukraine die Sowjetunion ab. Polina Iwanowna, die Köchin des Ministerratsvorsitzenden von Belarus, kochte ihnen dazu Wildschweingulasch.

15 JALTA
Hier fand die Konferenz statt, bei der die Alliierten Europa aufteilten. Kulinarisch war es ein Fest: Die Mahlzeiten wurden vom Meisterkoch Alexander Egnataschwili zubereitet. Hunderttausende Krymtataren wurden 1944 von hier aus deportiert.

KULINARISCHE LANDKARTE

Russlands und der UdSSR

VORWORT

Während ich diese Zeilen schreibe, dauert der grausame Krieg, den Russland gegen die Ukraine entfesselt hat, bereits seit vielen Monaten an. Leider ist das Buch, das Sie in den Händen halten, dadurch hochaktuell geworden.

Während der Arbeit daran reiste ich durch ganz Russland, die Ukraine, Belarus und andere ehemalige Sowjetrepubliken. Ich habe mit außergewöhnlichen Köchen gesprochen wie Wiktor Beljajew – dem Leiter aller Kremlküchen, der nach der Machtübernahme durch Wladimir Putin einen schweren Herzinfarkt erlitt und zurücktreten musste –, mit Köchen, die an den Fronten der von Russland verursachten Kriege gekocht haben, mit den Köchinnen von Tschornobyl und mit Menschen, die sich an die Große Hungersnot in der Ukraine erinnern, die von Stalin geplant und kaltblütig umgesetzt wurde.

Heute wäre das Schreiben dieses Buches nicht mehr möglich: Ich dürfte weder nach Russland noch nach Belarus einreisen. Und wenn man mich hineinließe, dann nur, um mich zu verhaften, weil ich das schreiben würde, was Sie hier lesen. Tatsächlich habe ich mich während meiner Arbeit daran schon mehrmals gegenüber der Polizei erklären müssen und bin vom russischen Geheimdienst verhört worden. Ich habe *Die Köche des Kreml* nur zu Ende bringen können, weil sich niemand in Wladimir Putins Land vorstellen konnte, dass die Mechanismen der Macht – Putins und die seiner Vorgänger – so gut anhand der Küche dargestellt werden können.

Aber genau das ist möglich, da bin ich mir sicher. Ich bin mir sicher, dass auch heute die Köchinnen und Köche beider Kriegsparteien ihr Können auf die Spitze treiben, um die ihnen anvertrauten Mägen zu füllen. Wie zum Beispiel Natalija Babeusch, eine 35-Jährige aus Mariupol mit einem sanften, warmen Lächeln. Vor dem Krieg arbeitete sie als Mechanikerin für Hochdruckkessel im Asowstal-Werk.

Als der Krieg begann und die Russen sich dem Stadtzentrum näherten, zog Natalija mit ihrem Mann in die Werke, in denen sie beide arbeiteten, und die über Hunderte von unterirdischen Gängen und Bunkern verfügten. Dort war es einfacher, ein Versteck zu finden. Die Babeuschs landeten in einem Bunker, in dem mehr als vierzig Menschen, darunter acht Kinder, Schutz suchten. Das jüngste Kind war zwei Jahre alt.

Natalija wurde dort schnell zur Köchin für alle. Sie kochte auf einem primitiven Herd, in einem halb verbrannten Topf. Sie hatte keine anderen Kochutensilien.

Sie begann auch schnell, etwas zu tun, was für andere Köche selbstverständlich ist – und zwar in diesem Buch und auf der ganzen Welt: Sie hob die Moral der Truppe. Sie machte Witze, holte Leute zu Hilfe, und wenn sie irgendwo ein Stück Papier und Buntstifte fand, organisierte sie sogar Malwettbewerbe für die Kinder. Sie hat den Menschen geholfen, die Hölle der Belagerung zu überstehen. Da die jüngsten Kinder ihren Namen nicht aussprechen konnten, bat Natalija sie, sie *Tante Suppe* zu nennen. Und so wurde sie in Erinnerung behalten: Tante Suppe aus der Asowstal-Fabrik.

Die Babeuschs wurden evakuiert, ein knappes Dutzend Tage bevor die Verteidiger der Asowstal-Werke auf Befehl des ukrainischen Präsidenten und des Generalstabschefs kapitulierten. Natalija und ihr Mann verbrachten mehr als zwei Monate im Untergrund. In dieser Zeit mussten sie den Tod vieler ihrer Bekannten und Arbeitskollegen miterleben. Natalija weint heute noch, wenn sie mit Journalisten spricht. Und sie ist überrascht, wenn jemand sie nach einem Rezept fragt. Denn was waren es schon für Rezepte im unterirdischen Bunker von Asowstal? Eine, maximal zwei Fleischkonserven übergossen mit dreißig Litern Wasser. Nur so viel hatten sie in den von den Russen belagerten Einrichtungen zu essen, sodass alle ständig hungrig waren. Natalija hat ihr Kochwasser aus industriellen Reservoirs entnommen.

Jede Sekunde eines jeden Tages hätte ihre letzte sein können.

Die Menschen, die es geschafft haben, dort herauszukommen, hatten alle andere Essenswünsche. Die einen wollten Pizza essen, die anderen Sushi. Wieder andere träumten von einem saftigen Steak.

Das Beste, was die Köchin Natalija Babeusch im Asowstal-Werk aß, war eine Scheibe Brot mit Butter. Genau wie die Heldinnen des Kapitels über die große Hungersnot, für die es bis heute keine größere Delikatesse als einfaches Brot gibt.

Die Geschmäcker von Menschen, die durch die Hölle gegangen sind, ändern sich also nicht. Auch die Politik Russlands ändert sich nicht – die Politik eines Landes, das seine Macht mit Messer, Gabel, Kelle und Hunger aufbaut.

Während ich diese Zeilen schreibe, versucht Wladimir Putin, andere Länder unter Druck zu setzen, damit sie ihm im Krieg gegen die Ukraine freie Hand lassen, und droht, andernfalls ukrainische Getreideschiffe nicht mehr aus den Häfen zu lassen. Wenn die Schiffe nicht abfahren, werden viele Länder in Afrika und im Nahen Osten von einer Hungersnot heimgesucht. Russland erpresst die Welt ganz bewusst: »Entweder ihr macht mit, oder die Menschen werden wieder verhungern, diesmal nicht nur in der Ukraine, sondern überall auf der Welt.«

Dieses Buch erklärt, warum man in Russland auf eine solch teuflische Idee kommen konnte.

Aber es gibt auch einen Hoffnungsschimmer. Bei der Lektüre werden Sie erfahren, dass den Russen nach mehreren »Interventionen« (Wladimir Putin hat den Krieg mit der Ukraine bis heute nicht als Krieg bezeichnet, er spricht immer von einer »militärischen Spezialoperation«) nun die propagandabedingten Scheuklappen von den Augen fallen.

Auch Mama Nina, die Köchin, über die Sie in dem Kapitel über den Krieg in Afghanistan lesen werden, wachte irgendwann auf und erkannte die Wahrheit.

Erst in Afghanistan begriff Mama Nina, dass sie von Politikern betrogen wurde. Ihre Geschichte ist eine Geschichte über den Verlust von Illusionen über Macht. So wie ihr erging es Millionen von Bürgern der UdSSR.

Ich bin überzeugt, dass das auch dieses Mal der Fall sein wird. Wladimir Putin machte einen großen Fehler, als er in die Ukraine einmarschierte; einen Fehler, der ihn seine Macht und vielleicht sogar sein Leben kosten könnte. In Russland werden Diktatoren schon lange nicht mehr von der Straße gestürzt, sondern durch Palastintrigen, an denen Dienstpersonal – Leibwächter, Köche, Chauffeure – beteiligt sind. Vielleicht sitzt der Koch, der ein paar Tropfen Gift in Putins Suppe – Borschtsch, Schtschi oder Ucha – träufeln wird, bereits im Kreml.

Ich hoffe, dass ich eines Tages die Gelegenheit haben werde, ihn zu fragen, welche Suppe das war.

EINFÜHRUNG

Die Gerüche von Benzin, Fruchtwein und halb verdautem gebratenem Fisch schlugen mir gleichzeitig in die Nase. Das Benzin stammte von einem Kutter, der ungefähr eine Stunde zuvor aufs Meer hinausgefahren war, und der Geruch von Wein und Fisch wahrscheinlich vom Mageninhalt des betrunkenen Hausmeisters, den er unter meinem Fenster von sich gegeben hatte. Ich lag auf meinem Bett, das Schwarze Meer rauschte vor meiner Tür, und ich beobachtete, noch völlig verschlafen und durcheinander, wie die Polizei der Republik Abchasien – ein nur von Russland anerkanntes Waisenkind der Sowjetunion – mein Zimmer durchsuchte. Auf der Türschwelle stand der aufgebrachte Verwalter der Feriensiedlung, in der ich für diese Nacht untergekommen war, und sagte immer wieder (ob er mich meinte oder die Polizisten blieb unklar):

»Sie sollten nicht hier sein. Ich weiß gar nicht, wo Sie herkommen!«

Er sagte die Wahrheit. Er wusste von nichts.

Zum zweiten oder dritten Mal erklärte ich, dass ich spät in der Nacht angekommen war. Ein betrunkener Hausmeister (derselbe, der später derbe russische Lieder sang und noch später unter mein Fenster kotzte) hatte mich hereingelassen und gemeint, ich solle erst mal schlafen, wir würden am Morgen reden.

Die Polizei fand nichts Verdächtiges bei mir und dem Verwalter wurde langsam klar, dass er einen Fehler gemacht und die Beamten wegen eines unschuldigen Mannes aufgescheucht hatte. Zum Glück sahen es die Polizisten locker. Sie machten ein paar lustige Sprüche, nahmen ein paar russische Rubel als Bakschisch für Tee von mir und gingen.

Ich blieb mit dem Verwalter allein. Und er schien immer verlegener; die Situation war ihm offensichtlich peinlich. Er kochte Kaffee in einem kleinen Kännchen, erst für mich, dann für sich selbst. Wir tranken ihn eine Weile schweigend und er überlegte wohl, ob er versuchen sollte, mich zu beschwichtigen oder es lieber sein lassen sollte. Er beschloss, es zu versuchen, und bot mir zu meinem Kaffee ein Glas Tschatscha an, einen sehr starken Schnaps aus Weintrauben. Ich lehnte ab, denn es war sieben Uhr morgens. Dann fragte er:

»Wissen Sie überhaupt, wo Sie hier sind?«

»In Nowy Afon, Abchasien«, antwortete ich und gähnte.

Der Verwalter nickte heftig und sagte, dass dies zwar stimme, aber doch nicht ganz. Wir tranken unseren Kaffee aus und er bedeutete mir mitzukommen. Wir kamen an ein mit einer Kette gesichertes Tor und er schloss sie auf, dann führte er mich durch einen geheimen Tunnel unter der Straße und noch ein paar Dutzend Meter weiter.

Plötzlich und unerwartet befanden wir uns in einem paradiesischen Garten. Ich übertreibe nicht. Ringsherum standen Kiefern und Palmen; der Saft von Kokosnüssen, die auf den Asphalt fielen und zerschellten, floss über den Weg. Zwei herrliche schwarze Pferde leckten ihn auf; zwei weitere, braune, grasten ein Stück entfernt. Wir gingen einen Pfad entlang, während bunte Vögel zwischen den Büschen umherhuschten.

Der Weg begann, bergauf zu führen.

Unterwegs kamen wir an einem Schild mit der Aufschrift *Residenz des Präsidenten von Abchasien – Zutritt verboten* vorbei. Daneben standen zwei Agenten Wache, aber der Verwalter winkte nur und sie ließen uns passieren. Zu unseren Füßen wuselten kleine grünbraune Eidechsen herum, über unseren Köpfen kreischten Vögel. Schließlich endete der Asphalt und wir befanden uns plötzlich an einem grünen Häuschen am Hang eines Berges. Die Aussicht war atemberaubend: Palmen, Wald, weiche Hügel und dahinter schimmerte das türkisblaue Meer.

»Das ist ein streng geheimer Ort. Stalins ehemalige Sommerdatscha«, erklärte der Verwalter. »Gegen Ende seines Lebens kam er in den Ferien hierher, jedes Jahr. Das Häuschen, in dem Sie geschlafen haben, wurde erst später errichtet, aber es gehört ebenfalls zur Anlage.«

Aussicht von Stalins Datscha

Und da wurde mir alles klar: Dieser Ort war über viele Jahrzehnte hinweg nur Auserwählten zugänglich gewesen. Dann starb Stalin und die UdSSR brach auseinander, doch an diesem vergessenen Ort blieb alles wie gehabt. Nach wie vor war er Menschen von außerhalb unzugänglich. Die Angestellten vermieteten die Ferienhäuser gewiss immer wieder illegal an Touristen – womöglich sogar Stalins Villa? Wer weiß. In Staaten, die quasi aufgehört haben zu existieren, ist alles möglich. Nur: Russische Touristen, die wissen, wie es läuft, sind das eine – aber irgendein Pole was anderes. Deswegen hatte der Verwalter Panik bekommen und die Polizei gerufen.

Sogleich fragte ich mich, ob es wohl möglich wäre, die Datscha zu besichtigen. Der Verwalter schien meine Gedanken zu lesen:

»Leider habe ich keine Schlüssel für die Sommerdatscha.« Er breitete bedauernd die Arme aus. »Doch ich kenne jemanden, der sie hat. Wenn Sie wollen, kann ich ihn bitten, dass er uns heute Abend reinlässt.«

So verbrachte ich den Tag damit, Nowy Afon und dessen Sehenswürdigkeiten zu besichtigen und kehrte dann abends zum Anwesen zurück.

Der Verwalter wartete schon auf mich und mit ihm ein paar Männer. Einer von ihnen hieß Aslan, er war es, der die Schlüssel hatte. Er war groß gewachsen, mit graumelierten Haaren, und hatte bereits zu Zeiten der Sowjetunion Gespräche mit Leuten aufgezeichnet, die in Stalins Datscha arbeiteten. Er ließ uns hinein und erzählte uns nach und nach, wie das Haus gebaut wurde, wann genau Stalin hierher kam und in welchem Zimmer und in welchem Bett er schlief.

In der Zwischenzeit entfachten die anderen Männer ein Lagerfeuer und begannen, Hammelspieße zu braten. Sie legten rohe Zwiebelringe auf die Teller und gaben Adschika daneben, eine spezielle Soße zum Fleisch, die aus Paprika, Knoblauch, Kräutern und Walnüssen besteht. Sie schenkten auch Tschatscha aus; mittlerweile war der richtige Zeitpunkt, welchen zu trinken. Alle arbeiteten sie hier auf dem Gelände: Einer war Gärtner, ein anderer Wächter, der dritte war für die Pferde zuständig. Sie waren alt genug, um sich noch an den blutigen Krieg zwischen Abchasien und Georgien erinnern zu können, der 1992, kurz nach dem Zusammenbruch der UdSSR, ausgebrochen war, als sich das Land mit Hilfe Russlands von Georgien abspaltete. Wir stießen auf uns an, tranken, und ich überlegte eine Weile, wie ich sie fragen könnte, was sie über den Krieg dachten und welche Auswirkungen er auf ihr Pseudoland gehabt hatte. Zum Glück hat der Verwalter wieder meine Gedanken gelesen:

»Russland, Georgien, scheißegal«, sagte er, nahm einen Schluck Tschatscha und dann einen Bissen von einer Wassermelone. »Beide wollen sie nur unsere Strände und unser Geld. Wir vergießen unser Blut für sie und dann wird alles nur noch schlimmer.«

Die anderen nickten zustimmend.

Abchasien spaltete sich nach dem Krieg von Georgien ab, doch ist das ehemals reiche Land, das einst als die sowjetische Côte d'Azur bezeichnet wurde, mittlerweile völlig verkümmert. Es lebt nur noch von Mandarinenexport und russischen Touristen. Da außer Russland niemand seine Staatlichkeit anerkannt hat, kommt kaum jemand hierher. Die Landschaft besteht typischerweise aus Bergen und reich verzierten, von Gestrüpp überwucherten Gebäuden.

»Die einzige Zeit, wo es gut war, war während Stalins Herrschaft«, fuhr der Verwalter fort, während seine Kollegen uns ein weiteres Glas Tschatscha einschenkten. »Er verstand dieses Land. Er hat unser Brot gegessen, er hat unseren Fisch gegessen, er hat unser Salz gegessen.«

Die anderen nickten wieder.

»Stalin war wie wir. Er hat genauso gegessen wie normale Leute«, sagte der Pferdemann. »Dort, hinter der Datscha, ist noch seine Küche. Mein Großvater hat dort als Aushilfe gearbeitet, er hat es mir erzählt.«

Wir tranken weiter, der Tschatscha rauschte durch meinen Kopf. Das Schaschlik garte über dem offenen Feuer und ich ging pinkeln. Ich suchte mir ein Plätzchen direkt vor Stalins Küche und auf dem Rückweg schaute ich durch das Fenster. Wie in der Datscha war alles noch original: der Herd, der Boden, der Tisch, sogar die Töpfe und herumstehenden Hocker. Ich fragte mich, wer wohl der Koch war, der hier gearbeitet hatte. Was hatte er für den Diktator gekocht? Wollte er von diesem Ort fliehen, oder im Gegenteil: Wollte er der »Sonne der Nationen« nahe sein und sich an ihrer Wärme laben?

Und da kam mir, berauscht wie ich war, zum ersten Mal der Gedanke, dass ich gerne herausfinden würde, ob Stalin wirklich wie ein »normaler Mensch« gegessen hatte. Wenn ja, warum? Und wenn nicht – warum glauben diese Leute, dass es so war? War es wichtig für sie, so zu denken? Oder hat es jemand geplant?

So entstand an jenem warmen Abend vor etwa zehn Jahren die Idee zu diesem Buch.

Sie reifte in mir mehrere Jahre lang, und als ich mich schließlich ernsthaft damit beschäftigte, reiste ich kreuz und quer durch mehrere ehemalige Sowjetrepubliken. Ich habe mit den Köchen der Ersten Sekretäre, mit Kosmonauten und mit Soldaten an der Front gesprochen. Mit Köchinnen aus Tschornobyl und aus dem Afghanistankrieg. Ich fand schnell heraus, dass Stalin weder das aß, was der durchschnittliche Abchasier aß, noch was der durchschnittliche Bürger der UdSSR zu sich nahm. Nebenbei entdeckte ich noch einige andere Küchengeheimnisse – sowohl seine, als auch die seiner Nachfolger.

In diesem Buch erfahren Sie, wie, wann und warum Stalins Koch Gorbatschows Koch das Singen für einen Hefekuchen beibrachte. Wie Nina, eine Köchin aus dem Afghanistankrieg, sich trotz all dem Grauen zwang, an Angenehmes zu denken, weil sie wollte, dass ihre gute Laune die Soldaten positiv stimmte. Oder wie in der Umgebung von Tschornobyl, einige Wochen nach der Katastrophe, ein Wettbewerb für die beste Kantine stattfand und wer ihn gewann. Sie werden von Stalins Lebensmittelkontrolleur lesen, der mit dessen Geheimdienstchef Beria einen ungleichen Kampf um das Leben seiner Frau führte. Außerdem erfahren Sie das Rezept für die erste Suppe, die ins All flog sowie für Nudeln mit Turteltauben, für die der letzte Zar Nikolaus II. schwärmte. Und Sie werden herausfinden, warum Breschnew Kaviar hasste. Sie werden auch über das Essen von Menschen lesen, die nichts zu essen haben: über die Ukraine, die Stalin durch Verhungern zu brechen versuchte, und über die Blockade Leningrads.

Aber vor allem werden Sie sehen, wie Essen der Propaganda dienen kann. In der Sowjetunion wurde jedes Kotelett dafür missbraucht – in jeder Kantine und jedem Restaurant von Kaliningrad bis zum Polarkreis und von Chişinău bis Wladiwostok. Alles war politisch, sowohl das, was der Erste Sekretär der Kommunistischen Partei zu sich nahm, als auch das, was der normale Bürger aß. Das heutige Russland wiederum ist ein würdiger Nachfolger der UdSSR und fährt fort, die Menschen mit Propaganda zu füttern. Es ist kein Zufall, dass Wladimir Putin, Enkel des Kochs Spiridon Putin, dieses Land regiert. Auch von diesen beiden werden Sie in diesem Buch lesen.

Stalins Datscha in Nowy Afon kann heute angeblich legal besichtigt werden, man muss nur eine Eintrittskarte für etwa 15 Rubel kaufen. Aber wie mir meine Bekannten, die einige Jahre nach mir dort waren, erzählten, ist der Zugang zu Stalins Küche immer noch verboten. Die Tür ist fest verschlossen.

Dieses Buch serviert Ihnen die Geschichten dieser Köchinnen und Köche in achtzehn Menüs und möchte diese und andere Türen ein wenig öffnen.

MENÜ I

Iwan Charitonow – der Koch des letzten Zaren

Ihr Kostüm ist sorgfältig gebügelt und ihr Haar blond gefärbt. Sie lädt mich in ihre Wohnung ein, weil ihr die Beine wehtun und sie nicht rausgehen möchte, aber in den ersten zwei Stunden hält sie mich auf Distanz: Wir sitzen im Wohnzimmer, essen staubtrockene Kekse und trinken Tee aus einem Samowar.

Alexandra Igorijewna Saliwskaja hat ihr ganzes Leben lang an einer Universität gearbeitet und um einen Menschen an sich heranzulassen, muss sie sich erst einmal eine Meinung über ihn bilden. Und das braucht Zeit.

Zwei Stunden lang erzählt sie mir von ihrem Urgroßvater Fjodor Saliwski, der in der Küche des letzten Zaren Nikolaus II. arbeitete; ein Urgroßvater, an den sie sich nicht mehr erinnert, der aber seiner Familie einen Pokal mit dem Foto des Zaren und seiner Frau hinterlassen hat. Sie spricht, als würde sie ein Buch vorlesen. Sie sagt immer »Seine Majestät Nikolaus II.«, nie einfach nur »Zar«, und »die heilige Zarenfamilie«, wenn sie alle meint: Nikolaus, seine Frau und seine fünf Kinder. Sie beobachtet mich, um zu sehen, wie ich reagiere. Ein Pole ist für einen Russen immer ein wenig rätselhaft: scheinbar ähnlich und doch benennen und verstehen wir die gleichen Dinge völlig anders. Sie weiß, dass ich mit ihr über den Bekannten ihres Urgroßvaters, Iwan Charitonow, den letzten Koch des Zaren, sprechen möchte. Sie weiß auch, dass Charitonows Nachfahren einem Interview nicht zugestimmt haben.

Frau Saliwskaja muss das alles erst für sich ordnen.

Doch schließlich kommt etwas in Gang: Irgendein Algorithmus in Alexandra Igorijewnas Kopf kommt zu dem Schluss, dass ihr Gegenüber, obwohl er Pole ist, gar nicht so schlecht ist, und dass sie mir vertrauen kann. Und dann passiert etwas, das ich in Russland noch oft erleben werde: Frau Alexandra holt zwei Gläser und eine Flasche Moskovskaya-Wodka aus der Bar und sagt, dass wir genug im Wohnzimmer geredet hätten und nun in die Küche gehen sollten.

In der Küche deckt sie auf eine Art und Weise, die ihr Geheimnis ist, in weniger als fünfzehn Minuten den Tisch mit Vorspeisen, Sakuska genannt: von marinierten Pilzen über Pastete, Macédoine (wenn jemand nicht weiß, was das ist, soll er geduldig weiterlesen), eingelegte Gurken und Sauerkraut, die auf jedem russischen Tisch obligatorisch sind, bis hin zum Olivier-Salat, der in Polen »Entenfutter« oder einfach nur *Sałatka* genannt wird – und einem guten Dutzend weiteren Tellern und Platten, die sie wahrscheinlich schon lange vor meiner Ankunft vorbereitet hatte. Doch zuerst musste sie sich eine Meinung über mich bilden, damit sie mich aus dem Wohnzimmer in die Küche, diesen weichen Bauch eines jeden russischen Hauses, einladen konnte. Dorthin, wo man Gäste empfängt, die einem am Herzen liegen, und wo man, so gut wie möglich, man selbst sein kann.

»Bitte fangen Sie mit der Pastete an, Witold Miroslawowitsch«, sagt sie. »Es ist das Originalrezept meines Urgroßvaters, direkt aus der Küche des Zaren. In meiner Familie wird zu Ostern immer eine solche Pastete gebacken.«

Zar Nikolaus II. Romanow

Iwan Michailowitsch Charitonow

Also streiche ich mir die Pastete fingerdick aufs Brot, denn erstens mag ich das so und zweitens wird es meiner Gastgeberin gefallen. Und dann lege ich eine saure Gurke drauf. Wir stoßen an – auf das Treffen, auf unsere Bekanntschaft – und einen Moment später treffen meine Geschmacksknospen auf einen fleischhaltigen Aufstrich, der fast genau jenem entspricht, den der unglückliche Zar Nikolaus II. und seine Familie aßen, bevor die Bolschewiken sie an die Wand stellten und abdrückten.

1.

Die Geschichte des treuesten Kochs des Zaren lässt sich am besten vom Ende her erzählen, vom letzten Abend seines Lebens aus. Lassen Sie uns also wie folgt beginnen:

Er kochte das Abendessen für die Zarenfamilie, sie bekreuzigten sich, sie aßen.

Es war nicht das erste Mal, dass Iwan Michailowitsch Charitonow, ein lebhafter Achtundvierzigjähriger mit nach hinten gekämmten Haaren, alle Hände voll zu tun hatte. Da die Bolschewiki den ehemaligen Zaren und seine Familie inhaftiert hatten, war er der einzige Koch, der Nikolaus II. geblieben war. Von Hunderten von Personen, die bis dahin am Hof gearbeitet hatten, blieben nur noch fünf der treuesten, darunter der Koch Charitonow und der Hilfskoch Leonid (Ljonka) Iwanowitsch Sednjow. Die Bolschewiki boten ihnen mehrmals an, den Zaren zu verlassen und ihr Leben zu retten, aber sie lehnten jedes Mal ab. Der Leiter der Gruppe, die sie bewachte und später hinrichtete, erinnerte sich Jahre später: »Sie erklärten, dass sie das Schicksal des Monarchen teilen wollten. Wir hatten kein Recht, es ihnen zu verbieten.«

Doch an diesem Abend schickten die Bolschewiki den minderjährigen Ljonka in die Stadt. Sie sagten, er würde dort seinen Onkel treffen, der ebenfalls viele Jahre für den Zaren gearbeitet hatte. Ljonka konnte nicht wissen, dass sein Onkel zu diesem Zeitpunkt bereits seit mehreren Wochen tot war.

Der Zarenkoch Charitonow kannte den Herrscher von klein auf. Am Hof war es üblich, dass die Kinder der Romanows mit den Kindern der Bediensteten spielten – und Nikolai und Iwan, dessen Vater Alexander III. diente, waren fast im selben Alter. Zar Alexander, der für seine gefühlskalte Erziehung bekannt war, wollte, dass die Kinder auf diese Weise das sogenannte »einfache Leben« kennenlernten.

Doch die Zeit zum Spielen war bald vorbei. Iwan Charitonow wurde bereits im Alter von zwölf Jahren Hilfskoch. Durch harte Arbeit, Ausdauer und Talent war sein Vater vom Waisenkind, das in einem Kinderheim aufwuchs, zu einer hohen Position am Hof aufgestiegen und erhielt vom Zaren sogar den Adelstitel. Er war es, der seinem Sohn riet, Koch zu werden. Er setzte sich sogar dafür ein, dass Iwan nach Frankreich gehen durfte, wo er zum Meisterkoch ausgebildet wurde und von den besten Köchen der Welt lernte.

Doch all dies spielte im Gefängnis von Jekaterinburg, wo der ehemalige Zar von den Bolschewiken inhaftiert worden war, keine Rolle. Seit seiner Abdankung war seine Verpflegung immer schlechter geworden und selbst der beste Koch konnte nichts dagegen tun. Das Einzige, was Iwan Michailowitsch tun konnte, war, es so schmerzlos wie möglich zu machen. Und da ein echter Meisterkoch mit allen Umständen zurechtkommt, bewies Charitonow auch jetzt, dass er ein Meister seines Fachs war.

An jenem Abend aßen sie um acht Uhr zu Abend und gleich danach spielte der ehemalige Zar mit der ehemaligen Zarin Bézique, ihr

Lieblingskartenspiel, mit dem sie sich die Zeit im Gefängnis vertrieben. Zu diesem Zeitpunkt hatten ihre Bewacher bereits sechs Pistolen und acht Revolver im Büro des Kommandanten zusammengetragen.

Die Zarin ging um halb zwölf zu Bett. Sie hatte noch Zeit, in ihrem Tagebuch einen Satz über den Hilfskoch Ljonka festzuhalten: »Wir fragen uns, ob wir diesen Jungen jemals wiedersehen werden«, schrieb sie bekümmert. Denn so wie der junge Charitonow einst mit Nikolai aufgewachsen war, so war Ljonka der Lieblingsspielgefährte ihres einzigen Sohnes, Zarewitsch Alexei.

Sie hatte recht. Sie sahen den Jungen nie wieder. Der Satz über den Hilfskoch war der letzte Eintrag im Tagebuch der Zarin.

2.

Anweisungen für das Team des Hauses zur besonderen Verwendung, Mai 1918:

»Der Kommandant ist für die ordnungsgemäße Erfüllung seiner Aufgaben verantwortlich (…).

Der Kommandant sollte bedenken, dass es sich bei Nikolai Romanow und seiner Familie um sowjetische Kriegsgefangene handelt und dass daher an seinem Haftort ein entsprechendes Regime eingeführt wird.

Diesem Regime unterliegen: a) der ehemalige Zar selbst und seine Familie und b) diejenigen, die den Wunsch äußern, sein Schicksal zu teilen.

Sobald die in Artikel 1 genannten Personen in die Zuständigkeit des Regionalrats überführt worden sind, hört jede freie Willensäußerung ihrerseits auf.

Der Kommandant muss den Häftlingen gegenüber höflich sein.

Gespräche mit Häftlingen dürfen nur folgenden Zwecken dienen:

1) Entgegennahme ihrer mündlichen Erklärungen jeglicher Art; 2) Ankündigungen und Anordnungen der Behörden; 3) Erklärungen zu Vorschriften, um die die Häftlinge gebeten haben; 4) Bereitstellung von Lebensmitteln, Mahlzeiten und notwendigen Gegenständen; 5) Gewährung von medizinischer Hilfe.«

3.

»Das Gefolge des Zaren bestand aus lauter außergewöhnlichen Menschen«, erzählt mir Alexandra Saliwskaja, die Urenkelin des Hofkochs Fjodor, zwischen einem Bissen von einem eingelegten Pilz und einem weiteren Glas Wodka. »Und so wie die Romanows eine Dynastie waren, so gab es auch ganze Dynastien von Köchen, Konditoren oder Kellnern. Man glaubte, dass es an der Seite des Zaren, so ärmlich und bescheiden das Leben in Russland sonst auch sein mochte, keinen Hunger geben würde, und so lernten die Väter ihre Söhne und Töchter an.

Mein Urgroßvater Fjodor arbeitete dort, weil schon sein Vater am Hofe in die Lehre gegangen war. Ich weiß nicht, wie er hieß, aber ich weiß, dass die Armut ihn aus der Nähe von Susdal nach St. Petersburg getrieben hatte.

Aber es gab dort auch Familien, die seit der Zeit Katharinas der Großen am Hofe arbeiteten. Urgroßvater kannte zum Beispiel den Zuckerbäcker Potuptschikow, von dem es hieß, seine Familie sei seit zweihundert Jahren für die Zaren tätig. Potuptschikow lehrte ihn, gefrorene Erdbeeren mit Zitronensaft, Mandelplättchen und Veilchenblättern zu servieren.«

Am Hofe gab es mehr als zwanzig Konditoren, die für die Kuchen, Desserts und Erfrischungsgetränke verantwortlich waren – aber auch für die süßen Brötchen, die Alexandra Fjodorowna, die Ehefrau und große Liebe des letzten Zaren von Russland, so liebte. Angeführt wurden sie von dem Bäcker Jermolajew, der wegen der Hygiene seine Arme bis zu den Ellenbogen rasierte und nach der Arbeit öfter mal in einem St. Petersburger Theater aufzutreten pflegte.

»Mein Urgroßvater mochte die Zarin nicht«, erzählt mir Alexandra Igorijewna. »Sie war Deutsche, sprach nur holprig Russisch und behandelte die Bediensteten schlecht. Sie war es, die dem Zaren den Kopf verdrehte und Grigorij Rasputin an den Hof brachte. Sie wissen ja, dass es viele Skandale in Zusammenhang mit Rasputin gab, er wurde sogar beschuldigt, eine Affäre mit der Zarin zu haben. Aber mein Urgroßvater hat nie ein böses Wort über den Zaren selbst gesagt. Er sagte immer, er sei ein guter Mensch. Zu gut, um Russland zu regieren. Was ich mit zu gut meine? Der Zar war sehr emotional, sehr empfindlich, er nahm alles persönlich. Aber die Zeiten waren so, dass Russland einen viel härteren Mann gebraucht hätte.«

Die Spirituosenabteilung am Hofe mit ihren vierzehn Angestellten war für stärkere alkoholische Getränke sowie für das Aufsetzen von Kwass, dem Brottrunk, zuständig. Der Zar trank in seiner Jugend gerne und viel; sein Tagebuch aus jenen Jahren ist voll von lausbübischen Albernheiten, bei denen der Alkohol die Hauptrolle spielte. Nach der Thronbesteigung wurde er ruhig und vernünftig, aber auch als Erwachsener trank er zum Abendessen gerne ein paar Gläser Portwein und auf Reisen ein Glas starken polnischen Sliwowitz, den ihm der Statthalter aus Warschau schickte.

Die eigentliche Küche, die für die Zubereitung der Speisen für die Tische des Zaren zuständig war, beschäftigte etwa hundertfünfzig Personen, von denen zehn ausschließlich für den Zaren, seine Familie und deren private Gäste kochten. Vier Köche waren auf das Backen spezialisiert, vier weitere – darunter Iwan Charitonow – auf die Zubereitung von Suppen. Neben den Fachleuten gab es auch eine Vielzahl von Auszubildenden. Ihre Arbeit wechselte täglich von Biskuitkuchen zu Sauerteig, von Sauerteig zu Gelees, von Gelees zur Garnierung von Speisen. Zu jener Zeit gehörte die Küche des Zaren zur absoluten Weltspitze.

Werfen wir doch einen Blick auf Beispiele für ein Frühstücksmenü: Am 10. Oktober 1906 wurden der Zarenfamilie Spargelcremesuppe, Hummer, Wildziegenkeule, Selleriesalat, Pfirsiche und Kaffee serviert. Am 9. September 1907 gab es Graupensuppe (mit eingelegten sauren Gurken, Möhren und Erbsen), Kartoffelpuffer, Lachspastete, Roastbeef, Hühnerbrustkoteletts, Birnen in Sherry sowie süße Preiselbeerkuchen.

Die Mittagessen fielen auch nicht bescheidener aus. Ein gewöhnliches Essen am 28. Mai 1915, also ein Jahr nach Beginn des Ersten Weltkriegs, sah wie folgt aus: Fischsuppe, Zander, Braten, Rohkostsalat, Vanillecreme. Am 26. Juni 1915: Pastete, Forelle, Knödel, Entenbraten, Salat, Eiscreme. Am 30. Dezember 1915: erneut Fischsuppe, dazu Knödel, kalten Schinken, Brathähnchen, Salat und zum Nachtisch ebenfalls Eis.

Dazu kam der Fünf-Uhr-Tee mit Kuchen und allerlei Backwerk sowie ein üppiges Abendessen.

Der Zar nahm seine Mahlzeiten recht spät ein: Frühstück um 13 Uhr war keine Ausnahme, sondern die Regel. Um 17 Uhr versammelte sich die ganze Familie zum Tee: ein Brauch, der von Alexandra, der Enkelin von Königin Victoria, die am britischen Hof aufgewachsen war, eingeführt worden war. Das Mittagessen wurde abends gegen 20 Uhr eingenommen und das Abendessen oft weit nach Mitternacht.

Es kam aber vor, dass der Zar bei einem so üppig gedeckten Tisch nur ein oder zwei Eier aß und seine Frau lediglich etwas Gemüse. Sie achteten beide auf ihre Figur und Nikolaus stellte sich wie besessen mehrmals am Tag auf die Waage.

»Sie haben eine Menge Lebensmittel verschwendet, hieß es.« Alexandra Igorijewna breitet ihre Hände aus. »Nun, es handelte sich schließlich um den Zaren. Man konnte ihm nicht einfach Rührei zum Frühstück servieren. Da musste schon eine angemessene Zeremonie stattfinden.«

Wenn sich Nikolaus hin und wieder zu schlemmen erlaubte, war sein Lieblingsgericht Nudeln mit Turteltaubenfleisch. Das Rezept gebe ich im Abschnitt »REZEPTE« an.

Der Maître d'hôtel, also der Chef des zaristischen Tafeldienstes, der für die Köche und die Kellner verantwortlich war, war unter Nikolaus II. Jean Pierre Cubat. Der Koch Iwan Charitonow lernte ihn noch in Frankreich kennen. Cubat war für ihn ein Mentor, aber auch ein Freund. Später schrieben sie sich Briefe und teilten Erinnerungen an Ferien auf der Krym.

Wir reden über all das und Alexandra Igorijewna Saliwskaja, die Urenkelin eines anderen Hofkochs, zwingt mir noch einen Toast auf die polnisch-russische Freundschaft und ein weiteres Stück Pastete auf. Später drücke ich ihr ein volles Schnapsglas zum Gedenken an und zur ewigen Ruhe für ihren verstorbenen Urgroßvater in die Hand.

»Mein Urgroßvater hat nicht einmal davon geträumt, dass er Koch ersten Grades werden könnte«, vertraut sie mir an und wischt sich nach dem Toast den Mund ab. »Er war der Sohn eines Kochs zweiter Klasse und es hätte ihm genügt, den Weg seines Vaters zu gehen. Doch der Franzose Cubat gab 1914 mit Beginn des Ersten Weltkriegs seine Tätigkeit für den Zaren auf. In unruhigen Zeiten zog er es vor, zu seiner Familie nach Frankreich zurückzukehren. Doch an seine Stelle trat sofort ein anderer Franzose: Lucien Olivier.«

Jenem Olivier wird manchmal fälschlicherweise die Urheberschaft des berühmtesten russischen Gemüsesalats zugeschrieben. In Wirklichkeit wurde er von einem anderen Franzosen gleichen Nachnamens erfunden, allerdings ein halbes Jahrhundert zuvor.

Die Franzosen brachten damals die russische Küche auf ein so hohes Niveau, dass man glaubte, kein russischer Koch könnte jemals Maître d'hôtel am zaristischen Hof werden.

»Der Koch Charitonow träumte davon«, sagt Alexandra Igorijewna Saliwskaja. »Jeder am Hof, auch mein Urgroßvater, wusste davon. Aber alle waren sich sicher, dass der jeweilige nächste Chefkoch des Zaren immer ein Franzose sein würde. Die Küche des Hofes war stark von der französischen Küche beeinflusst und es lag auf der Hand, dass nur jemand aus diesem Land für das Kochen verantwortlich sein konnte. Niemand hatte damit gerechnet, dass Charitonow Maître d'hôtel werden würde. Und dass dies unter den denkbar dramatischsten Umständen geschehen würde.«

4.

Die Historiker sind sich fast alle einig, dass Nikolaus II. ein guter Mann, aber ein miserabler Zar war. Und angesichts der Tatsache, dass er mit der größten Krise in der Geschichte der Romanows konfrontiert war, ist es kaum verwunderlich, dass dieser schwache Mann sie nicht bewältigen konnte. Er wurde an dem Tag geboren, an dem man in der orthodoxen Kirche des Heiligen Hiob gedenkt, jenes alten Mannes, über den Gott alles Unglück der Welt gebracht hatte. Nikolaus pflegte von klein auf zu sagen, dass dies kein Zufall war. Es war auch kein Zufall, dass Leo Tolstoi ihn einen »jämmerlichen, verhuschten Jungen« nannte.

Schon seine Krönung erwies sich als Katastrophe. Am 30. Mai 1896 versammelte sich eine halbe Million Russen auf dem Truppenübungsplatz Chodynka, weil man ihnen kostenloses Essen und Geschenke versprochen hatte. Als die Stände am Morgen geöffnet wurden, stürmte die Menge auf den Platz, sodass über zweitausend Menschen niedergetrampelt wurden, von denen fast tausendvierhundert starben. Noch am selben Abend tanzte der junge Zar auf einem Ball, den der französische Botschafter zu seinen Ehren gab, als wäre nichts geschehen. Die Russen haben es ihm nie verziehen. Die Kluft zwischen Zar und Untertanen öffnete sich an diesem Tag und vergrößerte sich von Jahr zu Jahr.

Erschwerend kam hinzu, dass das Zarenpaar viele Jahre lang auf einen männlichen Erben warten musste. Die Zarin Alexandra gebar vier Mädchen hintereinander: Olga, Tatjana, Maria und Anastasia. Aber die Geburt des lange erwarteten Jungen beendete nicht die Probleme des Paares. Stattdessen tauchte ein neues Problem auf: Der kleine Zarewitsch Alexei litt von klein auf an Hämophilie, einer gefährlichen Krankheit, die die Blutgerinnung verhindert. Jede Prellung, jeder Schnitt konnte ihn töten, hieß es. Der Zar und die Zarin suchten Hilfe, zunächst in der Schulmedizin, dann bei verschiedenen Scharlatanen, Magiern und Pseudoheilern. So kam Grigori Rasputin an ihren Hof, ein Dorfprediger, der mit seinen sexuellen Ausschweifungen dem ohnehin schon angeschlagenen Ruf der Zarenfamilie weiteren Schaden zufügte.

Über der Familie Romanow waren bereits seit einiger Zeit dunkle Wolken aufgezogen, doch der schwierigste Moment kam mit dem Ausbruch des Ersten Weltkriegs im Juli 1914. Russland trat ebenfalls im Juli in den Krieg ein und musste von Anfang an Rückschläge einstecken. Am 20. August 1914, dem Tag der Schlacht von Gussew, wurden dem Zaren Pasteten, Schweinefleischeintopf, Flusskrebspilaw und mit Schnepfen und Pfirsichen gefüllte Poularde serviert; eine Poularde ist ein speziell gezüchtetes junges weibliches Huhn, das vor der Geschlechtsreife getötet wird, um das bestmögliche, zarteste Fleisch zu erhalten. Schnepfen sind wilde Zugvögel und Pfirsiche sind eben Pfirsiche.

Die Katastrophe rückte immer näher.

5.

Zar Nikolaus II. entglitt die Macht jeden Tag ein bisschen mehr. Die Menschen waren des ungeschickt geführten Kriegs überdrüssig, die Soldaten revoltierten. Als sich im März des Jahres 1917 sogar die Staatsduma gegen den Zaren erhob, beschloss Nikolaus abzudanken.

Die provisorische Regierung schickte den Zaren in seine Residenz in Zarskoje Selo, wo sich der Lebensstandard der Romanows zunächst nicht änderte: Sie waren immer noch von zahlreichen Köchen, Kellnern und Hofmeistern umgeben. Die wichtigste Veränderung war, dass nach der Abdankung der französische Maître d'hôtel des Zaren, Lucien Olivier, endgültig verschwand. Plötzlich gab es am Hof keinen einzigen Franzosen mehr, der zu seinem Nachfolger hätte ernannt werden können.

»Schließlich wurde Iwan Charitonow dieser Titel zuerkannt«, erzählt Alexandra Saliwskaja. »Es war die Krönung seiner Karriere, aber leider eine traurige: Er wurde Chef des Küchendienstes eines Zaren, der kein Zar mehr war. Mein Urgroßvater Fjodor arbeitete noch am Hof und erzählte, dass Charitonow am Tage seines Antritts alle zu einem Glas Cognac eingeladen hatte. Natürlich gab es nur ein kleines Glas: Das Personal musste sich in Gegenwart des ehemaligen Zaren würdevoll verhalten.«

In den ersten Wochen hat sich an der Arbeit der Höflinge wenig geändert. Wenige Tage nach der Abdankung schrieb Iwan Charitonow eine Bestellung für die Küche: drei Äpfel, acht Birnen, sechs Aprikosen und ein halbes Pfund Marmelade sowie eine Karaffe Kagor-Kirschwein. Doch es dauerte nicht lange, bis die Regierung mit den Repressionen begann. Zunächst verbot sie der Familie Romanow, Obst zu bekommen, und ordnete an, dass keine Blumen mehr geliefert werden durften. Außerdem wurde das Budget für Lebensmittel gekürzt.

Später ging es noch weiter: Ministerpräsident Alexander Kerenski verbot dem Zaren und der Zarin sogar – in Vorbereitung des Prozesses, den das russische Volk gegen den Zaren anstrebte –, im selben Bett zu schlafen. Sie sollten so wenig Zeit wie möglich miteinander verbringen, damit sie nicht in der Lage wären, eine aufeinander abgestimmte Verteidigung vorzubereiten. Zu ihrem Glück hielt diese Situation nicht lange an.

Charitonow servierte der Zarenfamilie in dieser schwierigen Zeit zum Frühstück diätetischen Brei, aber auch Perlgraupengrütze mit Pilzen oder Reisschnitzel. Zum Abendessen kochte er Pojarski-Koteletts aus feingehacktem Geflügelfleisch, das Kalbfleisch imitieren sollte. Fleischspeisen kosteten circa 4,50 Rubel pro Portion. Für diejenigen, die auf ihre Figur achteten, pflegte er, ein mageres Nudelschnitzel im Wert von 1,50 Rubel zuzubereiten. Und als das Ende des Abrechnungszeitraums näherrückte – das Lebensmittelbudget des Zaren wurde alle zehn Tage abgerechnet – servierte er in der Glut gebackene Kartoffeln, die die Familie des Zaren liebte. So überschritt er nicht die zugeteilten Kontingente.

Seit Ende Juli 1917 servierte Charitonow auch Macédoine, ein preiswertes und fürwahr beeindruckendes Gericht, das er wahrscheinlich in Frankreich kennengelernt hatte. Es handelt sich um in kleine Würfel geschnittenes Gemüse oder Obst, oft mit der Konsistenz von Gelee. Das Gemüsegelee stellte Charitonow aus Karotten und Rüben her: Er schnitt Karotten und Rüben in circa 3-4 Millimeter große Stücke, dann fügte er Bohnen und Erbsen hinzu, die er mit Butter verfeinerte. Die süße Macédoine wiederum besteht aus gewürfeltem Obst: aus Bananen, Grapefruits, Orangen, Erdbeeren und Äpfeln, die mit Rum beträufelt werden. In vielen Haushalten wird auf diese Weise der sogenannte Obstsalat zubereitet.

Schon damals musste Charitonow hart arbeiten, um Nikolaus und seine Lieben zu ernähren. Nachdem sie einige Monate in der ehemaligen Residenz gelebt hatten, beschloss die Regierung, dass die Romanows von Zarskoje Selo nach Tobolsk in Sibirien verlegt werden sollten; sie mussten aus dem Palast in die ehemalige Gouverneursresidenz umziehen. Der neue Maître d'hôtel erhielt keine Mittel mehr aus der Staatskasse, um Nikolaus zu verpflegen: Von nun an sollten die Romanows sich, ihre Familie und ihre Bediensteten wie gewöhnliche Bürger mit eigenem Geld finanzieren.

Die Romanows aßen immer noch ganz normal oder hungerten zumindest nicht. Iwan Charitonow machte ihnen mal Borschtsch, Nudeln, Kartoffeln und Reisschnitzel zum Abendessen, mal Soljanka, Kartoffeln, Rübenpüree und Reis oder auch mal Sauerampfersuppe und gebackenes Ferkel mit Reis. Doch bald schon wurde es schlimmer. Vor allem, nachdem im Oktober 1917 in St. Petersburg die Revolution ausbrach und die Bolschewiki unter der Führung ihres charismatischen Führers Lenin die Macht an sich rissen.

Viele Jahre später schrieb Wassili Pankratow, einer der Wächter des Zaren in Tobolsk, in seinen Memoiren, dass der Ausbruch der Oktoberrevolution den Zaren zuerst nicht besonders bewegt hatte. Immerhin ein Ereignis, das letztlich zum tragischen Tod der gesamten Zarenfamilie führte. Nikolaus war erst empört, als er hörte, dass eine Menschenmenge in den Winterpalast in St. Petersburg eingebrochen war und die Weinkeller geplündert hatte. Die dort gelagerten Spirituosen waren ein

Vermögen wert: über fünf Millionen Dollar. Die Bolschewiki ordneten an, den gesamten Alkohol in die Newa zu schütten, und obwohl nicht alle gehorchten und viele es schafften, sich zu betrinken, floss ein großer Teil in die Ostsee. Der Zar konnte nicht verstehen, warum jemand teuren Wein in den Fluss schüttete.

Die Kluft zwischen den tatsächlichen Ereignissen in St. Petersburg und der Art, wie Nikolaus II. sie beurteilte, zeigt, wie weltfremd er zu diesem Zeitpunkt bereits war.

In der Zwischenzeit wurde es für den Koch Charitonow immer schwieriger, an grundlegende Lebensmittel heranzukommen. Nikolaus war von seinen gesamten Geldmitteln abgeschnitten worden; die meisten seiner Besitztümer wurden vom Staat beschlagnahmt. Dem Koch blieb also nichts anderes übrig, als zu den reicheren Bürgern zu gehen und sie zu bitten, die Küche des Zaren mit Spenden zu unterstützen. Er kehrte oft mit leeren Händen zurück: Viele Bürger, auch die wohlhabenderen, wollten das Zarentum nicht unterstützen, insbesondere nicht den »blutigen Nikolaus«, wie die Russen den letzten Zaren nannten. Andere hatten schlicht und einfach Angst vor den Bolschewiken.

»Mein Urgroßvater folgte dem Zaren nach Tobolsk«, erinnert sich Alexandra Igorijewna, Urenkelin des Kochs Fjodor Saliwskij. »Aber dort, das muss ich beschämt zugeben, begannen die Bolschewiken, ihm eine Gehirnwäsche zu verpassen. Und sie haben es äußerst effektiv getan. Sie sagten, es gäbe keinen Zaren mehr, es gäbe keine Mächtigen mehr, alle Menschen seien gleich. Und er müsse nicht sein Leben lang Koch sein, sondern könnte Professor, General oder Pfarrer werden. Ihr typischer Blödsinn. Wissen Sie, Witold Miroslawowitsch: Heutzutage sind wir immun dagegen, aber der arme Fjodor hörte es zum ersten Mal in seinem Leben und glaubte es. Er verließ den Zaren, ging zu seiner Familie nach St. Petersburg und wurde für eine Zeit lang ein militanter Kommunist.

Es ist nicht an uns, Witold, über die Taten unserer Vorfahren zu urteilen, aber ich schäme mich ein wenig für ihn. Auf jeden Fall ist nicht mein Urgroßvater, sondern Iwan Charitonow, der bis zum Ende beim Zaren blieb, für mich ein echter Held.«

6.

Nach dem Sieg der bolschewistischen Revolution standen der ehemalige Zar und seine Familie vor einem weiteren Umzug: Sie mussten von Tobolsk nach Jekaterinburg umziehen. Hier waren sie nicht mehr die Familie des ehemaligen Zaren, sondern Gefangene. Die Schlingen um ihre Hälse zogen sich immer fester zu.

Sie fuhren nacheinander dorthin, zuerst Alexandra und Nikolai. Dann die Kinder, die wegen der Krankheit von Zarewitsch Alexei etwas länger blieben, zusammen mit den Kindern des Kochs Charitonow. Er hatte nicht einmal die Möglichkeit, sich von seiner Frau zu verabschieden. Jewgenija, die mit ihren sechs Kindern stets tapfer ihrem Mann gefolgt war, konnte ihm nur noch durch das Fenster zuwinken. Jemand soll ihm vorgeschlagen haben, ihr noch schnell seine goldene Uhr zu schenken, neben den Manschettenknöpfen mit dem Zarenadler das wichtigste Geschenk, das Charitonow für seine treuen Dienste bekommen hatte. Aber der Koch winkte ab: »Ich bin ja bald wieder da. Und wenn ich nicht zurückkomme – warum sollte sie sich heute schon Sorgen machen?«

Alles, was er zuhause zurückließ, war eine Schrift mit persönlicher Widmung der Zarin.

In Jekaterinburg stürzte sich der Koch in die Arbeit. Dadurch konnten Nikolaus II. und seine Verwandten endlich wieder hausgemachte Speisen essen und nicht das, was die Bolschewiken ihnen aus der örtlichen Kantine mitbrachten. Der Zar, der es liebte, sich in seinem langweiligen

Tagebuch über das Essen auszulassen, erinnert sich an Charitonows Rückkehr wie folgt:

5. Juni. Dienstag. Charitonow ist seit gestern wieder da und bereitet das Essen für uns vor. Meine Töchter lernen von ihm, abends zu kochen und den Teig zu kneten und morgens Brot zu backen! Großartig!

Seine Rückkehr wurde auch von der viel lakonischeren Zarin Alexandra zur Kenntnis genommen:

Abendessen. Charitonow hat einen Nudelkuchen gebacken.

Der Koch versuchte also, wie bisher zu funktionieren. Doch in Jekaterinburg war nichts mehr wie zuvor.

»Der Zar war ein Gefangener und die Bolschewiki zeigten ihm bei jeder Gelegenheit ihre Abneigung. Sogar um Tee zu kochen, mussten sie die Wächter um Erlaubnis fragen«, erzählt Alexandra Igorijewna Saliwskaja. »Sie bekamen karge Soldatenrationen zu essen und selbst diese kamen oft nicht bei ihnen an.«

Charitonow versuchte erneut, die Versorgungslücken zu schließen, indem er bei einheimischen Familien auf Kredit kaufte und oft einfach bettelte. Meistens wurde er jedoch abgewiesen. Nur die Nonnen des örtlichen Nowo-Tichwinski-Klosters versorgten die Romanows mit dem Nötigsten: Milch, Eier und Sahne.

Oft wurde die Familie des ehemaligen Zaren beim Abendessen von den Wachleuten begleitet. Manchmal steckten sie Löffel in die Suppe einer der Großherzoginnen und kommentierten: »Ihr kriegt doch noch ganz ordentlich zu essen.«

Schließlich verbot der Aufseher den Nonnen, den Gefangenen Eier und Sahne mitzubringen.

Sie brachten Fleisch, angeblich für sechs Tage, aber es war so wenig, dass es nur für eine Suppe reichte, notierte Alexandra einmal in ihrem Tagebuch.

7.

Am 15. Juli geschah etwas Erstaunliches: Der Kommandant erlaubte nicht nur, dass Eier aus dem Kloster serviert wurden, sondern befahl den Nonnen auch, fünfzig weitere für den nächsten Tag vorzubereiten. Für wen sollten sie sein? Das wusste niemand.

Einen Tag später wurde der vierzehnjährige Ljonka Sednjow wie bereits erwähnt in die Stadt geschickt, um seinen Onkel zu treffen, der ja bis vor Kurzem ebenfalls noch für die Romanows gearbeitet hatte. Alles deutet darauf hin, dass die Bolschewiki Mitleid mit ihm hatten und ihm das Leben retteten, indem sie ihn zu einem imaginären Treffen mit seinem Onkel schickten. Der Küchenjunge ist der Einzige unter den in Jekaterinburg Inhaftierten, der die Haft unbeschadet überstanden hat.

Die anderen wurden mitten in der Nacht geweckt. Die Bolschewiki befahlen ihnen, zusammenzupacken und sagten ihnen, dass die Weiße Armee, also ihre Gegner, sich der Stadt näherten. Tatsächlich waren im Haus des Kaufmanns Ipatijew, in dem die Romanows gefangen gehalten wurden, den ganzen Tag über Schüsse zu hören gewesen.

»Nun, wir ziehen aus«, sagte der Zar. Sie überquerten den Innenhof. Vorneweg schritt Nikolaus mit Alexei auf dem Arm, hinter ihm Alexandra, dann die Töchter, dahinter die Dienerschaft. Durch Flügeltüren gelangten sie in den Keller. Dort stellten sich der Kammerdiener Trupp und der Koch Charitonow neben die jungen Herzoginnen.

Bis zum Schluss dachten sie, dass sie nur wegen des Umzugs geholt worden waren. Erst wenige Augenblicke vor der Hinrichtung verriet der Kommandant Jakow Jurowski in einer kurzen Rede seine wahren Absichten. Dann eröffneten seine Männer das Feuer.

Der Zar war der Erste, der starb. Kurz nach ihm der Koch Charitonow und der Diener Trupp. Aber die Großherzoginnen hatten sich

Edelsteine in ihre Kleider einnähen lassen und so prallten die Kugeln an ihnen ab. Die Bolschewiki mussten sie mit Schüssen aus nächster Nähe töten.

Die fünfzig Eier, die von Nonnen des Nowo-Tichwinski-Klosters zubereitet worden waren, waren als Proviant für eine Gruppe örtlicher Bauern gedacht, die das Grab der Romanows ausheben sollten.

Nach der Hinrichtung der Zarenfamilie brachten die Mörder die Leichen in einem Lastwagen aus der Stadt. Doch der Ort, den sie für die Bestattung gewählt hatten, erwies sich als zu feucht und zu sumpfig, sodass die sterblichen Überreste immer wieder hochkamen. Außerdem waren die Bauern, die die Grube ausheben sollten, mehr daran interessiert, die Leichen des Zaren, der Zarin und ihrer Kinder zu plündern und ihre intimen Stellen zu betatschen, als bei der Bestattung zu helfen.

Jakow Jurowskij, der Anführer der Gruppe, hatte ein großes Problem mit den Leichen. Zuerst ließ er sie alle nackt ausziehen, sicherte die Edelsteine, mit denen die Kleider gefüllt waren (Alexandra hatte einen ein Pfund schweren goldenen Armreif in ihrem Büstenhalter versteckt und die Großherzoginnen mehrere große Diamanten), dann brach er ihnen die Knochen und schüttete ihnen Säure ins Gesicht. Das alles, damit niemand die Leichen des Zaren, seiner Familie und ihrer Diener identifizieren konnte.

Der Körper des Zaren wurde über den Körper seines Kochs geworfen. Die Rippen des Zaren landeten auf dem Kopf von Charitonow.

1991, sieben Jahrzehnte nach dem Tod des Zaren, seiner Kinder und ihrer treuesten Diener, haben Archäologen mehr als 900 Knochen in einer neben einem Sumpf ausgehobenen Grube entdeckt. Sie brauchten mehrere Monate, um festzustellen, dass dort insgesamt neun Personen verscharrt worden waren.

Es dauerte lange, bis die Wissenschaftler die Menschen in dem Grab identifiziert hatten: Am einfachsten verhielt es sich mit der Zarin und ihrem Dienstmädchen Anna – sie waren die einzigen Frauen mittleren Alters, die dort lagen, und neben dem Schädel von Alexandra wurde ein sehr modernes Gebiss gefunden, das sich die Zofe nicht hätte leisten können.

Die Skelette wurden später durch Abgleich der Schädel mit Fotos untersucht. Das war eine mühsame Arbeit, schon allein deshalb, weil zum Beispiel vom Schädel, der schließlich als der des Kochs Charitonow identifiziert wurde, nur der obere Teil mit den Augenhöhlen zu finden war. Entweder war ihm direkt ins Gesicht geschossen worden oder die Bolschewiki hatten nach seinem Tod auf seinen Kopf eingeschlagen, sodass sich der Kiefer gelöst hatte.

Die besten Ergebnisse wurden durch den Vergleich der Überreste mit Fotos der Getöteten erzielt. Auf diese Weise war es möglich, die wichtigsten Knochen der Hauptfiguren des Dramas, das sich 1918 in Jekaterinburg zugetragen hatte, zu identifizieren. Doch wie die Pathologen inoffiziell zugeben, gab es keine Möglichkeit, jeden einzelnen Knochen der entsprechenden Person zuzuordnen.

»Witold Miroslawowitsch …« Anna Igorijewna Saliwskaja trinkt nur ein halbes Glas, weil sie sich Gedanken um Cholesterin und Triglyceride macht. Und jetzt meint sie, dass es nun aber wirklich das letzte Glas sei, aber auf das, was sie mir nun zu sagen hat, darauf müssten wir noch einmal trinken.

»Sie müssen eine Sache wissen. Ich war sehr interessiert an dem Fall Charitonow, weil er ja mit meinem Urgroßvater zusammengearbeitet hat und sie sich gut kannten. Ich habe mit allen Personen gesprochen, die auch nur ansatzweise etwas über dieses Thema wussten. Ich habe alles Mögliche gelesen, alles, was ich in die Finger bekam. Ich sprach mit Ermittlern und Anthropologen.« Hier hält Anna Igorijewna inne, denn das nun Folgende ist offenbar eine sehr heikle Angelegenheit. »Alle sagen, natürlich nur inoffiziell, dass das, was heute in St. Petersburg als die sterblichen Überreste von Nikolaus II., dem letzten Zaren von Russland, begraben ist, in Wirklichkeit die vermischten Knochen des Zaren und seines Leibkochs sind.«

»Der Koch liegt im selben Sarg wie der Zar?«, vergewissere ich mich.

»So wird es behauptet.« Frau Saliwskaja breitet traurig ihre Arme aus. »Es ist wie ein Symbol, nicht wahr?«, fragt sie, wie um sich abzusichern.

Und sie beantwortet die Frage selbst: »Ja, es ist ein Symbol.«

REZEPTE

Rezepte aus der zaristischen Küche

STRAßBURGER PASTETE

- 400 g Gänseleber
- 400 g Hühnerfleisch
- 400 g Kalbfleisch
- 5 mittelgroße Zwiebeln
- 2 Champignons
- 5 Eier
- 200 g Butter (in 3 gleiche Teile geteilt)
- etwas Mayonnaise für die Garnierung
- Salz und Pfeffer
- Kräuter

Die Gänseleber in Stücke schneiden und in ⅓ der Butter und Zwiebeln anbraten. Das Kalbfleisch und das Hühnerfleisch in Scheiben schneiden und in ⅓ der Butter braten. Wenn das Fleisch gut durch ist, die rohen Eier hineinschlagen und warten, bis sie fest werden. Das gebratene Fleisch, die Leber und die gekochten Pilze im Fleischwolf zerkleinern. Salz und Pfeffer hinzufügen und alles gut durchkneten. Leber und Fleischmasse abwechselnd schichtweise in eine tiefe Schüssel legen.

Mit geschmolzenem Rest der Butter übergießen, für 12 Stunden in den Kühlschrank stellen, mit Kräutern und Mayonnaise dekorieren.

OLIVIER-SALAT

Version mit Birkhuhn

- Halbes Birkhuhn
- 3 Kartoffeln
- 1 Salatgurke
- Mehrere Kopfsalatblätter
- 1 Teelöffel Kräuter der Provence
- 3 Flusskrebshälse
- ¼ Tasse Gelatine
- 1 Teelöffel Kapern
- 3-5 Oliven

Das Birkhuhn kochen und anschließend die Filets in Würfel schneiden. Die gekochten Kartoffeln und die Gurke in Scheiben dazugeben, Kapern und Oliven hinzufügen. Die Gelatine mit Wasser aufgießen, dann über den Salat gießen und alles im Kühlschrank fest werden lassen.

Nach dem Herausnehmen aus dem Kühlschrank mit Krebshälsen und Salatblättern dekorieren.

Das Birkhuhn kann durch Kalbfleisch, Rebhuhn oder Hähnchen ersetzt werden.

OLIVIER-SALAT

Version mit Haselhuhn

- 2 Haselhühner
- 1 Rinderzunge
- ¼ Tasse Gelatine
- ¼ Pfund Kaviar, rot oder schwarz
- Mehrere Blätter Salat
- 25 gekochte Flusskrebse
- ½ Glas eingelegte Gewürzgurken
- ½ Glas Sojasoße oder Worcestershiresoße
- 2 Salatgurken
- 1 Teelöffel Kapern
- 5 Eier

Das Haselhuhn, die Krebse und die Rinderzunge kochen, in Stückchen schneiden, miteinander vermischen und mit der Soße übergießen. Gewürzgurken, Salatgurkenscheiben und in Scheiben geschnittene hart gekochte Eier hinzufügen.

Die Gelatine über den Salat gießen und alles im Kühlschrank fest werden lassen.

Nach dem Herausnehmen aus dem Kühlschrank mit Kaviar, Kapern und Salatblättern dekorieren.

POSCHARSKI-KOTELETT AUF ZARENART

- 400 Gramm Hähnchenbrust
- 1 Scheibe Brot oder ein Brötchen
- 1 Glas Schlagsahne mit 10 % Fettanteil (ca. 150 ml)
- 1 Ei
- 1 Tasse Semmelbrösel
- Pflanzenöl
- 100 Gramm Butter
- Salz

Das Fleisch durch den Fleischwolf drehen. Das Brot/Brötchen mit Sahne übergießen, für zehn Minuten wegstellen und ziehen lassen. Dann mit dem Hähnchenfleisch vermengen.

Das Eigelb hinzufügen, salzen. Die Masse kneten, immer wieder einen Esslöffel kaltes Wasser hinzufügen und so lange kneten, bis die Masse nicht mehr an den Händen klebt.

Die Butter in 12 kleine Würfel schneiden. Die Fleischmasse in 12 Teile unterteilen, daraus Fleischklöße formen. Die Butterwürfel obenauf legen. Die Fleischklöße in Semmelbröseln oder in Paniermehl wenden und anschließend braten.

FLUSSKREBSSUPPE FÜR 6 PERSONEN

- 15-20 lebende Flusskrebse
- 5 Eier
- 1 Tasse zerbröckelte Cracker
- 1 Glas Schlagsahne
- 100 g Butter
- 1 Zitrone
- 10 geriebene Mandeln
- 1 Esslöffel Zucker
- 1 Esslöffel Salz
- 1 Sträußchen Dill
- 1 Esslöffel saure Sahne
- 3 Lorbeerblätter

Die Krebse in kochendes Wasser geben, salzen, pfeffern, Lorbeerblätter dazugeben. Dann das Wasser abgießen, die Krebse abkühlen lassen, aus den Schalen schälen und die Hälse und die Zangen beiseitelegen.

Anschließend das Krebsfleisch mit Crackern, Sahne, Eiern, dem Saft einer halben Zitrone, geriebenen Mandeln, einem Löffel Zucker und Salz vermengen. Die Mischung in die Krebsschalen und größere Zangen geben. Die Flusskrebsrücken für weitere 10 Minuten in Wasser kochen.

NUDELN MIT TURTELTAUBEN

Die russische Tageszeitung *Komsomolskaja Prawda* bat den bekannten Koch Igor Schurupow, das Lieblingsrezept von Nikolaus II. nachzukochen, nämlich Nudeln mit Turteltauben. Das Problem ist, dass diese mittelgroßen Vögel seit dem Tod des Zaren fast ausgestorben sind und nun unter Artenschutz stehen. Schurupow schlug vor, sie durch Tauben- oder Wachtelfleisch zu ersetzen.

Damit der Geschmack der Speise dem ähnelte, was den Zaren so entzückte, soll man mehrere Wachteln über Nacht in einer Essiglösung einlegen. Danach werden sie abgetropft, in feine Stücke geschnitten, mit zarten Speckstücken gefüllt und anderthalb Stunden lang in einer Pfanne gebraten.

Zu den so zubereiteten Vögeln pflegte der Zar hausgemachte Nudeln aus Weißmehl und Kartoffeln zu verspeisen.

Turteltauben wurden für den Zaren absichtlich nicht geschossen, damit der unglückliche Nikolaus II. kein Schrot in seinem Essen fand. Vom Hof angestellte Bauern warfen große Netze über die Vögel, während sie auf den Feldern Sonnenblumenkerne pickten.

Dann wurden die Turteltauben von Hand erwürgt.

MENÜ II

Schura Worobjowa – Lenins Köchin

»Wir sind keine Utopisten. Wir wissen, dass nicht jeder Arbeiter, nicht jede Köchin in der Lage sein wird, ein Land von heute auf morgen zu regieren.«

Wladimir I. Lenin

VORSPEISE

Willkommen in Gorki Leninskije! Dem Ort, an dem Wladimir Iljitsch Lenin die letzten Tage seines Lebens verbrachte. Ich weiß ja, dass Sie sich besonders fürs Essen interessieren, also gehen wir gleich in die Küche, in der für ihn gekocht wurde. Ich habe die Schlüssel schon dabei. Sie werden von mir über Alexandra »Schura« Worobjowa, Lenins Köchin, erfahren, nach deren Spuren ich gesucht habe, die aber viele Jahre lang im Verborgenen blieb. Niemand durfte schließlich erfahren, dass der Führer des Weltproletariats Dienerschaft beschäftigte. Verständlich, oder?

Aber zuerst werde ich Ihnen von diesem Ort erzählen. Wir stehen vor dem Gebäude, in dem Lenin nach dem Attentat durch Fanni Kaplan lebte. Er war hier, um seine Gesundheit wiederherzustellen. Viele seiner berühmten Fotos wurden hier gemacht. Wie bitte? Das habe ich nicht ganz verstanden. Das Portrait mit den Glubschaugen? Ob es ebenfalls hier gemacht wurde? Ja, mein Herr, aber da ist ein kranker Mensch drauf. Der kranke Wladimir Iljitsch, kurz vor seinem Tod, im Garten dieser Villa.

Mir wäre es lieb, wenn Sie mit mehr Respekt von ihm sprechen würden. Auch, wenn Sie Pole sind. Das ist mir bewusst, und ich wusste von Anfang an, dass ich es mit Ihnen nicht leicht haben würde. Ich weiß, dass ihr Polen Lenin nicht mögt und dass ihr Lügen über ihn erzählt. Syphilis? Genau sowas meine ich! Nein, mir ist kein Zusammenhang zwischen hervortretenden Augen und Geschlechtskrankheiten bekannt. Es waren Lenins Feinde, die solche Gerüchte verbreiteten. Über seine vermeintlichen peinlichen Leiden. Nun ja, Sie dürfen nicht vergessen, dass es sich bei diesen Leuten um Anhänger des Zaren handelte. Sie hassten Lenin bis aufs Blut und sie hätten alles getan, um ihn in Misskredit zu bringen. Sie unterstellten ihm ein Leben in Luxus und sexuelle Exzesse. Derweil ist so etwas niemals geschehen. Wissen Sie, Lenin wohnte Zeit seines Lebens sehr bescheiden und speiste ebenfalls bescheiden. Man sagt, dass seine einzige Liebe und seine einzige Leidenschaft die Revolution gewesen sei, und es spricht sehr viel dafür.

Sagen Sie jetzt besser nichts mehr. Lassen Sie uns mit der Führung beginnen.

Im ersten Stock gibt es ein Telefonzimmer mit einem alten Telefon und einer Bibliothek. Eine schmale Treppe führt in den zweiten Stock. Auf persönlichen Wunsch von Lenin wurden im Inneren des Hauses zusätzliche Geländer angebracht, damit er die Treppe hinauf- und hinuntersteigen konnte, ohne das Personal zu behelligen.

Im zweiten Stock befinden sich Lenins Zimmer, das Esszimmer, das Arbeitszimmer und das Zimmer von Nadeschda Krupskaja, seiner Frau.

Im Arbeitszimmer, vor dem großen Fenster mit Blick auf den Park, steht sein Schreibtisch. Darauf liegen Zeitungen, Bücher und Zeitschriften, die Lenin gelesen hat, sowie Umschläge und Briefpapier mit seinem Briefkopf, auf dem der Stempel Vorsitzender des Rates der Volkskommissare prangt.

In diesem Bett ist er gestorben … Lassen Sie uns einen Moment innehalten. Eine Schweigeminute … Sind Sie schon fertig? Dann lassen Sie uns weitermachen.

Wladimir Iljitsch stammte aus einer Familie, die in der zaristischen Verwaltung stetig aufgestiegen war. Sein Vater Ilja Nikolajewitsch Uljanow wurde schließlich zu einem Mitglied der russischen Elite. Er war Leiter der Bildungsabteilung im Gouvernement Simbirsk, aber finanziell

Palais in Gorki Leninskije

war er längst nicht so gut aufgestellt wie andere, wohlhabende Familien. Als Ausdruck ihres Ehrgeizes aßen die Uljanows – wie bei der damaligen Elite üblich – Weißbrot anstelle des für das Land und die ärmeren Bauernschichten typischen Schwarzbrotes.

Wiljam Pochljobkin, ein Pionier der russischen kulinarischen Literatur, schrieb über Lenins Ernährung, dass dieses Weißbrot sein gesamtes Leben beeinflusste. Schwarzbrot ist zwar vielleicht weniger schmackhaft, aber reich an Vitaminen und Mineralstoffen. Brot aus Weizenmehl enthält quasi gar keine Nährstoffe. Aber Weißbrot wurde von den Reichen gegessen, also wollte Lenins Vater es auch auf seinem Tisch sehen. Nur dass die Reichen ihre Nährstoffe aus anderen Quellen bezogen, die sich die Familie Uljanow nicht leisten konnte.

Was Lenin als Kind an Vitaminen nicht bekommen hat, sollte er nie wieder aufholen. Deshalb war er gegen Ende seines Lebens auch so krank. Dies war einer der Gründe, warum er nach dem Staatsstreich nicht mehr die Kraft hatte, wieder auf die Beine zu kommen, und so früh starb.

Zuhause aß der kleine Wolodja ziemlich regelmäßig – seine Mutter stammte aus einer wolgadeutschen Familie und legte sehr viel Wert auf Ordnung, somit auch auf die Essenszeiten. Bis zum Ende seines Lebens erschien Lenin pünktlich zu jeder Mahlzeit und wurde sehr wütend, wenn jemand auch nur eine Minute zu spät kam. Von Haus aus brachte er auch eine Abneigung gegen Süßigkeiten mit – seine Eltern gönnten sie nur Wladimirs Schwestern, denn damals galten jegliche Süßigkeiten als unmännlich.

Doch sobald Wladimir Iljitsch auszog, um zu studieren, hörte er auf, regelmäßig zu essen, und bald darauf bekam er eine Magenverstimmung, die ihn sein ganzes Leben lang mehr oder weniger stark plagen sollte. Paradoxerweise aß er nur dann besser, wenn der Zar es auf ihn abgesehen hatte. Als er das erste Mal ins Gefängnis kam – wo es ihm zwar insgesamt nicht gut ging, er aber regelmäßig zu essen bekam – verschwanden die Probleme. Dann wurde er entlassen, kehrte in sein studentisch-revolutionäres Leben zurück und begann sofort wieder, über Magenprobleme zu klagen.

Dasselbe geschah, als Lenin vom Zaren 1897 nach Sibirien ins Exil geschickt wurde, in das Dorf Schuschenskoje an der Lena. Für die acht Rubel, die er zur Verfügung hatte, bekam er bei einer einheimischen Familie ein Zimmer sowie Kost und Logis. Nadeschda Konstantinowna Krupskaja, eine Bekannte aus der sozialistischen Partei, die ebenfalls nach Sibirien verbannt worden war, flehte die Beamten an, sie an denselben Ort wie Wladimir Iljitsch zu schicken. Es ist schwer zu sagen, was Lenin von ihrem Besuch hielt, seiner Familie hat es jedenfalls nicht gefallen. Seine Schwester Maria konnte die Krupskaja nicht ausstehen. Sie fand sie hässlich und aufdringlich, verglich ihre äußere Erscheinung mit einem Hering und war der Meinung, dass ihr Bruder eine bessere Ehefrau verdient hätte.

Lenin beklagte sich jedoch nicht; er schätzte es, wie viel Unterstützung er von der Krupskaja in den Angelegenheiten der Revolution erhielt, obwohl er bis an sein Lebensende behauptete, dass er nie eine Frau getroffen hätte, die *Das Kapital* lesen, Zugfahrpläne verstehen und gut Schach spielen konnte.

Lenin und Krupskaja verbrachten also, dank des Zaren, drei Jahre »Urlaub« in Sibirien. Und zum ersten Mal seit seiner Entlassung aus dem Gefängnis bekam Wladimir Iljitsch regelmäßig zu essen, drei Mahlzeiten am Tag, und zwar gute, gesunde, fettreiche russische Küche: Pelmeni, Ucha-Suppe, Schtschi, Gurkensuppe Rassolnik sowie gebratenen Fisch, den er selbst fing, und Wildbret aus dem Fleisch von Tieren, die er oft selbst gejagt hatte. Es genügt zu sagen, dass Krupskajas Mutter, als sie die beiden Revoluzzer im Exil besuchte, gemeint haben soll: »Ihr seid aber aufgegangen!«

Nadeschdas Mutter Jelisaweta Wassiljewna Krupskaja begleitete sie viele Jahre lang. Gleich nach ihrer Ankunft in Sibirien legte sie einen Hausgarten an. Krupskaja und ihre Mutter pflanzten Tomaten, Gurken, Schnittlauch, Dill, Zwiebeln und Knoblauch. Im Winter legten sie Gurken ein. Es war eine großartige Möglichkeit, die ohnehin schon ordentliche sibirische Bauernkost noch abwechslungsreicher zu gestalten. Lenin hat in seinem Leben nie besser gegessen als in Sibirien.

Nach dem Ende des Exils hatten weder Lenin noch Krupskaja vor, ihre revolutionären Aktivitäten einzustellen. Es war ihnen sehr wohl bewusst, dass es für sie gefährlich wäre, in Russland zu bleiben, also begannen sie ihre Wanderschaft quer durch Europa. Sie lebten in Frankreich, England, der Schweiz und in Polen. Stalin, der sie in Polen besuchte, bewunderte Lenins polnischen Sprachkenntnisse, aber Lenin antwortete bescheiden, dass Krupskaja viel besser Polnisch gelernt hätte als er.

Obwohl sie Revolutionäre waren, hatten sie durchaus einen traditionellen Ansatz, was die Haushaltsführung anging. Das heißt, die Krupskaja sollte sich um den Haushalt kümmern. Doch sie selbst sagte von sich, dass sie nur drei Gerichte zubereiten könne: Rührei aus einem, zwei oder drei Eiern. Und es stimmt, dass Lenin im Exil hauptsächlich Rührei aß. Nun ist es aber so: Wenn Sie nur Eier essen, werden Sie nicht sterben, aber Ihr Organismus wird viele notwendige Nährstoffe, viele Vitamine und Spurenelemente nicht bekommen. Und dieser Mangel wird sich früher oder später bemerkbar machen.

So ist es dem armen Wladimir Iljitsch ergangen.

Seine Schwester starb in St. Petersburg an Typhus, einer Krankheit, an der, wie der bereits erwähnte Gelehrte Pochljobkin schrieb, in Friedenszeiten niemand sterben sollte. Schon gar nicht in einer Stadt, in der es Zugang zu fließendem Wasser gab. Pochljobkin glaubt, und ich stimme ihm zu, dass Olga an Typhus erkrankte, weil sie von klein auf gewohnt war, Rohmilch zu trinken. Aber was man sich auf dem Land leisten kann, wo man die Milch direkt von der Kuh trinkt, verhält sich ganz anders in der Stadt– wo die Milch einen langen Weg bis zum Verbraucher zurücklegen muss und sich mit Bakterien infizieren kann.

Kurzum, auch Lenin mochte frische Milch und auch diese Tatsache war seiner Gesundheit gewiss nicht zuträglich. Und Rührei mit roher Milch? Ich will gar nicht daran denken, was er seinem Gehirn damit angetan hat.

Über Lenins Gehirn gibt es auch eine spannende Geschichte. Wie Sie vielleicht wissen, wollte Stalin beweisen, dass Wladimir Iljitsch ein Genie war und dass sogar sein Kopf anders funktionierte als der eines normalen Menschen. Um das zu belegen, hat man dem armen Lenin das Gehirn herausgeschnitten. Natürlich erst nach dem Tod, was reden Sie da! Ah, ich verstehe. Ich erzähle Ihnen hier ernste Sachen und Sie machen irgendwelche blöden Witze. Nun, ich werde das ab jetzt ignorieren.

Also: Das Gehirn wurde im Januar 1924 aus dem Körper des toten Lenin herausgeschnitten und dann in dreißigtausend Teile zerlegt. In

Russland wusste man damals nicht, wie man es angemessen erforschen sollte, also ließ man zwar die meisten Teile in Moskau – doch einige wurden nach Deutschland gebracht, wo deutsche Wissenschaftler sie untersuchen sollten. Das Problem war nur, dass Stalin erstaunliche Ergebnisse erwartet hatte, die Deutschen ihm aber sagten, dass Lenins Hirn wie jedes andere sei. Es sei nichts Außergewöhnliches daran. Derartige Forschungsergebnisse wollte Stalin nicht veröffentlichen.

Alles in allem machte das aber nichts, Veröffentlichung hin oder her, denn genau darin lag die Stärke Lenins: Er war weder stärker noch klüger noch hatte er ein besonders beschaffenes Gehirn. Er war wie jeder andere Russe: nicht besonders groß, kahlköpfig, von durchschnittlichem Aussehen. Aber er war viel arbeitsamer und viel entschlossener als die anderen. Er las über den Kommunismus, über die Revolution und glaubte fest daran, dass er, ein Junge aus einem kleinen russischen Dorf, das Leben von Menschen auf der ganzen Welt verbessern könnte. Und er hat es geschafft! Ist das nicht eine wunderbare Geschichte?

Traurig ist nur, dass sein Gehirn wegen Stalin immer noch zerschnitten im Moskauer Institut für Hirnforschung liegt, das übrigens nach Lenins Tod extra gegründet wurde, um es zu untersuchen. Wie bitte? Dass sie was hätten überprüfen sollen? Ob er doch an Syphilis erkrankt war? Na toll, ich erzähle Ihnen eine schöne Geschichte und Sie scheinen nur auf das Sexualleben von Wladimir Iljitsch Lenin fixiert zu sein. Nein, Witold Miroslawowitsch, da muss ich Sie enttäuschen. In den über dreißigtausend Teilen von Lenins Hirn wurden keine Spuren von Syphilis gefunden. Auf jeden Fall wurden noch zu seinen Lebzeiten Tests auf zerebrale Syphilis durchgeführt, da Lenins Gesundheit gegen Ende seines Lebens hin immer schlechter wurde und die Ärzte festzustellen versuchten, was ihm fehlte. Und Syphilis wurde definitiv ausgeschlossen. Wirklich, wenn ich das nächste Mal höre, dass jemand aus Polen kommt, werde ich mich weigern, eine Führung zu machen. Wie viel Unsinn soll ich mir denn noch anhören?

Gehen wir zurück in die Küche, da können Sie sich vielleicht für einen Moment konzentrieren. Ich möchte Ihnen etwas Interessantes erzählen: Lenin machte sich kaum je Gedanken ums Essen. Was ihm serviert wurde, aß er eben. Er war kein Feinschmecker, er schien jemand gewesen zu sein, der überhaupt keine Geschmacksnerven besaß. Das ist der Witz, den ich den Touristen seit ungefähr einem Jahr erzähle. Sehen Sie? Ich mache auch gerne Witze, obwohl meine Art zu reden so knapp und prägnant ist wie die von Lenin. Wladimir Iljitsch konnte nicht einmal eine Meinung zum Essen äußern: Wenn ihn jemand fragte, ob er etwas mochte oder nicht, zuckte er mit den Schultern; er verstand die Frage gar nicht. Ihm schmeckte halt alles.

Einmal, als er in der Emigration in Stuttgart war, bekamen er und Krupskaja von irgendwelchem Essen eine Lebensmittelvergiftung. Sie schafften es kaum aus dem Restaurant nach Hause. Sofort beschloss Krupskaja, dass sie einen Arzt rufen müssten. Wie es der Zufall wollte, hatte Lenin falsche Papiere auf den Namen eines finnischen Kochs dabei. Als der Arzt kam, begann er sogleich, ihn auszufragen, welche Speisen er und Krupskaja denn gegessen hätten, und Wladimir Iljitsch konnte sich an keine einzige erinnern.

Der Arzt erkannte also schnell, dass da etwas nicht stimmte. Neben der üblichen Gebühr für den Hausbesuch mussten sie ihn mit viel Geld schmieren, damit er ihren illegalen Aufenthalt nicht den Behörden meldete.

Während ihrer Zeit im Ausland aßen Lenin und Krupskaja meistens nur einmal am Tag. Lenin aß, o Graus, immer noch gerne Eier und trank Milch dazu. Es war eben eine andere Generation, die nichts über den Einfluss von Lebensmitteln auf den menschlichen Organismus wusste.

Man sieht, wie alles im Leben von Wladimir Iljitsch einem einzigen Ziel untergeordnet war: der Revolution. Nichts anderes war ihm wichtig.

Ein weiterer Vorfall im Zusammenhang mit Essen ereignete sich in Paris. Lenin und Krupskaja verließen eine für sie zu teure Wohnung – woraufhin ein Pole dort einzog. Dieser wollte sich bei seinen vermeintlichen Landsleuten (denn schließlich gehörte Polen damals zum russischen Reich) erkundigen, wie hoch die Preise für Rindfleisch, Gans und andere Fleischsorten auf dem lokalen Markt waren. Als Lenin dies hörte, machte er ein derart entsetztes Gesicht, dass noch Jahre später in seiner Familie darüber gescherzt wurde; bei verschiedenen Gelegenheiten wurden Leute zu Wladimir geschickt, um ihn zu fragen, was Gänsefleisch kostet.

Lenin schrieb im Exil viel und war damit beschäftigt, die kommunistische Partei zu organisieren. Er hatte ständig Besprechungen, Versammlungen und war immerzu auf Reisen. Selbstverständlich war er sich dessen bewusst, dass viele Menschen in Russland nicht genug zu essen bekamen oder sogar Hunger litten, aber die meisten seiner Überlegungen bewegten sich auf einer höheren Ebene. Sich um die Lebensmittelversorgung Sorgen zu machen, das war nicht sein Ding. Das Einzige, woran ich mich aus seinen Texten zu diesem Thema erinnere, ist das kuriose Postulat, dass Russland aufhören sollte, Kartoffeln für die Herstellung von Wodka zu verschwenden, wenn er doch aus Torf hergestellt werden könnte. Lenin war ein großer Feind des Wodkas; von geistigen Getränken duldete er, vielleicht wegen der deutschen Herkunft seiner Mutter, lediglich Bier. Als er an die Macht kam, kämpfte er gegen den Alkohol und gegen die Art und Weise, wie der Zar das russische Volk damit verdorben und verblödet hatte. Er beschloss sogar, dass Schwarzbrennerei mit dem Tode durch Erschießen bestraft werden sollte.

»Es ist besser zu sterben als mit Wodka zu handeln«, pflegte er zu sagen.

Während ihres Aufenthalts in Stockholm begann Lenins Mutter, ihrem Sohn und dessen Frau Pakete mit geräuchertem Fisch und russischen Bonbons zu schicken. Nadeschda Krupskaja, die Süßigkeiten liebte, bedankte sich in ihren Briefen herzlichst für diese Pakete, von deren Inhalt sie aber noch dicker wurde. Sie versuchte auch, Lenin dazu zu überreden, ebenfalls Schokolade und Bonbons zu essen. Aber von zuhause war bei ihm hängengeblieben, dass Süßigkeiten nur für Frauen, vielleicht für Kranke, aber nicht für gesunde Männer im besten Alter bestimmt waren. Und für so einen hielt er sich. Freunde schickten ihnen außerdem Aprikosenmarmelade, Halva und Rosinen, aber auch diese süßen Speisen aß er nicht.

Die Jahre im Exil waren weitgehend ruhig und harmonisch. Vor allem angesichts dessen, was später geschah.

HAUPTSPEISE

Als der Erste Weltkrieg 1914 ausbrach, war Lenin in Polen, in Poronin. Ich weiß, dass ihr Polen dort ein schönes Museum hattet, das ihm gewidmet war, aber es wurde nach der Wende geschlossen. Damals wollten sie auch unser Museum schließen. Später wollten sie Tafeln über Lenins negativen Einfluss auf die Weltgeschichte aufstellen. Schließlich wurde die gesamte Ausstattung von Lenins Arbeitszimmer und Wohnung, die zu Zeiten des Kommunismus als sein Museum diente, einschließlich der Küche, aus dem Kreml hierher gebracht. Es gibt sogar einen löchrigen Topf, in dem Maria Uljanowa, Lenins Schwester, und Nadeschda Krupskaja gekocht haben – und den der polnische Chauffeur Stepan Gil für sie repariert hatte. Wenn ein Topf mit Löchern nicht beweist, dass sie bescheiden gelebt haben, dann wird Sie wahrscheinlich gar nichts davon überzeugen können.

Jedenfalls kam Lenin, als die Revolution ausbrach, nach St. Petersburg, um sie anzuführen. Den Rest können Sie in jedem Geschichtsbuch nachlesen. Allerdings wissen Sie auch, dass er, nachdem er an die Macht gekommen war, Repressionen einführte und dass die Menschen seinetwegen hungerten. Als Lenin an die Macht kam, herrschte in Russland in Wirklichkeit Anarchie. Nichts funktionierte. Die Anhänger des Zaren warfen den Bolschewiki Knüppel zwischen die Beine – und diese mussten an mehreren Fronten gleichzeitig kämpfen. Sie glaubten, dass sie nur gewinnen konnten, wenn sie rücksichtslos und standhaft wären. Haben sie Menschen erschossen? Ja, sie haben Menschen erschossen. Hatten sie denn eine andere Möglichkeit? Nein, hatten sie nicht. Und ich habe keine Lust, noch länger mit Ihnen zu diskutieren. Akzeptieren Sie einfach, dass ich so denke, wie ich denke; so wie ich akzeptiere, dass Sie anders denken.

Wladimir Iljitsch kam schon bald nach dem Sieg der Revolution nach Gorki, das heute Gorki Leninskije heißt. Zunächst war er von diesen Reisen nicht begeistert: Er glaubte, sein Platz sei im Zentrum des Geschehens, in der neuen Hauptstadt Moskau. Aber als er 1918 angeschossen wurde, verschlechterte sich sein Gesundheitszustand und Gorki war der ideale Ort für ihn, um sich zu erholen. Und hier eine interessante Tatsache: Lenin wurde in dem Moment angeschossen, als er mit einer Frau über die Schwierigkeiten, an Brot zu kommen, sprach.

Wir wissen dies dank Stepan Gil, seinem polnischen Chauffeur, der Wladimir Iljitsch an diesem Tag das Leben rettete, indem er ihn blitzschnell zum Kreml fuhr, als der Revolutionsführer angeschossen wurde. Übrigens ist auch die Geschichte von Stepan Gil ungewöhnlich, denn dieser Mann war zuvor der Chauffeur von Zarin Alexandra gewesen und hatte viele Jahre für die Zarenfamilie gearbeitet. Das beweist für mich, dass Wladimir Iljitsch nichts dagegen hatte, wenn jemand, der früher mit der alten Macht verbunden gewesen war, für die Revolution arbeitete.

Wie auch immer. Es wurde also lange nach einem geeigneten Ort für Lenin gesucht: Einerseits musste dieser alle notwendigen Annehmlichkeiten bieten, andererseits durfte er nicht wie ein Palast aussehen, denn das hätte Lenin nicht toleriert. Der Ort Gorki hatte zuvor Sinaida Grigorijewna Morosowa gehört, der Gemahlin des ehemaligen Moskauer Gouverneurs des Zaren, einer äußerst wohlhabenden Frau. Und Gorki war perfekt für Lenin: Luxus gab es dort nicht wirklich, doch es gab ein Telefon, sodass Wladimir Iljitsch jederzeit wichtige Gespräche führen und Entscheidungen treffen konnte. Außerdem verfügte das Haus über heißes Wasser, was damals ganz und gar nicht üblich war. Aber die Möbel waren so elegant, dass Lenin das Personal bitten musste, sie mit Plastikhüllen abzudecken. Er schämte sich, in einem solchen Luxus zu leben.

Bitte? Was soll das heißen, er hat es gestohlen? Von der Morosowa? Witold Miroslawowitsch, ich bitte Sie! So können wir nicht weiterreden. Hier gab es ein Sanatorium! Er hat es sich geliehen, um seine Gesundheit zu verbessern!

In Gorki wurde zunächst ein Sanatorium für Parteimitglieder eingerichtet. Mit vollem Personal, einschließlich Putzfrauen und Köchen. Einer von ihnen war wahrscheinlich Spiridon Putin, der Großvater des Präsidenten unseres Landes, Wladimir Putin. Das hat der Präsident selbst in Interviews so gesagt.

Und hier kommt nun endlich die Köchin, nach der Sie eigentlich gefragt haben. Sie hieß Alexandra »Schura« Worobjowa, war etwas über dreißig Jahre alt und arbeitete zunächst in der Küche dieses Sanatoriums. Später arbeitete sie für Lenin, für Krupskaja und für deren Gäste.

Gehen wir runter in die Küche, einen Moment, ich sperre nur die Tür auf. Wir wollten diesen Ort schon lange der Öffentlichkeit zugänglich machen, bisher ist er nur selten zu sehen. Töpfe, Teller, Messerschärfer, Herd, Herdringe, alles original aus Lenins Zeit. Aus der Zeit vor Lenin gibt es einen unterirdischen Tunnel, der für den Transport von Lebensmitteln vom Wirtschaftsgebäude, in dem wir uns jetzt befinden, zum Haus genutzt wurde. Im Keller wurde das Essen in Portionen aufgeteilt und auf Teller gelegt, von wo aus es direkt in den Speisesaal im Erdgeschoss gebracht wurde.

Wir wissen sehr wenig über Schura. Sie stammte aus dem Dorf Gorki und war offenbar keine Unschuld vom Lande, denn eine der wenigen Erinnerungen an sie stammt von Lenins Leibwächtern und betrifft einen von ihr begangenen Diebstahl. Sie soll einen Teppich entwendet haben. Wladimir Iljitsch verzieh ihr, was sehr typisch für ihn war, und Schura war ihm für den Rest ihres Lebens dankbar dafür. Und sie verpflegte ihn, so gut sie konnte.

Schura Worobiowa

In der Sowjetunion war es nicht erlaubt zu sagen, dass Lenin einen Koch oder Bedienstete hatte. Es wurde immer betont, dass er und die Krupskaja wie alle anderen Russen lebten und dass entweder Nadeschda, Lenins Schwester Maria oder Krupskajas Mutter zuhause kochten. Und da war viel Wahres dran, denn genau so lief es jahrelang. Aber die Tatsache, dass in Gorki zum ersten Mal in Lenins Leben eine professionelle Köchin auftauchte, wurde verschwiegen. Und ich vermute, dass einige der Unterlagen, die sich auf Schura beziehen, weggeworfen wurden. Das Einzige, was übrig geblieben ist, sind Einkaufslisten, die sie eigenhändig erstellt hat. Woher sie schreiben konnte? Das weiß ich nicht, in jenen Jahren war das unter Bauernkindern nicht üblich, aber sie schrieb recht geschickt. Vielleicht hatte sie zuvor für Morosowa, die frühere Eigentümerin des Gorki-Anwesens, gearbeitet? Aber das ist nicht überliefert.

Morosowa hatte Letten auf ihr Anwesen geholt, weil die Landwirtschaft dort zu jener Zeit am weitesten entwickelt war. Sie hatte einen Obstgarten, einen Garten, eine Imkerei und ein Gewächshaus. Die meisten Schnittblumen, die damals in Moskau verkauft wurden, stammten von ihrem Gut.

Der sowjetische Staat übernahm dann nicht nur die Wohngebäude, sondern auch den hervorragend bewirtschafteten Hof samt Personal. In Gorki wurde eine der ersten Sowchosen – staatliche landwirtschaftliche Großbetriebe – Russlands gegründet. Fast alle lettischen Arbeiter, die zuvor dort tätig waren, blieben, obwohl sie weniger effizient arbeiteten als zu Morosowas Zeiten. Dies war aus den Statistiken ersichtlich, und Lenin konnte sich nicht erklären, warum es so war. Wahrscheinlich sah er zum ersten Mal in seinem Leben, dass die schönen Theorien, die er in seinem Kopf hatte, nicht immer in die Praxis umgesetzt werden konnten, und schon gar nicht auf einfache Art und Weise. Immer wieder ging er zu den Arbeitern dieser Sowchose und fragte sie, warum sie für die Kapitalisten effizienter gearbeitet hatten, und warum sie nun, da der Betrieb an den Staat übergegangen war und de facto allen gehörte, schlechter arbeiteten.

Direkt neben Lenins Haus muhten die Kühe, die Hühner kamen manchmal sogar bis zum Haus des Revolutionsführers und die Bienen produzierten Honig – und all dies kam auf den Tisch von Wladimir Iljitsch. Aber nicht nur, denn ein Teil ging an das Sanatorium, ein Teil an eine nahe gelegene Schule, ein Teil an ein Waisenhaus und ein Teil an andere Orte, genau wie in jeder anderen Sowchose auch. Noch heute sind unsere Bienen Nachkommen derjenigen, deren Honig Lenin gegessen hat. Einige der alten Walnussbäume stehen noch da. Sogar unsere Apfelbäume sind Nachkommen der Apfelbäume aus jenem Obstgarten.

Lenin rechnete akribisch alles ab, was ihm gebracht wurde; er hätte sich niemals erlaubt, etwas umsonst zu nehmen, wie mehrere Leute herausgefunden haben. Einmal brachten ihm zwei Wolga-Fischer einen Stör als Zeichen der Wertschätzung seiner Arbeit. Schura Worobjowa machte sich an die Zubereitung des Fisches; sie entfernte die Schuppen, nahm ihn aus und begann, ihn in Stücke zu schneiden. Alle im Haus, auch die Wächter, freuten sich darauf, von dem Stör kosten zu können.

Dann kam Lenin. Er fragte, was das denn für ein Fisch sei und woher er komme. Als er erfuhr, dass er ihn kostenlos bekommen hatte, wurde er sehr wütend und sagte, dass dies in einem Land, in dem so viele Kinder hungerten, nicht hinnehmbar sei, und befahl, den Fisch sofort zum nächsten Waisenhaus zu bringen.

APERITIF

Ich weiß, Herr Witold, was Sie mir jetzt sagen werden. Dass das alles wie eine verlogene Geschichte klingt, die zu kommunistischen Zeiten propagiert wurde, und dass sie nichts mit der Wahrheit zu tun hat.

Nun, seit der Wende hat unser Museum viel getan, damit unsere Besucher Wladimir Iljitsch so kennenlernen können, wie er wirklich war. Weg vom Leninismus, hin zu Lenin, einem Mann, der lebte, liebte und Gefühle hatte. Und natürlich auch gegessen hat. Ich arbeite seit über zwanzig Jahren hier und bin nach wie vor beeindruckt von seiner

Persönlichkeit. Leider waren auch hier in Gorki seine Lieblingsspeisen immer noch Eier und Milch. Damit ist eine interessante Geschichte verbunden: Ein Jahr nach dem Attentat hatte Lenin erneut großes Glück. Er war mit seiner Dienstlimousine in Moskau unterwegs, als er von Räubern überfallen wurde. Sie fuhren quer vor sein Auto, stoppten es, bedrohten ihn mit einer Pistole, forderten den Chauffeur auf, auszusteigen und raubten dann die wichtigste Person des Staates aus. Das war nicht weiter verwunderlich, weil ein anderer Lenin nahestehender Pole, Feliks Dzierżyński, gerade erst dabei war, den Schutz des Revolutionsführers auszubauen; Lenins früheres Auto zum Beispiel war von dreisten Dieben direkt vor dem Kreml gestohlen worden. Das Entscheidende ist jedoch, dass Lenin bei diesem Überfall sein Auto den Räubern überließ und lediglich verlangte, dass sie ihn seine Flasche Milch mitnehmen ließen.

Lenins Leben in Moskau war sehr intensiv. Als er an die Macht kam, hatte er alle gegen sich: Der Erste Weltkrieg hielt noch an und Russland musste eine Niederlage nach der anderen einstecken; es gab den Bürgerkrieg, in dem die Weißen, also die Anhänger des Zaren, versuchten, den Kommunismus zu stürzen; die Bauern organisierten sich gegen die Bolschewiki, ebenso wie die imperialistischen Länder, die wütend darüber waren, dass irgendwo auf der Welt die Ideale des Kommunismus in die Praxis umgesetzt wurden. Darüber hinaus war Lenin unverändert dabei, Reformen durchzuführen und ein neues Land auf den vom Zaren hinterlassenen Ruinen aufzubauen. Kein Wunder, dass er erschöpft war. In kurzer Zeit erlitt er mehrere Schlaganfälle hintereinander. Nach einem dieser Vorfälle landete er im Rollstuhl – und sollte sich nie wieder daraus erheben.

Am Ende seines Lebens war er sehr schwach, kränklich, gebrechlich. Stalin holte alle Ärzte, die er finden konnte, hierher, darunter auch den weltberühmten Spezialisten Otfrid Foerster aus dem damals deutschen Breslau.

Diese Ärzte irritierten Wladimir Lenin zutiefst. Jeder riet etwas anderes, jeder empfahl eine weitere Einschränkung seiner Ernährung. Foerster riet ihm, Fleischbrühe zu sich zu nehmen, um sich zu stärken, und verbot ausdrücklich, ihm Buchweizengrütze zu geben, die Lenin, wie es sich für einen Russen gehörte, liebte. Er verwendete die Grütze sogar als Motiv in einer seiner Schriften: »Wir sind keine Kinder, die man mit der Grütze der Politik füttern könnte.«

Schura Worobjowa, die ihn nährte wie eine Mutter ihr Kind, kochte und servierte ihm diesen Brei dennoch – hinter dem Rücken der deutschen Ärzte. Es sind Erinnerungen überliefert, in denen Lenins Gäste berichten, dass Lenin, als Schura ihm Buchweizengrütze auf den Tisch stellte, vor Freude lächelte, obwohl er zu diesem Zeitpunkt schon nicht mehr sprechen konnte. Ich weiß, Herr Witold, dass im Westen Buchweizen an Tiere verfüttert wird; vielleicht macht ihr das auch in Polen? Aber hier ist es das Hauptnahrungsmittel für viele Menschen. Hätte Lenin in seiner Kindheit mehr davon gegessen, hätte er vielleicht all die lebensnotwendigen Spurenelementen erhalten, die ihm durch den Verzehr von Weißbrot fehlten. Und er hätte länger leben können. Wir werden es niemals erfahren. Aber ich bin Schura Worobjowa zutiefst dankbar, dass sie nicht auf die Ärzte hörte, sondern Wladimir Iljitsch unser eigenes russisches Antibiotikum vorsetzte: Buchweizen.

Und jetzt, zum Abschluss, möchte ich Sie an einen besonderen Ort führen. Setzen Sie sich hierher, hier, neben dieses Bett. Auf diesem Bett hat der größte Revolutionär und der größte Träumer seiner Zeit, Wladimir Iljitsch Lenin, seinen letzten Atemzug getan. Denken Sie über ihn, was Sie wollen, das bleibt Ihnen überlassen.

Aber wenn seine Träume wahr geworden wären, würden Sie und ich in einer viel besseren Welt leben, als es heute der Fall ist.

REZEPTE

SPIEGELEI AUS DREI EIERN

- 3 Eier
- Öl oder Schmalz
- Salz, Pfeffer

Das Öl erhitzen. Die Eier in der Pfanne aufschlagen. Vorsicht – nicht umrühren! Was Lenin und seine Frau als »Rührei« bezeichneten, nennen wir Spiegeleier. Das Gericht ist fertig, wenn das Eigelb und das Eiweiß fest geworden sind. Mit Pfeffer und Salz abschmecken.

Lenin hat es wahrscheinlich nicht getan, aber wenn man das Spiegelei aufpeppen möchte, fügt man Kirschtomaten, Schinken, Käse oder Lachs hinzu. Oder isst es mit Avocado.

BUCHWEIZENGRÜTZE

- Gemüse: gefrorene Erbsen, Möhrchen, Sellerie
- 1 Glas losen Buchweizen

Den losen Buchweizen in einen Topf tun und mit zwei Gläsern Wasser übergießen. Die tiefgefrorene Gemüsemischung hinzufügen. Kochen, bis der Buchweizen weich wird.

Nicht nur Lenin und seine Köchin, auch viele Russen glauben an die heilende, geradezu magische Kraft des Buchweizens. Manche nennen ihn sogar »russisches Viagra«. Tatsächlich senkt Buchweizen das Cholesterin und die Triglyzeride und steigert somit die Vitalität. Er soll sogar einen Verjüngungseffekt haben. Wenn man sich Lenin in seinem Mausoleum ansieht, muss es wohl stimmen!

Doch um die Gesundheit zu erhalten, empfehlen wir den nichtgeräucherten Buchweizen. Der Vater der Revolution bevorzugte nämlich den (in Russland üblichen) geräucherten.

DURCH DIE KÜCHENTÜR

Bringen wir etwas Ordnung in die Erzählung unserer Reiseführerin über Gorki Leninskije (wörtlich: »Lenins Hügel«) – den Ort, an dem der Führer des Weltproletariats seinen letzten Atemzug tat.

Es ist nicht ganz klar, wie es sich mit der Syphilis wirklich verhielt. Auf jeden Fall wird gemunkelt, dass Lenin, obwohl er sein Leben lang angeblich nur an die Revolution gedacht hat, während seines Aufenthalts in Frankreich auch Bordelle aufgesucht haben soll. Gerüchte, wonach er sich dort mit einer Krankheit angesteckt haben könnte, die sein Leben – und letztlich das Schicksal der Welt – beeinflusste, waren schon bei seinen Zeitgenossen sehr beliebt und haben auch heute noch viele Anhänger unter Historikern.

Was man aber ganz sicher weiß, ist, dass Lenin als Erster Repressionen in einem in der russischen Geschichte unbekannten Ausmaß einleitete. In der Zarenzeit wurden jährlich etwa tausend Menschen wegen verschiedener Vergehen hingerichtet. Das ist viel, aber als die Bolschewiki an die Macht kamen, stieg die Zahl auf fünfzigtausend Opfer pro Jahr!

Die Menschen auf dem Land fingen an zu hungern, zunächst als Folge der fehlgeschlagenen Kollektivierung. Lenin, der nicht verstand, warum die Sowchose in Gorki unter Kapitalisten besser funktioniert hatte als unter Kommunisten (eine Geschichte aus seinem Leben, die ausnahmsweise glaubwürdig klingt), konnte auch nicht verstehen, warum es an Lebensmitteln fehlte. So gab er den Kulaken, den reichen Bauern, die Schuld an allem, obwohl sich dieser vermeintliche Reichtum oft lediglich auf eine oder zwei Kühe beschränkte. Also begannen die Bolschewiki, den Bauern rücksichtslos alle Lebensmittel wegzunehmen, sodass diese keine Möglichkeit hatten, den Winter zu überleben.

Im Gouvernement Tambow reagierten die Bauern mit bewaffnetem Widerstand. Der Feldzug gegen die Bauern, unter der Führung von Michail Tuchatschewski, einem der späteren Befehlshaber im sowjetisch-polnischen Krieg und anschließend ein Opfer von Stalins Säuberungen, kostete über eine Viertelmillion Menschen das Leben.

Auch die Geschichte der Gorki-Sowchose ist etwas komplexer, als die Propaganda behauptet. Lenin wollte aus der Sowchose in Gorki einen

Musterhof machen, immer wieder betonte er, dass das Anwesen allen gehörte, den Arbeitern und den Bauern. Angeblich sollen die Arbeiter selbst verlangt haben, dass ihr Betrieb nach Lenin benannt wird und als Aushängeschild für die Revolution dient.

Tatsächlich hatte dieser Landwirtschaftsbetrieb das Potenzial dazu: Vor der Revolution gab es einen Stall für 145 Kühe, einen Schweinestall, Geflügelställe mit modernen Brutkästen, eine Molkerei, eine Schmiede, eine Schlosserei und eine Schreinerei sowie ein Eishaus – und das alles mit Zugang zu fließendem Wasser, Kanalisation und Elektrizität, was damals äußerst selten war. Vor dem Krieg belegte der Hof der Morosowa bei allen landwirtschaftlichen Wettbewerben Spitzenplätze; kurz vor dem Ersten Weltkrieg gewann er bei einem Wettbewerb in Moskau alle drei ersten Preise. Doch die Bolschewiki waren in der Frage der Leitung und des Managements dermaßen inkompetent, dass selbst dieser vorbildliche Hof unter ihnen verfiel. Nur zwei Jahre nach ihrer Machtübernahme fand eine Kommission, die den Zustand des Anwesens begutachtete, dort kranke Tiere, ungemahlenes Getreide und kränkliche, abgemagerte Menschen vor. Es dauerte viele Jahre, bis sich der Betrieb wieder erholte und einigermaßen funktionierte; dies geschah erst nach Lenins Tod. Das frühere Niveau wurde jedoch nie wieder erreicht.

Stalin, der die Nachfolge Lenins antrat, erlaubte sich mit diesem posthum einen Scherz, indem er seine Leiche einbalsamieren und für sie ein riesiges Mausoleum am Roten Platz erbauen ließ. Wladimir Iljitsch hätte sicher nicht gewollt, dass sich um seinen mumifizierten Körper ein quasireligiöser Kult entwickelte. Auch seine Lebensgefährtin, Nadeschda Krupskaja, protestierte dagegen. Vergeblich. Stalin, ein verhinderter orthodoxer Priester, war sehr wohl bewusst, dass die Menschen Götter und Idole brauchten, die ihrem Leben einen Sinn gaben. Der einbalsamierte Revolutionsführer eignete sich perfekt als eine solche Gottheit.

Und so ruhte er – und tut es noch heute – auf dem zentralen Platz von Moskau.

Stalin sollte sich später daran erinnern, dass die Krupskaja gegen ihn war. Jedenfalls haben sie sich nie gemocht. Einmal, als er Lenin in Gorki besuchte, machte er sie heftig herunter und sagte, wenn sie ihr Verhalten nicht ändere, könnte die Partei eine andere Lebensgefährtin für Lenin wählen. Damit hätte er beinahe seine politische Karriere zerstört, denn Lenin brach daraufhin die Beziehungen zu ihm für längere Zeit ab.

Nach Lenins Tod wurde die Krupskaja von niemandem mehr geschützt. Sie lebte weiterhin manchmal in Gorki, manchmal in ihrer alten Wohnung im Kreml. Wie es sich für eine Naschkatze gehört, starb sie 1939 an den Folgen einer Kuchenvergiftung. Es ist sehr wahrscheinlich, dass dieser Kuchen von Stalin geschickt worden war. Schon damals, wenige Jahre nach der Revolution, wurde Gift zu einem der bevorzugten Mittel der Bolschewiki, um Menschen loszuwerden, die negativ aufgefallen waren.

Das Lenin-Museum in Gorki Leninskije erklärte sich bereit, mir das einzige erhaltene Foto von Schura Worobjowa zu schicken. Die Bolschewiki wussten, dass eine Dienerin dem Ansehen Lenins schaden würde, und so ist ihre Existenz und Anwesenheit in Gorki viele Jahre lang ein streng gehütetes Geheimnis gewesen. Auf dem Foto steht Schura (eigentlich: Alexandra) im Schnee, neben dem Seiteneingang des Gorki-Hauses. Sie trägt eine zerknitterte Schürze; ihr dunkles Haar, das wie bei einem Jungen geschnitten ist, ist zu einem Scheitel gekämmt. Sie lächelt, wenngleich misstrauisch, vielleicht ist sie aber auch einfach nur schüchtern. Sie wird von einem Hund begleitet – Hunde sind treue Freunde von Köchen, waren aber auch treue Begleiter von Lenin, der sie gerne an seiner Seite hatte, wenn er, als er noch laufen konnte, spazieren oder auf die Jagd ging.

Lenin hat einmal gesagt, dass nicht jeder Arbeiter und nicht jeder Koch wüsste, wie man einen Staat führt. Und Schura Worobjowa sieht auch nicht aus wie jemand, der für die Führung eines Unternehmens ausgebildet wurde. Sie sieht aus wie eine typische Köchin und Haushälterin im Hause reicher Leute, wie es sie in Russland vor der Revolution massenhaft gab.

Trotz all des Bösen, das er verursacht tat, war Lenin von allen Machthabern, die Russland und die Sowjetunion regiert haben, dem Volk am nächsten und am meisten an den Menschen interessiert. Vielleicht war seine Einstellung der Köchin der erste kleine, aber bedeutsame Moment, in dem die Revolution bei eben jenen Menschen, für die sie gemacht wurde, zu scheitern begann. Danach sollte es nur noch schlimmer werden.

Stalin übernahm von Lenin nicht nur die politische Macht, sondern auch einen effizienten Terrorapparat. Und er hat ihn rücksichtslos eingesetzt. Politische Gefangene bauten die wichtigsten Gebäude und arbeiteten bei Prestigeprojekten mit: Sie legten Eisenbahnstrecken an, bauten Flughäfen und gruben den Kanal zwischen dem Weißen Meer und der Ostsee. Millionen Menschen starben bei Zwangsarbeit oder im Gulag.

Weitere Millionen von Menschen, die sich gegen die »Herrschaft des Proletariat« auflehnten, ließ Stalin verhungern.

MENÜ III

Hanna Basaraba – Der Große Hunger / Holodomor

»Wir haben alles gegessen, was wir finden konnten. Schimmelpilz. Baumrinde. Fleisch von toten Tieren. Wir haben Klettenwurzeln ausgegraben. Oder wir haben Lindenblätter gepflückt, die sind ein bisschen bitter, aber man hält es aus. Vor allem, wenn man keine Wahl hat«, sagt Hanna Basaraba mit einem sanften Lächeln im Gesicht. »Manchmal ging ich auf das Feld und grub Löcher in den Boden, um nach verfaulten Kartoffeln zu suchen«, fügt sie nach einer Weile hinzu. »Aber dazu brauchte man Kraft und die hatte ich meistens nicht. Ich war damals sechs Jahre alt und ich erinnere mich, dass ich die ganze Zeit Hunger hatte, wirklich die ganze Zeit.«

1.

Lassen Sie uns die Geschichte wie folgt beginnen:

Roman Kabatschij ist ein ukrainischer Historiker. Ein gutaussehender Mann mit einem feschen Schnurrbart und üppigem Haar. Außerdem singt er wunderschön – sein Vater, der langjährige Leiter des Schulchors, der jetzt im Ruhestand ist, hat ihn mit dieser Leidenschaft angesteckt.

Es ist schwer vorstellbar, dass dieser lebhafte und optimistische Mann nicht da sein könnte. Es hätte nicht viel gefehlt.

Wir sitzen im Auto und fahren von Kyjiw in das Dorf Welyka Rostiwka (Groß-Rostiwka), wo Romans Mutter herkommt und wo er als Kind jeden Sommerurlaub verbracht hat. Roman erzählte mir, dass es in Rostiwka noch ein paar Frauen gäbe, die sich an die Große Hungersnot 1932/1933 erinnern – eine Seltenheit, denn wir sprechen über ein Ereignis, das fast neunzig Jahre zurückliegt. Damals ließ Stalin mehr als sechs Millionen Ukrainer verhungern. Alle sieben Minuten starb in der Ukraine ein Mensch an Hunger.

Die Winnyzka Oblast, in der Rostiwka liegt, ist eine der Regionen der Ukraine, die damals am meisten gelitten hat. Lokale Historiker gehen davon aus, dass allein in Podolien, zu dem Winnyzja und das große und kleine Rostiwka gehören, zwischen anderthalb und zweieinhalb Millionen Menschen verhungert sind. Anne Applebaum, Autorin des Buches Roter Hunger, erwähnt diese Gegend darin mehrfach: »In der Provinz Winnyzja wurde ein Schmied vor das Dorfkomitee gebracht, weil er Weizenähren gestohlen hatte, um seine drei Kinder zu ernähren: ›Sie schlugen ihn, folterten ihn, verdrehten ihm den Kopf fast auf den Rücken und warfen ihn die Treppe hinunter.‹ (…) Wie während der Kollektivierung wurden Bauern, die Getreide versteckten, komplett enteignet, aus ihren Häusern geworfen und nackt in den Schnee gestoßen.«

Oder eine noch dramatischere Geschichte, ebenfalls aus der Region Winnyzja, »wo ein Bauer, der den Gedanken nicht ertrug, seine Kinder verhungern zu sehen, ›ein Feuer im Ofen anzündete und den Kamin verschloss‹, um sie zu töten. ›Die Kinder begannen zu ersticken und schrien wegen des Rauchs um Hilfe, darauf erwürgte er sie eigenständig, ging dann zum Dorfsowjet und legte ein Geständnis ab.‹ Der Bauer sagte, er habe die Morde begangen, ›weil es nichts zu essen gab‹.«

Insgesamt starben während der Großen Hungersnot fünf bis sieben Millionen Menschen. Es ist schwierig, die genaue Zahl zu bestimmen, weil damals niemand die Hungertoten gezählt hat.

Und dies war nur die erste der Plagen, die in den kommenden Jahren sowohl die Ukraine als auch ganz Europa heimsuchen sollten. Am 30. Januar 1933, also noch im selben Winter, in dem die Hungersnot herrschte, übernahm Adolf Hitler die Macht in Deutschland.

Wir sitzen im Auto und knabbern Sonnenblumenkerne, während Roman mir die Geschichte seiner Familie erzählt:

»Meine Großmutter Vera, die Mutter meines Vaters, war dreiundzwanzig Jahre alt als sie ihren ersten Mann während der Hungersnot verlor: Als sie nichts mehr zu essen hatten, ging er zu einem Nachbarn, um rote Rüben zu ernten. Sie erwischten ihn, verprügelten ihn und einer stach mit einer Mistgabel auf ihn ein. Er starb gleich auf dem Feld. Heute scheint sowas undenkbar: einen Menschen wegen ein bisschen Roter Bete zu töten. Aber die Menschen, denen er sie wegnehmen wollte, kämpften ebenfalls ums Überleben.«

Wir halten an einem Straßencafé, um uns etwas auszuruhen. Roman zeigt mir auf einer Karte das Ausmaß der Hungersnot. Oder vielmehr der insgesamt drei Hungersnöte, denn die Sowjets »befriedeten« die Ukraine mehrmals.

»Die erste war gleich nach ihrer Machtübernahme, Ende 1920, Anfang 1921«, erzählt Roman und markiert auf der Karte den Süden der Ukraine, wo die Hungersnot am verhängnisvollsten war. »Damals starben auch in Russland selbst Millionen von Menschen, vor allem an der Wolga«, sagt er.

In den Jahren 1932-1933 kam die zweite Hungersnot.

»Diese Maßnahme war speziell für die Ukraine bestimmt«, sagt Roman. »Stalin hat die Hungersnot absichtlich ausgelöst, weil die Ukraine gegen die Bolschewiki rebelliert hatte. Immer wieder kam es zu Bauernaufständen; viele Menschen wehrten sich gegen die Kollektivierung des ländlichen Raums. Die Leute starben vor Hunger und die Russen brachten ukrainisches Getreide waggonweise in die Sowjetunion. Damals ist Rostiwka, das Dorf, aus dem meine Eltern stammten, fast ausgestorben.« Roman zeigt mir auf der Karte einen Streifen Land, der von der polnischen Grenze durch die Zentralukraine, wo wir uns befinden, bis nach Charkiw reicht.

»Und die dritte Hungersnot?«, frage ich.

»Die war direkt nach dem Krieg, 1946-1947. Stalin wollte uns immer noch töten, als ob zwei Hungersnöte und zwei Weltkriege innerhalb von dreißig Jahren nicht genug gewesen wären. Über die dritte Hungersnot wird wenig gesprochen, aber damals sind anderthalb Millionen Ukrainer gestorben.«

2.

Nach Welyka Rostiwka kommen wir aus der Richtung von Mala Rostiwka, das von ihrer großen Schwester lediglich durch zwei Hügel getrennt ist. Hier steht eine orthodoxe Kirche von 1776, ein außergewöhnliches Gebäude, aus Holz errichtet, wahrscheinlich von den Kosaken – oder zumindest im kosakischen Stil.

»Die Kommunisten haben die Kirche in den Dreißigerjahren geschlossen, wie übrigens alle in der Ukraine«, erklärt Roman.

Seitdem verfiel sie, bis sie vor einigen Jahren von einem der lokalen Landwirte restauriert wurde.

Zwischen Welyka Rostiwka und Mala Rostiwka halten wir auf einem der Hügel an. Von hier aus kann man die ganze Gegend überblicken: Die Dörfer erstrecken sich entlang kleiner Bäche, die im Frühjahr über die Ufer treten und die ganze Gegend überfluten.

»Deshalb haben die Menschen hier selten Obstgärten. Die werden immer überschwemmt«, sagt Kabatchij. »Solche Orte am Wasser werden *Berehy*, ›Ufer‹, genannt. Der Boden ist extrem fruchtbar«, fügt er hinzu. Und er führt mich zu dem Feld, an dem wir geparkt haben, und meint, ich solle etwas Erde in die Hand nehmen. Sie ist schwarz wie die Nacht und sehr fettig. »Das ist Tschernosem – Schwarzerde«, sagt Roman. »Der beste Boden, den man sich vorstellen kann, darauf wächst alles. Während des Zweiten Weltkriegs brachten die Deutschen sie mit dem Zug ins Dritte Reich. Und wenn man darüber nachdenkt, kann man nicht glauben, dass so viele Millionen Menschen auf einem solchen Boden verhungern konnten.«

Die Geschichte des anderen Teils von Romans Familie, seiner Großmutter mütterlicherseits, ist ebenfalls mit den Berehy verbunden, an denen Rostiwka erbaut wurde.

»Meine Großmutter stammte aus einer Familie, die vor der Hungersnot drei Kinder hatte«, sagt Kabatchij. »Eine Familienlegende besagt, dass es in den 1920er Jahren Menschen gab, die durch die Dörfer zogen und traditionelle ukrainische Ruschniki – wunderschön bestickte Stoffstücke, die jungen Paaren bei der Hochzeit unter die Füße gelegt werden – gegen Lebensmittel tauschten. Meine Urgroßmutter Lisawieta hatte damals Besuch von einer Nachbarin, beide wollten sie Ruschniki kaufen. Meine Urgroßmutter sagte zu ihrer Nachbarin: ›Entschuldige, aber wir sind bei mir zuhause und ich habe deshalb das Vorkaufsrecht‹. Die Nachbarin war beleidigt, sie ging entrüstet weg und fluchte auf der Türschwelle: ›Möge es niemanden geben, dem du diese Ruschniki unter die Füße legen kannst!‹

Die rekonstruierte orthodoxe Kirche im Dorf Mala Rostiwka (Klein-Rostiwka).

Einige Leute in meiner Familie glauben bis heute, dass unsere Nachbarin uns mit einem bösen Zauber belegt hat. Denn zuerst starb der Sohn meiner Urgroßmutter, dann ihre erste Tochter und die andere Tochter, also meine Großmutter Marika, wurde sehr krank. Ihre Eltern waren sich sicher, dass auch sie sterben würde, und sie somit wirklich niemanden haben würden, dem sie den Hochzeitszauber unter die Füße legen könnten.

Eines Tages nahm Marikas Vater sie mit auf den Markt in der nahe gelegenen Stadt. Dieser war so angelegt, dass man die Pferdewagen vor dem Eingang stehen ließ und dann zum Schauen, Plaudern und Kaufen hineinging. Mein Urgroßvater ließ Marika draußen auf seinem Wagen warten.

Als er zurückkam, sah er eine Zigeunerin neben seiner Tochter stehen. Er wollte die Frau verscheuchen, aber sie sagte zu ihm: ›Deine Tochter wird sterben, wenn du nichts unternimmst. Aber warum muss sie sterben? Ich weiß, wie ich ihr helfen kann.‹ Und sie befahl ihm, das Mädchen in drei Bächen zu baden, bis sie sage, sie habe Appetit auf Borschtsch.

Das taten meine Urgroßeltern dann auch. Sie badeten Marika, bis sie eines Tages tatsächlich sagte, sie wolle Borschtsch. Sie hat ihn bekommen – und sich erholt. Sie überlebte ihre Krankheit und die Jahre des Hungers. Aber ihre Eltern haben nicht überlebt: weder mein Urgroßvater noch meine Urgroßmutter. Vor der Hungersnot gelang es ihnen, einige Rüben zu sammeln; sie versteckten sie im Keller, aber einer ihrer Nachbarn fand das heraus und meldete es einem der Komitees, die in den Dörfern herumgingen und prüften, ob Leute Lebensmittel versteckten. Das Komitee nahm ihnen die Rüben weg und ließ sie mit nichts zurück. Urgroßvater und Urgroßmutter starben nacheinander an Hunger. Meine Großmutter Marika war damals fünfzehn und blieb ganz allein: keine Eltern, keine Geschwister. Und nichts zu essen.

Sie begann, auf den Berehy herumzulaufen, um etwas zu essen zu suchen. Auf einem der Felder fand sie Mais und brach einen Kolben ab. Aber der Bauer bemerkte es, lief mit einem Gewehr aufs Feld und schoss auf sie. Die Großmutter rannte zu einem Teich, versteckte sich im Gebüsch und saß dort den ganzen Tag und die ganze Nacht, um sicherzugehen, dass niemand sie fand.

Bis ihre Nachbarn sie vom anderen Ufer aus entdeckten und ihr einige Kartoffelschalen brachten. Das hat ihr das Leben gerettet. Später fütterten sie sie noch mehrere Male. Diesen guten Nachbarn und den von ihnen gespendeten Kartoffelschalen ist es zu verdanken, dass meine Oma die große Hungersnot, den *Holodomor*, überlebte.«

3.

Wir sitzen an einem Holztisch in der Diele, denn draußen ist es zu heiß. Hier ist es etwas kühler. Frau Hanna Basaraba hat ein sanftes Gesicht, ihre Haare sind von einem hellen Kopftuch bedeckt und die Falten um ihre Augen sind die eines Menschen, der in seinem Leben viel gelächelt hat. In ihrem Haus gibt es einen Herd, der an jene Zeit erinnert, über die wir sprechen werden. An den Wänden hängen Ikonen, gleich neben uns der Heilige Georg, der hier Jurij genannt wird. Er hebt seine Lanze und verpasst dem Drachen einen Schlag direkt ins offene Maul.

Frau Hanna lächelt wohl schon ihr ganzes Leben lang; diesmal lächelt sie uns an. Ihr Atem geht ein wenig rasselnd, wegen eines unbehandelten Asthmas, wie sie sagt – aber sonst macht sie einen fitten Eindruck.

»Mir geht es gut. Sogar sehr gut für mein Alter«, betont sie. Und sie fängt an, Roman über alles und jeden auszufragen, denn obwohl sie schon fünfundneunzig Jahre alt ist, erinnert sie sich an die Namen von wahrscheinlich allen Menschen, die jemals in Rostiwka gelebt haben.

Sie fragt, weil sie sich Sorgen macht. Denn sie möchte wissen, ob es ihren Landsleuten gut geht, nachdem sie das Dorf verlassen haben.

»Warum besucht mich deine Mutter nicht? Erinnere sie daran, dass wir hier auf sie warten!«, weist sie Roman zurecht. Und dann schimpft sie mit ihm wegen der Fotos, die er vor einem Jahr von ihr gemacht und ihr per Post geschickt hat. »Ich sehe darauf so alt aus!«, seufzt sie. »Meine Hände sind so faltig. Wenn du solche Fotos von mir machen willst, ist es besser, wenn du gar keine machst«, sagt sie und lächelt keck.

Ja, sie ist bereit, mit mir über die Große Hungersnot zu sprechen, aber da wir zu Besuch bei ihr sind, müssen wir uns zuerst an einen Tisch setzen, eine Tasse Kaffee oder Tee trinken – erst dann wird über diese unangenehmen Dinge gesprochen.

Wir setzen uns also hin. Wir trinken Kaffee. Und wir hören zu.

DIE GESCHICHTE VON HANNA BASARABA

Es gab keine Anzeichen dafür, dass etwas so Schreckliches passieren könnte. Nach dem, was die Leute später erzählten, war die Ernte in jenem Jahr ziemlich gut. In Rostiwka war die Kolchose bereits in Betrieb, aber viele Menschen hatten noch ihre eigenen Kühe, Pferde und Hühner – obwohl der Druck, sich der Kolchose anzuschließen, bereits groß war. Die Kommunisten mochten es nicht, wenn jemand auf eigene Faust wirtschaftete. Meine Eltern arbeiteten damals schon für die Kolchose: Meine Mutter war für die Kühe zuständig und mein Vater für die Pferde.

Einige Monate bevor der Holodomor begann, machte jemand einen Fehler: Er gab einem Fohlen zu viel Futter und das Tier verendete. Mein Vater war nicht schuld daran, aber er war nun mal für die Pferde zuständig. Also wurde er für ein paar Monate ins Gefängnis gesteckt. Weswegen? Wegen Sabotage.

Als er herauskam, begann gerade der Große Hunger, aber noch konnte niemand wissen, wie entsetzlich es werden würde. Meine Mutter hat ihren Mann sehr geliebt und sie wollte nicht, dass er vom Gefängnis in der Stadt barfuß nach Hause laufen musste. Wir hatten damals nur eine Kuh, Mutter verkaufte sie und schickte ihm Geld, damit er sich Schuhe kaufen konnte.

Das tat er auch und machte sich auf den Heimweg. Doch als er fast in unserem Dorf war, griffen ihn Banditen an und brachten ihn um. Alles wegen dieser Schuhe, denn sie waren neu und hübsch und die Banditen wollten sie haben. Und so war meine Mutter beim Ausbruch des Großen Hungers ganz alleine – ohne Mann, ohne Kuh, ohne Geld. Aber mit sechs Kindern.

Von meinem Vater ist mir nur der Spitzname geblieben. Man nannte ihn Katschanych, weil er klein und klobig war, wie ein Maiskolben. Und wenn er lief, schwang er von einer Seite zur anderen. Hier in Rostiwka hat jeder einen Spitznamen und da ich das jüngste Kind war, nannten sie mich Katschanycha.

Hanna Basaraba

Was den Hunger angeht, so war es mitnichten so, dass er eines Tages einfach so begann. Dass man ein genaues Datum nennen könnte. Es ging uns einfach jeden Tag schlechter, wir hatten immer weniger zu essen. Ich war noch sehr klein damals, aber ich kann mich erinnern, dass ich ständig meiner Mutter hinterherlief und sie anbettelte, mir etwas zu essen zu geben. Und ich erinnere mich, dass meine Mutter weinte. Wir waren sechs Kinder. Und sie ganz allein. Und es gab immer weniger zu essen. Am

Anfang hatten wir noch einige Hühner, die Eier legten, aber eines Tages verschwanden die Hühner. Wahrscheinlich hat sie jemand geklaut. Zu dieser Zeit kämpften alle ums Überleben; niemand half einem mehr, kein Nachbar, kein Verwandter.

Und dann begann das Sterben. Zuerst die Schwächsten, die Kranken und die ganz kleinen Kinder. Und auch diejenigen, die nicht schlau genug waren, um sich um sich selbst zu kümmern. Zuerst ging es um Leute, die ich nicht kannte – Rostiwka war ein großes Dorf mit mehr als tausendfünfhundert Einwohnern. Von denen, die zuerst starben, kannte ich niemanden.

Doch dann begannen die Menschen in unserer Straße zu sterben. Unsere entfernten Verwandten. Dann starben unser Nachbar Gregorko und seine Frau Alexandra.

Und dann fingen wir an aufzuquellen. Wir alle. Ein seltsames Gefühl.

Ich hatte Glück, denn ich ging in den Kindergarten und einmal am Tag bekamen wir zumindest eine dünne Suppe zu essen, wir nannten sie Balanda. Sie schmeckte schrecklich, aber das war egal. In Zeiten des Hungers eine warme Mahlzeit am Tag zu bekommen, war wirklich viel wert. Doch trotz der Suppe war ich so angeschwollen, dass ich nicht laufen konnte. Das war bei allen Kindern so. Normalerweise wäre ich von meiner Hütte aus in zehn Minuten zum Kindergarten gelaufen, aber damals habe ich anderthalb Stunden gebraucht. Doch ich musste hin. Wegen der Suppe. Jedes Mal, wenn ich sagte, dass ich nicht die Kraft zum Laufen hätte, schickte mich meine Mutter trotzdem. Sie wusste, dass ich ohne diese Suppe sterben würde.

Dünne Beinchen, dünne Händchen und dicke Bäuche – so sahen wir alle aus. Damals wurden wir rachitisch genannt. Weil wir so verkümmert waren.

Ab und zu verschwand eines von den Kindern, die ich kannte und mit denen ich spielte. Sie sind nicht mehr in den Kindergarten gekommen.

Niemand fragte, was geschehen war. Es war sinnlos. Es war klar, was passiert war.

Das Spielen im Kindergarten war auch kein normales Spielen mehr. Wir kamen an, die Erzieherin sagte etwas und jeder setzte sich in seine Ecke. Stellen Sie sich eine Gruppe von dreißig Kindern vor, die nicht spielen. Weil sie keine Kraft haben. Weil sie hungrig sind. Also haben wir gesessen, geruht und hin und wieder ein Nickerchen gemacht. Es kam immer wieder vor, das weiß ich noch genau, dass Kinder nicht mehr aus ihrem Mittagsschlaf aufwachten.

Und dann begannen schreckliche Dinge zu geschehen.

Zwei Häuser weiter wohnte eine Hausfrau, die man Hanka Kartopliowa nannte. Sie trug diesen Spitznamen, weil sie ein Gesicht hatte, so rund wie eine Kartoffel. Und eines Tages hörte ich jemanden sagen, dass Hanka ihre Kinder gegessen hätte. Sie wurde verrückt vor Hunger. Und das Schreckliche daran ist, dass es für uns damals überhaupt nicht seltsam war. Wir alle wussten, dass es stimmte, denn sie hatte Kinder und dann verschwanden sie, eines nach dem anderen. Und es gab keine Leichen. Meine Mutter hat uns nur gesagt, dass wir unter keinen Umständen zu Hanka Kartopliowa gehen dürfen. ›Egal, was sie dir sagt, egal, was sie verspricht, du darfst nicht zu ihr gehen!‹, warnte sie uns.

Und tatsächlich: Einmal ging ich mit meiner älteren Schwester Marina von der Schule nach Hause und kam in die Nähe von Hankas Haus, und sie stand am Zaun und rief uns zu sich. ›Kommt her, Mädchen‹, rief sie, ›ich werde euch etwas Gutes zu essen geben.‹ Wie wir damals weggelaufen sind! Ich weiß nicht, woher wir die Kraft nahmen, schließlich hatten wir zu diesem Zeitpunkt schon mehrere Monate gehungert, aber wir erreichten sicher unser Haus; sie verfolgte uns überhaupt nicht. Wahrscheinlich hatte sie auch nicht die Kraft dazu.

Später starb diese Hanka Kartopliowa ebenfalls und ihr Haus steht seither leer. Niemand wollte dort leben. Selbst als sie eine Kolchose gründeten und Menschen aus anderen Teilen der Ukraine hierher kamen, blieb das Haus leer. Es war ja bekannt, dass darin eine Mutter ihre Kinder aufgegessen hatte. Doch ich möchte noch einmal betonen, dass sie keine schlechte Frau war. Sie wurde einfach nur vor Hunger verrückt, in ihrem Kopf war etwas kaputtgegangen.

Am schlimmsten war es im Frühjahr. Da starben die meisten Menschen. Es war, als hätten sie im Winter all ihre Kraft aufgebraucht, um die Kälte zu überstehen, und dann hatten sie eben keine Kraft mehr weiterzuleben.

Doch wir hatten Glück. Die Schuldirektorin wechselte und die neue, die Scheptiwska hieß, fand heraus, dass unsere Mama mit sechs Kindern allein war. Und sie sagte zu ihr: ›Hustia‹, weil meine Mutti Hustia hieß, ›Sie müssen es schwer haben, Ihre sechs Kinder zu ernähren. Kommen Sie zum Arbeiten in die Schule!‹ ›Und als was soll ich arbeiten?‹, wollte meine Mama wissen. ›Als Köchin.‹

Mama hat nicht einen Moment überlegt. Früher hatte sie in der Kolchose als Milchmädchen gearbeitet, aber Sie wissen ja, wie das ist: Eine Köchin hat Zugang zu Lebensmitteln. In Zeiten des Hungers gibt es keine bessere Arbeit!

Die Schulküche befand sich im Haus einer Familie, der die Bolschewiki ein paar Jahre zuvor ihren gesamten Besitz weggenommen und nach Sibirien geschickt hatten. Meine Mutter hat dann alles bekommen, womit sie ein ähnlich schmackhaftes Essen zubereiten konnte, wie ich es im Kindergarten bekam. Manchmal brachten sie ihr Rüben, manchmal Getreide, manchmal Kartoffeln – was immer sie gerade zur Hand hatten. Ich kann mich nicht daran erinnern, dass ich während des Großen Hungers Fleisch gegessen hätte. Nein, ich habe es nicht ein einziges Mal gegessen. Aber meine Mutter kochte Nudeln und Kartoffelknödel.

Die Schulleiterin war damit einverstanden, dass auch ich zur Schule ging, obwohl ich erst sechs Jahre alt war. Und ich erinnere mich, dass ich den ganzen Tag auf das Essen wartete, das meine Mutter gkochte. Und wenn es dann so weit war, trank ich das fettige Wasser von den Nudeln oder den Haluschka-Klößchen ab und trug das Essen zu meinen Schwestern nach Hause.

So haben wir überlebt.

Im Jahr 1933 gingen spezielle Komitees durch die Dörfer, um zu überprüfen, ob jemand Lebensmittel versteckt hatte. Was sie fanden, haben sie beschlagnahmt. Unser Nachbar war in so einem Komitee. Die haben alles mitgenommen, was essbar war. Sogar Sauerampfer und Birkenrinde. Selbst Kerzen haben sie mitgenommen, weil die Leute in ihrer Verzweiflung versucht haben, aus dem Kerzenfett Suppe zu kochen. Einige versuchten, Leinentücher zu kochen und den Sud daraus zu trinken. Ich erinnere mich, wie so ein Komitee mal zu uns kam, wie sie überall nachschauten: auf dem Dachboden, in der Truhe, in den Töpfen, im Herd.

Später lebte der Nachbar, der mit ihnen bei uns war, in unserer Straße. Sydor hieß er. Er verbeugte sich ganz normal vor meiner Mutter, sagte ›Guten Morgen‹ und ›Guten Tag‹, fragte, wie es uns Kindern gehe. Als ob nie etwas gewesen wäre. Und Mutti? Was hätte sie ihm denn sagen sollen? Er war ein angesehener Kommunist und war wahrscheinlich der Meinung, er würde das Richtige tun.

Die Diebe, die meinen Vater ermordet hatten, wohnten später auch bei uns in der Straße, aber das war, nachdem sie aus dem Gefängnis entlassen worden waren – die Bolschewiken hatten sie schließlich erwischt. Es war nun mal die Straße, wo wir wohnten, was sollte man machen. Wie sollte Mutter gegen diese Typen aufbegehren, allein mit sechs Kindern?

Im ganzen Dorf starben den Leuten damals die Kinder weg. Aber irgendwie starb kein einziges von uns Geschwistern. Alle sechs haben wir es geschafft zu überleben.

4.

Frau Hanna hat eine Bitte an Roman und mich. Im anderen Teil von Rostiwka lebt ihre Cousine und beste Freundin aus der Schulzeit, Vera Mortko. Beide sind über neunzig Jahre alt, keine von ihnen hat die Kraft, von einem Dorf ins andere zu laufen, und weder in Hannas noch in Veras Familie hat jemand einen Wagen.

»Ich würde sie gerne wiedersehen, bevor eine von uns stirbt. Könnt ihr mich bitte hinbringen, Jungs? Wenigstens für ein Weilchen …«, bittet Frau Hanna.

Natürlich bringen wir sie hin. Und bleiben so lange, wie sie möchte.

Frau Vera lebt in einem Haus, das an allen Seiten von wildem Wein bewachsen ist. Meistens liegt sie, in Decken gekuschelt, in der Nähe des Ofens, als ob ihr im Alter die Wärme abhandengekommen wäre. Hinter den dicken Brillengläsern kann man kaum ihre Augen sehen und sie sieht selbst wohl auch schlecht, denn sie braucht eine Weile, um erkennen, wer sie denn da besuchen kommt. Doch als sie endlich die Gesichtszüge ihrer Cousine erfasst, umarmt sie Frau Hanna so fest, dass es unmöglich wäre, die beiden voneinander loszureißen. Dann lassen sie sich für einen Moment los, schauen einander an, weinen. Und drücken sich erneut.

Auch wir sind gerührt.

»Wie viel haben wir durchgemacht, Veruschka«, sagt Frau Hanna. »Man darf gar nicht daran denken, da wird einem ganz anders.«

»Und trotzdem sind wir am Leben«, sagt Frau Vera.

»Ja, wir sind noch am Leben. Erzähl doch bitte den Jungs deine Geschichte!«

»Ich weiß nicht, wie man sowas erzählen soll, Jungs ... Das kann man weder erzählen noch begreifen. Niemand, der den Holodomor nicht selbst erlebt hat, kann ihn jemals verstehen.

Aber ich werde es versuchen.

Als das alles losging, war ich sechs Jahre alt. Genau wie Hanna. Mein Papa war da schon tot, genauso wie Hannas Vater, denn auch er kam ins Gefängnis. Dort wurde er während eines Verhörs zu Tode geprügelt. Meine Mama schuftete die ganzen Tage bei der Ernte und trotzdem hatten meine Geschwister und ich kaum etwas zu beißen.

Zum Glück konnte sich meine Mutter mit den Nachbarn, die am Anfang unserer Straße wohnten, einigen. Sie hatten zwei Kinder, einen sechs Monate alten Jungen und ein eineinhalb Jahre altes Mädchen, und sie hatten niemanden, bei dem sie die Kleinen lassen konnten, wenn sie zur Arbeit gingen. Also kümmerte ich mich um die Kinder der Nachbarn und sie gaben mir dafür etwas von der Suppe, die sie in der Kolchose bekamen. Mein Bruder und meine Schwester hüteten ihre Kühe und bekamen dafür jeden Tag jeweils eine Tasse Milch.

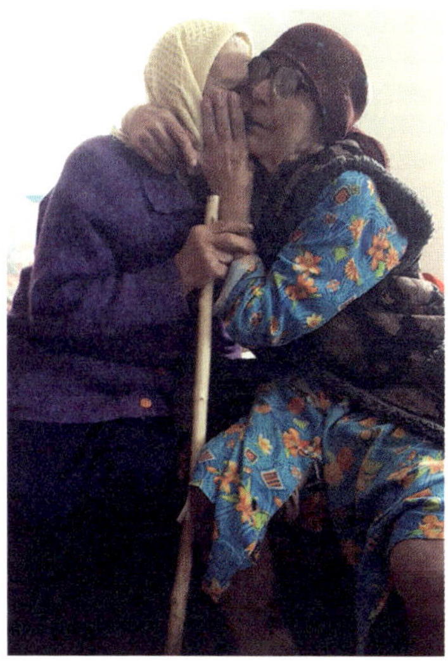

Hanna Basaraba und Vera Mortko

Auch wir hatten zu Beginn der Hungersnot eine Kuh. Doch eines Tages war sie verschwunden.

Meine Mutter weinte deswegen sehr. Daran erinnere ich mich bis heute, denn für ein Kind ist nichts schlimmer und beängstigender, als mitzuerleben, wie die eigene Mutter weint. Jemand erzählte ihr, dass Sak, einer der Bauern, die Kuh gestohlen habe, also ging Mama zu ihm. Sie ging zu seinem Hof, betrat den Kuhstall, und sah Blut auf dem Boden. Und Sak und seine Söhne waren dabei, unsere Kuh zu zerlegen. Sak schaute meine Mutter an, meine Mutter schaute Sak an. Aber was hätte sie tun sollen? Wie hätte sie ihm etwas beweisen können? Und selbst wenn sie es gekonnt hätte, was hätte es gebracht? Wie sollte sie gegen einen Mann kämpfen, der bereit war, eine Mutter mit drei Kindern verhungern zu lassen, um mit dem Fleisch Geld für seine eigene Familie zu verdienen?

Wir waren alle furchtbar arm. Wir aßen Klettenwurzeln, Birkenrinde, im Winter gruben wir im Wald irgendwelche Wurzeln aus, um überhaupt etwas zu essen zu haben.«

»Aber erzähl doch, was euch gerettet hat«, sagt Frau Hanna. »Schließlich war deine Mutter, wie meine, während der Hungersnot Köchin!«

»Es stimmt, sie haben sie in der Küche der Kolchose eingestellt. Der Direktor hatte Mitleid mit meiner Mama, weil sie allein mit den Kindern war.«

»Genau wie bei uns.« Frau Hanna nickt. »Wir sind die Töchter von Köchinnen. Deshalb haben wir überlebt.«

Frau Vera erzählt weiter: »Jeden Tag kochte Mama Mittagessen für die Leute, die auf den Feldern arbeiteten. Die meisten, die in der Kolchose arbeiteten, überlebten dank ihrer Suppe! Aber meine Mutter hatte schließlich Kinder zuhause, sie musste auch an uns denken. Eines Tages sagte sie zu mir: ›Komm zu mir auf Arbeit, Veruschka, wenn es Abend geworden ist und die Leute Feierabend machen, und bring Sania mit.‹ Also lief ich mit Sania, meiner Schwester, zu meiner Mutter, die uns sagte, wir sollten uns hinter der Tür verstecken. Und als uns niemand sehen konnte, gab sie uns drei kleine rote Rüben. ›Nehmt sie mit nach Hause, Kinder, ich koche euch auch eine Suppe!‹

Und so gingen wir davon, Sania und ich. Ich schäme mich, das zu erzählen, aber wir waren so hungrig und drei rote Rüben in einer Zeit des Hungers waren einfach unglaublich verlockend. Sania und ich setzten uns an den Feldrand, keine von uns sagte etwas, und dann aßen wir die Rüben einfach auf.

Abends kam unsere Mutti aus der Kolchose nach Hause und fragte, wo denn die roten Beten seien. Als sie herausfand, dass wir sie aufgegessen hatten, schrie sie uns nicht an oder schlug uns, sie fing nur an, zu weinen. Sie weinte so schrecklich, weinte und weinte, und ich hatte Angst, dass sie nie mehr aufhören würde ...«, erzählt Vera.

Und dann fängt sie selbst an zu weinen, sie weint die Tränen eines kleinen Mädchens, vor dessen Augen das halbe Dorf verhungert ist. Und das andere kleine Mädchen, Frau Hanna, beginnt sie zu trösten.

»Nicht weinen, Veruschka. Es ist nicht deine Schuld. Du warst doch nur ein Kind ...«, sagt sie. Und drückt ihre Cousine an sich.

»Ich weiß, Hannusja, ich weiß. Aber bis heute habe ich ein schlechtes Gewissen, wenn ich daran denke, dass ich diese eineinhalb Rüben gegessen habe. Dass ich meine Mutter enttäuscht habe, die es ohnehin schon sehr schwer hatte«, sagt Vera. Und sie weint weiter.

»Aber wir haben überlebt, Veruschka. Wir sind noch am Leben.« Frau Hanna, in ihrer verblichenen Strickjacke, umarmt sie noch fester.

»Ja, wir haben überlebt. Es ist kaum zu glauben, dass wir überlebt haben.«

Frau Vera putzt sich die Nase mit einem weißen Taschentuch und beruhigt sich allmählich. Ein nachdenklicher Ausdruck huscht über ihr Gesicht, dann fährt sie fort: »Vor der Hungersnot gab es hier in meiner Straße sechzehn Häuser, in denen jeweils zehn, zwölf oder fünfzehn

Menschen lebten. Die Gegend war voller Kinder; ich erinnere mich, dass wir noch ein Jahr vor der Hungersnot die ganze Zeit auf der Straße gespielt haben … Nach dem Holodomor … Wie ein Friedhof. Nur in sechs Häusern war noch jemand am Leben. Es gab fast keine Kinder mehr, und die, die noch übrig waren, waren zu schwach zum Leben.

Du erinnerst dich, Hannusia, an die Fuhrwerke, auf die sie die Leichen stapelten? Wir waren noch Kinder, Kinder sollten so etwas nicht ansehen müssen, aber ich weiß noch, dass zwei-, manchmal dreimal in der Woche ein Fuhrwerk mit Männern vorbeifuhr, die die Toten einsammelten und auf den Wagen warfen. Niemand hatte die Kraft, seine Toten zum Friedhof zu bringen, wir hatten nicht mal die Kraft zu beten. Ich erinnere mich, dass meine Mutter mich warnte: ›Auf dem Schulweg darfst du nicht anhalten und Gott bewahre, dass du dich an den Straßenrand setzt. Sie sammeln jeden auf, der sitzt oder liegt, egal ob tot oder lebendig.‹ Kein Kind sollte Dinge sehen oder erleben müssen, wie wir sie hinter uns haben.«

5.

Wir fahren weiter, besuchen noch jemanden.

Marika Koreniuk lebt im anderen Teil von Rostiwka, jenseits des kleinen Flusses, der das Dorf teilt. Sie ist eine entfernte Großcousine von Roman, ein Jahr älter als Hanna und Vera. Wir können sie nur für eine kurze Zeit besuchen, da sie bereits sehr krank ist und wir sie nicht zu lange behelligen wollen.

Ein mit Wellblech gedecktes Haus; im Flur die Arbeitskleidung von Kindern, die auf dem Feld arbeiten. Frau Marika sitzt eingewickelt in eine Steppdecke und döst den halben Tag. Glücklicherweise erwachte sie bei unserer Ankunft.

DIE GESCHICHTE VON MARIKA KORENIUK

Das Übel begann mit der Enteignung der Kulaken. Die Sowjets waren der Meinung, dass ein Bauer, der auch nur ein kleines bisschen wohlhabender war als die anderen, umgehend nach Sibirien geschickt werden musste. Und hier, in unserer Straße, lebte ein solcher Mann mit seiner Familie. Man nannte ihn Onkelchen Iwan. Sein Reichtum bestand darin, dass er einen Bullen besaß, den er für die Zucht vermietete. Wenn jemand einen Bullen für seine Färse brauchte, kam Iwan mit dem Tier vorbei. Er hatte sonst nichts, nur etwas Land und diesen Stier – und das war der einzige Grund, warum die Sowjets ihn als Kulaken einstuften und ihn zusammen mit seiner Frau und seinen drei Kindern nach Sibirien schickten.

Onkelchen Iwan starb in Sibirien und seine Frau hatte kein Geld für die Rückkehr, als ihre Zeit im Exil vorbei war. Die beiden älteren Kinder konnten schon gehen, den jüngsten Sohn, Fedor, acht Monate alt, nahm sie unter den Arm. Und so liefen sie los.

Sie gingen eine Woche lang zu Fuß, dann eine weitere Woche, es war hart. Das Baby weinte, wurde krank, die arme Mutter musste es tragen. Schließlich begriff sie, dass sie so in ein paar Tagen alle sterben würden. Weinend wickelte sie den kleinen Fedor in ein Tuch, grub ein Loch, legte ihn hinein und setzte ihren Weg mit den größeren Kindern fort.

Es verging eine Stunde, vielleicht auch weniger, und diese Frau – Kalina hieß sie – schrie plötzlich: »Gott, was haben wir getan!« Panisch rannte sie zu dem Loch zurück und buddelte den Kleinen aus. Glücklicherweise war er noch am Leben. Sie wischte ihm den Sand aus dem Gesicht und aus den Haaren. »Wenn wir schon sterben müssen«, sagte die Mutter, »dann alle zusammen.« Sie setzten sich hin. Sie weinten. Und dann zogen sie weiter. Und wie durch ein Wunder haben sie alle überlebt.

Kalina und ihre Kinder kamen hierher zurück, nach Rostiwka. Und kaum, dass sie da waren, vielleicht vergingen ein paar Wochen – ich erinnere mich noch gut daran, weil wir alle hingingen, um sie zu sehen und ihren Geschichten zuzuhören –, begann die Hungersnot. Und das Erstaunlichste ist, dass von Kalinas Kindern, die mit ihr den ganzen Weg aus Sibirien gekommen waren, nur der kleine Fedor die Hungersnot überlebte. Später wohnte er hier, nur ein paar Häuser von mir entfernt. Er starb vor zwei Jahren.

Unsere Hütte stand am Rande des Dorfes, am Flussufer. Mein Stiefvater – mein Vater starb kurz nach meiner Geburt – hatte große Angst, weil Banden durch die Dörfer zogen, in die Häuser eindrangen, nach Lebensmitteln suchten und die Bauern ermordeten. Und was wäre einfacher auszurauben als eine solche Hütte am Dorfrand? Mein Stiefvater hatte es geschafft, etwas Getreide zu verstecken, aber er hatte solche Angst vor den Banden, dass er es auf dem Dachboden unter dem Stroh versteckte. Die Krähen witterten unsere Körner und ehe man es sich versah, hatten sie unseren gesamten Vorrat aufgefressen.

Also aßen wir, wie alle anderen auch, gefrorene Kartoffeln. Und Klettenwurzeln. Wenn man den Winter überstanden hatte, wurde jede Knospe, kaum, dass sie am Baum erschien, sofort gegessen. Ich kann mich an keinen einzigen Apfel aus diesem Jahr erinnern, denn sie wurden alle gegessen, bevor sie sich überhaupt entwickeln konnten.

Aber nicht alle von uns haben überlebt. Mein Brüderchen Ryhorko stand eines Tages auf, ging auf den Hof, fiel hin und erhob sich nie wieder. Zu dieser Zeit hatte niemand die Kraft, ihn zum Friedhof zu bringen, zumal dieser am anderen Ende von Rostiwka lag. Und so lag der arme Ryhorko da, bis die Totengräber kamen und ihn mit dem Wagen zum Friedhof brachten.

6.

Bevor wir Frau Hanna nach Hause fahren, besuchen wir mit ihr noch den Friedhof in Rostiwka.

Ich nehme sie an einem Arm, Roman am anderen, und so wandern wir langsam zu der Stelle, an der mehrere hundert Dorfbewohner begraben sind.

Auf der rechten Seite befindet sich ein normaler Friedhof, wie man ihn überall in der Ukraine findet. Die graubraunen Gräber, an deren Kreuzen oft Bilder von bärtigen Männern und Frauen mit Kopftüchern angebracht sind, sind mit Gras bewachsen und manchmal von Metallzäunen umgeben. Außerdem hängen an den Kreuzen oft traditionelle ukrainische Ruschniki, die nicht nur Frischvermählten, sondern auch Verstorbenen geschenkt werden. Vergoldete Buchstaben und florale Ornamente sind offenbar in Mode.

In der Mitte des Friedhofs befindet sich – ebenfalls typisch für die hiesige Landschaft – ein Grabmal für Rotarmisten, die im Kampf gegen den Faschismus gefallen sind. Es hat die Form eines Kegels und erinnert ein wenig an eine startende Rakete, nur dass es mit einem goldenen Sowjetstern an der Spitze verziert ist.

Die Leute stellen sich hier Bänke neben die Gräber, damit sie bei ihren Lieben sitzen und über die ewigen Dinge nachdenken können, und – je älter sie werden, desto öfter – über ihren eigenen Umzug an einen Ort, an dem Ruhe herrscht, keine Kriege geführt werden und niemand Hunger leiden muss.

Ganz anders wirkt allerdings die linke Seite des Friedhofs: Sie besteht aus wild wuchernden immergrünen Sträuchern, die an einigen Stellen zu Bäumen wurden. Hier wachsen Kletten und Brennnesseln, Wegerich und Spitzwegerich, Klee und Schwingel. Durchzukommen ist unmöglich – aber warum sollte man diesen Bereich überhaupt betreten? Dies ist das Land der Toten, die niemanden hatten, der sie hätte in Würde beerdigen können.

»Hier liegen alle Leute, die mit den Fuhrwerken hergebracht wurden«, erklärt Frau Hanna. »Hanka Kartopliowa, unser Nachbar Gregorko und seine Frau Alexandra. Dutzende von Kindern liegen hier. Kinder, mit denen ich in den Kindergarten gegangen bin oder auf der Straße gespielt habe. Unsere Nachbarin Ternytschycha, die ins Gefängnis kam, weil sie ein paar Roggenähren für ihre Kinder gestohlen hatte. Hier liegt auch der Bauer Sak mit seinen Söhnen, derselbe, der Veras Mutter die Kuh gestohlen hat. Auch er hat die Hungersnot nicht überlebt.«

»… und meine Urgroßmutter und mein Urgroßvater«, fügt Roman Kabatschij hinzu.

»Und Ryhorko, der kleine Bruder von Marika. Es hat nicht viel gefehlt, dann hätte ich auch hier gelegen …«

Wir verharren einen Moment in Stille. Es gibt nichts, was an einem solchen Ort gesagt werden könnte.

7.

Bevor Roman und ich sein Heimatdorf Rostiwka verlassen, bringen wir Frau Hanna nach Hause und trinken noch einen Kaffee mit ihr. Wir nehmen Platz, diesmal nicht in der Diele, sondern in der sogenannten Sommerküche, ein paar Meter vom Haus entfernt.

Und bevor wir auch nur einmal blinzeln können, landen auf dem Tisch, an dem wir sitzen, allerlei Köstlichkeiten: Wareniki mit Fleisch, Brote mit Schinken und Käse, Olivier-Salat, Fisch, gepökeltes Fleisch und Kuchen. Wie im Märchen *Tischlein deck dich* füllt sich der Tisch innerhalb kürzester Zeit mit Tellern und Schüsseln, sodass schon nach wenigen Minuten der Platz nicht mehr ausreicht. Während wir mit Frau Hanna das Dorf besichtigt haben, hat ihre Tochter Ola das alles zubereitet.

Ich bin total verlegen. Ich sage, dass das nicht nötig gewesen wäre, dass wir nicht stören wollten. Aber Frau Hanna hört mir überhaupt nicht zu, sie schimpft nur mit Roman, weil er unseren Besuch nicht angekündigt habe und sie so nicht in der Lage gewesen sei, ein angemessenes Mittagessen mit ihrer Tochter zuzubereiten.

Wenn dieses Essen nicht angemessen ist, möchte ich mir nicht vorstellen, wie es sonst gewesen wäre!

Roman erträgt gelassen einen weiteren Klaps auf seinen Kopf, dann flüstert er mir ins Ohr:

»Ich habe absichtlich nicht angerufen, weil ich diese Leute kenne. Sie hätten uns fürstlich bewirtet und ein armes Huhn oder sogar ein Ferkel hätte sein Leben lassen müssen. Menschen, die die Hungersnot überlebt haben, werden dich niemals mit leerem Magen nach Hause gehen lassen.«

GERICHTE

Eine Suppe aus Tannennadeln, Baumrinde und Tannenzapfen. Dieses Gericht haben ukrainische Studenten ihren Kommilitonen in Brüssel serviert, um die Welt an die Große Hungersnot zu erinnern. Die Studenten verzogen die Gesichter vor Ekel und spuckten das Essen fast aus, aber sie nahmen die Flugblätter mit und erfuhren so von diesem ihnen unbekannten Völkermord, den Stalin in der Ukraine verübt hatte.

Die Aktion wurde 2019 von der Ukrainian Leadership Academy organisiert. Es war übrigens nicht das erste Mal, denn sie hatten so schon vorher alljährlich in ukrainischen und europäischen Städten an den Holodomor erinnert. Unter anderem ist ein Food Truck in der Ukraine unterwegs gewesen, der das karge Essen von damals servierte.

Ein Jahr später war es wegen Covid-19 nicht möglich, Essen auf der Straße zu servieren. Also dachten sich die jungen Ukrainer eine Alternative für die Zeit der Pandemie aus: ein Onlinerestaurant, in dem man stilisierte Aufnahmen jener Speisen sehen konnte, die ihre Großeltern damals gegessen haben, um zu überleben.

Der Kontrast zwischen Gerichten, die aus Tannenzapfen, Stroh, Unkraut, Hanf und vergammelten Kartoffeln gemacht wurden, und der professionellen Food-Fotografie mit feinem Geschirr im Stile eines guten Restaurants weckte extreme Emotionen.

Walentyn Hryhorenko, ehemaliger Leiter der Ukrainian Leadership Academy, nannte diese Initiative das weltweit erste »Online Memory Restaurant«.

Auf der Internetseite des Projekts kann man mehrere Gerichte sehen: Bei jedem steht der Name, die Zutaten und ein Button Check the price. Wenn man auf die Schaltfläche klickt, kann man sich die Geschichte einer Person anhören, die sich noch an die Große Hungersnot erinnert und dieses Gericht selbst gegessen hat.

Man kann sich das wie folgt vorstellen: Die erste Speise heißt Sjolanki – es handelt sich um eine Art Kräuterbrot aus getrocknetem und zu Mehl geriebenem Gras mit Leinsamen in heißem Wasser zu Teig geknetet. Wenn man auf den Button klickt, kann man lesen:

Der Preis dieses Gerichts war die Möglichkeit für die Ukrainer, mit Glück den Hungerwinter zu überstehen. Im Frühling war es einfacher, wenn Unkraut wie Sauerampfer, Gänsefuß und Klee wuchsen.

Man kann außerdem ein Gespräch mit Maria Gurbitsch anhören, die mit zwölf Jahren den Holodomor eben wegen dieses Brotes überlebt hatte.

Weiter: Brötchen aus gebackenen, feingehackten Kartoffelabfällen und Getreideresten, vermischt mit warmem Wasser.

Der Preis dieses Gerichts ist das Leben Tausender von Menschen, die auf wundersame Weise eine Handvoll Korn retten konnten. Oft wurde das Korn aus den Bauen von Nagetieren ausgebuddelt – denn für Korn, das man von den Feldern stahl, konnte man erschossen werden.

Dann: Plätzchen aus zerkrümeltem Stroh, gebacken mit Hirse- und Buchweizenspreu und zerstoßenen Hanfsamen.

Der Preis dieses Gerichts sind Millionen geretteter Ukrainer, die durch solche Substitute überlebt haben: mithilfe von Stroh, vergammelten Wassermelonen, Kartoffelschalen. Die Leute haben das Essen buchstäblich den Tieren weggenommen.

Und so weiter.

Die jungen Leute, die an dem Projekt teilgenommen haben, und andere, die die Fotos und Gerichte im Internet kommentierten, betonten oft, dass sie zum ersten Mal die Gelegenheit hatten, die Geschichte ihrer eigenen Familie aus der Zeit der Großen Hungersnot zu hören. Und sie waren überrascht, wie sehr der Holodomor – obwohl schon neunzig Jahre her – ihre Familien und die nachfolgenden Generationen geprägt hat.

»Das zieht sich nun schon fast ein Jahrhundert hin und belastet uns«, erzählt Oleh, mein ukrainischer Freund. »Meine Familie hat bis heute die Angewohnheit, riesige, wirklich absurd große Vorräte anzulegen. Als ob jederzeit die nächste Hungersnot kommen könnte. Meine Frau träumte während ihrer Schwangerschaft dauernd, dass sie kein Essen für ihre Kinder hat. Erst kürzlich hat sie verstanden, dass sie den Alptraum ihrer Urgroßmutter träumte – den echten Alptraum, den diese vor neunzig Jahren erlebt hat.«

POSTSCRIPTUM

Zwei Wochen, nachdem wir sie besucht hatten, starb Vera Mortko. Wir waren Zeugen des letzten Treffens der beiden Cousinen, die den Großen Hunger überlebt hatten.

MENÜ IV

Treffen in den Bergen – Stalins Küche

1.

Er legt seine Hand auf meine Schulter. Er sieht mir in die Augen, dann blickt er resigniert in Richtung Berge. Dann wieder zu mir.

»Ich habe einen Mann getötet, Witold, verstehst du?«

Wieder schaut er in den Himmel; offensichtlich bringt ihm das Gespräch mit mir nicht die Erleichterung, die er sich erhofft hatte. »Er stand neben mir, ungefähr so wie mein Bruder jetzt.« Er zeigt auf seinen Bruder. »Ich habe ihn erschossen, verstehst du?«

Und er wartet darauf, dass ich etwas dazu sage.

Ich weiß nicht, was ich antworten soll. Ich kann mich nicht in die Stimmung dieses Gesprächs versetzen. Wir schreiben das Jahr 2009; nur ein Jahr zuvor war die russische Invasion in Georgien noch im Gange. Genau an dem Ort, an dem wir jetzt sitzen. Ich versuche herauszufinden, wie ich aus dieser Situation herauskommen kann. Ich sitze allein und betrunken unter Georgiern, die so groß wie Eichen sind; wir sind von Bergen umgeben, deren Namen ich nicht kenne. Die Jungs haben mir gerade erzählt, dass sie von fürstlicher Herkunft seien. Mittlerweile weiß ich, dass hier im Kaukasus immer wieder jemand behauptet, ein Fürst oder dessen Nachkomme zu sein.

Aber dann erzählen sie mir, dass ihr Großonkel der Bruder von Stalin war. Das klingt schon besser, denn obwohl jeder in Georgien stolz auf Stalin ist, habe ich noch keine Cousins des Diktators kennengelernt. Zumal die Brüder Stalins kurz nach der Geburt gestorben sind.

Jetzt erzählen sie mir, wie sie während des jüngsten russisch-georgischen Kriegs russische Soldaten getötet haben. Vier Muskelmänner, alle von ihnen mit Stiernacken.

Das ist zu viel für mich. Ich entwerfe im Kopf einen Fluchtplan.

Doch bevor ich mich bewegen kann, stürzt sich einer der Muskelmänner auf mich. Er drückt mich an sich und hält mich fest.

2.

Stalin konnte es nicht ausstehen, zu kochen oder in der Küche zu arbeiten. Als er klein war, hatte seine Mutter Ketewan »Keke« Geladse verschiedene Jobs – unter anderem als Köchin. Angeblich hasste Stalin deshalb für den Rest seines Lebens den Geruch von gekochtem Essen und ordnete an, alle Küchen weit weg von seinen Datschen und Häusern anzulegen – in der Datscha in Nowy Afon in Abchasien, die ich besucht habe, war es genauso.

Als der Zar ihn und seine Kameraden nach Sibirien schickte, einigten sie sich darauf, alle Aufgaben – Kochen, Putzen, Essen besorgen – untereinander aufzuteilen. Doch schon bald wurde klar, dass Stalin nicht vorhatte, zu kochen oder aufzuräumen. Er ging nur jagen und fischen. Jakow Swerdlow, mit dem Stalin in der Verbannung war, war besonders wütend auf ihn.

»Wir mussten unser Essen selbst kochen«, erinnerte sich Stalin Jahre später. »Ich hatte damals einen Hund, den ich Jaschka nannte, was Swerdlow natürlich nicht gefiel: Er hieß Jaschka und der Hund hieß Jaschka. Swerdlow wusch nach dem Essen immer Löffel und Teller ab, aber ich nie. Ich habe aufgegessen und die Teller auf den Boden gestellt. Der Hund hat sie abgeleckt und alles war sauber.«

Als sie am Ende des Exils noch mit einem dritten Revoluzzer, Lew Kamenew, zusammenlebten, lief Stalin jedes Mal weg, wenn er mit dem Abwasch dran war.

Nach der Revolution speisten er und seine Frau Nadeschda Allilujewa meist in der Kreml-Kantine, die damals den Ruf hatte, eine der schlechtesten in Moskau zu sein. Der französische Schriftsteller und Kommunist Henri Barbusse besuchte Stalin kurz nach Nadeschdas Selbstmord und beschrieb seine Lebensumstände wie folgt:

»Ein kleiner Flur. Dahinter drei Zimmer und ein Esszimmer. Schlicht eingerichtet, wie in einem anständigen, aber bescheidenen Hotel. Das Esszimmer hat eine ovale Form. Es wird Essen aus der Kreml-Küche oder ein von Stalins Koch zubereitetes Mittagessen serviert. In einem kapitalistischen Land würde eine solche Wohnung oder eine solches Menü nicht einmal einen durchschnittlichen Arbeiter zufriedenstellen.«

Wjatscheslaw Molotow, der damalige Leiter der sowjetischen Diplomatie, erinnerte sich daran, dass Stalins einzige kulinarische Extravaganz zu dieser Zeit ein Kübel voll saurer Gurken war.

3.

Kommen wir zurück zu meinem Treffen in den georgischen Bergen.

Es begann alles ganz harmlos. Ich kam nach Gori, Stalins Geburtsort, einer wunderschön in den Bergen Zentralgeorgiens gelegenen Kleinstadt. Ich fuhr durch die malerischen Dörfer, um die örtlichen Weinproduzenten ausfindig zu machen, die den Kreml belieferten – denn Stalin trank keinen anderen Wein als georgischen.

»Weinproduzenten« klingt allerdings sehr seriös. In Georgien hat jedoch jeder Landwirt, der etwas auf sich hält, ein paar Rebstöcke, aus denen er – in der Regel großartigen – Wein herstellt. Und außer Wein stellen die Georgier gerne Destillate her, oft bis zu siebzig Prozent stark, genannt Tschatscha. Solche Hausbrennereien habe ich besucht.

Bei der Beschaffung dieses Materials gab es zwei Probleme. Das erste war die georgische Gastfreundschaft, die unermesslich und ausufernd war und es mir unmöglich machte, sinnvoll zu arbeiten. Denn wie kann man arbeiten, wenn einem jeder, zu dem man geht, Wein und Tschatscha auf den Tisch stellt und dich, bevor er anfängt, deine Fragen zu beantworten, erst mal angemessen bewirten muss? Nach einer halben Stunde solcher Bewirtung weißt du schon, dass du nirgendwo mehr hingehen wirst, weil du ordentlich einen im Tee hast. Außerdem ist der Tag noch jung, die Natur wunderschön, der Gastgeber freundlich – warum solltest du überhaupt an irgendetwas arbeiten?

Die zweite Sache ist, dass, nachdem wir getrunken hatten, jeder, aber wirklich jeder Gastgeber mir erzählte, dass er es war, der den Kreml beliefert hat. Dass der Flieger aus Moskau zu ihm kam und seinen Wein mitnahm. Außerdem behauptete jeder zweite Gastgeber, irgendwelche Dokumente als Beweis zu haben – zwei Leute zeigten mir sogar welche. Aber erstens waren sie auf Georgisch und zweitens war ich zu beschwipst, um etwas davon zu verstehen oder mir irgendetwas zu merken.

Und so fuhr ich ein paar Tage lang fröhlich in der Gegend um Gori herum, bis ich den ersten der Tarkanischwili-Brüder traf. Er fuhr gerade mit seinem Geländewagen von dem Grundstück, das ihm – wie er später erzählte – sein verstorbener Großvater hinterlassen hatte. Der Mann hatte einen kleinen Bauch und ein Cap mit dem Logo eines amerikanischen Basketballclubs auf dem Kopf. Als er hörte, was ich in den Dörfern suchte, sagte er mir in gebrochenem Russisch, ich solle ihn noch am selben Abend anrufen.

»Du wirst es nicht bereuen«, meinte er. »Meine Familie hat eine Geschichte mit Stalin, die niemand sonst hat. Im gesamten Gebiet von Gori nicht.«

Das musste ich mir nicht zweimal sagen lassen.

4.

Die Brüder nahmen mich gleich am nächsten Abend mit in die Berge. Sie warfen ein totes Schaf auf die Ladefläche ihres Jeeps, das sie geschlachtet hatten, um daraus Schaschlik zu machen. Unterwegs sprachen sie alle vier durcheinander:

»Stalin war durch und durch ein Sohn dieser Erde. Er schuf sich in Russland sein Klein-Georgien und umgab sich bevorzugt mit Georgiern – vor allem mit Familienmitgliedern.«

»Die Familie würde dich niemals verraten. Denn wenn man seine Familie verrät, hat man nichts mehr, wo man hinkönnte.«

»Deswegen hat er diese ganzen Arschkriecher – Molotow, Chruschtschow und wie sie alle hießen – kleingehalten. Sie wussten, dass eine falsche Bewegung genügte und bäm!, war man weg, egal ob großer Herr Volkskommissar oder sonst wer. Nur die Georgier ließ er in Ruhe.«

So verging unsere Reise wie im Flug. Unterwegs erzählten mir die Brüder noch von ihren sportlichen Erfolgen: Der eine war Ringer, der andere Gewichtheber, und sie trainierten Sportler von internationalem Format.

Als wir in den Bergen ankamen, waren wir bereits die besten Freunde und auch ordentlich angeschickert. Da beschlossen die Brüder, mir endlich ihre Familiengeschichte zu erzählen:

»Es war jahrelang ein Geheimnis. Unser Vater erzählte uns zwar die Geschichte von Onkel Sascha, aber er hat immer betont, dass wir sie niemandem erzählen sollten …«

»Was sinnlos war, denn in Georgien kennt sie sowieso jeder …«

»Unser Großonkel, Alexander oder eben Sascha, war der Bruder von Stalin. Schau mich nicht so an! Er war sein Bruder. Jungs, er glaubt es uns nicht …«

»Er wird uns gleich glauben. Hör zu, Witold: Stalins Mutter arbeitete bei unserem Urgroßvater als Köchin. Und er kam immer wieder mit ihr zusammen, nun ja, wie ein Mann mit einer Frau halt zusammenkommt. Als er merkte, dass sie schwanger war, ließ er sie den ungebildeten Schuhmacher Wissarion heiraten.«

»Wissarion konnte zumindest schreiben! Aber er trank einfach entsetzlich viel.«

»Na, ich habe gehört, dass er nicht mal bis drei zählen konnte. Wie auch immer: Der Schuster wusste überhaupt nicht, was da vor sich ging. Dass das Kind gar nicht von ihm war. Und als er es herausfand, fing er an, den Kleinen furchtbar, aber auch wirklich furchtbar zu prügeln.«

»Der kleine Josif lief dauernd von zuhause weg und hockte ständig bei seinem Freund Sascha, einem gleichaltrigen Jungen, der ebenfalls der Sohn dieses Urgroßvaters war. Sie waren gute Freunde und viele Jahre später wurde unser Großvater Sascha Stalins Koch und Lebensmittelprüfer im Kreml. Da, schaut: Er glaubt uns immer noch nicht!«

Das stimmt. Ich habe kein Wort davon geglaubt.

5.

Wie Lenin schenkte auch Stalin der Ernährung viele Jahre lang keine große Aufmerksamkeit – diese Männer der Revolution lebten und ernährten sich von etwas anderem. Auch Stalins Frau, Nadeschda Sergejewna Allilujewa, hatte, wie Lenins Frau, keine Ahnung vom Kochen. Stalin selbst hingegen konnte recht gut Schaschlik machen – das hatte er noch in Georgien gelernt.

Doch als Nadeschda 1932 Selbstmord beging (angeblich weil sie psychisch nicht damit zurechtkam, dass ihr Mann die Ukraine absichtlich aushungern ließ), war von Schaschliks und gutem Essen keine Rede mehr. Stalin zog sich von der Außenwelt zurück und verfiel, wie Psychiater heute vermuten, in eine Depression. Er aß im Kreml, in der Kantine, wie andere Angestellte des Regierungsapparats. Für seine Kinder, die bei ihm lebten, stellte der Staat eine Köchin ein – angeblich eine sehr durchschnittliche Köchin.

Wjatscheslaw Molotow erinnerte sich viele Jahre später daran, dass das für Stalin gekochte Essen »sehr einfach und unprätentiös« war. Im Winter wurde meist Fleischsuppe mit Sauerkraut serviert, im Sommer Kohlsuppe aus frischem Weißkraut. Als zweiter Gang folgte Buchweizengrütze mit Butter und einem Stück Rindfleisch. Zum Nachtisch gab es, wenn überhaupt, Preiselbeergelee oder Trockenobstkompott.

»Alles war wie in einem normalen sowjetischen Ferienhaus, nur eben das ganze Jahr über«, erzählte Molotow.

Die Brüder erzählten mir noch einige Geschichten über ihren Großonkel und dann über den georgisch-russischen Krieg von 2008. Der Älteste von ihnen, Rati, warf sich tatsächlich auf mich und für den Bruchteil einer Sekunde dachte ich wirklich, es handele sich um einen Angriff. Aber er wollte mich nur herzlich umarmen und auf Präsident Lech Kaczyński anstoßen – die Georgier verehren ihn, weil er ihr Land gegen die russische Aggression verteidigt hat. Lech Kaczyński – so sagten mir die Brüder – ist für sie genauso ein Held wie Stalin.

Sie fuhren mich am nächsten Morgen zurück nach Gori, als wir so weit ausgenüchtert waren, dass wenigstens einer von uns fahren konnte. Wir verabschiedeten uns, wie es im verkaterten Zustand eben so ist, mit weniger Begeisterung als am Tag zuvor, aber wir versprachen uns, dass wir Freunde fürs Leben bleiben würden. Und obwohl ich sie seitdem nicht mehr wiedergesehen habe, erinnere ich mich mit einem Gefühl der Nostalgie an unser Treffen.

Die Geschichte über den Großonkel, der für Stalin gekocht haben soll, habe ich jedoch in meinem Kopf für viele Jahre ins Regal mit den Fabeln und Märchen gestellt, die ich auf Reisen immer wieder zu hören bekomme.

Doch ich lag völlig daneben. Großvater Sascha hat wirklich existiert! Er war es, der in Stalins Küche eine echte Revolution auslöste: Er holte ihn aus der deprimierenden Kreml-Kantine heraus und erinnerte ihn daran, wie wunderbar und lebensfroh die georgische Küche ist, und welche Freude ein georgisches Festmahl mit Freunden einem bereitet. Stalin sollte für den Rest seines Lebens von diesen Lektionen profitieren.

War er wirklich der Großcousin oder Großonkel der vier Brüder, die mich an jenem Abend mit Hammelschaschlik bewirteten? Ich weiß es nicht und werde es wohl auch nicht mehr erfahren – ich habe versucht, die Jungs wiederzufinden, ohne Erfolg.

Aber lasst uns von vorne beginnen.

MENÜ V

Die Schöne und Beria – Stalins Koch und dessen Frau

Er trug nach hinten gekämmte Haare, modisch schmale Hosen und elegante Lackschuhe. Alexander Egnataschwili war in den Zwanzigerjahren ein bekannter Lebemann in Tiflis. Wenn ihm jemand nicht passte, schlug er ohne lange zu überlegen zu; er war viele Jahre lang Ringer und trat sogar in einem Moskauer Zirkus als Kraftprotz auf. Doch wenn er jemanden mochte, war er großzügig, witzig und trank gerne.

Sein Vater Jakow besaß vor der Revolution, die sich von St. Petersburg aus auch bis in den Kaukasus ausbreitete, eine Kette von Restaurants – einige in Gori, einige in Tiflis – sowie einen Lebensmittelladen und einen Weinhandel. In einem der Restaurants beschäftigte er Keke Dschugaschwili, eine schöne, aber arme Frau aus Gori. Er war der Pate ihrer zwei Söhne, die sie mit ihrem Ehemann Wissarion hatte. Aber da beide kurz nach der Geburt starben, nahmen Keke und Wissarion, als sie einen dritten Sohn, Josif, bekamen, jemand anderen als Paten. Es wurde gemunkelt, dass alle drei Jungen nicht die Söhne des Schuhmachers Wissarion, sondern eines geschäftstüchtigen Gastwirts waren.

All dies wurde jedoch bedeutungslos, als Georgien Teil der Sowjetunion wurde. Leute wie Jakow Egnataschwili wurden zu Feinden des Volkes erklärt. Die Regierung begann ihn, wie alle Kapitalisten, als Geschwür im gesunden Körper der sowjetischen Gesellschaft zu behandeln. Jakow verlor all seine Lokale. Dennoch schickte er seinen Sohn Alexander, also Sascha, in die aserbaidschanische Hauptstadt Baku, um dort ein Restaurant zu eröffnen, um so wenigstens einen Teil des Unternehmens zu retten. Sascha blieb die Nächte vor seiner Abreise wach, lernte Türkisch und Aserbaidschanisch, aber es half alles nichts. Auch in Baku wurde Sascha von den Bolschewiki wie ein Kapitalist behandelt.

Also kehrte er nach Georgien zurück.

Zum Glück für die Egnataschwili-Familie dauerte es nicht lange, bis Lenin die Neue Ökonomische Politik einführte, in deren Rahmen kleine private Unternehmen geführt werden konnten. Der unternehmungslustige Sascha ließ sich das nicht zweimal sagen. Schnell begann er, die Firma seines Vaters wieder aufzubauen.

Er tat dies hauptsächlich durch Überzeugungsarbeit und dafür hatte er die besten Voraussetzungen: Er galt als einer der stärksten Männer Georgiens. Bald schon eröffnete er vier Restaurants und einen Weingroßhandel. Zwei der Tavernen befanden sich in unmittelbarer Nähe des Soldatenbasars, wo Möbel, Schuhe, Bettzeug und allerlei Kunsthandwerk verkauft wurden und sich Handwerker versammelten, um angeworben zu werden. Doch bevor sie angestellt wurden, vertrieben sie sich die Zeit mit Wein und Tschatscha, den der Barmann Grischa in der Taverne der Familie Egnataschwili direkt vom Fass verkaufte. Dazu servierte er gebratene Leber, Schaschlik, Fisch, sauer eingelegtes Gemüse wie Essiggurken und Radieschen sowie Brot. Ein Glas Wodka mit kleinem Imbiss kostete bei Grischa fünf Kopeken.

Das zweite Lokal hieß Goldener Anker und wurde zufälligerweise ebenfalls von einem Mann namens Grischa geführt.

»Eines Tages aß Grischa zum Frühstück Rührei mit Tomaten, direkt aus der Pfanne. Plötzlich tauchte Sascha auf und fragte ihn, ob Rührei auf der Speisekarte stehe«, erinnert sich Iwan Alichanow, dessen Stiefvater eben jener Sascha Egnataschwili bald darauf werden sollte. »Es gab allerdings kein Rührei auf der Karte. Also stülpte der Besitzer die Pfanne über Grischas Kopf und sagte: ›Wenn es so gut ist, sollte es auf der Speisekarte stehen!‹«

Neben den beiden Kneipen auf dem Basar hatte Alexander noch zwei weitere. Vor allem das am Rande der Stadt gelegene Darial bot den Gästen eine Menge Attraktionen. Sie wurde für Egnataschwili von einem gewissen Stepko geleitet, einem Mann, der gerne Witze machte und von Natur aus großzügig ausgestattet war.

»Wenn der Chef sich über seine neuen Gäste lustig machen wollte, bat er Stepko, ihnen sein ›Vorzeigegericht‹ zu servieren. Stepko legte dann seinen Penis auf den Teller und bedeckte ihn mit Grünzeug«, schreibt Iwan Alichanow.

Das eigentliche Schmuckstück des Georgiers war jedoch das Restaurant *Am Fluss Kura,* das neben dem Ausschank auch Zimmer stundenweise anbot. Kein Wunder, dass neben der besoffenen Gesellschaft auch Prostituierte – ebenfalls besoffen – dort herumsaßen.

Ende der 1920er Jahre war Sascha Egnataschwili fast über Nacht reich geworden. Außerdem war er in Liliana Alichanowa verliebt, die im selben Haus wie er wohnte, eine deutsche Frau, die ihr Mann, der reiche Iwan Alichanow, aus seinem Urlaub in Thüringen mitgebracht hatte. Sie arbeitete in seinem Hotel als Zimmermädchen und war so schön, dass sich Iwan Hals über Kopf in sie verliebte. Sie war erst achtzehn, als sie mit ihm nach Georgien ging und ihr bisheriges Leben hinter sich ließ. Damit seine Familie keine Einwände gegen die Heirat vorbringen konnte, verheiratete Iwan Liliana zunächst mit einem verarmten deutschen Baron.

Liliana Alichanowa

Die beiden ließen sich bald darauf scheiden und dank dieses Manövers konnte Iwan seine Braut als eine deutsche Baronin zuhause einführen. Dadurch wurde sie auch schnell von der damaligen Tifliser Elite akzeptiert und ihr Haus wurde zu einem der wichtigsten Salons der georgischen Hauptstadt.

Liliana mochte den attraktiven, geschäftstüchtigen Sascha ebenfalls sehr. Zumal ihr Mann schwer krank war und es für sie immer schwieriger wurde, mit drei Kindern unter der Bolschewiki-Regierung zu leben, in einem Land, dessen Sprache sie nicht richtig beherrschte.

Sascha lud sie und die Kinder in den Urlaub ein, organisierte einen Ausflug ans Meer, tat alles Mögliche, um sie zu erobern. Iwan lag in seinem Bett in der Familienwohnung und obwohl er schwer krank war, bekam er sehr wohl mit, was da vor sich ging.

Sein Tod markierte das Ende dieser sonderbaren Situation.

Kurz darauf heirateten Liliana und Sascha und verbrachten anschließend die schönsten Jahre ihres Lebens. Iwan Alichanow Junior erinnert sich mit Entzücken, wie viel Lebensfreude und Energie Sascha Egnataschwili in ihr Leben brachte. Er überhäufte die Mutter mit Geschenken. Er nahm die Kinder – seine eigenen und die Lilianas – zu den Ringershows im Zirkus der Gebrüder Tanti am Ufer der Kura mit. Dank dieser Ausflüge mit seinem Stiefvater blieb er dem Ringen für den Rest seines Lebens verbunden: zunächst als Ringer, später als Trainer.

Alexander war damals vierzig Jahre alt, Liliana siebenunddreißig, aber gemeinsam erlebten sie die schönsten Momente ihres Lebens. Beide liebten es zu kochen, und so waren dies Jahre guten Essens: »Meine Familie hatte stets mehr als genug zu essen. Fleisch, Fisch, Geflügel, Käse und Gemüse gab es immer im Überfluss«, erinnert sich Iwan Alichanow.

Alexander Egnataschwili hatte nur einen Makel: Er war wahnsinnig eifersüchtig. Als er anfing, Liliana zu verbieten, sich zu schminken, nannten ihn seine Freunde »den Asiaten«.

Einmal in der Woche machten sie ihren Großeinkauf und es war jedes Mal ein Ereignis: Sascha feilschte, schaute sich jede Tomate, jede Aprikose, jeden Fisch genauestens an. Dennoch verhandelten die Verkäufer nur zu gerne mit ihm. Kein Wunder: Er verließ den Markt immer mit zwei prall gefüllten Weidenkörben.

Einen der Körbe nahmen sie mit nach Hause. Den zweiten Korb brachte Sascha zum ehemaligen Palast des Kaukasus-Gouverneurs, wo Keke Dschugaschwili, Stalins Mutter, lebte. Sein Vater Jakow hatte ihn verpflichtet, sich um seine ehemalige Haushälterin zu kümmern. Selbst so viele Jahre nach ihrer angeblichen Affäre war Keke – die nun alt und runzelig war und einen für ältere Gori-Frauen typischen Schal trug, der ihr halbes Gesicht bedeckte – ihm wichtig. Obwohl sie die Mutter des Revolutionsführers war, reichte ihre Rente lediglich für ein sehr bescheidenes Leben. Obwohl Stalin ihr überschwängliche Briefe schrieb, hatte er sie seit vielen Jahren nicht mehr besucht. Saschas Einkäufe waren für sie daher überlebenswichtig, auch wenn sie sie in Verlegenheit brachten.

Zu dieser Zeit war Keke wie eine Großmutter für den kleinen Iwan. Sie kam oft bei ihnen vorbei, um mit seiner Mutter Liliana Karten zu spielen.

Manchmal, wenn er sich gerade in Tiflis aufhielt, besuchte sie auch Jakow Dschugaschwili, den Enkel von Keke und Stalins eigener Sohn. Für böse Zungen in Tiflis ist sein Name ein weiterer Beweis dafür, dass Jakow Egnataschwili der Vater des Staatschefs war – nach georgischer Tradition wurde der erstgeborene Sohn nach seinem Großvater benannt.

2.

Das Ende der Idylle von Liliana und Sascha kam mit dem Ende der neuen Wirtschaftspolitik.

»Wenn das Schwein ausgewachsen ist, sollte es geschlachtet werden«, so beschrieb Iwan Alichanow Jahre später die neue Regierungspolitik gegenüber Privatunternehmern. Es lief darauf hinaus, die Privatwirtschaft mit immer höheren Steuern und Abgaben zu drangsalieren. »Nach der ersten Zahlung wurde eine weitere auferlegt, dann noch eine und so weiter, bis kein Geld mehr da war. Infolgedessen kam der Nepmann ins Gefängnis.«

Um ihren Mann zu retten, verkaufte Liliana alle Familienerbstücke, die ihr von ihrem ersten Mann geblieben waren: Silberbesteck, eine goldene Uhr, Schmuck. Doch es war alles umsonst. Egnataschwili war nicht in der Lage, seine Steuern zu zahlen und landete im Gefängnis. Nepmänner wurden damals zu hohen Strafen verurteilt. Zu Beginn wusste es noch niemand, aber viele von ihnen sollten nie wieder aus dem Gefängnis herauskommen.

Liliana wartete nicht ab, was passieren würde, sondern lief mit dieser Nachricht zu Keke. Gemeinsam gingen sie zum Chef der georgischen Kommunisten, Pilipe Macharadse, und ersuchten um Hilfe. Als er sagte, dass er Alexander Egnataschwili nur freilassen könne, wenn jemand an seiner Stelle ins Gefängnis ginge, meldete sich Stalins Mutter ohne zu zögern. »Ich darf doch Stalins Mutter nicht verhaften!«, rief Macharadse und breitete seine Arme aus. Doch als er ihre Entschlossenheit sah, stimmte er zu, Sascha durch seinen Bruder Wasilij zu ersetzen.

Sascha kam also frei und verschwendete keine Zeit. Sobald er konnte, fuhr er nach Moskau, wo es ihm gelang, über seine georgischen Kontakte – wahrscheinlich Jakow Dschugaschwili – Stalin zu erreichen. Sie unterhielten sich bis spät in die Nacht. Stalin sprach ihn nicht nur von der Strafe für die Nichtzahlung von Steuern frei, sondern bot ihm auch eine Stelle an, die man nur vertrauenswürdigen Personen anbietet: Alexander wurde Leiter des ersten Ferienheims des Zentralen Parteikomitees in Foros auf der Krym.

Der Revolutionsführer schrieb auch einen Brief an Lawrenti Beria, den damaligen Chef der Kommunistischen Partei in Transkaukasien, in dem er ihn anwies, alle Anklagen gegen Egnataschwili fallen zu lassen.

Von nun an sollten sein Unternehmergeist und sein Organisationstalent der Partei und dem Staat dienen, wie auch dem Volkskommissariat für innere Angelegenheiten NKWD, zu dessen Offizier er umgehend ernannt wurde.

»Mein Stiefvater gelangte auf erstaunliche Weise von einem ausgebrannten Gastronomen aus Tiflis plötzlich an die Spitze der Nomenklatura des Kreml, des sogenannten stalinistischen inneren Zirkels«, schreibt Iwan Alichanow Junior.

Doch die Sache hatte einen Haken: Sein Vorname war Lawrenti und sein Nachname Beria.

3.

Beria mochte es, Leute, die ihm in die Quere kamen, zu quälen und zu foltern. Er riss ihnen beispielsweise die Fingernägel aus und erlaubte seinen Schergen, die Frauen der Verhafteten vor den Augen ihrer Ehemänner zu vergewaltigen.

Nur wenige Figuren in der Weltgeschichte waren so eindeutig böse wie Lawrenti Beria, der Organisator von Stalins Säuberungen, Hinrichtungen und schließlich des Gulags. Millionen von Menschen verloren auf seinen Befehl hin ihr Leben.

Er verfolgte seine Ziele rücksichtslos, wie die Geschichte von Nestor Lakoba, Vorsitzender der Kommunistischen Partei Abchasiens und Freund Stalins, beweist. Viele Jahre lang war Lakoba der Mentor Berias. Als sich der Georgier jedoch Stalin annäherte, begann Beria, dessen Position konsequent zu untergraben.

Er tat dies langsam, aber unnachgiebig, bis ihm 1936 Stalin grünes Licht für verdeckte Aktionen gab. Lakoba musste als einer der Ersten dran glauben. Beria selbst aß mit dem Opfer zu Abend, als Lakoba Gift serviert wurde, und er sah bis zum Schluss zu, wie sein ehemaliger Freund unter Qualen starb. Später folterte er persönlich dessen Frau und tötete seine beiden Kinder, die im Teenageralter waren.

Wenn Beria jemanden als seinen Feind betrachtete, gab er keine Ruhe, bis er ihn vernichtet hatte. Die Tatsache, dass es Alexander Egnataschwili, den sein Apparat als schuldig verurteilt hatte, gelungen war, aus dem Gefängnis zu entkommen, bis zu Stalin vorzudringen und sein Schicksal zu ändern, empfand er als persönliche Beleidigung.

Einen solchen Menschen hatte sich Sascha also zum Feind gemacht.

Es ist schwer zu sagen, ob Egnataschwili von Anfang an wusste, mit wem er es zu tun hatte. Aber er wusste sicherlich, dass die Arbeit in unmittelbarer Nähe zu Stalin kein Beruf wie jeder andere war.

An Stalins Seite war jeder Tag ein Kampf ums Überleben.

Alexander muss sich bei der Leitung des Ferienheims auf der Krym bewährt haben, denn nur anderthalb Jahre später wurde er nach Moskau bestellt, wo ihm die Partei eine weitere Aufgabe anvertraute: die Aufsicht über die neu errichtete Datscha von Josif Wissarionowitsch in der – damals noch – Vorstadt Kunzewo und den dazugehörigen Bauernhof, zu dem eine Milchwirtschaft, ein Gemüsegarten und ein Hühnerstall gehörten. Wie Lenin wollte auch Stalin gute, gesunde Lebensmittel unter der Kontrolle seiner Wächter haben.

Mit dem Bau der Datscha in Kunzewo wurde nach dem Selbstmord von Stalins Frau begonnen, nach einem Entwurf von Miron Merschanow, der fast alle Villen des Generalissimus entworfen hat: jene in der Nähe von Moskau, jene auf der Krym und jene im Kaukasus, wie eben die Villa in Nowy Aton in Abchasien. Das Haus wurde ständig von hundertfünfzig Leuten bewacht; sechs Telefonleitungen waren dort angeschlossen. Zur Verbesserung der Sicherheit wurden siebzigtausend Bäume um das Haus gepflanzt und künstliche Hügel errichtet, um das Anwesen von der Straße abzuschirmen.

Auf dem weitläufigen Gelände von Kunzewo befanden sich auch mehrere andere Gebäude, die für Bedienstete gedacht waren. Sascha Egnataschwili und Liliana bezogen eines dieser Häuser.

In seiner Verzweiflung nach dem Tod seiner Frau fand Stalin hier einen sicheren Zufluchtsort und darin einen Rosengarten, in dem er sich gerne aufhielt und den er persönlich pflegte. Dort wuchsen Zitronenbäume, Apfelbäume und Birnen, und sogar Wassermelonen.

Für die Küche stellte Sascha einen Georgier namens Metreweli aus der Region Ratscha ein, die für ihre Köche berühmt war. »Sascha zahlte ihm ein Gehalt, das doppelt so hoch war wie das Höchstgehalt eines Chefkochs, aber unter einer Bedingung: Er durfte niemals stehlen«, schreibt Iwan Alichanow. »Alexander Jakowlewitsch erklärte uns, dass Köche üblicherweise stehlen würden. Und wenn der Chef unehrlich sei, würden alle Mitarbeiter dem schlechten Beispiel folgen. Die Kosten für Waren, die auf diese Weise eingespart werden können, übersteigen bei Weitem das doppelte Gehalt des Chefs.«

Sascha stellte Walentina Istomina ein, ein achtzehnjähriges Mädchen, das vor nicht allzu langer Zeit in einer der Fabriken der Hauptstadt gearbeitet hatte, aus irgendeinem Grund die Aufmerksamkeit des Sicherheitsdienstes auf sich zog und zu Stalins Haushälterin bestimmt wurde. Istomina wurde zu einer der wichtigsten Bezugspersonen für den alternden Diktator: Sie kochte und bediente ihn nicht nur am Tisch, sondern wurde auch zu seiner Geliebten.

Lilianas Kinder, die ebenfalls nach Moskau gezogen waren, um dort zu studieren, besuchten Sascha und Liliana jede Woche in Kunzewo – was ihnen allen die Möglichkeit gab, in Erinnerungen an ihre gemeinsamen goldenen Jahre in Tiflis zu schwelgen. Obwohl ihr Leben nun völlig anders war, liebten sie sich immer noch sehr und hielten als Familie zusammen. Für den Besuch der Kinder hat Liliana gerne Rinderkoteletts gebraten, Kartoffeln gekocht und viele Gläser mit Pilzen, Gurken und Tomaten vorbereitet; außerdem bereitete sie traditionelle georgische Soßen zu: Tkemali (aus Mirabellen) und Adschika (aus Tomaten und Paprika).

Wie früher wurde sie beim Kochen von Sascha unterstützt. Was sie für die Kinder zubereiteten, unterschied sich nicht sonderlich von der eher einfachen Küche Stalins, der – als Beispiel – beim feierlichen Abendessen anlässlich seines fünfundfünfzigsten Geburtstags seinen Gästen lediglich Kohlsuppe und geschmortes Kalbfleisch servierte. Aber die Köstlichkeiten aus Kunzewo konnten nur vor Ort verzehrt werden: Egnataschwili war in dieser Hinsicht äußerst pflichtbewusst: Die Kinder durften nicht einmal ein Glas mit eingelegtem Gemüse mit nach Moskau nehmen.

Alexander bewirtschaftete den Hof so gut, dass er nicht nur Stalin und seine Gäste mit Nahrungsmitteln versorgte, sondern es auch schaffte, so viel zu produzieren, dass er einen Teil der Ernte, vor allem Erdbeeren, an den lokalen Lebensmittelladen verkaufen konnte.

Und es war ihm wichtig, sich um alles selbst zu kümmern. Wenn ein Kalb geboren wurde, war er als Erster im Stall. Wenn das Getreide geerntet werden musste, ging er zusammen mit seinen Untergebenen aufs Feld. Auch in der Küche war er aktiv und kochte mit Metreveli oder anderen Mitarbeitern. Nach und nach stellte er weitere Leute ein, das Anwesen wuchs.

Für Stalin kochte er regelmäßig persönlich; manchmal sogar in seinem eigenen Haus, zusammen mit Liliana. Auch die alte Mutter des Revolutionsführers, Keke, vergaß er nicht; er schrieb ihr regelmäßig Briefe und erinnerte seinen Bruder immer wieder daran, sich um sie zu kümmern.

In einem Brief von 1935 erzählte er:

»Meine liebe geistige Mutter! Gestern besuchte ich Soso und wir haben uns lange unterhalten. Er hat gut zugenommen und war bester Laune, wir haben viel gescherzt.«

Sascha Egnataschwili war ein anspruchsvoller, strenger und dennoch gerechter Chef. Seine Untergebenen trafen sich jeden Abend nach der Arbeit, spielten Akkordeon und sangen, oft bis spät in die Nacht.

»Auf diesem staatlichen Anwesen bewies er Eigeninitiative und Unternehmergeist, was dort niemand unterdrückte«, schreibt Iwan Alichanow. Aus seinem Buch spricht die Bewunderung für den Stiefvater, für seinen Einfallsreichtum und seine Vitalität.

Auf jeden Fall ist sicher, dass sowohl Liliana Alichanowa als auch ihre Kinder über viele Jahre von Alexanders gutem Verhältnis zu Stalin profitierten.

Gleichzeitig war Egnataschwili jedoch ein Offizier, später General, des KGB und ganz gewiss keine unbescholtene Person. Seinem Kollegen, Stalins Sicherheitschef Nikolai Wlasik, wurde immer wieder Vergewaltigung, Machtmissbrauch oder sogar Lebensmitteldiebstahl vorgeworfen. Stalin soll ihn mehrmals entlassen haben: Einmal, als er sich höchstpersönlich die Abrechnungen seiner Ausgaben vornahm und erkennen musste, dass Wlasik offenbar jeden Tag zehn Kilogramm Heringe verzehrte – den Großteil davon muss er gestohlen haben. Ein anderes Mal, als die Kaviar-Abrechnung nicht stimmte.

Solche Beschuldigungen kamen bei Egnataschwili gar nicht vor, oder zumindest weiß man nichts darüber. Man weiß nur, dass er Zeit seines Lebens zu Affären neigte. Was ihn allerdings nicht davon abhielt, seine Frau Liliana über alles zu lieben. Ähnlich sah es in zahlreichen Ehen in Stalins Umfeld aus.

4.

Als Sascha sich nach einiger Zeit bei Stalin eingelebt hatte, fragte er ihn eines Tages, ob er die georgische Küche nicht vermisse:

»Doch. Also füttere mich!«, soll Stalin geantwortet haben.

Alexander und Liliana stiegen also in den Zug, fuhren nach Tiflis und ließen zwei Waggons vollpacken: Schafe, Puten, Fässer mit hausgemachtem Wein (Egnataschwili war der Meinung, dass der, der in den Läden zu kaufen war, nicht an den herankam, den man bei den kleinen Weinbauern kaufen konnte) sowie *Tone*, einen speziellen Topf zum Backen von georgischem Fladenbrot.

Sascha brachte auch zwei ehemalige Mitarbeiter nach Moskau mit: Grikula, der einst in seinem Weingroßhandel gearbeitet hatte und nun für Stalins Weinkeller verantwortlich sein sollte, und Pawel Rusischwili, einen Mann aus einer bekannten und geschätzten georgischen Familie. Pawel kannte er am längsten, dessen Vater hatte schon Wein an die Lokale von Saschas Vater verkauft. Pawel kam zunächst in die Gruppe der Sicherheitsleute, aber als Sascha mitbekam, dass er beim Öffnen und Schließen der Schranken am Anwesen erbärmlich fror, erbarmte er sich und nahm ihn mit in den landwirtschaftlichen Bereich. Dort arbeitete Pawel zunächst als Fleischer, um dann zum Fahrer aufzusteigen, der Stalin die in Kunzewo vorbereiteten Speisen in den Kreml brachte.

Der Besuch Egnataschwilis in Georgien war eine echte Revolution, zunächst in Stalins Küche, dann in den Küchen der gesamten Sowjetunion. Stalin besann sich der georgischen kulinarischen Traditionen und Bräuche – und lernte sie zu schätzen. Er begann, sie auf sowjetischen Boden zu verpflanzen. An seinem Tisch erschien ein *Tamada* – ein georgischer Zeremonienmeister, der Trinksprüche aussprach, den Teilnehmern der Mahlzeit das Wort erteilte und den Ablauf der *Supra*, also des Festmahls, dirigierte. Ursprünglich wurde diese Rolle von einem der Mitarbeiter gespielt, aber mit der Zeit verlegte sich Stalin darauf, professionelle Schauspieler zu engagieren.

Er begann auch etwas zu bemerken, was die Georgier schon seit Langem wussten: Die Mahlzeiten, und vor allem die Supra sind der Moment, in dem der Gastgeber seinen Reichtum und seine Macht zur Schau stellen kann. Der Moment, in dem die Reichen die Armen einschüchtern und sie noch mehr unterwerfen können.

Diese lockeren Überlegungen wurden bald in konkrete Maßnahmen umgesetzt und auf den Tisch des Kreml übertragen. Stalins Tisch wird nie wieder bescheiden sein. Er wird – wie bei den georgischen Reichen – ein Tisch sein, der vor Wohlstand strotzt. Und der durch seine Üppigkeit auch in schwierigen Zeiten die Rolle, die Bedeutung und die Macht eines Landes zeigt, das imstande ist, so aufzutafeln.

Aber all das wird noch kommen. Vorerst war Liliana mit der Aufzucht von Truthähnen beschäftigt. Sie waren nützlicher als gedacht, denn 1937 verschrieben Ärzte Stalin eine Diät, deren Hauptbestandteil Putenleber war. Die Truthähne aus Kunzewo reichten aber nicht aus und deshalb fuhr Egnataschwili, wie Iwan Alichanow schreibt, »auf der Suche nach diesen Vögeln mit seinem Cadillac durch die Region Moskau.« Damit niemand daran zweifelt, dass der Chef von Stalins Datscha in Kunzewo tatsächlich einen Firmen-Cadillac fuhr, hat sein Stiefsohn ein Foto seiner Mutter mit dem besagten Auto im Buch untergebracht. Manchmal fuhr Sascha selbst, aber meistens war es sein persönlicher Chauffeur, ein Mann namens Nadajew. Alichanow schreibt weiter: »Damals studierte ich bereits am Institut für Leibeserziehung und wusste aus dem Physiologieunterricht, dass überschüssiger Zucker in der Leber abgelagert wird. Also empfahl ich meiner Mutter, den Maisbällchen, die sie den Truthähnen zum Fressen gab, ein Glas Zucker beizumischen. Die Größe ihrer Lebern hat sich schnell verdreifacht. Daraufhin habe ich Alexander Jakowlewitsch scherzhaft gebeten, mich für den Stalinpreis vorzuschlagen.«

Die Umstellung der Küche auf Georgisch bereitete Stalin viel Freude. Egnataschwili kam ihm noch näher. Wusste er bereits, wie gefährlich eine solche Nähe war? Und dass jeder, der zu nahe an der »Sonne der Nationen« flog, verbrennen konnte?

Wahrscheinlich war es ihm noch nicht bewusst.

In der Zwischenzeit waren die von Lawrenti Beria (der bereits dauerhaft aus dem Kaukasus nach Moskau umgezogen war) organisierten Säuberungen in der Sowjetunion im vollen Gange. Immer mehr Menschen, die zu Beginn den Kern des neuen Staates gebildet hatten, landeten im Lubjanka-Gefängnis des KGB, in Arbeitslagern oder sogar vor einem Erschießungskommando. Schriftsteller, Offiziere, Maler und die intellektuellen Eliten verschiedener Nationen wurden hingerichtet: Belarussen, Tataren, Ukrainer und Polen. Alle, die Stalin nahestanden, wussten, dass das Urteil jeden Moment gefällt werden konnte. Sascha gab sich jedoch der Illusion hin, dass seine Freundschaft mit dem Machthaber – und wahrscheinlich auch seine Blutsbande – stärker waren als die Politik.

In Kunzewo spielten die Arbeiter abends nach wie vor Akkordeon und die schöne Liliana knetete Maisbällchen mit Zucker für die Truthähne.

5.

Im September 1938 wurde Nikolai Wlasik, Stalins Sicherheitschef und im Übrigen ein häufiger Gast und Freund der Egnataschwilis, zum Leiter der Ersten Abteilung der Hauptdirektion für Staatssicherheit. Sascha wurde zu seinem Stellvertreter für wirtschaftliche Angelegenheiten ernannt. Er wurde sogar in den Rang eines Majors erhoben. Die beiden Männer verblieben innerhalb der Strukturen des NKWD, unterstanden aber direkt Stalin.

Ebenfalls auf dem Höhepunkt seiner Karriere stand Beria, der 1938 Chef des NKWD wurde. Er war verantwortlich für die Massendeportationen von Völkern, darunter auch Polen, aus den von der Sowjetunion besetzten Gebieten. Im Jahr 1940, nach Ausbruch des Zweiten Weltkriegs, verantwortete er unter anderem die Ermordung der polnischen Offiziere in Katyn.

Selbst in der friedlichen Stadt Kunzewo wurde immer deutlicher, dass sich die Weltlage zum Schlechten wendete. In Europa tobte der Zweite Weltkrieg. Obwohl Stalin 1939 einen Pakt mit Hitler geschlossen hatte, in dem sie ihre Einflusssphären aufteilten, war die Spannung auch im engsten Kreis des Chefs spürbar.

Egnataschwilis Verantwortlichkeiten hatten zugenommen. Er kochte seltener für Stalin, aber jetzt war er für etwas viel Wichtigeres verantwortlich: Je näher der Krieg kam, desto mehr fürchtete der Herrscher um sein Leben. Sascha musste dafür sorgen, dass die Lebensmittel auf seinem Tisch sicher waren. Er tat dies mit voller Hingabe – und testete sie meist an sich selbst. Das brachte ihm den Spitznamen »Kaninchen« ein. Alexander reiste persönlich nach Georgien, um Wein zu besorgen. Stalin durfte nichts essen, das nicht durch die Hände – und die Kehle – von Egnataschwili gegangen war. Sogar die Fische, die auf Stalins Tisch landeten, sollten ausschließlich von Saschas Farm stammen: Zu diesem Zweck gruben Soldaten Löcher für zwei Teiche, die mit Karpfen bestückt wurden. Das Problem war, dass Stalin von allen Fischen Hering am liebsten mochte, es aber unmöglich war, Heringe in einem Teich aufzuziehen.

Die internationale Lage wurde von Monat zu Monat immer angespannter.

Sascha konnte sehen, dass es um die Deutschen in Russland nicht zum Besten bestellt war. Er wollte Liliana, die Liebe seines wilden Lebens, unbedingt retten, und so begann er schweren Herzens, sie zu überreden, nach Deutschland zurückzugehen. Sie wollte jedoch nichts davon wissen. Zunächst einmal hatte sie in der alten Heimat niemanden mehr. Ihre Eltern waren tot und ihre entfernte Familie hatte keine Lust, die Beziehungen zu einer Verwandten, die einen unbändigen Georgier geheiratet hatte, wiederherzustellen. Zweitens wusste Liliana, dass ihre Ausreise schwarze Wolken über den Köpfen ihrer beiden Söhne und ihres geliebten Mannes aufziehen lassen würde.

Also schrieb Liliana einen Brief an Stalin. Sie gab zu, dass ihr Mann sie, als Deutsche, gedrängt hätte, die UdSSR zu verlassen, aber dass sie damit nicht einverstanden sei. Sie wolle in Russland bleiben und dem Land, das sie aufgenommen hatte, so gut wie möglich dienen.

Stalin antwortete nicht auf den Brief, aber Liliana durfte bleiben. Sascha wusste jedoch, dass er seine ganze Gewieftheit einsetzen musste, um seine Frau zu retten. Zumal Beria damals einer der engsten Mitarbeiter Stalins war und sicherlich die Demütigung nicht vergessen hatte, dass er Egnataschwili aus dem Gefängnis hatte entlassen müssen.

Beria wusste allerdings auch, dass Alexander dem Woschd zu nahe stand, um einen Frontalangriff auf ihn starten zu können. Er begleitete ihn bei allen wichtigen Angelegenheiten: sowohl beim Besuch von Joachim von Ribbentrop, mit dem die UdSSR den Nichtangriffspakt unterzeichnete, als auch bei wichtigen Treffen auf dem Anwesen in Kunzewo.

Nicht so Liliana. Stalin benutzte die Ehefrauen oft, um ihre Männer zu erpressen und an der kurzen Leine zu halten. Im Jahr 1939 wurde die Frau von Alexander Poskrjobyschew, Stalins Sekretär, verhaftet. Die Ehefrau von Michail Kalinin, der nominell das Oberhaupt des sowjetischen Staates war, verbrachte acht Jahre in einem Gulag. Kliment Woroschilow, Marschall der UdSSR und Volkskommissar für militärische Angelegenheiten, musste seine Frau mit einer Pistole in der Hand gegen die Tschekisten verteidigen. Er war der Einzige, dem es gelang, seine geliebte Ehefrau vor der Verhaftung zu bewahren.

Egnataschwili war sich sehr wohl bewusst, dass Liliana die Nächste sein könnte. Zumal Stalins Bündnis mit Hitler nicht ewig dauern konnte, und wenn es endete, wäre ihre deutsche Herkunft ein echtes Problem.

Er wusste auch, dass er den grausamen Lawrenti Beria gegen sich hatte. Und dass er nicht wie Woroschilow in der Lage sein würde, seine Frau zu verteidigen.

6.

Obwohl Herr und Frau Egnataschwili in seiner Datscha lebten, besuchte sie Stalin nur einmal, im Jahr 1938. Er tat es unangekündigt, sodass sich Liliana verängstigt hinter einem Vorhang versteckte. »Eine Gastgeberin sollte sich nicht verstecken«, soll Josif Wissarionowitsch zu ihr gesagt haben, halb scherzhaft, halb tadelnd.

Er wurde von Beria begleitet, der Liliana noch aus Tiflis kannte – damals hatte er als lokaler Funktionär der Kommunistischen Partei ihre Wohnung beschlagnahmt. Aber obwohl sich Beria an sie erinnern musste, stellte er sich ihr so vor, als ob sie sich zum ersten Mal begegneten.

Das verhieß nichts Gutes.

Anlass für den Besuch Stalins bei Sascha und Liliana war der Besuch eines ungewöhnlichen Gastes, der seit einigen Tagen bei den Egnataschwilis wohnte. Es war ein alter Schuhmacher aus Gori, Date Gasitaschwili, der viele Jahre zuvor bei Stalins Vater Wissarion in die Lehre gegangen war. Sascha traf ihn in Georgien und brachte ihn mit, um Stalin zu überraschen.

Der einfache Schuster blieb einige Tage in Kunzewo; Stalin war ganz begeistert von ihm, denn auf die Frage, ob er etwas benötige, bat dieser seinen so hoch aufgestiegenen Landsmann nur, mit ihm zusammen zu singen.

»Gut, dass Sascha mich gefunden hat, sonst wäre ich gestorben, ohne zu wissen, was mit dir passiert ist«, sagte der alte Date beim Abendessen zu Stalin, was für Heiterkeit sorgte: Zu dieser Zeit hingen nämlich überall Porträts des Woschd.

Später neckten sich die Männer eine Weile, bis Date nach einem von Stalins Witzen drohte, ihm die Hose auszuziehen und ihm den Hintern so zu versohlen, dass er »rot wird wie deine Fahne«. Überraschenderweise war Stalin hingerissen. Dank des alten Mannes wurde er kurz an seine Kindheit erinnert.

Stalin unterhielt sich auch kurz mit Liliana, er fand sogar einige entfernte verwandtschaftliche Bezüge zwischen Georgiern und Deutschen, dann rief er, wie zur Bestätigung seiner Worte, alle Georgier, die sich gerade in Kunzewo aufhielten, ins Haus der Egnataschwilis, und sie alle nahmen an einer kleinen improvisierten Supra teil. Es schien, als hätte der Besuch des alten Schusters die Wolken über den Köpfen von Sasha und Liliana weggeblasen.

»Ich würde gern glauben, dass Stalin unsere Datscha besuchte, um die aufkommenden Spannungen zwischen meinem Stiefvater und Beria abzubauen. Dass er Beria seine positive Einstellung gegenüber Saschas Familie zeigen wollte«, schrieb Iwan Alichanow viele Jahre später. »Aber es könnte sein, dass sein Besuch bei unserer Familie nach der Logik jener unruhigen Zeiten nur dazu diente, den Hass zwischen den Menschen in seinem Umfeld zu schüren. Wenn das der Fall war, dann wurde das Ziel erreicht. Dieser Besuch wurde der Grund für Berias noch größere Abneigung gegen meinen Stiefvater. Wir alle haben einen hohen Preis dafür bezahlt – und den höchsten meine Mutter.«

7.

Im Juni des Jahres 1941 hörten die Russen im Radio eine Rede des Chefs der sowjetischen Diplomatie, der erklärte, Hitlers Truppen seien ohne

Kriegserklärung in ihr Land eingedrungen. Der Großteil der Menschen war von patriotischen Gefühlen erfüllt und überzeugt, dass der Krieg höchstens ein paar Monate dauern würde. Nur wenige fragten sich, warum Molotow im Radio gesprochen hatte und nicht der Staatschef, Genosse Stalin, persönlich.

Unterdessen war Stalin zu verängstigt, um etwas von sich zu geben. Monatelang verhielt er sich, wie Joseph Goebbels schrieb, wie ein von einer Schlange hypnotisiertes Kaninchen. Erstens wollte er lange Zeit nicht glauben, dass Hitler tatsächlich einen Angriff plante, obwohl er über alle Informationen verfügte, die einen Angriff erwarten ließen. Dann war er nicht in der Lage, das Land wirksam gegen die Wehrmacht zu verteidigen.

Schon am zweiten Tag der Kämpfe verlor die Sowjetunion über zweitausend Flugzeuge, die Deutschen nur einundsechzig. Am fünften war das LVI. Armeekorps schon auf halbem Weg nach Leningrad, ohne irgendwo auf größeren Widerstand zu stoßen. In den ersten drei Wochen der Kämpfe wurden zwei Millionen Rotarmisten getötet. Mehrere sowjetische Truppen gerieten in der Nähe von Smolensk in eine deutsche Falle; weitere dreihunderttausend Russen wurden gefangen genommen.

Die Sowjetunion war auf den Krieg völlig unvorbereitet. Das Land zahlte nun den Preis für Stalins Säuberungen unter Offizieren – zwischen 1937 und 1939 waren vierzigtausend von ihnen verhaftet und fünfzehntausend hingerichtet worden.

Wie Anna Reid schreibt: »Unter ihnen waren 3 von 5 Marschällen, 15 von 16 Armeekommandanten, 60 von 67 Korpskommandanten, 136 von 169 Divisionskommandeuren und 15 von 25 Admirälen.«

Die Menschen im Umfeld Stalins begannen, um das Leben ihrer Angehörigen zu fürchten. Sascha schickte Liliana nach Kuibyschew, wo die

Sowjets eine Ersatzhauptstadt für den Fall vorbereiteten, dass Hitler Moskau einnehmen würde.

Alexander selbst blieb bei Stalin und begleitete ihn während des gesamten Kriegs. Das war durchaus sinnvoll: Er war weit weg von der Front *und* von Beria. Mit dem Ausbruch des Kriegs begann auch im ganzen Land die Verfolgung der in Russland lebenden Deutschen. Einige lebten bereits seit der Zeit Katharinas II. in Russland, andere kamen, um an den Höfen der nachfolgenden Zaren zu dienen. Allein aus St. Petersburg wurden über dreißigtausend Menschen deutscher Herkunft vertrieben.

Auch Liliana wurde ins Gefängnis gesteckt, doch Sascha glaubte, dass sie gerettet werden könnte.

Derweil ging der Krieg weiter. Die Russen erlitten weiterhin starke Verluste: Die Deutschen eroberten Stalingrad, nur kleine sowjetische Brückenköpfe wurden verteidigt. Im Norden belagerten sie Leningrad, das Hitler nicht mit Waffengewalt, sondern durch Hunger erobern wollte. Und sie rückten immer näher an Moskau heran – auch wenn sie es nie erobern sollten.

Egnataschwili arbeitete zu diesem Zeitpunkt wie ein Verrückter, Tag und Nacht. Er hoffte, dass er sich und seine Frau retten würde, wenn er Stalin in diesen schwierigen Zeiten beweisen könnte, wie loyal er ihm gegenüber war.

REZEPTE

GEORGISCHE KRAUTSUPPE

- 800 g Weißkohl
- 200 g Rindfleisch
- 200 g Kalbfleisch
- 200 g Hähnchenfilet
- 100 g Möhren
- 1 Petersilienwurzel
- 50 g Butter
- 2 Esslöffel Tomatenmark
- 2 Esslöffel Weizenmehl
- 1 Zwiebel
- 1 große Knoblauchzehe
- Salz und Pfeffer

Das Kalb- und Rindfleisch in Stücke schneiden. Drei Liter Wasser über das vorbereitete Fleisch gießen und die Brühe bei mittlerer Hitze zum Kochen bringen. Nach dem Aufkochen die Hitze reduzieren, mit Salz würzen und 2,5 Stunden köcheln lassen.

In der Zwischenzeit das Hähnchenfilet in einem anderen Topf garen. Den Kohl kleinschneiden, in die Brühe geben und 10 Minuten mitkochen.

Das Gemüse in kleine Würfel schneiden. Die Butter in einen gut erhitzten gusseisernen Kessel oder Kochtopf geben. Das gehackte Gemüse in der geschmolzenen Butter braten, bis die Zwiebel und die Petersilienwurzel goldbraun sind. Mehl hinzugeben, schnell umrühren und nach einer Minute das Tomatenmark in den Topf geben. Erneut umrühren und weitere 2 Minuten dünsten.

Das Fleisch des gekochten Huhns zusammen mit der Brühe hinzufügen. Alles zusammen weitere 30 Minuten kochen lassen.

GEGRILLTES LAMM

- 1 kg Lammfleisch
- 1 Flasche trockenen georgischen Weißwein
- 2-3 Zwiebeln
- ½ l Kefir pro Kilogramm Fleisch

Das Fleisch in große Stücke schneiden und die Zwiebeln in kleine Würfel, dann alles in einem Topf vermischen. Die Mischung mit Weißwein bedecken und für einige Stunden ruhen lassen, damit das Fleisch mariniert wird.

Eine Stunde, bevor das Fleisch gegrillt wird, den Kefir in den Topf gießen und eine halbe Stunde später Salz, Pfeffer und Gewürze nach Belieben hinzugeben.

Auf diese Weise mariniertes Grillfleisch bereitete Stalin persönlich für seine Kinder und Freunde zu.

WALNUSS-KONFITÜRE

- 1 kg Zucker
- 600 ml Wasser
- 1 kg junge grüne Walnüsse
- 3 g Zitronensäure (oder 1 Löffel Zitronensaft)
- 1 g Vanillepulver

Zuerst die Nüsse zwei Tage lang gut einweichen und das Wasser alle 3-4 Stunden wechseln.

Nach zwei Tagen das Wasser abgießen und die Nüsse mit kaltem Leitungswasser abspülen, dann erneut zwei Tage einweichen.

Am fünften Tag die Nüsse in kochendes Wasser geben und 10 Minuten lang kochen, dann in ein Sieb geben.

Den Zucker mit zwei Tassen Wasser mischen, aufkochen und den entstandenen Schaum mit einem Löffel abschöpfen. Den Zitronensaft, die Vanille und schließlich die Nüsse hinzufügen.

Sobald die Marmelade abgekühlt ist, noch mal aufkochen und am nächsten Tag noch zweimal.

Genau so eine Marmelade schickte Stalins Mutter Keke über Sascha Egnataschwili an ihren Sohn im Kreml.

MENÜ VI

Tamara Andrejewna – eine Bäckerin im belagerten Leningrad

Tamara Andrejewna, eine lebhafte Frau Anfang neunzig, ist eine Greisin, wie es sie wohl nur in diesem Teil der Welt gibt: stark, entschlossen, eine, die Krieg und Hungersnot überlebt hat und sich vor nichts auf der Welt mehr fürchtet – aber gleichzeitig nie aufgehört hat, ein warmherziger, guter und freundlicher Mensch zu sein. Über gemeinsame Freunde haben wir uns im Stadtzentrum miteinander verabredet. Tamara und ich schütteln uns zur Begrüßung die Hände und das Taxi, das ich bestellt habe, fährt sofort vor. Am Steuer sitzt ein junger Mann aus dem Kaukasus; diese Menschen reisen auf der Suche nach Arbeit durch ganz Russland, da es in ihren Republiken schwierig ist, welche zu finden. Dunkler Teint, gestutzter Bart und statt des Duftbäumchens, das die meisten Fahrer am Spiegel hängen haben: ein Miniaturkoran.

»Salam aleikum, Bruder«, sagt Tamara Andrejewna zur Begrüßung zu ihm. »Woher kommst du? Ah, aus Inguschetien. Gutes Brot habt ihr da, aus Maismehl und Kefir, es heißt Tschurek. Schalte jetzt den Taxameter aus, mein Junge, denn du wirst diese Fahrt umsonst machen. Und schalte auch das Navi aus, du bist in meiner Stadt, ich werde dich führen.«

Der Ingusche schaut sie verwirrt an, dann mich – er sieht nicht so aus, als wolle er umsonst fahren, ich würde auch lieber für die Fahrt zahlen, also warnt mich Tamara Andrejewna vorsichtshalber: »Sag nichts, Witold! Wir sind in Leningrad und ich habe die Blockade dieser Stadt überlebt. Also habe ich hier gewisse Privilegien.«

Bevor wir unser Ziel erreichen, fragt meine neue Bekannte den Inguschen, woher genau seine Familie kommt (sie bittet ihn, ihr diesen Ort auf der Karte zu zeigen), dann mich, wo genau meine herkommt (auch dafür braucht sie eine Karte), dann zeigt sie uns beiden, wo während der Blockade von Leningrad die Leichen der Verhungerten abgeladen wurden, und schließlich, wo sie in der Bäckerei gearbeitet hat, dank der sie überleben konnte.

»Nun, Bruder, du wirst doch kein Geld von mir annehmen, oder?«, fragt sie den Ingusch zum Schluss.

Das hat er nicht vor. Und sagt, dass sie ihn sofort anrufen soll, wenn sie irgendwo hin muss.

1.

Frau Andrejewna und ich steigen die Treppe hinauf in den fünften Stock. Aber da das Gebäude aus der Vorkriegszeit stammt, sind die Stockwerke hoch, und oben angekommen habe ich das Gefühl, dass wir bis ins siebte Stockwerk gestiegen sind. Tamara Andrejewna muss alle zwei oder drei Schritte stehen bleiben, weil ihr die Beine wehtun, aber ihre gute Laune verlässt sie nicht für einen Moment.

»Bis ich achtzig war, habe ich mich über diese Treppe und diesen fünften Stock geärgert«, sagt sie. »Und dann verstand ich, dass ich am Leben war, solange ich sie hinaufsteigen konnte. Ich war mein ganzes Leben lang sehr aktiv: Oper, Theater, Leseclub, also bin ich sie bis zu fünfmal am Tag hochgeklettert. Und deshalb bin ich immer noch fit. Wenn ich im Erdgeschoss wohnen würde, wäre ich schon tot.«

Schließlich schaffen wir es, den Gipfel zu erklimmen. Über der Wohnung von Tamara Andrejewna gibt es nur noch das Dach, über dem Dach nur den Himmel, und darin unseren Schöpfer und Erlöser, an den Tamara fest glaubt. Meine Gastgeberin setzt nur noch schnell den Wasserkessel für den Tschai auf und beginnt dann ihre Erzählung über die schwierigsten Jahre für die Stadt, die einst Leningrad hieß. Die schlimmsten Jahre für sie, ihre Familie und für ganz Russland.

»Anfangs, Witold, im Juni 1941, schien das alles unwirklich. Welcher Krieg? Hier gab es keinen Krieg. Hier gab es Weiße Nächte: Alle waren auf den Straßen, Frauen küssten Matrosen. Ein zwölfjähriges Mädchen wie ich bemerkt solche Dinge, also erinnere ich mich gut daran«, sagt sie und sieht mich an, als wollte sie wissen, ob ich weiß, was eine Zwölfjährige denken könnte. Ich habe keine Ahnung, aber ich nehme sie beim Wort. Sie übergießt die Teebeutel mit kochendem Wasser und fährt fort: »Ich erinnere mich auch daran, dass ich mich ernsthaft gefragt habe, ob alles Ende August vorbei sein würde und ob wir dann wieder normal zur Schule gehen würden. Mein Vater war im finnischen Krieg gewesen, etwas mehr als ein Jahr zuvor, und er war erst seit vier Monaten wieder zuhause, aber ich war überzeugt, ich weiß nicht warum, und bitte, Witold Miroslawowitsch – hier ist der Tee, hier ist der Zucker, hier ist die Erdbeermarmelade –, bitte fragen Sie mich nicht, warum ich dachte, dass wir mit den Deutschen schneller fertig werden würden als mit den Finnen.

Die Atmosphäre war großartig. Jeder wollte gegen Hitler kämpfen und jeder, wirklich jeder war sich sicher, dass die Deutschen keine Chance gegen uns hätten. Gott, wie dumm wir waren.

Der Autor mit Tamara Andrejewna

Nun ja, woher sollten wir auch ahnen, wie schnell und tief die Deutschen ins russische Gebiet vorstießen. Im Radio wurde es zumindest nicht gemeldet. Selbst wenn wir eine Stadt verloren hatten, wurde nur von ›extrem schweren Kämpfen‹ gesprochen, aber niemand hätte zugegeben, dass wir eine Stadt verloren hatten. Erst nach einiger Zeit haben die Menschen gelernt, diese Botschaften zu verstehen. ›Schwere Kämpfe‹: Das bedeutete, dass wir auf dem Rückzug waren. ›Sehr schwere Kämpfe‹: Die Schlacht war verloren und das meist schon ein paar Tage zuvor.

Und dann kam der Juli, danach der August und nichts versprach ein baldiges Ende des Kriegs. Männer wurden zur Armee einberufen. Ein Teil der Bewohner, darunter auch Kinder, wurde aus Leningrad evakuiert. Immer mehr Informationen über die Grausamkeit der Deutschen erreichten uns: Irgendwo erschossen sie wehrlose Zivilisten, woanders misshandelten und folterten sie Menschen. ›Schwere Kämpfe‹ kamen Leningrad näher und näher.

Im Juli wurde Brot rationiert, aber niemand hatte Angst vor Hunger, sodass die Menschen dieses Brot oft gar nicht kauften, bwohl einige bereits etwas vermuteten. In unserer Kommunalka – einer sowjetischen Gemeinschaftswohnung, in der mehrere Familien zusammenlebten – hatten wir einen Nachbarn aus der Ukraine, den wir Onkel Ostap nannten. Und Onkel Ostap und seine Frau kauften schon so viel Brot, wie sie nur konnten – und es war damals immer noch sehr billig – trockneten es auf dem Ofen und machten Zwieback daraus. Die Leute lachten sie aus, aber Onkel Ostap sagte, dass sie nicht mal zehn Jahre zuvor eine Hungersnot in der Ukraine erlebt hätten und nicht noch einmal dasselbe durchmachen wollten. Unser Hauswart, Onkel Fedor, sagte ihm, er solle mit diesem Gerede aufhören, denn der KGB könnte kommen und ihn wegen Verbreitung von Defätismus verhaften. Aber Onkel Ostap hörte nicht auf damit und der KGB kam trotzdem nicht zu ihm.

Wenn dies ein Theaterstück wäre, würde ich sagen, Witold, dass sich das Grauen sehr langsam aufbaut.

Eines Tages wurden meine Mutter und ich an den Stadtrand bestellt, um Gräben auszuheben, die die Panzer aufhalten sollten. Selbst dann erschien es noch unrealistisch. Welche Panzer? Welche Deutschen? Die Rote Armee wird sie doch nicht in die Stadt lassen! Aber wir haben gegraben, wie es uns befohlen wurde. Jeder musste etwas tun, um das Vaterland vor dem Faschismus zu schützen. Als mein Bruder Pjotr hörte, dass die Wehrmacht irgendwo ein junges Mädchen erschossen hatte, meldete er sich freiwillig zur Armee. Er musste seine Geburtsurkunde fälschen, weil er noch zu jung für den Militärdienst war, er war erst sechzehn. Ich erinnere mich an ein Gespräch mit ihm, bevor er ging. Wie stolz war ich, dass er für das Vaterland kämpfen wollte! Wie stolz ich auf meinen Bruder war!

Ich habe ihn nie wieder gesehen.

Mein Vater arbeitete im Magistrat, also in der Stadtverwaltung, und vor 1941 leitete er die Abteilung, die für die Stadtreinigung zuständig war. Er war der Erste, der begriff, dass dieser Krieg nicht so bald zu Ende sein würde. Eines Tages kam er verzweifelt von der Arbeit nach Hause und sagte zu meiner Mutter: ›Leningrad hat keine Vorräte mehr. Was wir haben, reicht für zwei Monate, vielleicht anderthalb. Wenn die Deutschen uns belagern, wird es eine Hungersnot geben.‹

Vielleicht hatte unser Nachbar, Onkel Ostap, also doch recht? Vielleicht sollten wir auch Zwieback machen? Aber daran dachte niemand in meiner Familie. Damals hieß es, die Deutschen würden die Stadt so schnell wie möglich einnehmen wollen. Niemand konnte sich vorstellen, dass sie uns umzingeln und zweieinhalb Jahre lang belagern würden.

Meine Eltern kannten die Hungersnot von früher: aus dem Bürgerkrieg und aus den ersten Jahren der bolschewistischen Herrschaft. Meine Mutter hatte mir, als ich noch kleiner war, erzählt, dass die Leute damals Krähen aßen und sie selbst nur deswegen überlebt hatte, weil ihnen jemand vier Pferdehufe schenkte und meine Großmutter daraus eine schleimige Suppe machte. Aber wissen Sie was, Witold? Wenn Ihre Eltern oder Großeltern Ihnen erzählen, wie sie die Hungersnot überlebt haben, und Sie in einem Land aufgewachsen, in dem es jeden Tag Weißbrot zum Frühstück und in der Schule ein zweigängiges Mittagessen und dazu noch Kompott gibt, dann können Sie sowas nicht glauben. Sie denken: Das ist eine Fehleinschätzung, so etwas wird mir in meinem Leben nicht passieren.

Nun ja. Das dachte ich auch. Damals, im August in Leningrad, schien der Hunger für niemanden real zu sein.

Aber wir haben erst nach dem Krieg das Wichtigste über diese Monate erfahren. Zum Beispiel, dass, als die Deutschen uns bereits eingekreist hatten, immer noch Lebensmittel aus Leningrad nach Moskau gingen. Oder dass Stalin uns Hilfszüge schicken wollte, solange er konnte, aber Schdanow, der Chef unserer Kommunisten, sich weigerte. Er wollte zeigen, dass die Stadt Leningrad es ohne Hilfe schaffen würde. Selbst als die Deutschen schon an den Straßenecken standen, dachte er mehr an seine Karriere als an das Leben der Bevölkerung.

Ich erinnere mich noch daran, wie bei den ersten Luftangriffen alle Kinder aus unserer Kommunalka – wir wohnten damals in einer Gemeinschaftswohnung in der Nähe des Jussupow-Palastes; eine Toilette auf dem Flur, eine Gemeinschaftsküche, überall waren Kinder – an die Fenster stürzten. Unsere Eltern riefen: ›Hört auf, das ist gefährlich, jemand wird noch ein Stück Schrapnell abbekommen!‹ Natürlich sollten wir umgehend zu den Schutzräumen laufen. Aber anfangs tat das kaum jemand. Mein Vater wollte nicht einmal seine Mahlzeit unterbrechen. Es war, als ob jeder den Deutschen seine Geringschätzung zeigen wollte.

Damals konnte man noch Lebensmittel in den Geschäften kaufen, aber sie wurden immer teurer, und zwar in rasantem Tempo. Ich weiß noch, wie meine Mutter mal ein großes Fünf-Liter-Glas mit schwarzem Rogen entdeckte. Es kostete so viel, wie sie in einem Monat verdiente. Wir verließen den Laden, und ich erinnere mich, wie meine Mutter sagte, dass sich die Preise stabilisieren müssten, dass der Rogen doch nicht so teuer sein könne. Aber dann sind wir durch die Stadt gelaufen und haben gesehen, dass es in den Läden nichts,mehr gab.

Wir hatten an diesem Tag keine Zeit, zurückzugehen, um den Rogen zu kaufen, also gingen wir gleich am nächsten Morgen hin. Zum Glück war er noch da. Meine Mutter kaufte das Glas und wir trugen es alle beide, weil wir Angst hatten, es könnte kaputtgehen. Und ich kann Ihnen sagen, Witold, dass dieses Glas uns später das Leben gerettet hat!

Die deutschen Luftangriffe nahmen zu. Und selbst dann, als schon allen klar war, dass die Situation sehr schlimm war, im September oder Oktober war das, sagten die Behörden, Leningrad habe Lebensmittelvorräte für zwei Jahre. Wie viele Menschen hätten eine Chance gehabt, rechtzeitig aus der Stadt zu entkommen, wenn sie die Wahrheit gekannt hätten? Wie viele hätten ihr Leben retten können?

Aber das Leben von Menschen interessierte die Machthaber nicht. Es ging darum, die Stadt nicht aufzugeben. Denn Stalin und das Politbüro hatten sich in den Kopf gesetzt, dass wir Russen, was auch immer geschehen würde, Stalingrad und Leningrad nicht aufgeben durften.

2.

Am 8. September schlossen die Deutschen den Blockadering um die Stadt. Am selben Tag wurden die Badajew-Lebensmittellager von der Luftwaffe bombardiert. Der Geruch von verbranntem Fleisch lag in der

Luft. An dem Tag weinte ich; ich glaube, es war das erste Mal, dass mir klar wurde, dass der Krieg nicht so bald enden würde, und dass wir wirklich harte Wochen und Monate vor uns hatten. Aber meine tapfere Mama sagte mir, ich solle mich nicht grämen, wir seien zu viert – mein Bruder war an der Front, aber zu dem Zeitpunkt wussten wir noch nicht, dass er bereits tot war – und wir würden es ganz gewiss schaffen.

Etwa zur gleichen Zeit meldete sich meine Mutter freiwillig zu einer Brigade, die Brandbomben von den Dächern warf. Es war eine sehr schwierige und gefährliche Aufgabe. Wenn eine Bombe auf das Dach eines Gebäudes fiel, hatte meine Mutter zehn, vielleicht zwölf Sekunden Zeit, um sie mit einem speziellen Stock, der eine Metallspitze besaß, herunterzustoßen. Sonst würde das Dach Feuer fangen und das ganze Haus könnte abbrennen. Jedes Mietshaus in der Altstadt hatte eine solche Brigade. Ich war sehr stolz auf meine Mutter, weil sie etwas so Mutiges machte. Wie ein dummes Kind wartete ich geradezu darauf, dass eines Tages eine Bombe auf unser Dach fallen würde und meine Mutter sie hinunterschmeißen würde und dann würden alle sie loben, sie würde eine Medaille bekommen und dann könnte ich noch stolzer auf sie sein.

Meine Eltern waren beide berufstätig, mein Bruder war an der Front, und zu dieser Zeit, gerade als die Lebensmittelkarten eingeführt wurden, war ich für das Einkaufen zuständig. Es wurde von Tag zu Tag schwieriger, das weiß ich noch genau. Die Leute rempelten einander an, drängelten sich in den Schlangen vor, zettelten Prügeleien an. Damals hatten sie noch die Kraft zu kämpfen – ein paar Monate später würde niemand mehr die Energie dafür aufbringen können.

Und dann, Ende Oktober, wurde meine Schule völlig unerwartet wieder geöffnet. Wie groß war meine Freude, meine Schulkameraden und -kameradinnen wiederzusehen! Unser Unterricht wurde jedoch fast täglich durch die Angriffe der deutschen Flugzeuge unterbrochen; mittlerweile gingen alle freiwillig in die Schutzbunker hinunter. Unsere Lehrerin, Anna Trofimowna, setzte ihren Unterricht dort fort.

Ich erinnere mich an eine geradezu unwirkliche Szene, als einmal die Sirenen losgingen. Wir hörten das Geräusch von fallenden Bomben irgendwo in der Nähe, als Anna Trofimowna uns gerade von der italienischen Renaissance erzählte. Ich dachte damals, dass man so sterben kann: während man Geschichten über Michelangelo lauscht. Aber keiner von uns ist gestorben, zumindest nicht an diesem Tag. Die Schule lief während der Blockade weiter, obwohl ich bald danach nicht mehr zum Unterricht ging.

In der Schule bekamen wir jeden Tag einen Teller mit heißer Suppe, was sehr wichtig war, denn im November wurden die Essensrationen gekürzt. Von nun an sollten Berufstätige zweihundertfünfzig Gramm Brot pro Tag erhalten. Kinder und Nichterwerbstätige, also auch ich – einhundertfünfundzwanzig Gramm. Schauen Sie, Witold, ich schneide Ihnen ein Stück Brot ab, damit Sie wissen, wie viel einhundertfünfundzwanzig Gramm sind. Sehen Sie? Drei dünne Scheibchen Brot. Und das war damals auch noch Brot, das zur Hälfte aus Zellulose bestand! Was sie außerdem dem Brot zugefügt haben, werde ich Ihnen gleich erzählen.

Abgesehen davon gab es Tage, an denen es unmöglich war, überhaupt irgendwo irgendwas zu essen zu bekommen.

Die Hungersnot begann. Und Menschen, die ich kannte, begannen zu sterben. Die Nachbarin aus dem Stockwerk unter uns. Der Bruder meines Vaters. Schließlich Onkel Ostap, der zwar ausreichend Zwieback hatte, aber an der Ruhr erkrankte, und da konnte ihm sein Zwieback nicht helfen.

Die Suppe in der Schule hat mich gerettet. Und zuhause wurden wir durch jenes Glas Rogen gerettet, das meine Mutter auf wundersame

Weise noch bekommen hatte. Und eine Dose Klebstoff, die mein Vater mal gekauft hatte. Es war ein guter Klebstoff, der aus Fischfett gemacht wurde; so etwas wird heute nicht mehr hergestellt. Es war seltsam, sowas zu essen, aber nach ein paar Tagen des Hungers war es uns letztlich egal. Ich füllte meinen Magen mit allem, was ich finden konnte. Mama gab uns jeden Tag zwei Esslöffel Rogen zum Brot und aus dem Klebstoff machte sie eine Art Gelee. Im nächstgelegenen Geschäft, in der Nähe des Gribojedow-Kanals, konnte man aus irgendeinem Grund noch Senf kaufen. Und wenn man vergaß, dass dieses Gelee aus Fischkleister war, bekam man es mit Senf irgendwie runter.

Die Menschen verzweifelten damals immer mehr. Einige gingen dorthin, wo Badajews abgebrannte Lebensmittellager gestanden hatten, sammelten die süße Erde in Eimern, vermischten sie mit Wasser und versuchten, den Zucker daraus zu gewinnen, um auf diese Weise wenigstens an ein paar Kalorien zu kommen.

Mein Vater hingegen erhielt vom Magistrat einen neuen Auftrag. Er und seine vier Männer sollten durch die Mietshäuser gehen und die Wachleute fragen, in welcher Wohnung jemand gestorben sein könnte. Wenn sie einen Toten fanden, brachten sie ihn auf den Friedhof. Zuerst hatten sie dafür einen Pferdewagen, aber dann verschwand plötzlich das Pferd – wahrscheinlich hatte es jemand zu Fleisch verarbeitet – und sie mussten den Wagen selbst ziehen. Im Winter ersetzten sie ihn durch einen Schlitten.

Doch da mussten sie nicht mehr die Wohnungen kontrollieren, die Leute starben direkt auf der Straße. Sie verließen ihre Häuser, gingen irgendwohin und kamen nie mehr zurück. Im Gribojedow-Kanal, nicht weit von unserem Haus, lag einmal die Leiche eines kleinen Jungen, vielleicht acht Jahre alt. Womöglich ging er hinunter, um Wasser zu holen und hatte nicht die Kraft, wieder hinaufzuklettern? Ich weiß es nicht. Aber ich weiß, dass wir uns schnell an solche Anblicke gewöhnten.

3.

Vater fühlte sich schrecklich wegen seiner neuen Arbeit. Er arbeitete mit Hingabe und sehr hart, aber er kam jeden Tag müde und verzweifelt zurück nach Hause. Heute denke ich, dass er von uns allen der Einzige war, der das Ausmaß des Geschehens begriff. Und er glaubte ernsthaft, dass wir die Nächsten sein würden. Dass ganz Leningrad sterben würde.

Ich erinnere mich noch daran, wie ich mich eines Tages in die Warteschlange für Brot stellte, aber ich wollte mich vergewissern, dass wirklich genug Brot für alle da war, also ging ich ein paar Dutzend Meter weiter vor zur Ladentür. In diesem Moment fielen deutsche Bomben auf die Straße. Die Frau, hinter der ich gestanden hatte, starb auf der Stelle. Warum nicht ich? Warum hatte ich Glück und sie nicht? Ich weiß es nicht. Diese Frage stelle ich mir und Gott jeden Tag.

Irgendwann wurde uns immer klarer, dass wir den Winter nicht überleben würden. Ich spürte, wie ich jeden Tag ein wenig schwächer wurde.

Der Februar war der härteste, der kälteste Monat. Zumal wir in unserem Herd bereits alles verbrannt hatten, was verbrannt werden konnte, einschließlich eines Teils des Fußbodens und des größten Teils der Möbel. Niemand hatte mehr die Kraft, das Haus zu verlassen. Ich ging nicht mehr zur Schule und mein Vater hatte, wenn er von der Arbeit nach Hause kam, kaum die Kraft, sich zu uns in den zweiten Stock zu schleppen.

Dann habe ich innerhalb einer Woche beide Eltern verloren. Zuerst wurde Vater einberufen – fünf Tage später musste er auch schon an die Front. Mutter stürzte auf der Treppe, brach sich den Beckenknochen und musste ins Krankenhaus eingeliefert werden. Überraschenderweise waren die Krankenhäuser noch in Betrieb und es gab dort sogar zu essen. Der Aufenthalt im Krankenhaus hat vielen Menschen das Leben gerettet.

So blieb ich allein zurück, ohne meine Eltern, ohne Feuerholz oder Essen, bei minus fünfzehn Grad. Ich hatte nicht die Kraft, ins Krankenhaus zu meiner Mutter zu gehen. Und sie lag dort ganz allein und konnte auch nichts für mich tun. Ich erinnere mich an den Tag, an dem ich auf der Fensterbank saß und mich vor Schwäche nicht bewegen konnte. Ich habe nur noch auf den Tod gewartet.

In diesem Moment, in einer Art Delirium, träumte ich, dass mich eine Frau über das Dach unseres Hauses führte. Ich folgte ihr und sie lächelte mich sanft an, bis wir beide am Rande des Daches standen. Zuerst dachte ich, es sei meine Mutter. Ich sah sie an. »Springen wir?«, fragte ich.

Aber die Frau lächelte mich sanft an und ich begriff, dass es nicht meine Mutter war, sondern die Jungfrau Maria, wie ich sie einmal auf einem Bild im Haus einer Schulfreundin gesehen hatte, die katholisch war.

›Nein, meine Tochter. Du wirst leben‹, sagte sie.

Ich protestierte und antwortete: ›Ich habe nichts zu essen, kein Feuerholz, und alle um mich herum liegen im Sterben. Ich werde das nicht überleben!‹

Aber sie lächelte wieder.

›Du wirst leben‹, wiederholte sie.

Ich weiß, Witold, es ist schwer, diese Geschichte zu glauben, aber wenn so viele Menschen um dich herum sterben, kommt das Metaphysische fast zwangsläufig zu einem. Und siehe da, einen Moment später wurde ich von Tante Tola geweckt, der Frau unseres Hauswartes Onkel Fedor, die in unsere Wohnung gekommen war, um nachzusehen, ob ich noch lebte. Tante Tola brachte mir ein Stück Brot. Sie nahm den Rest des Rogens aus dem Glas, gab mir zwei, vielleicht sogar drei Löffel voll – ›Mehr nicht‹, sagte sie, ›sonst verdrehen sich deine Eingeweide.‹ Dann ging sie zu ihrem Mann, um zu beratschlagen, was man mit mir machen sollte. Sie waren gute Leute; Fedor war mit meiner Mutter in der Brigade, die Bomben von den Dächern warf. Sie hatten zwei Söhne, von denen einer vor dem Krieg gestorben war, der andere, Igor, war zwei Jahre jünger als ich und ihr Ein und Alles.

Onkel Fedor hatte einen Cousin, der in einer großen städtischen Bäckerei arbeitete. Er ging zu ihm und sagte, es gäbe da so ein Mädchen, Bruder und Vater im Krieg, Mutter im Krankenhaus, und fragte, ob sie das Mädel bei sich aufnehmen könnten. Sie waren zuerst dagegen, denn in den Hungerjahren wollte schließlich jeder in einer Bäckerei arbeiten, aber der Onkel hatte seine Mittel und Wege. Tola und Fedor gaben mir zwei Tage Zeit, um wieder auf die Beine zu kommen, danach sollte ich mich zur Arbeit melden.

Also ging ich hin. Ich erinnere mich, dass ich mir die Schuhe nicht zubinden konnte und überrascht war, dass meine Füße trotz meines schrecklichen Hungers gewachsen waren. Erst später wurde mir klar, dass sie gar nicht gewachsen waren, ich war nur angeschwollen vom Hunger und hatte deswegen dicke Füße.

Ich musste um zwei Uhr nachts das Haus verlassen, denn in einer Bäckerei beginnt die Arbeit sehr früh. Ich bin lange gelaufen: Von unserem Haus bis zum Newski-Prospekt sind es normalerweise fünfzehn Minuten, aber ich habe über eine Stunde gebraucht. Doch als ich die Bäckerei betrat, kam es mir vor, als wäre ich im Paradies gelandet. Erstaunlicherweise roch es dort nicht nach Brot, sondern nach Motoröl, denn sie hatten kein anderes und der Ofen musste ja mit irgendetwas geschmiert werden. Aber allein der Anblick von Mehl, von weißen Bäckerschürzen, von Backblechen, all das hatte eine beruhigende Wirkung auf mich. Solange es Brot gibt, dreht sich die Welt weiter. Vielleicht werden wir das alles irgendwie überleben, dachte ich.

Ein älterer Bäcker begrüßte mich. Er hatte zurückgekämmtes graues Haar und trug eine graue, mit Mehl bestäubte Schürze.

›Wjatscheslaw Iwanowitsch‹, stellte er sich vor.

›Ich bin Tamara Andrejewna.‹

›Also Tamara. Sollen wir loslegen?‹

›Gerne!‹

Wjatscheslaw Iwanowitsch brachte mich dahin, wo die anderen Bäcker arbeiteten. Ich bekam die gleiche weiße Uniform und Mütze wie sie und wurde belehrt, dass es verboten war zu stehlen – alle Brote wurden gezählt, auch das Mehl – und dass auf Diebstahl die Todesstrafe durch Erschießen stand. Ich stellte mich den anderen vor, sie gaben mir die Hand und ich machte mich an die Arbeit.

Meine Aufgabe war es, den fertigen Teig in Metallformen zu gießen. Das war mühsam, langweilig, stundenlang das Gleiche.

Eines müssen Sie wissen, Witold. Das Leningrader Brot war während der Blockade nicht das Brot, das Sie kennen. Ich habe Ihnen ja bereits gesagt, dass die Stadt nur Vorräte für einen Monat hatte. Im Winter haben sie versucht, verschiedene Waren über den zugefrorenen Ladogasee in die Stadt zu bringen – er war die einzige Verbindung zum Rest des Landes –, aber die Deutschen bombardierten die Transporte und das meiste kam nicht an. Also mischten unsere Spezialisten den Brotteig aus allem, was sie finden konnten. Die Grundlage war Hafer- und Roggenmehl, dem sie Kiefernnadelpulver, Reste vo gemahlenem Flachs, gemahlene Baumrinde, Zellulose und alles andere, was sie uns aus der Zentrale lieferten, zugaben. Es hat nicht gut gerochen, das habe ich Ihnen schon gesagt. Wir hatten wie erwähnt noch nicht mal Speiseöl für die Öfen, aber ich war trotzdem begeistert. Brot ist Leben, Witold, an einem Ort wie dem belagerten Leningrad spürt man das erst recht. Seit ich in der Bäckerei arbeitete, hatte ich das Gefühl, meinen Blick vom Tod auf das Leben gerichtet zu haben.

In den ersten Tagen waren meine Genossen – so bezeichneten wir uns auf Arbeit: Genosse und Genossin – sehr verständnisvoll und brachten mir alles bei; und sie drückten ein Auge zu, wenn ich nicht mithalten konnte. Aber nach einer Woche arbeitete ich bereits auf Augenhöhe mit ihnen. Wir wussten, dass es von uns abhing, ob die Menschen überlebten oder nicht, und deshalb war jeder, wirklich jeder, mit ganzem Herzen bei der Sache. Wir gaben wirklich alles!

Ich habe mich in dieser Bäckerei so wohl gefühlt, dass ich gar nicht mehr weg wollte. Ich wollte nicht einmal nach Hause. Denn warum sollte man unnötig Energie verschwenden? Nach einiger Zeit brauchte ich eine halbe Stunde, um hinzukommen. Für den Rückweg noch einmal eine halbe Stunde. Immerhin besser als an meinem ersten Tag. Man hatte einfach keine Kraft für irgendwas. Und es hatte keinen Sinn, sie zu verschwenden; ich habe dann in der Bäckerei geschlafen. Diejenigen mit Familie gingen aber nach Hause und schliefen dort.

Wenn ich manchmal durch die Stadt ging, sah ich Leute, die irgendwohin gewollt hatten und unterwegs gestorben waren. Manchmal wurden sie dann von einem Angehörigen mit dem Schlitten zum Friedhof gebracht, aber meist hatte niemand die Kraft dazu. Sie lagen da, bis sich die Stadtverwaltung um sie kümmerte. Ich ging durch die Straßen und sah, wie die Leute für ihr Stück Brot anstanden, und ich fragte mich, warum ich in einer so glücklichen Lage war. Warum bin ich diejenige, die einen Job in einer warmen Bäckerei hat, warum bin ich diejenige, die ein bisschen mehr Brot bekommt? Welches Gesetz bestimmte darüber, dass gerade ich ein Glückspilz war?, fragte ich mich.

Und dann kam eines Tages unerwartet der Frühling. Ich erkannte Leningrad kaum wieder! Die Überlebenden begannen, ihre Häuser zu verlassen. Tagein, tagaus wurde jedes, aber wirklich jedes Stück Land von Menschen in Besitz genommen, um etwas anzubauen: Möhren, Weißkohl, Radieschen, Rüben, Kohlrabi, Rote Bete, Petersilie, Kopfsalat. Alles war von irgendeiner Art essbarer Pflanze besetzt, auch der Park bei der Isaak-Kathedrale, der Sommergarten und das Marsfeld.

Auf den größeren Anbauflächen wurden Hochstände aufgestellt, wie sie die Jäger für die Jagd nutzen, und darin stand dann oft ein Polizist mit einem Gewehr. Stellen Sie sich vor, das gesamte Gebiet um die Isaak-Kathedrale, dieser orthodoxe Kathedrale, war mit Kohlköpfen bepflanzt!

Setzlinge und Saatgut wurden mit Spezialflugzeugen aus Moskau und anderen Städten herangeschafft. Sie wurden in allen Teilen der Stadt verteilt. Man konnte sie auch im Botanischen Institut bekommen, in dem außerdem Vorträge darüber gehalten wurden, welche Wildpflanzen unbedenklich gegessen werden können.

Ich spürte, wie das Leben in mich zurückkehrte. Wenn wir den Winter überlebt haben, sind wir auf den nächsten viel besser vorbereitet!, dachte ich mir.

In der ganzen Stadt gab es kein Unkraut mehr: Quecke, Klette, Brennnessel – alles wurde vertilgt. Auch gab es keine Vögel, Hunde oder Katzen. Alles, was man essen konnte, wurde im Winter gegessen.

Am 1. Mai, dem Tag der Arbeit, einem der wichtigsten Tage im kommunistischen Kalender, brachten die Eltern, die mit mir arbeiteten, ihre Kinder mit in die Bäckerei, und jedes von ihnen bekam ein süßes Brötchen. Wir hatten sie am Morgen aus feinem, weißem Mehl gebacken, was damals eine unvorstellbare Rarität war. Wjatscheslaw Iwanowitsch war extra ans andere Ende der Stadt gefahren, um es zu besorgen.

Nur, dass ich kein Brötchen bekommen habe.

Wie habe ich damals geweint, Witold! Einige dieser Kinder waren doch älter als ich, warum haben sie eins bekommen? Aber ich war schließlich eine Arbeiterin, nicht das Kind eines Arbeiters. Niemand hat also daran gedacht, dass auch ich mich über ein solches Brötchen gefreut hätte.

Wjatscheslaw Iwanowitsch sah aber, dass ich weinte. Er kam mit seinem Enkelsohn Pascha zu mir und bat den Kleinen, sein Brötchen mit mir zu teilen. Pascha sträubte sich, aber der Großvater zwang ihn, und so riss er für mich ein halbes Brötchen ab. Es war mir unangenehm, ihm etwas wegzunehmen, aber ich aß das Stück trotzdem.

So etwas Leckeres hatte ich seit Beginn des Kriegs nicht mehr gegessen!

4.

Kürzlich zeigte mir mein Sohn ein Bild eines finnischen Bäckers aus Leningrad. Sein Name war Danil Iwanowitsch Kyyttinen. Er arbeitete hart – wie wir alle damals –, aber er nahm nie auch nur einen Krümel Brot in den Mund.

Er starb 1942 an den Folgen des Hungers in seiner Bäckerei. Mein Sohn fragte mich, ob ich mich an ihn erinnere. ›Mein Sohn‹, sagte ich, ›ich erinnere mich nicht an meine Arbeitskollegen von damals, geschweige denn an jemanden, der in einer anderen Bäckerei gearbeitet hat! Ist er bei der Arbeit gestorben? Vielleicht haben sie ihm, weil er Finne war, viel mehr auf die Finger geschaut als anderen?‹ Schließlich war Leningrad nicht nur von den Deutschen, sondern auch von finnischen Truppen blockiert, sodass es der Mann hier sicher nicht leicht hatte. Oder war es vielleicht sein Charakter? Sie sagten, er solle sich kein Brot nehmen, also hat er sich nichts genommen. Ich habe keine Ahnung. Ich habe zumindest noch nie von einem Bäcker gehört, der verhungert ist.

Ja, es gab welche, die nicht einmal einen Krümel für sich genommen haben. Aber es gab auch diejenigen, die mit der Blockade Geld verdienten.

Nach dem Krieg habe ich meine ehemalige Klassenkameradin Irina besucht. Wir saßen in der Schule nebeneinander, wir mochten uns, also haben sie und ihre Mutter mich sehr herzlich empfangen. ›Wie geht es dir, Tamara, wie geht es der Mama?‹, und so weiter. Ich sitze also in ihrem Wohnzimmer und schaue mir die Wände an: überall teure Gemälde. Ich schaue auf ihre Finger: goldene Ringe. Einen Moment lang bemühte ich mich dahinterzukommen, wie eine alleinerziehende Mutter weniger als ein Jahr nach der Blockade so viele Wertsachen haben konnte, wie es sein konnte, dass sowohl sie als auch ihre Tochter Goldringe trugen. Doch als ich es begriff, war ich regelrecht erschüttert.

Irinas Mutter arbeitete in einem Kindergarten als Erzieherin für Kleinkinder. Und in den Kindergärten gab es selbst in den härtesten Monaten der Blockade jeden Tag Suppe, genau wie in meiner Schule. Es ist eine bekannte Tatsache, dass man, wenn man Zugang zu Lebensmitteln hatte, immer ein wenig davon abzweigen konnte. Man gab den Kindern eben einen Löffel weniger Suppe – und schnell hatte man einen ganzen Teller zusammen. Und es gab eine Zeit, in der die Menschen auf den Markt gingen und für einen Laib Brot oder einen Topf Suppe einen Edelstein oder einen goldenen Ring verkauften. Die Menschen hätten damals alles für Essen gegeben.

Und solche Ringe trugen nun meine Freundin und ihre Mutter. Als ich begriff, was los war, verließ ich ihre Wohnung so schnell ich konnte; ich behauptete, dass ich Migräne bekommen hätte und an die frische Luft müsste.

Irina ist noch am Leben. Hin und wieder haben wir uns auf der Straße getroffen, aber ich wollte nicht mit ihr reden. Obwohl sie nur eine einfache Buchhalterin in einer Fabrik war, machte sie jedes Jahr Urlaub im Ausland, kaufte sich Pelzmäntel, und einer ihrer Söhne hat sich sogar ein Haus gebaut. Sie haben mit Suppe aus der Blockade so viel Geld verdient, das nun bereits die dritte Generation davon profitiert.

Tja, Witold … Sowas würde ich gerne vergessen, aber ich weiß sehr wohl, dass viele sich während der Hungersnot in unserer Stadt unmenschlich verhielten. In der Bäckerei gab es Frauen, die ich nach dem Krieg mit vielen Ringen an den Fingern sah. Es gab Fahrer, die Brot transportierten, Verkäuferinnen, Beschäftigte in Schulen und so weiter – viele von ihnen sah ich später mit Goldzähnen im Mund, mit Schmuck oder mit Persianerpelzen. Aber wie hatten sie es geschafft, Brot abzuzweigen? Wie? Auf welchen Wegen? Ich habe keine Ahnung, aber offenbar haben sie da ihre Mittel und Wege gehabt.

Später, im Kommunismus, durfte man nur darüber reden, wie tapfer die Bewohner von Leningrad gewesen wären und wie alle einander geholfen hätten.

Nun ja. Nicht alle.

Das ist umso trauriger, als wir an manchen Tagen Pulver aus geriebenen Backsteinen in den Brotteig schütten mussten, weil wir nicht genug Mehl hatten. Und von diesem Brot bekam ich, daran möchte ich Sie erinnern, einhundertfünfundzwanzig Gramm am Tag.

Aber es gab auch Leute wie diesen finnischen Bäcker.

Eine andere Sache waren unsere Behörden. Als mein Vater noch arbeitete, musste er manchmal das Smolny-Institut aufsuchen, wo die Stadtverwaltung saß und das von Andrei Schdanow geleitet wurde – demjenigen, der nicht imstande gewesen war, die Stadt auf den Hunger vorzubereiten. Mein Vater sagte immer, in der Kantine im Smolny-Institut gäbe es alles, was das Herz begehre, als ob keine Blockade existiere: Koteletts, Kartoffeln, Hühnchen. Zwar konnte man nichts mitnehmen, aber man konnte sich dort sattessen.

Man erzählte sich damals in der Stadt, dass Flugzeuge mit Cognac und Würsten aus Moskau kämen, um Andrei Schdanow persönlich zu beliefern.

5.

Der Ring der deutschen Truppen um Leningrad wurde erst 1944, nach zweieinhalb Jahren Blockade, von unseren Soldaten durchbrochen. Ungefähr zu dieser Zeit kam meine Mutter endlich aus dem Krankenhaus. Sie wusste, dass ich noch lebte, weil ich ihr durch Freunde regelmäßig Nachrichten überbringen ließ. Sie umarmte und küsste mich. Wir wussten da bereits, dass mein Vater an der Front gestorben war – es war ein Brief gekommen, in dem stand, dass er anderthalb Monate nach seiner Einberufung gefallen war. Wir weinten und betrauerten ihn gemeinsam, und kehrten schließlich nach Hause zurück, wo wir dann als unvollständige Familie weiterlebten.

Das Traurigste, Witold, ist, dass ich nie wieder Kind sein konnte. Ich habe aufgehört, eines zu sein, als ich zwölf war und mit allem allein klarkommen musste. Als die Deutschen besiegt wurden, war ich fast fünfzehn und schon beinahe erwachsen.

Früher träumte ich davon, zu studieren und Ärztin zu werden. Aber diese Möglichkeit hatte ich damals nicht. Ich habe dann eine Stelle in einem Geschäft bekommen und dort viele Jahre als Verkäuferin gearbeitet. Dann habe ich in einem Büro einer Lebensmittelgenossenschaft angefangen. Auch bei dieser Arbeit hatte ich täglich mit Brot zu tun, wenn auch auf eine andere Weise.

Ich weiß heute viel mehr darüber, wie schwierig die Aufgabe der Technologen war, als ich in der Bäckerei gearbeitet habe. Schließlich gab es ein ganzes Team von Spezialisten, das sich damit beschäftigte, was in unsere Brote kam. Wissen Sie zum Beispiel, warum ein Sud aus Kiefernnadeln dem Teig hinzugefügt wurde? Weil das gut gegen Skorbut ist. Und in der Tat, wir waren zwar am Verhungern, aber niemand bekam Skorbut.

Aber ich habe auch viele Fragen, Witold. Bis heute. Warum gab es zum Beispiel während der Blockade einen Zoo in Leningrad? Die Menschen verhungerten, und gleichzeitig bekam das Nilpferd im Zoo jeden Tag eine volle Portion Futter, mehrere Dutzend Kilogramm. War Nahrung für ein Nilpferd wirklich so wichtig in einer solchen Zeit?

Ich habe immer noch das Glas von dem Rogen, das mir damals das Leben gerettet hat. Würden Sie es gerne sehen? Hier bewahre ich Garn, Nadeln, Knöpfe und Stoffreste auf, die ich wahrscheinlich nicht mehr brauchen werde, aber ich hasse es, Sachen wegzuwerfen.

Meine Mutter und ich haben meinen Bruder Pjotr nie gefunden. Doch vor drei Jahren sah ich im Fernsehen eine Sendung, in der ein Professor auftrat, der das Schicksal der sowjetischen Kriegsgefangenen erforschte. Und dieser Professor sagte, dass er über eine ganze Liste von Kriegsgefangenen verfüge, die in den Außenbezirken von Leningrad gefangen genommen worden waren, und dass er bereit sei, sie interessierten Familien zur Verfügung zu stellen.

Ich bat meinen Sohn, diesen Mann ausfindig zu machen, und es stellte sich heraus, dass tatsächlich der Name meines Bruders auf seiner Liste stand. Ich weiß nur, dass Pjotr gefangen genommen wurde und als Kriegsgefangener in einem Bergwerk arbeitete. Er ist wahrscheinlich in der Mine gestorben.

Es brach mir das Herz, denn immer wieder hoffte ich, dass er überlebt hatte und wir uns vielleicht noch einmal sehen würden, bevor wir sterben. Aber nein. Es kommt ja vor, dass Leute überlebt haben – allerdings sehr selten.

Es gibt Tage, an denen ich nachts nicht schlafen kann, weil ich so viel nachdenken muss. Über Papa. Über die Kinder aus unserer Kommunalka. Über den Bäcker Wjatscheslaw, über meine Tante Tola, die so gut zu mir war, und all die Menschen, die während der schrecklichen Blockade in Leningrad gestorben sind und über deren Gebeine wir hier jeden Tag laufen. Dann weine ich, Witold, weine in mein Kissen, denn was kann ich sonst tun?

Einmal habe ich fast bis zum Morgengrauen geweint und als ich endlich einschlief, träumte ich von meinem Bruder. Es war ein seltsamer Traum, denn ich wusste, dass ich das alles nur träumte, aber trotzdem sprach ich mit ihm, als wäre er ein echter Mensch. Und ich sagte zu ihm: ›Pjotr, es ist so schwer, wenn ich an euch alle denke. Ich bin so traurig, dass ihr alle weg seid.‹ Und er sagte: ›Tamaretschka, weine nicht! Du hast nicht überlebt, um zu weinen, sondern um für uns alle zu leben!‹

Ich lebe also.

Bis heute träume ich einmal, vielleicht zweimal im Jahr, dass ich wieder zwölf bin und auf dem Dach spazieren gehe. Die Jungfrau Maria erscheint mir. Ich frage sie dann immer: ›Ist es schon so weit?‹ Und sie schüttelt jedes Mal ihren Kopf. Noch nicht. Ich sei noch nicht so weit. Doch ich weiß, dass sie eines Tages nicken wird. Und dann werden wir uns an den Händen halten und gemeinsam über Leningrad fliegen, zu meinen Lieben, die ich jeden Tag vermisse.«

REZEPTE

Jedes Jahr veranstalten Bäckereien in ganz Russland zum Gedenken an die Opfer von Leningrad Aktionen unter dem Titel »Wir backen Brot wie während der Blockade«. Eine der teilnehmenden Bäckereien, die aus der weit entfernten Stadt Ulan-Ude in Burjatien stammt, hat ein Rezept ins Internet gestellt, das offenbar aus einer der damaligen Leningrader Bäckereien stammt:

BLOCKADEN-BROT

- 150 g grob gemahlenes Mehl aus Weizen oder Roggen
- 50 g Futterhaferkleie (sie hat nichts mit der uns bekannten Haferkleie gemeinsam; die erste Kleie in Leningrad stammte aus Pferdeställen in den Vorstädten)
- 50 g Sonnenblumenschrot
- Maismehl (die Arbeiter in der Backindustrie Leningrads sammelten sogar die Reste auf, die auf dem Fabrikboden lagen, oder schüttelten sie aus den Mehlsäcken)
- 50 g Mehl aus gemahlener Kiefernrinde
- 5 g aus Holzabfällen hergestellte Hefe

Zuerst muss natürlich die Hefe aufgehen. Dann alle Zutaten mit der Hefe vermischen und den Teig kneten. 30-40 Minuten bei einer Temperatur von circa 220° C backen.

Insgesamt dauerte die Blockade von Leningrad über neunhundert Tage. Anna Reid, Autorin des monumentalen Bandes *Leningrad*, schreibt, es sei »die schrecklichste Blockade in der Geschichte der Menschheit« gewesen. Und dass Leningrad »die erste Stadt war, die Hitler nicht kontrollieren konnte«.

Eines der traurigsten Zeugnisse der Blockade ist ein »Menü für die Zeit nach der Hungersnot, falls ich sie überlebe«, das die sechzehnjährige Walentina Tschepko im schwersten Winter 1941 auf einen Zettel schrieb. Das Staatliche Museum für Verteidigung und Belagerung Leningrads bewahrt es bis heute auf.

Hier ist es:

Erster Gang: Kartoffel-Pilz-Suppe oder Kohlsuppe mit Fleisch.
Zweiter Gang: Hafergrütze oder Buchweizengrütze mit Butter. Fleisch mit Kartoffelpüree. Würstchen mit Stampf oder Grütze.

Walentina beendet ihr Menü mit den Worten: »Es gibt nichts weiter aufzuschreiben, weil ich es wahrscheinlich nicht erleben werde.«

Sie starb im Februar 1942.

MENÜ VII

Exhumierung – Küche im Krieg

1.

Wir treffen uns früh am Morgen, sobald die Sonne ausreichend hoch steht.

Jeder nimmt sich eine Schaufel und einen Eimer. Die Kräftigeren, wie Andrej, der einen dicken Bauch und eine Hose mit Hosenträgern hat (weshalb ihn seine Kollegen Obelix nennen) und der – wie ich gleich erfahren werde – normalerweise auf einer Baustelle in Norwegen arbeitet und hier nur im Urlaub ist, tragen den Motor der Pumpe und die Pumpe selbst. Diese werden wir gut gebrauchen können, denn wir werden heute an den Teichen arbeiten.

Wir sind fünfzehn Männer, vierzehn Russen und ich. Wir befinden uns in Estland, fünf, vielleicht sechs Kilometer von der russischen Grenze entfernt.

Ich trage eine Axt, die wird auch nützlich sein, denn unterwegs müssen wir den Wald roden. Zwei andere Kollegen haben zu diesem Zweck Motorsägen dabei. Pawel Warunin (für seine Freunde Pascha), unser Anführer, trägt einen Metalldetektor.

»Wir werden nach Medaillen, Hosenknöpfen und Gürtelschnallen suchen«, sagt er.

Ich gehe mit ihnen in den Wald, um die sterblichen Überreste von Rote-Armee-Soldaten aus dem Zweiten Weltkrieg auszugraben, und versuche, das alles in meinem Kopf zu ordnen. Schließlich sind das dieselben Soldaten, die Estland, das benachbarte Lettland, Litauen und halb Europa, einschließlich Polen, zertrampelt haben – und an die man sich in meinem Land hauptsächlich wegen der Vergewaltigungen polnischer Frauen und der Plünderungen erinnert.

Oh, und daran, dass sie uns, wenn sie schon mal da waren, über vier Jahrzehnte lang besetzt hielten.

Um ihnen gerecht zu werden, sehe ich in ihnen aber auch Menschen, die oft im Teenageralter oder maximal Anfang zwanzig waren, und die – wie Kinder nun mal sind – alles glaubten, was ihnen die sowjetische Propaganda und das Sonnenscheinchen der Nationen, Josif Stalin, erzählten. Und diese Jungs starben wie die Fliegen, denn schließlich hatte Stalin seine eigenen weitreichenden Pläne zur Welteroberung und es war ihm egal, ob fünf, fünfzehn oder fünfundzwanzig Millionen seiner Soldaten fielen.

Hier liegen sie also, irgendwo in dieser Erde, all die Saschkas, Grischkas, Mischkas und Serjoschas, an die sich niemand mehr erinnert, weil sie meist zu jung gestorben sind, um sich dauerhaft in jemandes Gedächtnis einzuprägen, und die zu finden seit Jahren niemand imstande war.

Auf der zweihundert Kilometer langen Strecke zwischen Narva und Tallinn, auf der wir uns hier befinden, liegen geschätzt mehr als hunderttausend von ihnen.

Fünfhundert Leichen pro Kilometer. Alle zwei Meter ein Toter. Diese Jungen waren es, die mit ihrer Beharrlichkeit und ihrem Mut den Faschismus besiegt haben. Und trotzdem kann ich all die schlimmen Dinge, die sie auch getan haben, nicht vergessen.

Ich versuche, an alles zu denken, nichts wegzulassen.

Ich schließe mich Paschas Gruppe an, weil ich herausfinden möchte, wie die Orte aussehen, an denen diese Soldaten gekämpft haben und gestorben sind. Und natürlich auch, was sie im Krieg gegessen haben. Ich möchte an Ort und Stelle sehen, unter welchen Bedingungen sie verpflegt wurden, wo die Feldküchen standen. Von Leuten wie Warunin möchte ich so viel wie möglich über den Alltag der Soldaten der Roten Armee erfahren – einschließlich der Ernährung.

Wir befinden uns in der Nähe des kleinen Dorfes Kuningaküla, das früher von den Russen Knjaz Selo genannt wurde. Wären wir links abgebogen, hätten wir Kuremäe erreicht, wo das russisch-orthodoxe Nonnenkloster

Pühtitsa steht, ein kleines Stück Russland für die dreihunderttausend estnischen Russen, die nach dem Zusammenbruch der Sowjetunion hier geblieben sind. Um das Monasterium herum stehen große Holzstapel, prall wie Matrjoschkas. Ich weiß das, weil ich ein paar Tage zuvor dort gewesen bin.

Wenn wir nach rechts laufen würden, kämen wir an den Fluss Narva, wo die estnisch-russische Grenze verläuft.

Aber wir gehen geradeaus. Direkt in die größten Büsche.

Pawel Warunin ist der Leiter einer lokalen russischen Organisation namens *Kamrat*, die seit Jahren sowjetische – und nicht nur sowjetische – Soldaten in verschiedenen ehemaligen Frontbereichen des Zweiten Weltkriegs ausgräbt und Beerdigungen für sie organisiert, mit dem Popen, Blumenschmuck, Babuschkas mit Kopftüchern, Veteranen mit Medaillen und Trauergesängen: alles wie bei einer richtigen Beerdigung. Die Organisation hat ihren Sitz in Narva, der Hauptstadt der estnischen Russen – oder, wenn Sie so wollen, der russischsprachigen Esten.

»1944 wurde hier heftig gekämpft, denn Narva war das Tor zu Estland, und Estland war das Tor zu Skandinavien und dadurch der Schlüssel zur Kontrolle halb Europas«, sagt Warunin, für Freunde Pascha, und wenn jemand mit ihm graben geht, wird er automatisch sein Freund. »Stalin hielt es für möglich, Narva innerhalb von vierzehn Tagen einzunehmen. Doch die Deutschen wehrten sich so heftig, dass es der Roten Armee bereits gelungen war, in Polen und Rumänien einzumarschieren, während sie Narva, das lediglich hundertfünfzig Kilometer von Leningrad entfernt liegt, noch nicht erreicht hatte.«

Doch bevor Pascha richtig ins Erzählen kommt, holen wir unsere Äxte und Sägen heraus, denn die Natur hier ist wirklich wild: Um tiefer in den Wald zu kommen, müssen wir ihn erst einmal roden. Hinter den Bäumen fließt ein kleiner Bach – wir müssen einige von ihnen fällen, um eine primitive Brücke zu bauen, mit der wir ihn überqueren können.

2.

Ich fälle die Bäume zusammen mit Serjoscha, also Sergei, einem Ingenieur aus Narva, der in der nahe gelegenen Bitumschiefer-Mine arbeitet. Pascha riet mir, mich an Serjoscha zu halten, denn dessen Großvater, Wjatscheslaw Antonowitsch, kämpfte während des Kriegs an der ukrainischen Front und war für die Lebensmittelbeschaffung zuständig.

»Unsere Schiefervorkommen sind einer der Gründe, warum die Deutschen Narva nicht aufgeben wollten«, sagt Sergei außer Atem und reicht mir die Axt. »Aus Bitumschiefer wurde Treibstoff für Panzer und U-Boote hergestellt. Die Minen beginnen zehn Kilometer außerhalb der Stadt. Beziehungsweise genau acht ab dem Punkt, wo wir im Moment stehen. Aber ich habe gehört, dass du dich für Lebensmittel interessierst. Das tue ich auch! Mein Großvater war der wichtigste Mensch in meinem Leben. Ich habe so viele Geschichten von ihm gehört!«

»Dann erzähl mir von den Gerichten an der Front.«

»Jeder Soldat der Roten Armee war mit einer Feldflasche, einem Beutel mit Machorka-Tabak oder einem Zigarettenetui ausgestattet. Sie hatten auch Löffel, aber keine Gabeln; nur die Deutschen hatten ein raffiniertes Werkzeug zum Zusammenklappen, bei dem eine Hälfte eine Gabel und die andere ein Löffel war. Den Rotarmisten gefiel diese Löffelgabel so gut, dass sie sie oft bei den getöteten Wehrmachtssoldaten suchten und mitnahmen.«

»Haben sie gestohlen?«, frage ich.

»Sie haben nicht gestohlen, sie haben sich halt Sachen genommen«, empört sich Serjoscha. »Wir können doch nicht mit unseren heutigen Maßstäben an das herangehen, was die Menschen an der Front während der Kämpfe getan haben. Wir finden übrigens ebenfalls sowjetische

Waffen oder Feldflaschen bei den Deutschen, sie haben uns auch Dinge weggenommen. Die deutschen Feldflaschen waren jedoch besser: Sie hatten eine ovale Form und waren bequemer zu tragen. Und sowohl die Russen als auch die Deutschen durchsuchten die Toten nach Nahrung, da sie oft Hunger leiden mussten.«

»Warum?«

»Mal kamen die Lebensmitteltransporte nicht an, mal hatten die Dörfer nichts, was sie hätten als Kontingent abgeben können. Großvater erinnerte sich, dass die Deutschen von Anfang an, ab Juni 1941, die Taktik der verbrannten Erde anwendeten: Sie nahmen den Bauern alle Lebensmittel weg, die sie beiseitegelegt hatten. Das hätte wahrscheinlich funktioniert, wenn sie mit ihrem Blitzkrieg erfolgreich gewesen und im Herbst tatsächlich in Moskau angekommen wären. Doch nach drei Jahren Krieg rächte sich diese Taktik. Sie mussten sich zurückziehen, und das in ausgehungerte Regionen. Aber für diesen Teil der Front hier galt das nicht. Hier waren es eher wir, die Hunger litten, nicht die Deutschen.«

»Und was haben eure Soldaten so gegessen?«, will ich wissen.

»Das Hauptgericht ist der sogenannte Kulesch: eine Suppe aus Hirsegrütze mit Fleisch oder Schmalz. Es gab auch Borschtsch, Sauerkrautsuppe und Eintopf aus Buchweizengrütze, meist zerkocht, mit etwas Fleisch. Die Grundlage der täglichen Ernährung war jedoch Brot, das aus allem gebacken wurde, was der Armeebäcker zur Verfügung hatte. Normalerweise war es Roggenmehl, aber es kam auch vor, dass sie von den Amerikanern Maismehl bekamen, und die Köche mussten sich gut überlegen, was sie daraus zubereiten konnten. Nach den Richtlinien des Verteidigungsministeriums sollte ein Soldat reichlich Brot zu sich nehmen, achthundert Gramm täglich in den warmen Monaten und neunhundert Gramm im Winter. Außerdem sollte er ein Pfund Kartoffeln, dreihundert Gramm anderes Gemüse, einhundertsiebzig Gramm Getreide und Nudeln, einhundertfünfzig Gramm Fleisch, fünfzig Gramm Fett und fünfunddreißig Gramm Zucker zu sich nehmen.«

»Haben sie das denn wirklich bekommen?«

»Nein. In der Praxis hing die Menge der Lebensmittel davon ab, an welcher Front der Soldat kämpfte und wie die Versorgungslage dort war. Die Rotarmisten starben oft vor Hunger, zumindest zu Beginn des Kriegs, als sie hauptsächlich auf dem Rückzug waren.

Sie erhielten zweihundert bis dreihundert Gramm Brot, das täglich von Feldbäckereien gebacken wurde, und eine Suppe, meist mit Fisch oder Gemüse. Wenn sie Glück hatten und in einer Einheit kämpften, bei der amerikanische Konserven angekommen waren, bekamen sie auch mal eine Dose Rindfleisch, die normalerweise unter drei Soldaten aufgeteilt wurde. Die Offiziere bekamen, zumindest in der Theorie, aber an irgendetwas müssen wir uns ja halten, vierzig Gramm Butter oder Schmalz, zwanzig Gramm Kekse und fünfzig Gramm Fischkonserven. Die Generäle waren eine eigene Kaste. Für sie gab es Wurst und Wein. Aber weißt du, was die einfachen Soldaten vor dem Hungertod gerettet hat?«

»Nein, das weiß ich nicht.«

»Der Wald. Wie hier. Mein Großvater erzählte mir, dass er den Soldaten beibrachte, wie man Brennnesselsuppe kocht: Man brauchte nur zwei Kartoffeln und ein kleines Feuerchen, und schon konnte man sie in einem Blechgeschirr selbst kochen. Und wenn sie durch Gegenden kamen, in denen es viele Schnecken gab, haben sie die Dinger auf dem Feuer geröstet. Was diese Suppe angeht, ich habe das Rezept meines Großvaters mal nachgekocht: Wir verbrachten den ganzen Tag an einem Teich, so ähnlich wie der, zu dem wir gerade laufen. Alle waren hungrig. Niemand hatte belegte Brote dabei, aber die Jungs suchten sich ein paar Kartoffeln am Feldrand, um sie in der Glut zu backen. Da sagte ich: ›Gebt mir die Kartoffeln und eine halbe Stunde Zeit.‹ Und ich habe es genau so gemacht, wie mein Opa es mir gesagt hat. Du kannst dir nicht vorstellen, wie erstaunt die Jungs waren! Seitdem verwöhne ich sie regelmäßig mit den Gerichten, von denen er mir erzählt hat. Ich mache zum Beispiel Salat aus Giersch. Ich habe auch schon öfter Kulesch-Suppe gemacht. Wenn wir die Gerichte probieren, die unsere Großeltern damals gegessen haben, fühlen wir uns ihnen noch näher.«

3.

Wir haben zwei Bäche überquert und uns durch einige Büsche geschlagen. Meine Beine sind zerkratzt und wund. Aber jetzt sind wir endlich an dem Teich angekommen, zu dem Pascha uns führen wollte.

Meine russischen Begleiter verständigen sich ohne Worte; es ist offensichtlich, dass sie nicht zum ersten Mal bei einer solchen Aktion dabei sind. Einer von ihnen entfacht ein Lagerfeuer, zwei andere setzen in der Zwischenzeit die Pumpe in Gang, die das Wasser aus dem Teich ansaugt und einige Meter entfernt ausspuckt. Der Rest fängt an zu graben.

Ich mache mit. Ich nehme mir eine Schaufel und suche Meter für Meter, tiefer und tiefer, nach den Überresten der Soldaten, die hier im Zweiten Weltkrieg gefallen sind. Ich grabe fast Seite an Seite mit Pascha, sodass er mir, schnaufend und keuchend, nach und nach alle Geheimnisse dieses Ortes erklären kann.

»Die Front verlief hier mehrmals, sodass wir nie genau wissen, ob wir auf Deutsche oder Russen stoßen werden. Außerdem kämpften hier viele weitere Nationen, da SS-Freiwilligenbataillone aus ganz

Europa nach Estland kamen. Wir achten nicht auf die Nationalität, wir beerdigen alle Toten mit Respekt. Aber man weiß nie, ob man etwas findet. Und was. Manchmal finden wir in einer solchen Grube die Überreste von mehreren Dutzend Menschen, denn während des Kriegs war das die einfachste Art, sie zu begraben: die Jungs einfach in einen Teich zu werfen. Und manchmal arbeiten wir den ganzen Tag und finden nichts. Das Wichtigste ist, dass wir es versuchen. Wenn ich in einer solchen Situation wäre, würde es mir helfen zu wissen, dass jemand zumindest versucht, mich zu finden und anständig zu begraben.«

Plötzlich bleibt meine Schaufel an einem schwarzen, länglichen Gegenstand hängen. Etwas, das aussieht wie ein abgetrenntes Stück Fahrradschlauch.

»Was ist das?«, frage ich, weil ich weiß, dass es sich eben nicht um einen Fahrradschlauch handelt.

»Eine Sohle. Von einem Filzstiefel«, sagt Pascha. Und er fügt hinzu: »Dann wissen wir zumindest, dass unsere Leute hier liegen, denn die Deutschen trugen keine Filzschuhe. Sei vorsichtig, du wirst gleich auf weitere stoßen.«

Tatsächlich finde ich zwei Schaufelstiche später eine weitere Sohle. Einen weiteren Moment später – eine ganze Sammlung.

Ich versuche, einen Augenblick lang dieser Jungen zu gedenken, viele von ihnen sicher deutlich jünger als ich, die hier, zwischen diesen Bäumen, für immer in ihren zerfetzten Schuhen ruhen. Aber alles geht zu schnell, denn als Pascha aus dem Teich steigt, um mir die Sohlen abzunehmen, schreit Andrei (der Dicke, der die Pumpe trug): »Knoooooooooooochen!!! Pascha, ich habe einen Knochen!«

Wir rennen beide los, Pascha und ich.

Es ist ein Stück eines Schlüsselbeins.

4.

Wir machen eine Pause, um nach Andrejs traurigem Fund für einen Moment klarzukommen. Wir ringen alle um Fassung. Ich nutze diese kurze Pause, um zu meinem Gespräch mit Sergei zurückzukehren.

»Sergei, wer hat im Krieg gekocht?«

»Köche nach einer speziellen Ausbildung«, erklärt er. »Eine der Aufgaben meines Großvaters bestand darin, diese Köche darin zu schulen, wie sie die Früchte des Landes, das sie durchquerten, nutzen konnten. Das Verteidigungsministerium hat sogar ein spezielles Buch herausgegeben, darüber, welche Kräuter, Blätter, Wurzeln und sogar Unkräuter in der Küche nützlich sein könnten.

Es gab zum Beispiel ein Rezept für einen Salat aus Giersch, der zwar ein Unkraut ist, aber sehr gesund, und das Zeug wächst überall. Außerdem standen darin Tipps, wie man Sauerampfer und Bärlauch findet und verwendet, und sogar, wie man Eicheln mahlt und daraus Kaffee kocht. Wie verwendet man Knöterich, wie Hasenkohl, wie Klette, Malve oder wilde Gurken. Die Idee war, dass die Köchinnen und Köche nicht untätig auf Lieferungen warten sollten, denn manchmal kamen sie zu spät und manchmal gar nicht.«

»Und wie haben sie gekocht?«

»Auf Feldküchen. Wir haben mal eine ausgegraben. Zwei Kessel, darunter eine Feuerstelle. In den Kesseln sind sogar die Originaltöpfe erhalten geblieben. Wir haben sie dem örtlichen Museum geschenkt, das eine Ausstellung über das Essen der Soldaten an der Front machen will. Und wie sie gegessen haben. Aber ich sage dir, wenn es um Feldküchen ging, hatten wir einen großen Vorteil gegenüber den Deutschen. Ihre Küchen standen noch auf Holzrädern und kamen nicht besonders gut voran. Für die Infanterie ist das in Ordnung, weil sie sich nicht schnell bewegt, aber für mechanisierte Truppen ist das durchaus ein Problem. Und unsere Feldküchen hatten – gemäß Woroschilows Befehl von 1936 – bereits Gummireifen.«

»Und wie haben sie gegessen?«

»Normalerweise vor dem Morgengrauen und nach der Abenddämmerung, damit der Rauch die Küche nicht verrät. Sonst hätten die Deutschen sie bombardiert, weil sie wussten, dass die Moral der Truppen sinkt, wenn sie nichts zu essen haben.«

5.

Nachdem Andrei den ersten Knochen ausgegraben hat, arbeiten wir alle viel vorsichtiger. Wir wissen jetzt, dass der Teich voll mit menschlichen Überresten ist. Wir stecken also bis zum Hals in einem Massengrab.

Das berührt mich sehr. Und ich sehe, dass selbst Pascha Warunin, der seit fünfundzwanzig Jahren an solchen Aktionen teilnimmt, tief bewegt ist.

Er und seine Leute haben ein weißes Laken mitgebracht, auf das ein Skelett, oder vielmehr ein Schaubild des menschlichen Skeletts, gezeichnet ist. Und auf dieses Skelett legen Pascha und seine Freunde alle Knochen und Knöchelchen, die sie finden können.

Zwei Stunden später haben wir mehrere Rippen ausgegraben. Ein paar Halswirbel. Ein paar Schienbeine, Fußknochen, Beckenknochen und wahrscheinlich einen Schulterknochen.

Plötzlich trifft meine Schaufel auf etwas Hartes. Obwohl ich weiß, wo wir sind und wonach wir suchen, fangen meine Hände an zu zittern. Ich sehe ein weißes Objekt, an das mehrere kleinere weiße Objekte geklebt sind. Sie sehen aus wie Perlen, die in einer ungleichmäßigen Reihe angeordnet sind.

Ich habe einen menschlichen Kiefer gefunden. Genauer gesagt, den oberen Teil davon.

Sofort rufe ich nach Pascha. Er kommt mit einem Eimer in der Hand angelaufen und spült meinen Fund vorsichtig im Wasser ab. Er wäscht jeden Zahn einzeln. Der Kiefer ist gut erhalten, der Soldat, dem er einst gehört hat, hatte keine Karies. Aufgrund des Abnutzungsgrades seiner Zähne schätzt Pascha ihn auf ungefähr fünfundzwanzig Jahre.

Er gibt mir den Kiefer, damit ich ihn auf das weiße Tuch mit der Zeichnung des menschlichen Skelettsystems lege. Bevor ich das tue, halte ich ihn einen Moment lang fest in meiner Hand. Wer warst du? Wie war dein Name? Wie alt warst du? Woher kamst du? Hattest du Zeit zum Innehalten, als du von der Kugel getroffen wurdest? Oder hast du deinen eigenen Tod nicht einmal mitbekommen?

Ich lege den Kiefer auf das weiße Laken.

Einen Augenblick später findet Pascha an derselben Stelle im Teich mehrere Schädelfragmente.

6.

In den folgenden Tagen fanden Pascha Warunin und seine Gruppe die Überreste von mehr als achtzig Soldaten der Roten Armee. Sie wurden im Juli 2020 gemeinsam in einem Soldatengrab unweit des Waldes beerdigt, in dem ich mit meinen russischen Freunden gegraben hatte. Sie ruhen nun in einem anonymen Grab, in drei Särgen.

Nur einer der Soldaten konnte identifiziert werden. Es handelte sich um Iwan Sacharowitsch Artemjew, bei dem eine Tapferkeitsmedaille mit der Nummer 1225454 sowie ein Parteibuch gefunden wurden. Er erhielt die Medaille im Juni 1944. Einen Monat später war er tot.

Iwan war zum Zeitpunkt seines Todes genau zwanzig Jahre alt. Seine Familie konnte in Demidow bei Smolensk ausfindig gemacht werden, wo er auch herkam. Nach Erledigung aller Formalitäten kehrte er zur ewigen Ruhe in sein Heimatdorf zurück.

REZEPTE

BRENNNESSEL-SUPPE

- Blätter von drei jungen Brennnesseln
- 3 Kartoffeln
- 1 Zwiebel
- 1 Knoblauchzehe
- 1 Ei
- 1 Möhre
- 1 Wurzel Petersilie
- 1 Esslöffel Öl
- Salz und Gewürze nach Belieben
- ½ l Wasser

Die Kartoffeln würfeln. Den Knoblauch in einer Knoblauchpresse zerdrücken (die Soldaten an der Front haben ihn mit einem Löffel zerdrückt) und in etwas Öl anbraten.

Die Möhre und die Petersilie kleinschneiden und zusammen mit den Kartoffeln in kochendes Wasser werfen. Alles zusammen circa 15 bis 20 Minuten kochen, danach die klein geschnittenen Brennnesselblätter hinzufügen.

Anschließend den Rest Öl mit Knoblauch zugeben und zum Schluss das Ei hineinquirlen.

GIERSCH-SALAT

- Giersch-Salat
- 1 Glas Hirsegrütze
- 1 Zwiebel
- 2 Gläser Wasser
- 2 Esslöffel Öl
- Blätter von 3 Gierschpflanzen
- Salz

Die Zwiebel in kleine Würfel schneiden und im Öl anbraten. Währenddessen die Hirsegrütze aufkochen. Den Giersch hinzufügen, salzen, vermischen, servieren.

TEE AUS KAROTTEN UND BIRKENPORLING

Die Möhren raspeln und in einer Pfanne rösten, ohne Öl. Dann die Raspeln wie einen normalen Tee aufbrühen.

Man kann auch eine Prise Pulver vom Birkenporling hinzufügen, eines Pilzes, der auf Birken parasitiert. Allgemein gilt er als giftig, aber die Soldaten der Roten Armee waren der Meinung, dass er ihnen Energie verleiht und hilfreich bei der Bekämpfung von Parasiten ist. Der Pilz verleiht dem Karottentee einen leicht säuerlichen Geschmack.

Es ist lediglich zu beachten, dass man ihn auf eigene Gefahr trinkt.

MENÜ VIII

Ein Festessen in Jalta

1.

Die Flugzeuge mit den Staatsoberhäuptern der Vereinigten Staaten, Theodore Roosevelt, und Großbritanniens, Winston Churchill, landen auf dem Militärflugplatz Saki. Dort erwartet sie Wjatscheslaw Molotow, Chef der sowjetischen Diplomatie. Eben jener Mann, der sechs Jahre zuvor den Pakt mit Joachim von Ribbentrop unterzeichnet hatte, in dem sie Europa untereinander aufteilten und sich gegenseitig versicherten, dass sie ihre Länder nicht angreifen würden.

Es ist Februar 1945 und Molotow und Stalin werden Europa wieder einmal aufteilen.

Die Wehrmacht ist an allen Fronten in der Defensive. Die Alliierten erobern den Rhein. Berlin steht permanent unter Beschuss. Nur wenige Tage zuvor hat die Rote Armee Łódź erobert und das Konzentrationslager Auschwitz befreit.

Zur gleichen Zeit begibt sich eine siebenhundertköpfige Delegation aus drei Ländern in Zelte, die in der Nähe des Flughafens aufgebaut wurden, um Tee und einen Imbiss zu sich zu nehmen. Die Tische biegen sich unter weißem und schwarzem Kaviar, geräuchertem Stör und Desserts. Der damals schon sehr kranke Roosevelt begibt sich zu Bett, Churchill hingegen genießt Kaviar und Krymskoye-Sekt.

Und das ist erst der Anfang.

Stalin weiß bereits, welchen Eindruck üppig gedeckte Tische auf seine Gäste machen, und schätzt die Rolle eines herrlich arrangierten Essens in der Diplomatie sehr.

Nach der Konferenz in Teheran schenkte er Roosevelt einen prächtigen Stör von über einem Meter Länge, von dem dieser nicht wirklich wusste, was er mit ihm anstellen sollte, an den sich die Zeitzeugen aber noch viele Jahre später erinnerten. Hier, in Jalta, bekommt Roosevelt nun einen riesigen sowjetischen Truthahn geschenkt – einen von jenen, die Sascha Egnataschwili seit den 1930er Jahren für Stalin züchtete. Alles, was in den nächsten Tagen auf die Tische kommt, wurde von ihm organisiert, dem Kremlspezialisten für das Unmögliche. Es war Sascha gewesen, der Stalin daran erinnert hatte, dass man in Georgien jemanden, den man mit seinem Reichtum beeindrucken wollte, an seinen Tisch einlud.

Und jetzt, auf der Krym, die sieben Monate zuvor noch in deutscher Hand gewesen war und aus der der NKWD in nur achtundvierzig Stunden zweihunderttausend Tataren deportiert hatte, organisiert Egnataschwili Tag für Tag außergewöhnliche Feste für Hunderte von Menschen. Alles ist immer pünktlich auf dem Tisch. Stets richtig temperiert. Immer wunderschön serviert.

Wahrscheinlich war nur Egnataschwili in der Lage, die Konferenz in Jalta kulinarisch auf einem solchen Niveau zu organisieren. Doch hinter den appetitlich zubereiteten Gerichten verbirgt sich eine große Tragödie. Egnataschwili, der in Jalta kocht, kämpft zu dem Zeitpunkt immer noch um das Leben seiner Frau Liliana.

2.

Die wichtigsten Verhandlungen der Staatsoberhäupter finden im Liwadija-Palast statt: dem Ort, an dem Alexander III. starb und an dem Nikolaus II. erfuhr, dass er – zu seinem Unglück – Zar von Russland werden sollte.

Die Köche eines Restaurants in Jalta, das sich heute in der Nähe des Palastes befindet, in dem die Konferenz stattgefunden hat, haben das Menü jener außergewöhnlichen Tage nachgekocht. Auf den Tischen türmten sich Truthahn in Orangensoße mit Quitten, gebratener Hering aus Kertsch am Weißen Meer, serviert mit Kartoffeln, außerdem

Schweinenacken mit Waldpilzen, Wildbret, Störgelee und natürlich riesige Eimer mit Kaviar.

»Als die Tische im Festsaal des Großen Palastes von Liwadija gedeckt waren, als das Tafelsilber und die Porzellanservices glänzten und das mit den verschiedensten Gerichten gefüllte Geschirr aufgefahren wurde, zusammen mit einer Vielzahl erstklassiger Liköre, da verstand der erfahrenste Politiker, Sir Winston Churchill, etwas, das er wahrscheinlich schon geahnt hatte: Er begriff, dass die Sowjetunion unbesiegbar war und gestärkt aus dem Krieg hervorgehen würde«, schrieb der russische Historiker Wiljam Pochljobkin in seinem Buch *Кухня века*, »Küche des Jahrhunderts«. Es ist schwer, ihm da nicht zuzustimmen. Stalin hat in Jalta schließlich alles herausgeholt, was er sich vorgenommen hatte.

Vor Ort wurden sogar spezielle Bäckereien aufgebaut, die ausschließlich während der Konferenz betrieben wurden. Dreitausend Messer-, Löffel- und Gabelsets wurden eingekauft, davon über vierhundert Besteckteile aus Silber.

Egnataschwili leistete hervorragende Arbeit und bekam für seine Verdienste sogar eine Medaille und einen Geldpreis. Dieser Gastwirt aus Tiflis, der seine Karriere damit begann, seinen Angestellten Pfannen mit Rührei auf den Kopf zu kippen, erreichte den Höhepunkt seines Organisationstalents und plante alles, was mit der Verköstigung der wichtigsten Politiker der Welt zu tun hatte. Die Konferenz von Jalta war das Sahnehäubchen auf der Torte seines Berufslebens. Im September wird er auch noch eine Ernennung zum General und eine herrliche neue Uniform erhalten.

Aber danach wird es in seinem Leben nur noch bergab gehen.

Es ist schwer zu sagen, wann genau Egnataschwili erfuhr, dass seine geliebte Frau Liliana tot war. Beria ermordete sie gleich zu Beginn des Kriegs – sie wurde erschossen, noch bevor die Belagerung von Leningrad begann.

Sascha muss kurz nach der Konferenz von Jalta im Februar 1945 davon erfahren haben. Von da an fand er nicht mehr die Kraft weiterzuleben.

Der ehemalige Ringer hatte den wichtigsten Kampf seines Lebens verloren.

3.

Für Beria bedeutete die Ermordung von Egnataschwilis Frau nicht, dass die Abneigung, die er dem Georgier entgegenbrachte, vorbei gewesen wäre. Paradoxerweise wirkte sich der Erfolg Saschas bei der Konferenz von Jalta nicht unbedingt zu seinen Gunsten aus.

Der rachsüchtige NKWD-Chef zog die Schlinge um Alexanders Hals immer fester. 1948, drei Jahre nach der Konferenz von Jalta, kam Iwan Alichanow, Lilianas Sohn, zu einem Ringerwettkampf nach Moskau. Er besuchte seinen Stiefvater, fand ihn aber in einem sehr schlechten Zustand vor. Egnataschwili war nur noch ein Schatten seiner selbst, Bluthochdruck und Diabetes hielten ihn ans Bett gefesselt. Er lag in seiner Generalsuniform da, Kragen und Manschetten mit Watte ausgestopft. In jedem Zimmer seiner Wohnung befand sich ein Thermometer und Sascha war besessen davon, die Temperatur konstant zwischen einundzwanzig und zweiundzwanzig Grad zu halten.

Egnataschwili wohnte im Zentrum Moskaus, gegenüber der Stadtverwaltung und über dem georgischen Restaurant *Aragwi*, einem eher ungewöhnlichen Ort auf der kulinarischen Landkarte der Hauptstadt: Es war das Lieblingslokal von KGB-Agenten, allen voran Beria, der es oft besuchte. Viele Agenten veranstalteten hier Feste, um ihr Ausscheiden aus dem Dienst zu feiern, und ausländische Geheimdienste zerbrachen sich den Kopf darüber, wie sie Stammgäste zur

Zusammenarbeit überreden könnten. Egnataschwili, ein angesehener KGB-General, hatte das Recht, hier verbilligt zu Mittag zu essen.

Stalin schickte Ärzte aus dem Kreml zu ihm, aber Egnataschwili hatte in seinem Leben zu viel gesehen, um ihnen zu vertrauen. Deswegen ließ er heimlich einen Privatarzt kommen und hörte nur auf ihn. Seine Medikamente kaufte er in einer normalen Apotheke; er hatte Angst, dass er in einer Apotheke für Regierungsbeamte Gift statt Arznei bekommen könnte.

Auch kochte er für sich. Er vertraute nicht einmal Niuria, der ungebildeten Russin, die über ein Jahrzehnt für ihn gearbeitet hatte; sie war schon seine Haushälterin gewesen, als Liliana noch lebte.

»An dem Tag, an dem ich dort war, bereitete Alexander Jakowlewitsch gerade Putenleber in Wasser zum Abendessen zu«, schreibt Alichanow und fährt fort, Saschas seltsames Verhalten zu erklären: »Da er mehr als siebzehn Jahre im Lubjanka-Gefängnis gearbeitet hat, wusste er offenbar viel über die Laboratorien, in denen alle Arten von Giften hergestellt wurden, über die verschiedenen Methoden der Lebensmittel-, Temperatur- oder Gasvergiftung. Deshalb musste er die Temperatur in den Räumen konstant halten, und dazu brauchte er Watte. Mein Stiefvater hatte nämlich eine Heidenangst vor Beria.«

Der Mann, der sein ganzes Leben für Stalin geopfert hat, der außerdem wahrscheinlich sein Halbbruder war, der sich um jedes Detail seiner Festgelage gekümmert, ihn wie eine Mutter gefüttert, Gerichte für ihn vorgekostet hat, damit er sich nicht vergiftete, verlor erst die Frau, die er über alles liebte, und starb dann selbst unter erbärmlichen Umständen, aus Angst vor seinem eigenen Schatten.

Beria entfremdete Sascha allmählich von Stalin und von Kunzewo, und es ist sehr wahrscheinlich, dass er nur auf einen günstigen Moment gewartet hatte, um seine Rache zu vollstrecken.

Sascha litt sehr unter Lilianas Tod. Wann immer er seinen Stiefsohn Iwan Alichanow sah, sprach er mit ihm stundenlang über seine Mutter, es schien ihm Linderung zu verschaffen.

Wenn er in Erinnerungen an sie versank, fing er an, russische Balladen zu singen: »Komm zurück, ich werde dir alles verzeihen.«

Im Herbst 1948, kurz nach dem Besuch seines Stiefsohns, hörte Alexander Egnataschwili auf zu essen.

Iwan Alichanow glaubt, dass sein Stiefvater verzweifelt versucht hat, Stalins Aufmerksamkeit zu erregen. Es war, als hoffte er, dass die Zeit zurückgedreht werden könnte, dass Stalin, wenn er herausfände, was mit dem Mann geschah, den er seinen Bruder nannte, ihn nach Kuibyschew zurückbringen und sich um ihn kümmern würde.

Es ist jedoch nichts dergleichen geschehen. Sascha starb am letzten Tag des Jahres 1948.

Die Egnataschwili-Familie brachte seinen Leichnam in seine Heimatstadt Gori. Iwan Alichanow betrachtete den Toten im Sarg und konnte nicht glauben, dass dieser Körper seinem Stiefvater gehörte, der einst einer der mächtigsten Männer Georgiens gewesen war: In dem Sarg lag ein kleiner, verschrumpelter alter Mann.

»Am 31. Dezember dieses Jahres ist nach langer und schwerer Krankheit der treue Sohn der bolschewistischen Partei und des sowjetischen Vaterlandes, Generalleutnant Genosse Alexander Jakowlewitsch Egnataschwili, von uns gegangen«, hieß es zwei Tage später in der Tageszeitung *Prawda*. »Die Organe der Staatssicherheit haben mit Genosse Egnataschwili einen fähigen und unermüdlichen Mitarbeiter verloren, der sich mit seiner ganzen Kraft in den Dienst unseres Vaterlandes gestellt hat. Die leuchtende Erinnerung an diesen treuen Sohn unserer Nation, einen edlen und bescheidenen Genossen, wird in der Erinnerung aller, die ihn kannten, weiterleben.«

4.

Die Sowjetunion gewann den Krieg, verlor aber von allen beteiligten Ländern die meisten Menschen: über 25 Millionen.

Stalin hingegen fühlte sich nach dem Krieg zunehmend alt und erschöpft. Putenleber reichte ihm nicht mehr. Um sich zu stärken, nahm er riesige Mengen an Nahrung zu sich. Oder anders ausgedrückt: Er fraß wie ein Verrückter.

Früher wäre so etwas für den ehemals asketischen Georgier undenkbar gewesen. Nach dem Krieg jedoch »nahm er einen tiefen Teller, mischte zwei verschiedene Suppen darin und krümelte dann, nach einem Brauch, den ich aus meinem Dorf kannte, Brot in die heiße Suppe und deckte alles mit einem anderen Teller ab. Anschließend aß er alles auf. Danach kamen die Vorspeisen und dann der Hauptgang mit viel Fleisch«, erinnert sich Anastas Mikojan, einer der engsten Vertrauten des Generalissimus.

Mittlerweile waren seine Zähne dermaßen verfault, dass er nur das zarteste Fleisch oder überreifes Obst essen konnte. Und obwohl sein Bauch immer größer wurde, belächelte er die Verfressenheit der Anderen.

Bei solchen Abendessen, die oft in regelrechte Gelage ausarteten, wurde über das Schicksal des Staates und das Leben von Millionen von Menschen entschieden. Stalin befahl seinen Gästen dabei – wieder einmal in georgischer Manier –, bis zum Umfallen zu saufen. Obwohl er selbst nicht viel trank, hatte er ein wachsames Auge auf seine Besucher und bestrafte sie, wenn sie nicht genug tranken. Dann zwang er alle zum Tanzen – eine weitere Möglichkeit, seine engsten Mitarbeiter zu demütigen.

Stalin starb acht Jahre nach dem Krieg, wobei er sich angeblich vollgepinkelt haben soll. Der junge Koch Witali Alexejewitsch kam an diesem Tag nichtsahnend zur Frühschicht in die Datscha. Doch

Stalins langjährige Haushälterin Walentina Istomina, die schon unter Egnataschwili dort gearbeitet hatte, erwischte den Jungen an der Tür.

Sie sagte ihm, dass der Wodsch gestorben sei und Beria damit begonnen habe, alle hinzurichten, die für Stalin gearbeitet hatten. Istomina führte den Koch durch einen Seitenausgang zu einer Tür, vor der ein Auto geparkt war. Es hat funktioniert. Er konnte entkommen.

Nach Stalins Tod übernahm Beria de facto die Macht und erwies sich zur Überraschung aller als wesentlich liberaler als sein politischer Förderer. Er ließ politische Gefangene frei und war bereit, mit westlichen Ländern über die Wiedervereinigung Deutschlands zu sprechen. Seine ehemaligen Kameraden konnten jedoch die Jahre nicht vergessen, in denen er den sowjetischen Terrorapparat befehligt hatte. Nach hundert Tagen wurde er des Verrats angeklagt und von Verschwörern, darunter Nikita Chruschtschow, getötet. Chruschtschow, dieser untersetzte, dickbäuchige ukrainische Apparatschik, der für die große Hungersnot mitverantwortlich gewesen war, übernahm die Macht. Er stand nun an der Spitze des Wandels: Er hielt eine geheime Rede vor Parteimitgliedern, in der er auf die Fehler des Stalinismus hinwies.

Chruschtschows sogenannter »Litschnik« (aus dem Russischen Личный Повар (Litschny Powar) – »Leibkoch«) war viele Jahre lang Alexei Alexejewitsch Salnikow, ein Oberstleutnant des KGB (alle Leibköche der höchsten Behörden der Sowjetunion, angefangen mit Alexander Egnataschwili, hatten militärische Ränge im KGB; dazu komme ich in den folgenden Kapiteln noch). Salnikow erinnerte sich, dass Chruschtschow gegen sechs Uhr morgens sein Frühstück zu sich nahm. In der Regel waren es zwei Scheiben Schwarzbrot, die in einer Pfanne geröstet wurden, dazu gab es Joghurt in kleinen Gläsern, manchmal mit Hüttenkäse gemischt.

Zwischen den Mahlzeiten trank Chruschtschow frischgepresste Säfte aus Orangen, Trauben, Johannisbeeren oder Pflaumen.

Zum Abendessen aß er sehr gern ukrainischen Borschtsch, als Nachtisch mochte er Dampfknödel. Sowohl er als auch seine Familie liebten es, zwischen den Mahlzeiten Zwieback aus getrocknetem Brot zu knabbern – ein Brauch, den sie aus der Ukraine mitgebracht hatten. Was die offiziellen Empfänge anbelangt, so trank Chruschtschow gerne Alkohol, aber je älter er wurde, desto weniger versuchte er zu trinken. Der Kreml bestellte für ihn bei einer Glashütte ein besonderes Trinkglas mit einem verdickten Boden, das zwar nach 50 Gramm Füllmenge aussah, in Wirklichkeit aber nur 30 Gramm fasste.

Oberstleutnant Salnikow war Zeuge vieler historischer Momente, wie zum Beispiel Chruschtschows berühmter Rede vor dem Forum der Vereinten Nationen in New York, als der sowjetische Staatschef mit seinem Schuh auf das Rednerpult schlug. Er war auch dabei, als Chruschtschow in Abchasien erfuhr, dass seine Herzensangelegenheit – das Raumfahrtprojekt – verwirklicht worden und Major Juri Gagarin ins Weltall geflogen und sicher von dort zurückgekehrt war.

GERICHTE

Beim Abschiedsessen am 10. Februar 1945 aßen die Staats- und Regierungschefs Großbritanniens, der Sowjetunion und der USA unter anderem Salzhering, Stör in Gelee, Wolfsbarsch in Champagnersoße und eine Wildziegenkeule. Außerdem gab es gebratenes Birkhuhn und Rebhuhn, Milchferkelsteaks in Soße von jungem Rettich, sowie den Hit der Konferenz – Truthahn in Soße aus Quitten und Orangen.

Zum Nachtisch servierte man in Jalta Eis und Petits Fours – wunderschön verziertes französisches Gebäck aus Biskuitteig und Marzipan.

REZEPTE

TRUTHAHN IN SOßE AUS QUITTEN UND ORANGE

- 1 kg Stör
- 30 g Gelatine
- 1 Möhre
- 1 Pastinakenwurzel
- 1 Zwiebel
- 4 Krebse
- Kapern
- Petersiliengrün
- Meerrettich
- Essig
- Mayonnaise

Den Stör mit Gemüse kochen, bis die Möhren, die Pastinake und die Zwiebel gar sind. Aus der Fischbrühe unter Verwendung der Gelatine ungefähr 3-4 Gläser Gelee herstellen und abkühlen lassen.

Den gekochten Fisch in dünne Scheiben schneiden und auf einem Backblech oder in einer großen Auflaufform auslegen, dabei auf Abstände zwischen den Fischstücken achten.

Den Fisch mit der grünen Petersilie dekorieren, mit Möhren- und Gurkenscheibchen, Krabben- oder Krebsfleischstücken und Kapern garnieren. Die Dekoration befestigt man, indem man das abgekühlte Gelee vorsichtig mit einem Löffel über den Fisch gießt. Sobald die erste Schicht des Gelees fest geworden ist, gießt man den Rest darüber, sodass eine gleichmäßige Schicht entsteht. Wenn das Gelee fertig ist, mit einer Messerspitze vorsichtig die Fischstücke herausschneiden und auf einen Teller legen. Auf einer oder beiden Seiten mit gekochten Möhren, Pastinaken, Kartoffeln und/oder grünen Erbsen garnieren.

STÖR IN GELEE

- 250 g Putenfleisch (eventuell nur die Leber, wie bei Stalin)
- ½ kg Quitte
- Salz
- Curry
- 100 ml frisch gepresster Orangensaft
- 2 Walnüsse

Die Quitten in Scheibchen schneiden, von beiden Seiten in Öl anbraten, aus der Pfanne nehmen.

Das kleingeschnittene Putenfleisch in demselben Fett anbraten, mit Salz und Curry bestreuen. Nach 5 Minuten die Quitten zum Fleisch geben, mit Orangensaft übergießen, umrühren und bei mittlerer Hitze 6-7 Minuten garen.

Vor dem Servieren mit gehackten Walnüssen bestreuen.

WOLFSBARSCH IN CHAMPAGNERSOßE

- 700 g Filet vom Wolfsbarsch (durch Kabeljau oder Dorade ersetzbar)
- ½ Tasse 20-prozentige Sahne
- 1 ½ Gläser trockener Champagner oder Sekt
- Lauch von 2 Zwiebeln
- 1 Gurke
- 1 ½ Teelöffel Salz

Den Fisch filetieren. Den Champagner/Sekt in einen Topf gießen und bei schwacher Hitze erhitzen. Salz, feingehackten Lauch und schließlich die Filets hinzufügen. Die Hitze reduzieren und 5 Minuten kochen lassen.

Die Gurke in kleine Scheiben schneiden. Zum Fisch dazugeben und noch etwa 5 Minuten kochen, bis der Fisch weich ist.

Den Fisch mit den Gurken auf einen Teller legen, mit Folie abdecken und warm halten. Die in der Pfanne verbliebene Soße kurz erhitzen, vom Herd nehmen und die Sahne dazugeben. Den Fisch und die Gurkenscheiben auf dem Teller anrichten, mit der Soße übergießen und servieren.

MENÜ IX

Fejna Kasetskaja – Gagarins Köchin

Koroljow: *»Du hast Essen in der Tube: Mittagessen, Frühstück und Abendessen.«*

Gagarin: *»Klar.«*

Koroljow: *»Verstehst du das?«*

Gagarin: *»Ich verstehe.«*

Koroljow: *»Dazu gibt es Würstchen, Dragees und Konfitüre zum Tee. Verstehst du?«*

Gagarin: *»Ich verstehe.«*

Koroljow: *»Du hast insgesamt dreiundsechzig Tuben, du wirst richtig fett zurückkommen!«*

Gagarin: *»Hauptsache, die Wurst kommt mit dem Selbstgebrannten!«*

Koroljow: *»Du bist echt eine Plage! Das wird doch alles aufgezeichnet, du Mistkerl … Ha, ha, ha!«*

12. April 1961

Dieser Dialog wurde in den letzten Minuten vor dem Start des Wostok-1-Programms aufgenommen: des ersten bemannten Flugs ins All.

Sergei Koroljow ist ein brillanter Konstrukteur, der Vater der sowjetischen Kosmonautik und ein Mann, dessen Identität zu dieser Zeit streng geheim gehalten wird. Juri Gagarin ist im Begriff, der erste Kosmonaut der Welt zu werden.

»Ich kam zur Arbeit, wie jeden Tag. Der Chef schaltete das Radio ein. Plötzlich hieß es, dass gerade der erste Mensch ins All geflogen ist. Sein Name ist Juri Gagarin und er umkreist die Erde.«

Gleich nach ihrem Abschluss begann Walentina Borissowna als Lebensmitteltechnologin im Restaurant Moskwa zu arbeiten, das damals zu den besten in der sowjetischen Hauptstadt gehörte.

»Und was geschah dann?«, frage ich sie.

»Ich war fassungslos, sprachlos! Es war so schön, unvorstellbar! Einen Moment später sahen wir aus den Fenstern des Restaurants eine Gruppe von Menschen, die mit Transparenten zum Roten Platz liefen, um dieses Ereignis zu feiern. Ich war damals noch sehr jung und der Chef sah, dass ich nicht stillsitzen konnte. Also ließ er mich zu den jungen Leuten gehen und mich ihnen anschließen. Wer hätte gedacht, dass ich zwei Jahre später selbst Essen für Kosmonauten zubereiten würde?«

»Ich hingegen war noch Studentin, als Gagarin ins All flog, und ich fuhr immer in die Kolchose, um den Arbeitern zu helfen«, erinnert sich die andere Dame, Ljudmila Wassiljewna Mukjanowa. »Und ich saß gerade in irgendeinem Kartoffelfeld, da kam der Komsomol-Vorsitzende angerannt und schrie: ›Der erste Mensch im Weltraum! Unser Gagarin! Unser Volk hat einen Sputnik gestartet!‹ Es war genau an meinem Geburtstag. Wie ein Geschenk speziell für mich, dachte ich.«

Nur mein dritter Gesprächspartner, Viktor Franzewitsch Dobrowolski, sagt nicht, was er gerade gemacht hat, als die Rakete mit Juri Gagarin an Bord in den Himmel flog. Weil er es nicht darf – Viktor Franzewitsch arbeitet sein ganzes Leben lang an Themen, die vertraulich oder streng geheim sind. Wir können uns nur vorstellen, wo er zu dem Zeitpunkt war und was er an diesem Tag gemacht hat. Sicher ist, dass es mit Weltraumnahrung zu tun hatte.

Wir sitzen hier nämlich in der Birjuljowo-Versuchsanlage. Hier werden seit den 1960er Jahren Lebensmittel hergestellt, die in den Weltraum fliegen.

Um die drei Leute kennenzulernen, schrieben Maria Pistunowa, meine Mitarbeiterin, und ich fast zwei Jahre lang Briefe an verschiedene Stellen und Instanzen.

Dieses Institut war viele Jahre lang geheim; selbst jetzt, wo viele sowjetische Geheimnisse gelüftet wurden, bleibt die Ernährung der

Kosmonauten weitgehend vertraulich. Wir mussten also von einer Instanz zur nächsten pilgern.

Und gerade als es so aussah, als ob ich als Ausländer keine Chance hätte, hier hereinzukommen, machte etwas – Maria und ich wissen nicht genau, was – in der kosmischen russischen Bürokratie Klick. Und hier sitzen wir nun, schlürfen Kaffee, essen Schokobonbons und reden.

Währenddessen verpacken hinter der Wand sechs Frauen Lebensmittel, die bald in die Umlaufbahn um die Erde fliegen werden.

So wird Nahrung für Kosmonauten hergestellt.

1.

Der Kommandeur einer der Einheiten, die im damals sowjetischen Belarus gegen die Deutschen kämpften, hatte eine harte Nuss zu knacken. Eine Frau kam mit ihrem kleinen Sohn auf dem Rücken zu ihm und verlangte, dass er sie beide in seine Einheit aufnahm.

»Und was wollen Sie hier machen?«, fragte der Kommandant.

»Ich werde euch füttern«, erwiderte die Frau. »Ich koche sehr gut, meine Großmutter hat es mir beigebracht.«

»Aber der Junge …« Der Kommandant runzelte die Stirn. »Im Krieg ist kein Platz für sechs Monate alte Kinder!«

»Mein Mann hat mich verlassen, ohne zu bedenken, dass wir uns gerade im Krieg befinden«, antwortete die Frau. »Und ich bin es leid, die Leute um Hilfe zu bitten. Wenn Sie mir nicht helfen, binde ich mir den Kleinen an den Bauch und werfe mich vor einen Zug.«

Der Kommandant sah, dass die Frau verzweifelt war. Er winkte ab.

Sollen sie doch bleiben, dachte er, seine Leute könnten eine gute Küche gebrauchen, die von der Hand einer Frau geführt wird. Und sie könnten sowieso alle jeden Moment sterben, ein Kind wird daran nicht viel ändern.

So wurde Fejna Gawrilowna Kasetskaja, eine Belarusin aus Podolien, nicht weit von der polnischen Grenze, zur Kriegsköchin. Sie war mit ihrem kleinen Sohn auf dem Rücken von der Ukraine bis nach Königsberg zu Fuß gelaufen. Der Name des Jungen war Kim, zu Ehren der kommunistischen Jugendorganisation, der »Kommunistischen Internationalen Jugend«.

Wenn sie nicht kochte, konnte Fejna nicht stillsitzen. Sie lernte, wie man Autos repariert, Telefone bedient und auch wie man große Flächen streicht. Fejna hatte keine Angst vor Arbeit, egal welcher Art, und sie machte alles mit ihrem kleinen Sohn auf dem Rücken. Als sie in der Nähe von Königsberg schwer verletzt wurde, wurde der kleine Kim zum Maskottchen des Feldlazaretts.

Als der Krieg vorbei war, konnte Fejna nirgendwohin. Der Ehemann, der sie verlassen hatte, hatte bereits eine neue Familie in Belarus. Ihre Eltern waren tot. Glücklicherweise fand eine Freundin aus der Armee Arbeit in der Nähe von Moskau, in der Stadt Monino, wo sich das Hauptquartier der sowjetischen Luftstreitkräfte befand. Fejna ging mit und bekam zu ihrem Glück auch einen Job. Selbstverständlich als Köchin.

Sie muss ziemlich gut gearbeitet haben, denn 1960 wurde ihr angeboten, in den damals sogenannten Standort »41. Kilometer« zu wechseln, eine geheime militärische Eliteeinheit, die sich gerade formierte.

»Es war ein sehr schöner Ort«, erinnerte sie sich viele Jahre später in einem Interview. »Nicht weit entfernt befand sich ein Birkenwäldchen. Große Wiesen, weite Felder. Später entstand dort eine Stadt namens Swjosdny Gorodok – Sternenstädtchen.«

So wurde Fejna zur Köchin der neu gebildeten Einheit der ersten sowjetischen Kosmonauten.

2.

Der Wegbereiter der Kosmonautik in der Sowjetunion war Konstantin Ziolkowski, ein russischer, dann sowjetischer, autodidaktischer Wissenschaftler mit polnischen Wurzeln – sein Urgroßvater war sogar ein Vertreter des Płock-Adels bei der freien Wahl, bei der Zygmunt III. Wasa zum König gewählt wurde. Es war Ziolkowski, der als Erster der Meinung war, dass die Menschheit in den Weltraum fliegen und ihn besiedeln sollte. Mehr als ein Jahrhundert, bevor Elon Musk geboren wurde, sprach er schon über Städte auf anderen Planeten.

Sein Leben lang war er der Typ »verrückter Wissenschaftler«, ein leidenschaftlicher Enthusiast, der ständig in kaputten Schuhen herumlief, nicht genug aß und von seinem Umfeld nicht verstanden wurde. Aber in den Zwanziger- und Dreißigerjahren des letzten Jahrhunderts begannen sein Werk und seine Erkenntnisse dennoch, in das Bewusstsein der Bürger – und Träumer – in der gesamten Sowjetunion vorzudringen. Unter ihnen war Sergei Koroljow, ein Junge aus Schytomyr in der Ukraine, der – seit er mit zehn Jahren zum ersten Mal in seinem Leben ein Flugzeug gesehen hatte – von der Luftfahrt träumte und – seit er Ziolkowskis Bücher gelesen hatte – vom Flug ins All.

Nach seinem Eintritt in das Polytechnikum erwies er sich schnell als ein äußerst begabter Konstrukteur. Bald fand er sich in einer Arbeitsgruppe wieder, die auf Befehl von Marschall Michail Tuchatschewski an modernen Waffen arbeitete.

Doch schon ein Jahr später, 1937, wurde Tuchatschewski der Spionage beschuldigt und im Zuge von Stalins Säuberungen hingerichtet. Jeder, der mit ihm zusammengearbeitet hatte, wurde bestraft. Koroljow wurde in einen Gulag geschickt, wo er sechs Jahre verbrachte. Freigelassen wurde er dann dank der Fürsprache einer anderen Legende – Andrei Tupolew, Autor und Mitautor von mehr als hundert Flugzeugentwürfen, der während der stalinistischen Ära ebenfalls zu Unrecht verurteilt wurde.

Ihre Sternstunden erlebten Koroljow und Tupolew nach dem Krieg. Mehrere Jahre lang arbeiteten sie zusammen, dann beschäftigte sich Koroljow mit der Entwicklung von Interkontinentalraketen. Mitte der 1950er Jahre wurde er zu einem der Hauptakteure des streng geheimen sowjetischen Programms zur Eroberung des Weltraums.

3.

Die ersten Lebewesen im Weltraum – oder zumindest die ersten, von denen wir wissen – waren Fruchtfliegen, die die Amerikaner 1947 in eine Höhe von hundertsieben Kilometern schickten.

Die ersten komplexeren Organismen waren die von den Russen entsandten Hunde.

»Koroljow hatte die Idee, dass man, bevor die Raumfahrttechnik so weit entwickelt ist, dass ein Mensch ins All geschickt werden kann, erst einmal prüfen muss, ob dies für ein Lebewesen überhaupt möglich ist«, sagt Larisa Filina vom Kosmos-Museum in Moskau. Wir treffen uns an einem ungewöhnlichen Ort: in einem Haus, das die Behörden der UdSSR Anfang der 1960er Jahre Sergei Koroljow als Anerkennung für seine Arbeit geschenkt hatten. »Hunde und Affen wurden in Betracht gezogen«, fährt Filina fort, »Affen waren den Menschen ähnlicher. Aber Hunde waren gehorsamer. Also wurde beschlossen, Hunde zu nehmen.«

Sergei Koroljow forschte mit einem anderen Wissenschaftler, dem Biologen Wladimir Jasdowski, an der Entsendung von Hunden in den Weltraum.

Wie erwartet, lernten sie viel durch die Arbeit mit den Hunden, und die Schlussfolgerungen, zu denen sie gelangten, gingen oft über technische und biologische Beobachtungen hinaus.

»Seine erste Beobachtung war, dass Mischlinge viel besser geeignet sind als Rassehunde«, erzählt Filina. »Sie sind stark, sie müssen sich über Generationen hinweg behaupten, um zu überleben, außerdem können sie alles fressen und vertragen es. Feine verzogene Haushündchen würden im Weltraum nicht zurechtkommen.«

Koroljow stützte seine Wahl des ersten tierischen Kosmonauten auf diese Erfahrungen.

Doch bevor es dazu kommen konnte, fuhren Soldaten der Einheit, in der die Wissenschaftler arbeiteten, in die Gegend um das Stadion von Spartak Moskau, wo viele herrenlose Hunde herumstreunten, und fingen sie ein.

Von der Obdachlosigkeit zur Raumfahrt!

»Es gibt viele interessante Geschichten, die damit verbunden sind«, berichtet Filina. »Einmal wurde einer der Soldaten von diesen Hunden gebissen und landete im Krankenhaus. Ein anderes Mal nahmen sie eine Hündin, fütterten sie, sperrten sie in eine Box und sie bekam in der

Nacht Junge. Und anstatt sich um die Kosmonautenanwärterin zu kümmern, kümmerte sich die ganze Basis um ihre Kleinen.«

Die ersten Hunde, die ins All flogen, hießen Tsygan und Desik. Das war 1951. Es folgten Tschaika und Lisitschka, Pchelka und Muschka: insgesamt einundsiebzig Hunde. Die Berühmteste von ihnen war Laika. Sie flog am höchsten und war somit das erste Lebewesen, das in die Umlaufbahn aufgestiegen ist. Leider stieg die Temperatur in der Kabine schon nach wenigen Flugstunden so stark an, dass die Hündin bei lebendigem Leib gekocht wurde.

»Laikas Mission stand von Anfang an auf verlorenem Posten«, räumt Larisa Filina ein. »Sie hatte einen Futterautomaten, der ihr alle paar Stunden automatisch eine Portion zuteilte. Die letzte Portion, die zehnte, enthielt Gift.«

Der Flug von Belka und Strelka war jedoch der wichtigste für die sowjetische Kosmonautik und für die Menschheit: Nachdem sie die Erde in einer Rakete umrundet hatten, kehrten die Hündinnen sicher zu ihr zurück.

»Dank ihnen wussten unsere Ingenieure nun, dass es möglich war, einen Menschen in die Umlaufbahn zu schicken«, sagt Filina.

4.

Sergei Koroljow hat viel aus den Abenteuern mit den fliegenden Hunden gelernt. Die Kandidaten für die Kosmonauten wurden also ebenfalls aus Gegenden mit einer, vorsichtig ausgedrückt, komplizierten Geschichte ausgewählt. Es waren keine geschliffenen Offizierskinder, sondern Jungen, die in ihrem Leben oft alleine klarkommen und mit unterschiedlichen Situationen fertigwerden mussten.

»Zu Beginn waren es zwanzig Männer«, erzählt mir Anton Perwuschin, Gagarins Biograf und eine wandelnde Enzyklopädie des Wissens über die sowjetische Eroberung des Weltraums: »Die besten Piloten der damaligen Zeit. Die Bedingungen, die erfüllt werden mussten, waren: sehr gute Kondition, Körpergröße unter 180 Zentimetern, da ein größerer Mensch nicht in die Rakete hineingepasst hätte, Gewicht maximal siebzig Kilogramm, sowie ein ansprechendes Aussehen. Es war ganz einfach: Der erste Kosmonaut musste ein hübscher Kerl sein.«

»Warum war das so wichtig?«, will ich wissen.

»Auch das haben sie bei den Hunden gelernt«, erklärt Perwuschin. »Belka und Strelka, die ersten Hunde, die zurückkehrten, wurden später zu Berühmtheiten. Als Strelka zum ersten Mal nach dem Flug geworfen hatte, nahm Chruschtschow einen der Welpen als Geschenk für die Tochter von Präsident Kennedy mit. Allen Entscheidungsträgern war bewusst, dass die Eroberung des Weltraums ein unglaubliches Potenzial für die Vermarktung des Landes in sich trug.«

Die kosmische Militäreinheit, in der Fejna Kasetskaja beschäftigt war, wuchs schnell.

»Ganz am Anfang befand sich der Speiseraum in einem kleinen Holzhaus«, erzählte Fejna viele Jahre später. »Der Herd in der Küche wurde mit Holz befeuert. In den ersten Monaten gab es bei uns nur fünf Piloten, was wenig Arbeit bedeutete. Aber dann wurden es zehn, und dann zwanzig. Später bekamen wir eine moderne Kücheneinrichtung, wie in einem Restaurant.«

Fejna bekam auch zwei Helferinnen für die Küchenarbeit.

Ihr heranwachsender Sohn war umgeben von hervorragenden Soldaten und außergewöhnlichen Wissenschaftlern, zukünftigen Helden. So begann Kim davon zu träumen, in ihre Fußstapfen zu treten. Damit er nicht traurig war, hat ihm seine Mutter nicht die Wahrheit über seinen Vater gesagt – dass er sie beide mitten im Krieg im Stich gelassen hat. Stattdessen erzählte sie dem Kleinen, dass auch sein Vater, wie diese jungen Männer, ein Held gewesen sei. Sie erfand eine Geschichte, nach der er an der Front gestorben sei, um andere Menschen zu retten und gegen den Faschismus zu kämpfen. Der Junge schluckte den Köder. Nach der Schule ging er nach Monino, in die Schule der sowjetischen Luftwaffe.

In der Zwischenzeit gaben die jungen Piloten, die ihre Ausbildung für die Raumfahrt begannen, ihrer Köchin den Spitznamen Mamania.

»Sie waren noch Kinder, keiner von ihnen war älter als Ende zwanzig«, erinnerte sich Mamania viele Jahre später in einem Interview. »Ich bin Jahrgang 1918. Zu diesem Zeitpunkt war ich bereits in meinen Vierzigern. Ich war im Durchschnitt zwanzig Jahre älter als sie.«

Die Piloten haben sie wirklich ein bisschen wie eine Mutter behandelt. An der Spitze stand, wie bei allem anderen, Leutnant Juri Gagarin. Er stammte aus der Gegend von Smolensk und hatte großen Respekt vor Köchen: Der Vater seiner Frau Walentina, Iwan Gorjatschew, hatte in seiner Heimat Orenburg in Sanatorien und Restaurants gekocht.

»Gagarin war der geborene Führer, er führte bei buchstäblich allem«, berichtet sein Biograf, Anton Perwuschin. »Es gibt ein Foto von ihm, aus der Zeit der Fachschule. Eine Aufnahme der Basketballmannschaft. Sie sind alle kräftig und großgewachsen, nur einer sticht heraus, weil er viel kleiner ist als der Rest. Natürlich handelt es sich um Gagarin. Und selbstverständlich ist er der Mannschaftskapitän.«

»Er war sehr amüsant, konnte aber auch ernst sein, wenn es die Situation erforderte«, erinnerte sich Fejna. »Einmal kam Waleri Bykowski zum Frühstück, aber statt zu essen, begann er Billard zu spielen. Ich sehe, was los ist, also gehe ich zu ihm und sage: ›Söhnchen, warum willst du nichts essen? Schmeckt es dir nicht? Sag mir, was du magst und ich koche es für dich.‹ Und er antwortet: ›Ich mag nicht, ich will nichts essen.‹ Dann kam Gagarin dazu. Er stauchte ihn zusammen und sagte: ›Mamania hat gesagt, du musst essen, also heißt das, dass du essen musst. An den Tisch mit dir, ab jetzt!‹ Hat Waleri auf ihn gehört? Natürlich hat er das!«

Mamania nahm gelegentlich an Fortbildungskursen im Restaurant Metropol in Leningrad teil – sie war ja keine professionelle Köchin und hatte nie eine Kochschule abgeschlossen. Aber sie merkte schnell, genau wie ihre Vorgesetzten, dass genau das für die Jungen, die von ihren Familien getrennt lebten, ein Vorteil war. Die Jungs zogen Hausmannskost vor und wollten nicht, dass sie wie in einem Restaurant kochte. Futtern wie bei Muttern!

Im Laufe der Zeit begann die Einheit, einen eigenen Bauernhof zu betreiben: mit Schweinen, Hühnern, Kühen und Gemüse aus dem eigenen Garten; ganz so, wie es bereits Lenin und Stalin getan hatten.

»Zwiebeln, Petersilie, Kohl, Karotten – wir hatten alles!«, erinnerte sich Fejna später. »Wir hatten so viel Grünzeug, dass immer Schüsseln mit Salat auf den Tischen im Flur standen. Jeder, der Hunger hatte, konnte sich so viel davon nehmen, wie er wollte.«

Es gab nicht viele Kandidaten für den Beruf des Kosmonauten, also bemühte sich Mamania, jedem sein Lieblingsessen zu kochen.

»Pawel Popowitsch zum Beispiel liebte ukrainischen Borschtsch. Ich wusste, wie man ihn zubereitet, weil ich aus Podolien stamme. Als ich ihn zum ersten Mal gekocht hatte, wünschten sich alle, dass ich ihn dauerhaft auf die Speisekarte setze. Juri Gagarin wiederum mochte frische Milch ganz besonders. Er trank gerne einen ganzen Liter auf einmal. Das Problem ist nur, dass man von frischer Milch Bauchschmerzen bekommen kann. Für Piloten ist das gefährlich! Also mussten die Mädchen und ich uns überlegen, wie wir seine Milch so kochten, dass sie nicht ihren Geschmack verlor.«

Adrian Nikolajew, ein zukünftiger Kosmonaut aus der Republik Tschuwaschien, mochte wiederum ein typisches Gericht aus seiner Heimat: Huplu, ein mit Kartoffeln und Fleisch gefüllter Fladen aus Hefeteig. Also saß Mamania bis tief in die Nacht in der Küche und lernte, wie man Huplu zubereitet.

»Ich kann mich nicht erinnern, dass einer von ihnen sich jemals beklagt hätte. Ich weiß nur, dass sie nach den Übungen in der Luftdruckkammer lange Zeit vollkommen reglos dasitzen mussten. Also versorgten wir sie mit leichtverdaulichen Speisen aus Gemüse: Möhrensalat, Schnitzel aus geriebenem Kohl, Omeletts. Und Suppen auf Gemüsebasis: Borschtsch, Soljanka, Sauerkrautsuppe. Und sehr viele eingelegte Gurken.«

Doch obwohl die jungen Kosmonauten die Küche ihrer Mamania liebten, konnten ihre Gerichte natürlich nicht ins All fliegen. Und da man damals noch nicht wusste, wie sich der menschliche Körper in der Schwerelosigkeit verhält, wurde die Kosmonautennahrung in spezielle Röhren oder Tuben gefüllt: zu Brei püriert, damit keine Krümel in ihren Raumfahrzeugen herumflogen.

»Als sie in unserem Ausbildungszentrum trainierten, brachten sie ihnen dieses Essen in Schläuchen aus Moskau mit, damit sie sich schon mal daran gewöhnten«, erinnerte sich Mamania. »Das hat ihnen nicht gefallen. Sie kamen später zu mir, schlichen sich in die Küche. Und baten uns, ihnen alles zu überlassen, was keine Tubennahrung war. ›Mamania‹, sagten sie, ›lass uns ein paar Kartoffeln übrig. Sie können ruhig von gestern sein, Hauptsache, sie sind von dir gekocht.‹ Nicht, dass das Essen, das sie bekamen, schlecht gewesen wäre. Das Brot zum Beispiel war sehr lecker, es schmeckte wie das Brot meiner Großmutter aus dem Ofen. Ich war richtig überrascht, dass sie es so gut hinbekamen. Aber Fleisch und Kartoffeln aus der Tube, nein, das konnte nicht schmecken!«

Das Training der Kosmonauten war zermürbend. Sie wurden in einer Zentrifuge herumgewirbelt, die sie ähnlichen Belastungen aussetzte, wie sie sie im All erleben konnten. Sie sprangen bei Nacht und Regen mit dem Fallschirm und mussten mit einer Situation fertig werden, in der sich der Schirm zu spät öffnete.

Die schlimmste Erinnerung war jedoch eine ganz bestimmte Erfahrung: allein in einer schalldichten Kabine eingesperrt zu sein. Zehn Tage lang.

»Diese Übungen waren sehr hart«, erzählte Fejna Kasetskaja. »Sie arbeiteten ständig unter enormem Stress, denn jeder wollte der Beste sein. Jeder wollte derjenige sein, der als Erster ins All fliegen würde. Nach dem Unterricht und den Übungen kamen sie dann zu mir. Und ich habe sie so gut gefüttert, wie ich konnte.«

5.

Gagarin soll, Berichten zufolge, durch sein Lächeln gewonnen haben.

Es könnte aber auch einen anderen, prosaischeren Grund gegeben haben.

»Sein Hauptkonkurrent war gleichzeitig auch sein bester Freund. Sein Name war German Titow. Angeblich hatte er alle Übungen und Tests besser bestanden, auch körperlich war er hervorragend in Form«, berichtet Gagarins Biograf Anton Perwuschin. »Aber wie hätte es ausgesehen, wenn die Sowjetunion weniger als zwanzig Jahre nach dem Sieg über Deutschland einen Mann mit dem Namen German ins All geschickt hätte?«

Angeblich war dies tatsächlich der entscheidende Grund.

Darüber hinaus hatte Gagarin während der deutschen Invasion eine sehr schwierige Zeit durchgemacht: Als die Front durch sein Dorf in der

Nähe von Smolensk kam, war die Hungersnot so groß, dass der kleine Juri Essensreste von den Müllhalden der deutschen Soldaten stahl. Er und sein Bruder erinnerten sich später, dass sie dort alte vertrocknete Brotkrusten ausgegraben haben. Seine Mutter arbeitete als Melkerin, sein Vater war Zimmermann, das Haus für die Familie hatte er selbst gebaut. Allerdings besetzte ein deutscher Offizier es während des Kriegs und die Familie Gagarin musste zwei Jahre in einer Erdhütte leben.

Wenige Monate vor dem ersten bemannten Weltraumflug begaben sich Gagarin und Titow nach Baikonur in Kasachstan, von wo aus die Sowjetunion Hunde in den Weltraum schickte – und bald auch ihren ersten Kosmonauten entsenden würde. Dort gingen sie aus Mamanias Händen in die einer anderen Köchin, Maria Kritinina, über. Die damals Fünfundzwanzigjährige, die am Don aufgewachsen war, sollte zwei Generationen sowjetischer Kosmonauten ernähren – sie wurde zu einer lebenden Legende in Baikonur.

Gagarin und Titow beobachteten den Start einer Rakete, in der Hunde saßen. Da explodierte die Rakete vor ihren Augen.

Sie wussten beide, dass einer von ihnen in einer der nächsten sitzen würde.

Als sie schließlich am Tag vor dem Flug erfuhren, dass Gagarin fliegen würde, bewahrten sie beide die Fassung. Titow gab erst viele Jahre später zu, wie verbittert und enttäuscht er damals gewesen war.

Eine Stunde vor dem Flug versuchte Maria Kritinina noch, Gagarin ein paar Zwiebeln aufzudrängen, die er mit ins All nehmen sollte.

»Es sind unsere Zwiebeln, sie sind gesund!«, sagte sie in einem vertraulichen Ton. »Und wer weiß schon, was in diesen Tuben drin ist …«

Doch Gagarin antwortete nur mit einem Lächeln. Er wusste nämlich, dass er vor dem Flug gründlich durchsucht werden würde. Schließlich war alles, was er ins All bringen sollte, sowohl für die Wissenschaft als auch für die Politik von großer Bedeutung. Es gab keine Möglichkeit, auch nur eine einzige Zwiebel in die Rakete zu schmuggeln.

6.

Kommen wir noch einmal auf die Birjuljowo-Versuchsanlage zurück. Hier wurden die Nahrungsmitteltuben für die Kosmonauten hergestellt.

»Ich komme eigentlich aus der Luftfahrt und bin dann hier gelandet«, sagt Direktor Dobrowolski. »Davor habe ich mich auch schon mit dem Thema Pilotenernährung beschäftigt und sogar meine Magisterarbeit darüber geschrieben. Es war eine ganz natürliche Entwicklung: Wissen Sie etwas über die Ernährung von Menschen, die großen Belastungen ausgesetzt sind? Dann sind Sie bei uns herzlich willkommen. Der Weltraum war damals das größte Prestigeprojekt. Geldprämien, Auslandsreisen, Geschäftsreisen zu Raketenstarts. Wir waren die Elite der sowjetischen Ernährungstechnologie.«

»Ja, so war das! Und heute will niemand mehr für uns arbeiten.« Walentina Borissowna breitet hilflos ihre Arme aus. »Deshalb behalten sie uns hier, obwohl wir schon längst hätten in Rente gehen sollen.«

In der Tat ist es schwer zu übersehen, dass hier lauter Siebzig- und Achtzigjährige am Tisch sitzen.

»Die jungen Leute sind heute sehr anspruchsvoll«, sagt der Direktor. »Wir haben hart und hingebungsvoll gearbeitet, ohne auf das Geld zu achten, weil wir für die Idee gelebt haben. So war es nämlich in der Sowjetunion: Es ging immer um Ideale. Wir planten, welche Lebensmittel wir den Menschen mitgeben würden, die als Erste zum Mond fliegen sollten. Wir haben sehr ernsthaft darüber gesprochen, was auf anderen Planeten wachsen könnte und welche Pflanzen zuerst fliegen sollten, um den Boden, zum Beispiel auf dem Mars, nicht zu verderben.«

»Ich bin wegen des Mars hergekommen! Ich war so aufgeregt, dass wir Lebensmittel herstellen würden, die dorthin fliegen sollten! Aber heutzutage kommt eine hierher, die sich als Köchin bewirbt, und der ist es vollkommen egal, dass das Essen, das sie zubereiten soll, von Menschen im Weltraum gegessen werden wird. Alles, was sie interessiert, sind tausend Rubel mehr im Monat. Wenn sie statt zu uns zu einem Dönerimbiss oder einem Bliniladen geht, kann sie das auch bekommen«, fügt Frau Mukjanowa traurig hinzu.

»Wie auch immer, wir belästigen Sie hier mit unseren Problemen und Sie wollen doch eigentlich so viel wie möglich über die ersten Kosmonauten erfahren«, wirft Direktor Dobrowolski ein. »Also, Herr Szabłowski: Der Flug von Gagarin war natürlich ein Durchbruch für die Menschheit. Aber in Bezug auf die Ernährung war das Ganze langweilig. Zunächst einmal war Gagarin nur eine Stunde und sechsundvierzig Minuten im All …«

»… Genau wie Ziolkowski vorausgesagt hat!«, wirft Ludmila Wassiljewna ein.

»Das ist richtig«, sagt der Direktor und nickt. »Aber Ziolkowski hat nichts über Lebensmittel gesagt. Und Gagarin brauchte im Weltraum eigentlich nichts zu essen, da er während der knapp zwei Stunden nicht besonders hungrig sein würde. Aber Koroljow wollte so viel wie möglich über das Verhalten des menschlichen Organismus im Weltraum erfahren. Schließlich wussten sie bis zu diesem Zeitpunkt rein gar nichts darüber. Deshalb wurde Gagarin ausdrücklich befohlen, in der Schwerelosigkeit eine Mahlzeit einzunehmen. Und was genau er gegessen hat, das können Ihnen meine geschätzten Kolleginnen erzählen. Meine Kollegin Mukjanowa war die Erste von uns, die hier angefangen hat.«

»Gagarin wurde genau das in die Tube eingefüllt, was vor ihm den Kampfpiloten gegeben wurde«, übernimmt Frau Mukjanowa. »Sie gaben ihm mehr als sechzig Tuben mit, weil Koroljow nicht sicher war, ob es möglich sein würde, Gagarin gleich zurückzuholen. Darin hatte er also alle Gerichte, die wir damals an den Piloten getestet hatten.«

»Heute haben wir über dreihundert.« Direktor Dobrowolski lächelt, denn es ist vor allem sein Verdienst. »Damals hatten wir mehrere Dutzend. Er wählte für diesen besonderen Tag Gemüsesuppe, Leberpastete und schwarzen Johannisbeersaft.«

»Einigen Quellen zufolge hat er auch noch Schokoladencreme gegessen«, werfe ich ein, weil ich das so gelesen habe. »Stimmt das?«

»Das wissen wir nicht mit Sicherheit«, sagt Direktor Dobrowolski. »Aber er hatte die Schokocreme dabei, also wer weiß, womöglich hat er sie ja probiert. Die Creme war eine Neuheit. Ein Geschenk unserer Lebensmitteltechniker an den ersten Kosmonauten. Um seinen Flug angenehmer zu gestalten. Heute kann man diese Mousse in jedem Geschäft kaufen, aber damals war sie nirgends zu finden.«

»Gagarin aß in der Schwerelosigkeit. Das war die erste Mahlzeit, die ein Mensch außerhalb der Erde zu sich genommen hat«, sagt Ludmilla Mukjanowa.

»Wir wollen gleich zu anderen Themen übergehen, aber haben Sie noch Fragen zu Gagarin?«, fragt der Direktor abschließend.

Ich habe zwei.

Zunächst frage ich nach dem berühmten, kürzlich freigegebenen Gespräch zwischen Gagarin und Koroljow kurz vor dem Start. Darin spricht er über Wurst und darüber, dass er sie als Snack zum Wodka verwenden wird. Die Frage ist also: Hat Gagarin im Weltall Wodka getrunken?

Aber Direktor Dobrowolski sagt, das sei alles nur ein Scherz gewesen. Da gab es weder Wurst noch Wodka.

»Sie meinten es wirklich ernst mit dem Alkoholverbot«, sagt er. »Dies war der erste bemannte Weltraumflug überhaupt. Auf keinen Fall hätte jemand den Kosmonauten Alkohol mitnehmen lassen. Oder Wurst.«

Daher stelle ich Frage Nummer zwei: Wenn es nicht möglich gewesen wäre, Gagarin zurückzubringen, hätte er dann – wie der Hund Laika – Gift in der letzten, dreiundsechzigsten Tube gehabt?

»Machen Sie bitte keine Witze über so ernste Dinge«, beendet Direktor Dobrowolski das Gespräch – obwohl ich überhaupt keine Witze gemacht habe.

7.

Gagarin landete in der Nähe des Dorfes Smelowka, zwischen Saratow und Engels. Man erzählt sich, das Erste, was er sah, als er die Luke öffnete, sei das Hinterteil einer Kuh gewesen. Die Menschen aus der örtlichen Kolchose rannten bei seinem Anblick weg. Die Erste, die sich traute, mit dem sonderbaren Fremden zu sprechen, war die damals fünfjährige Rumia Nurskanowa.

»Meine Großmutter hatte große Angst, dass das ein Angriff der Amerikaner sein könnte«, erinnerte sich Rumia 2021. Als der Fremde sie auf Russisch ansprach, bot Rumias Großmutter ihm Milch aus einer Kanne an.

Gagarin bedankte sich und sagte, er habe im Weltraum zu viel Nahrung aus Tuben gegessen. Als er sich mit dem Arzt der Kosmonauten besprach, riet ihm dieser, einen Apfel zu essen.

»In der Zwischenzeit kam mein Vater angelaufen und erzählte Gagarin, dass da, wo er gelandet war, die besten Kartoffeln wachsen«, erzählte Rumia. »Und sie vereinbarten, dass Gagarin nach der Kartoffelernte zurückkommen würde, um sie zu kosten. Und dass wir ihn dann bei uns aufnehmen würden. Er versprach mir und meiner Großmutter, dass er zu uns kommen würde, um Kartoffeln mit Sauerrahm und Essiggurken mit uns zu essen. Seitdem sagten wir immer, wenn wir auf diesem Feld Kartoffeln anpflanzten, dass wir sie ›für Juri‹ pflanzten.«

Den Rest der Tuben, die Gagarin dabei hatte, nahmen die Einheimischen mit.

8.

Gagarin wurde schnell zum Idol der Massen. Und ein sowjetischer Exportschlager. Wo immer er hinkam, wurde er von Hunderttausenden von Menschen gefeiert. Allein in Polen waren es eine halbe Million Menschen in Warschau und fast zwei Millionen im oberschlesischen Ballungsraum. Nach seinem Besuch in Japan stiegen die Handelsumsätze zwischen der UdSSR und dem Land der Kirschblüte um das Fünfzehnfache.

Doch der erste Kosmonaut begann sich bald wie ein Affe im Käfig zu fühlen. Deshalb brach er, wann immer er konnte, aus. Boris Golownja, der Fotograf, der mit ihm um die halbe Welt reiste und bald zu seinem Freund wurde, erinnert sich, wie sie in Tokio die KGB-Agenten verprügelten, die sie auf Schritt und Tritt begleiteten (sie sollten ihn beschützen, aber auch darauf achten, dass er nichts Unvorhersehbares tat), und dann erst in einen Elektronikmarkt und anschließend auf ein Bier in eine Bar gingen.

»Gerade als wir dachten, wir hätten es geschafft und wären allein, hielt ein schwarzes Auto vor der Bar«, erzählte Golownja. »Die Fensterscheibe fuhr herunter, ein Mann in Zivil grüßte uns. Und er bat Juri, endlich ins Hotel zu fahren, weil er gerade seinen Dienst beendet hätte und vor dem nächsten Arbeitstag etwas schlafen wolle.«

Ein weiteres Abenteuer erlebte Gagarin in London, beim Frühstück mit der Queen.

»Queen Elisabeth II. lud ihn in den Buckingham-Palast ein«, berichtet Anton Perwuschin, der Biograf des ersten Kosmonauten. »Sie treten ein, setzen sich an den Tisch und sehen eine Menge Besteck: Gabeln, Löffel, Messer, wie es in einem Palast halt so ist, so ein Dutzend Teile pro Gedeck. Aber Gagarin machte sich über solche Dinge keine Gedanken. Er sagte der Königin, er sei nur ein gewöhnlicher Junge vom Lande, der sein ganzes Leben lang alles mit demselben Löffel gegessen habe. Und dass er keine Ahnung habe, wie er mit diesen ganzen Gabeln umgehen solle. Die Königin lachte daraufhin. Angeblich hat sie ihm gesagt, dass sie, obwohl sie selbst im Palast aufgewachsen sei, das ganze Bestecksystem auch nicht verstehe. Gagarin hat genau das getan, was er immer tat: Er blieb er selbst, Juri, ein einfacher Junge aus der russischen Provinz, der als Erster ins All geflogen war und sich nun mit seinem breiten Lächeln für den Frieden auf der Erde einsetzte.«

Doch je länger Gagarin in die Rolle des prominenten ersten Kosmonauten schlüpfte, desto mehr begann er, sich darin zu verlieren. Er war wirklich nicht mehr als ein schüchterner Dorfjunge, der davon träumte, ins All zu fliegen – und nicht davon, in einem goldenen Käfig um die Welt zu touren. Also flüchtete er sich in Alkohol und Affären.

Während eines Aufenthalts auf der Krym besuchte er eine junge Ärztin. Plötzlich klopfte es an der Tür. Es war seine Frau, der jemand freundlicherweise mitgeteilt hatte, wo sie ihren Mann finden würde. Gagarin sprang aus dem zweiten Stock und schlug sich den Kopf an.

Am nächsten Tag berichteten die sowjetischen Zeitungen, dass sich der heldenhafte Kosmonaut bei der Rettung eines ertrinkenden Kindes verletzt hatte.

9.

Nach Gagarin flog schließlich auch sein Freund mit dem heiklen Namen German Titow ins All.

»Während Gagarin im Weltraum aß, weil es ihm befohlen wurde, aß Titow, weil er wirklich Hunger hatte«, sagt Anton Perwuschin. »Er nahm da oben drei Gänge zu sich: Gemüsesuppe, Pastete und Johannisbeersaft. Am nächsten Tag gab es zum Abendessen traditionellen russischen Borschtsch. Er bekam eine große Portion, über zweitausend Kalorien, aber nach der Landung beschwerte er sich, dass er nicht genug zu essen gehabt hätte. Es stellte sich heraus, dass die Belastung im Weltraum so hoch ist, dass Kosmonauten dreitausend Kalorien täglich benötigen. Titow war also der erste Mensch, der im Weltraum eine richtige Mahlzeit gegessen hat. Und der erste, der da oben gepinkelt hat. Gerüchten zufolge hätte er auch sein großes Geschäft dort erledigen können, aber er wollte nicht als der in Erinnerung bleiben, der als Erster im Weltraum gekackt hatte. Also hielt er bis zur Landung durch.«

Diese Ehre wurde Waleri Bykowski zuteil, dem Mann, der sich weigerte, das Frühstück von Fejna Kasetskaja in der Kosmonautenkantine zu essen. Im Juni des Jahres 1963 verbrachte Bykowski fünf Tage allein im Weltraum. Selbst wenn er bis zur Landung hätte durchhalten wollen, hätte er keine Chance gehabt.

Zur gleichen Zeit ging auch die erste Frau, Walentina Tereschkowa, auf eine Mission ins All. Sie war eine einfache Textilarbeiterin aus Jaroslawl, die Fallschirmspringen als Hobby in ihrer Freizeit betrieb. Als sie von Gagarins Expedition erfuhr, schrieb sie einen Brief an Nikita Chruschtschow, in dem sie sich als Kandidatin für die erste weibliche Kosmonautin der Welt bewarb.

»Chruschtschow war von ihrer Hartnäckigkeit beeindruckt und wollte ihr eine Chance geben«, berichtet Anton Perwuschin. »Sie wurde aus fünf Kandidatinnen ausgewählt.«

Während Waleri Bykowski seine zweite Reise in den Weltraum machte, war Tereschkowa der erste Mensch in der Geschichte, der sich im

Orbit übergeben musste. Ihre Flüge fanden übrigens zur gleichen Zeit statt.

»Ich habe eine Lebensmittelvergiftung«, sagte Tereschkowa entschuldigend, nachdem sie wieder gelandet war. »Das Brot ist sehr trocken. Ich wollte Schwarzbrot, Kartoffeln und Zwiebeln haben.«

Nach der Landung brach Walentina alle Regeln, die die Kosmonauten einhalten mussten, und stürzte sich aufs Essen.

»Sie verschlang es regelrecht. Da, wo sie gelandet war, fütterten sie die Leute mit Kartoffeln und Zwiebeln, die sie so vermisst hatte. Sie gaben ihr auch Kumys, vergorene Stutenmilch. Als Zeichen der Dankbarkeit schenkte sie ihnen die restlichen Tuben mit Weltraumnahrung«, sagt Perwuschin. »Sie verstieß gegen sämtliche medizinischen Empfehlungen, denn die Kosmonauten sollten mit dem Essen warten, bis die Ärzte ihre Untersuchungen abgeschlossen haben. Koroljow war wütend, weil ihr Flug für die Forschung völlig nutzlos war.«

Tereschkowas Weltraumflug wurde dennoch natürlich als ein großer Erfolg gefeiert, es konnte gar nicht anders sein. Doch wegen Tereschkowas Ungehorsam flog zwanzig Jahre lang keine Frau mehr ins All.

10.

Der Tod Gagarins wurde zwar offiziell aufgeklärt, wirft aber immer noch kontroverse Fragen auf. Könnte seine Lieblingsköchin etwas damit zu tun gehabt haben?

Fejna Kasetskaja sah den ersten Kosmonauten zuletzt in der Nacht vor dem Unfall, am 27. März 1968. Das Sternenstädtchen war zu einer mittelgroßen Stadt herangewachsen; in der Kantine arbeiteten mittlerweile ein Dutzend Köche rund um die Uhr, aber Mamania hatte immer noch das Sagen und versorgte der Kosmonauten mit Essen. Und diese behandelten sie immer noch wie eine Mutter.

»Ich hatte in der Nacht vor Gagarins Tod meine Schicht«, erinnerte sie sich mehr als dreißig Jahre später. »Gegen ein Uhr rief der diensthabende Beamte: ›Fejna, gleich kommen vier Leute an, Juri Alexejewitsch ist dabei.‹ Einige Minuten später hielt vor dem Speisesaal ein Auto, in dem tatsächlich Juri Gagarin saß. Er begrüßte mich, aber als er sah, dass ich den Tisch deckte, protestierte er: ›Mama, du brauchst den Tisch nicht zu decken. Mach uns doch einfach ein paar belegte Brote. Wir werden sie um fünf Uhr morgens abholen.‹ ›Aber warum denn, Jungs?‹, sagte ich. ›Esst doch was Warmes!‹ ›Danke, Mütterchen, aber wir haben keine Zeit.‹«

Am nächsten Tag sollte Gagarin mit seinem Ausbilder Wladimir Serjogin fliegen. Sie waren schon im Begriff, zum Flugzeug aufzubrechen, da erinnerte sich der Kosmonaut plötzlich an sein Lieblingsgetränk: »Mamania, hast du frische Milch da?«, fragte er Fejna.

Sie nahm also eine Flasche Milch aus dem Kühlschrank. Fejna wollte die Milch aufwärmen, aber Gagarin lachte nur und trank ein Glas in einem Zug aus. Danach aßen die beiden Piloten ihre belegten Brote und brachen auf.

Die Kellnerin, die den Tisch deckte, erinnerte sich später daran, dass Gagarin vergessen hatte, seinen Essensgutschein fürs Mittagessen bei ihr abzuholen. Also rannte sie los, um ihm den Zettel zu geben.

»Ich habe meine Schicht mittags beendet und wollte nach Hause gehen«, berichtete Fejna Kasetskaja. »Aber am Kontrollpunkt sagten sie mir, ich solle umkehren. Dann hörte ich es zum ersten Mal: ›Gagarin und Serjogin sind verunglückt.‹ Ich sollte in der Kantine auf die Ermittler warten.«

Kurze Zeit später betraten mehrere Militärangehörige die Kantine der Kosmonauten.

»Sie fingen an, alles auf den Kopf zu stellen. Sogar der Inhalt der Mülleimer wurde in Säcke gepackt und mitgenommen«, erinnerte sich Fejna. »Dann verhörten sie uns: Was hat Gagarin gegessen, was hat er getrunken … Es war sehr schwierig für mich zu sprechen. Nicht aus Angst. Ich konnte einfach nicht glauben, dass Juri tot war. Wie konnte er tot sein? Da war ein Mann, ein guter Mann, und plötzlich ist er weg! Unsere Piloten sind oft abgestürzt. Aber doch nicht Gagarin! Wir haben alle geweint.«

Hat Mamania, der schon oft gesagt worden war, dass sie Piloten keine frische Milch geben sollte, dadurch irgendwelche Probleme bekommen? Hat der Ausschuss, der den Tod des ersten Kosmonauten untersuchte, jemals in Betracht gezogen, dass etwas so Banales wie ein Glas Milch, das in einem Zug getrunken wurde, zu seinem Tod beigetragen haben könnte? Es klingt unwahrscheinlich, aber andererseits gibt es Situationen, in denen Piloten in Sekundenbruchteilen eine Entscheidung treffen müssen, die ihr Leben beeinflussen kann. War das hier womöglich der Fall?

Man weiß es nicht. Die Akten über den Tod von Juri Gagarin mitsamt der Zeugenaussage von Fejna Kasetskaja sind geheim und werden unter Verschluss gehalten.

Fejna selbst hat in ihrem Leben nur ein einziges Interview gegeben.

11.

Je länger die Raumflüge dauerten, desto anspruchsvoller wurden die Aufgaben, die dem Personal der Birjuljowo-Versuchsanlage gestellt wurden.

»Heute, nach mehreren hundert Flügen, haben wir eine Menge Wissen angesammelt«, sagt Direktor Dobrowolski. »Außerdem haben wir seit dem Ende des Kalten Kriegs unser Wissen mit dem der Amerikaner abgeglichen. Anstatt miteinander zu rivalisieren, tauschen wir nun Erfahrungen aus. Ich will nicht unbescheiden klingen, aber im Bereich der

Weltraumnahrung bleibt Russland nach wie vor die Nummer eins in der Welt. Wenn ein Russe zur internationalen Raumstation fliegt, muss er immer ein paar Extradosen mitnehmen, weil wir mittlerweile wissen, dass die anderen ihm sein Essen mopsen werden.«

»Unsere Kosmonauten erhalten Behälter mit Lebensmitteln und darin befinden sich Rationen für sechzehn Tage«, erklärt die leitende Spezialistin Ludmilla Wassiljewna Mukjanowa. »Wobei sich weder Frühstück noch Mittag- oder Abendessen in dieser Zeit doppeln. Wir haben mittlerweile auch auf die Tuben verzichtet: Sie waren ziemlich unpraktisch. Die Konsistenz des Essens auf längeren Flügen bedeutete, dass die Astronauten von Anfang an lernen mussten zu kauen. Heutzutage bekommen sie Lebensmittel aus der Dose. Nur noch Senf und Honig gibt es in Tuben.«

»Die Nahrung, die die Astronauten erhalten, ist so gesund wie nur möglich«, betont Direktor Dobrowolski. »Wir haben Verträge mit Betrieben und Bauernhöfen abgeschlossen, die speziell für uns pestizidfreies Obst und Gemüse produzieren. Wir wollen keine Chemikalien ins All schicken, wo manchmal Kleinigkeiten über Menschenleben entscheiden können. Wir haben sehr strenge Kontrollen für die Nahrungsmittel, die hier ankommen. Aber wir kontrollieren uns auch selbst regelmäßig. Denn seit sechzig Jahren haben wir keine einzige Mikrobe oder einen Parasiten ins All geschickt. Wenn jemand da oben eine Magen-Darm-Verstimmung bekommen würde, wäre das verhängnisvoll. Sowas müssen wir bereits hier unten verhindern.«

»Neben dem Hauptcontainer erhalten die Kosmonauten auch einen zweiten, zusätzlichen Behälter«, fügt Walentina Borissowna hinzu. »In dem ersten erhalten sie Lebensmittel, die unseren Kenntnissen und Anforderungen entsprechen. Für den zweiten Behälter können sie bestellen, was sie möchten. Zum Beispiel Hüttenkäse mit

Nüssen, verschiedene Säfte oder sogar Götterspeise. Es gibt auch Schokolade oder Dickmilch.«

»Die Technologie hat sich stark weiterentwickelt«, wirft Ludmilla Wassiljewna Mukjanowa ein. »Heute erhalten die Kosmonauten Nahrung in Form von Konserven oder vakuumverpackter Trockennahrung. Es genügt, den Inhalt mit kochendem Wasser zu übergießen und schon ist das Essen fertig.«

»Seit den Sechzigerjahren ist das Verfahren dasselbe: Wir treffen uns mit jedem Kosmonauten persönlich und geben ihm verschiedene Gerichte zum Ausprobieren«, erklärt Direktor Dobrowolski. »Sie geben dann jedem eine Note, von eins bis fünf. Wir versuchen sicherzustellen, dass sie nur die Speisen erhalten, die sie am besten bewertet haben. Es kommt aber auch vor, dass ein Gast bei uns sein Essen bestellt und dann ein paar Tage später doch etwas ganz anderes möchte«, sagt der Direktor. »Es ist eine interessante Sache: Der Geschmack verändert sich im Raum. Wir können es nicht erklären, aber es ist so. Hier auf der Erde kann jemand beispielsweise Eier nicht ausstehen, im Weltraum will er aber nichts anderes essen. Und dann kehrt er auf die Erde zurück, es vergehen ein paar Tage oder Wochen und alles wird wieder wie vorher: Ja keine Eier! Warum? Das können wir nicht erklären. Noch nicht.«

»Fast alle haben im Weltraum Appetit auf Zwiebeln. Auch das können wir uns nicht erklären«, fügt Ludmilla Wassiljewna Mukjanowa hinzu. »Na ja, wenn sich die Kosmonauten gemeinsam auf engstem Raum aufhalten, ist der Verzehr von Zwiebeln nicht die beste Idee. Deswegen arbeiten wir an einer Zwiebelart, die keine Gerüche entwickelt. Die ersten Proben befinden sich schon im Orbit.«

»Das Lieblingsessen fast aller Kosmonauten ist Boeuf Stroganoff«, erzählt Direktor Dobrowolski. »Und ein bestimmter Fisch: Zander auf polnische Art. Warum diese Fischspeise so genannt wird, ist mir nicht bekannt. Aber die Kosmonauten mögen auch Erbsenpüree, Soljanka, Tomatensoße, Kaviar, Schtschi aus Sauerkraut, Hühnersuppe oder Borschtsch.

Unsere Speisekarte wurde durch zahlreiche Gerichte für Kollegen aus anderen Ländern bereichert, die mit uns mitflogen. Wir haben uns bemüht, für jeden eine landestypische Speise zu entwickeln, als kleine Überraschung. Und so haben wir nun wegen der Ungarn Gulasch, wegen der Bulgaren Moussaka (das wir hier als Fleisch-Gemüse-Auflauf bezeichnen). Nur euer Bigos, das wir für Mirosław Hermaszewski zubereitet haben, kam nicht so gut an.«

12.

Die Familie von Rumia Nurskanowa, die als Erste mit Juri Gagarin nach seiner Landung sprach, baut bis heute Kartoffeln für die Ankunft des ersten Kosmonauten an.

»Wir wissen ja, dass er nicht mehr kommen wird, aber das ist zu einer Gewohnheit geworden. Es ist uns heilig. Wir haben es Gagarin versprochen, also bauen wir weiterhin Kartoffeln für ihn an«, erzählte Rumia einem Reporter der Tass-Agentur.

Für seine Verdienste erhielt Sergei Koroljow ein Haus von der Regierung der UdSSR. Damals befand es sich am Stadtrand, heute steht es fast im Zentrum Moskaus. Darin befindet sich eine Abteilung des Raumfahrtmuseums. Hier treffe ich mich mit Larisa Filina. Nach unserem Gespräch führt sie mich durch die Villa.

»Die Kosmonauten kommen vor ihrem Abflug hierher, wie zu einem Tempel«, erzählt Larisa Filina. »Als German Titow noch lebte, kam er oft her, um zu meditieren. Er lief immer auf Socken durchs Haus. Meine

Kolleginnen sagten ihm stets, dass er nicht dazu verpflichtet sei, aber er lächelte nur.«

In der Küche sind die Originalgeräte erhalten geblieben: Herd und Spüle, sogar die Vorhänge.

»Koroljow mochte gefüllte Kohlrouladen mit Sahne, gefüllte Zucchini sowie Graupen mit frischen Zwiebeln«, sagt Larisa Filina. »Aber sein Lieblingsessen war Schwarzbrot, dünn mit Senf bestrichen, mit einer Scheibe ukrainischer Sal, also Schweinespeck. Am liebsten hätte er das die ganze Zeit gegessen.«

Sergei Koroljow starb zwei Jahre vor Gagarin an einem Herzinfarkt. Nach mehreren Jahren in Arbeitslagern war seine Gesundheit ruiniert; außerdem hatte die Arbeit unter ständigem Stress sein Herz kaputtgemacht.

Maria Kritinina, eine Köchin aus Baikonur, forderte die Kosmonauten immer wieder auf, Zwiebeln mit ins All zu nehmen. Pjotr Klimiuk aus Belarus tat dies schließlich auch, aber anstatt sie zu essen, pflanzte er sie in Wasser ein. Während des einwöchigen Aufenthalts im Weltraum wuchs die Zwiebel zu einem circa fünfzehn Zentimeter langen Schnittlauch heran, den der glückliche Klimiuk seinem Essen beifügte. Nach ihm begannen auch andere Kosmonauten, die Zwiebeln von der Kritinina in den Weltraum zu schmuggeln. Sie selbst arbeitete im Kosmodrom Baikonur vom Flug der ersten Hunde bis zur Zeit von Gorbatschow und der Perestroika. 1986 kehrte sie an den Don zurück, in ihr Heimatdorf. Sie starb 2013, wenige Tage vor dem Jahrestag von Gagarins Flug.

Ljudmila Wassiljewna Mukjanowa, eine leitende Spezialistin im Birjuljowo-Versuchswerk, geht zwar auf die Achtzig zu, würde aber gerne noch den Tag erleben, an dem sie das Menü für eine Marsmission planen darf.

»Es wird eine völlig neue Technologie entwickelt werden müssen«, erklärt sie. »Aktuell hat unsere Trockennahrung lediglich eine Haltbarkeit von einem Jahr. Und für eine Marsmission müssen Sie Produkte erfinden, die alle ihre Eigenschaften behalten, aber drei oder sogar vier Jahre lang frisch bleiben können. Es wird ein faszinierender Prozess sein. Daran möchte ich unbedingt teilhaben.«

Ein seltenes Rezept für Kohlsuppe aus Baikonur notierte Olga Golano, eine Journalistin der *Komsomolskaja Prawda*, die Maria Kritinina 2013 besuchte:

- 300-400 g Schweinefleisch und Kalbfleisch
- 3-4 Kartoffeln
- 300-400 g Weißkraut
- 2 Karotten
- 2 Paprikaschoten
- 2 Zwiebeln
- 2 Esslöffel Tomatenmark
- 2 Blätter Lorbeer
- Etwas Butter
- 1 Teelöffel Zucker

Gewürze: Knoblauch, Dill, Petersilie, schwarzer Pfeffer, Salz

Die Butter in einer Pfanne schmelzen. Das Fleisch, die Kartoffeln, eine Zwiebel, die Karotte, den Kohl, das Lorbeerblatt und eine Paprika in einem Topf kochen. Köcheln lassen, bis die Brühe trüb wird.

In der Zwischenzeit die zweite Zwiebel, die andere Karotte, die zweite Paprika und das Lorbeerblatt mit dem Tomatenmark in einer Pfanne anbraten. Dazu einen Teelöffel Zucker geben.

Das gebratene Gemüse in den Topf tun; dann den Dill und die Petersilie hineingeben. Aufkochen lassen und Flamme ausstellen. Den Deckel erst auflegen, wenn die Suppe abgekühlt ist, denn die Wassertropfen, die sich am Deckel bilden, verderben den Geschmack des Gerichts.

DURCH DIE KÜCHENTÜR

Noch zu Gagarins Lebzeiten kam es im Kreml zu einer Palastrevolte: Die Genossen entmachteten Nikita Chruschtschow und schickten ihn in den Ruhestand. An seine Stelle trat der jüngere, joviale und dem Alkohol ausgesprochen zugetane Leonid Breschnew.

Um den Tod des ersten Kosmonauten ranken sich indes viele Legenden. Nach einer von ihnen verärgerte Gagarin eines Tages Breschnew, und dieser soll es gewesen sein, der befahl, ihn zu töten. Eine der irrwitzigeren Hypothesen behauptet, dass Gagarin in Wirklichkeit niemals im Weltraum gewesen sei. Und dass er sterben musste, damit die Wahrheit nicht herauskäme.

Die logischeren Theorien sprechen von einem Kampfflugzeug, das entgegen der Vorschriften bei schlechter Sicht ohne Kontakt zum Tower auf eine niedrige Flughöhe herabgestiegen wäre und nur sehr knapp an dem Flugzeug von Gagarin vorbeiflog, sodass dieses von seiner Flugbahn abgekommen sei. Hinzu kämen mehrere ungünstige Umstände: die Verletzung zahlreicher Verfahren, das Fehlen eines guten Kontakts mit dem Flugsicherungsturm, schlechtes Wetter und ein nicht funktionierendes Radar.

Im Jahr 2011 beendete die russische Raumfahrtbehörde Roskosmos offiziell ihre Ermittlungen und schob Gagarin die Schuld zu. Es soll sich um Fehlverhalten bei einem einfachen Manöver gehandelt haben. Aber viele Russen glauben, dass die wahren Umstände des Todes des ersten Kosmonauten nicht angemessen aufgeklärt worden seien.

Welche Umstände? In erster Linie die Tatsache, dass die Ermittlungen erstaunlich rasch abgeschlossen wurden und dass das Flugzeug, mit dem Gagarin und sein Fluglehrer geflogen sind, in Stücke geschnitten und in Fässern vergraben wurde. Als ob man das Wrack so sehr zerstören wollte, dass niemand die wahre Ursache der Katastrophe herausfinden könnte.

Da, wo das Flugzeug auf der Erde aufgeschlagen war, stellte man fest, dass Gagarins Hände noch immer den Steuerknüppel umklammert hielten. Neben den sterblichen Überresten der beiden Piloten wurden in dem Wrack außerdem persönliche Gegenstände gefunden: Gagarins Brieftasche mit seinem Führerschein und einem Foto von Sergei Koroljow. In seiner Jackentasche fand sich noch der Essensgutschein, den er vor dem Abflug von der Kellnerin der Kosmonautenkantine bekommen hatte.

Unter Breschnew erreichte das Niveau der Kremlküche ihren Höhepunkt. Nie wieder wurde im Kreml danach so reich und so üppig gespeist. Die Gelage erinnerten an jene aus der Zarenzeit.

Ein wenig ironisch mutet hierbei an, dass Leonid Breschnew das Essen, das bei diesen Festlichkeiten aufgetischt wurde, nicht besonders mochte. Warum?

Am besten lassen wir seinen Koch zu Wort kommen.

Juri Gagarin und Boris Wolinow bei einem Picknick

MENÜ X

Wiktor Beljajew – Koch des Kreml

Das erste Mal sah ich Leonid Iljitsch Breschnew, als ich als junger Koch im Kreml bei einer Feier zum dreißigsten Jahrestag des Sieges über den Faschismus aushelfen sollte. Ich schaute ihn an und dachte, ich würde fernsehen. Ich konnte nicht fassen, dass wirklich ich, Wiktor, ein einfacher Junge aus Ismailowo, für den Staatschef und seine Gäste kochen sollte.

Nach Breschnew kamen Gorbatschow, Jelzin, Putin. Ich habe für sie alle gekocht. Sollte man mich mitten in der Nacht aufwecken, könnte ich sofort sagen, was sie am liebsten essen. Als Richard Nixon Michail Gorbatschow besuchte, ließ er alle meine Gerichte abfotografieren und kam jeden Abend in die Küche, um mich zu begrüßen. Margaret Thatcher bestellte unvorstellbare Mengen von meinen Pfannkuchen. Und euer Edward Gierek hat mir immer polnische Wurst mitgebracht, weil es im ganzen Ostblock keine so gute Wurst gab.

Wo soll ich anfangen, Witold? Ich denke, ich werde ganz am Anfang beginnen. Bei dem kleinen Jungen aus Ismailowo, der ich einst war. Und der nichts weiter besaß als große Träume.

1.

Ismailowo ist heute ein Stadtteil von Moskau, fast im Zentrum. Aber als ich ein Kind war, lag es noch am Stadtrand und war – und ist es heute nach wie vor – dafür bekannt, dass Zar Peter I. dort seine Kindheit verbracht hatte. Ihm sind dort wunderschöne orthodoxe Kirchen, Klöster und Denkmäler gewidmet. Da ist das Flüsschen, in dem er schwamm, und Straßen, über die er lief. Wenn man an einem solchen Ort aufwächst, saugt man die Geschichte auf wie ein Schwamm. Und ich, als kleiner Junge, wollte in meinem Leben etwas tun, das mit Geschichte zu tun hat.

Ich beschloss, eine Fachschule für Archivwesen zu besuchen. Es gab eine ganz in meiner Nähe, ebenfalls in Ismailowo. Ich stellte mir vor, dass ich alte Dokumente studieren, Bücher lesen und andere interessante Dinge tun würde.

Du musst wissen, Witold, dass ich ohne Vater aufgewachsen bin, nur mit meiner Mutter, meiner Großmutter und meinem Großvater. Als ich vier Jahre alt war, wurde mein Vater inhaftiert: Er soll jemanden bestohlen, jemanden verprügelt haben. Ich weiß nicht, was wirklich passiert war, ich habe mich nie damit befasst, aber meine Mutter wollte ihn danach nicht mehr kennen, also kannte ich ihn auch nicht mehr.

Die wichtigste Person im Haus war mein Großvater. Groß, mit Haaren so schwarz wie Krähenfedern. Ein Kriegsveteran: Er hatte sich damals zwei Jahre älter gemacht, sonst hätten sie ihn nicht in die Armee aufgenommen; und er kam auf einem Bein nach Berlin – das andere hatte er in der Schlacht von Smolensk verloren.

Selbst für Kriegszeiten, in denen es viele Helden gab, war mein Großvater ein außergewöhnlicher Mann. Ein Militärarzt, übrigens ein Pole, fertigte ihm eine Beinprothese aus einem Stück Baum an. Die Militärs wollten Großvater zurück nach Moskau schicken, denn wie sollte ein lahmer Mann mit der Armee mithalten? Aber er bestand darauf zu bleiben, sagte, dass er nicht zurück nach Moskau gehen würde. Und er lernte, auf diesem Bein so effizient zu laufen, dass niemandem auffiel, dass er ein künstliches Bein hatte. Als er zurückkehrte, hatte er eine ganze Schachtel voller Orden und Medaillen, darunter den Alexander-Newski-Orden und drei weitere, für seine Verdienste im Vaterländischen Krieg. Er hätte sich den ganzen Rücken mit diesen Medaillen behängen können, so viele waren es!

Mein Großvater, der ein sehr praktischer Mensch war, fragte mich eines Tages:

»Wiktor, auf welche Schule möchtest du denn gehen?«

»Auf die Fachschule, Opa«, erwiderte ich. »Um Archivar zu werden.«

»Und was willst du nach dieser Schule machen, Söhnchen?«, wollte er wissen.

»Nun«, antwortete ich, »ich werde in den Archiven sitzen und verschiedene alte Dokumente durch ein Vergrößerungsglas lesen.«

Mein Großvater sah mich an, schüttelte den Kopf und sagte: »Das ist kein seriöser Beruf. Und ein Mann sollte einen ordentlichen Beruf haben, um seine Familie zu ernähren!«

Und das war das Ende des Gesprächs. Zumindest für diesen Moment. Großvater hatte die Angewohnheit, sich einmal in der Woche alle seine Medaillen ans Revers zu hängen und in die örtliche Bar zu gehen, um ein oder zwei Bier zu trinken. Zufälligerweise kam es so, dass nicht lange nach unserem Gespräch über meinen weiteren Werdegang eine neue Bar eröffnet wurde, nicht weit von unserem Haus entfernt. Opa ging dorthin, trank seine zwei Bier, kam heraus und erblickte genau ihm gegenüber ein Schild: Kochschule. Tage der offenen Tür.

Oh, dachte sich mein Großvater, wie interessant. Er ging über die Straße, zufällig kam eine meiner zukünftigen Lehrerinnen, Walentina Petrowna Minajewa, gerade vorbei. Sie sah meinen Großvater an, seine Medaillen, und fragte: »Na, mein Herr? Wollen Sie in Ihrem Alter noch mal zur Schule gehen?«

»Nicht ich selbst. Mein Enkel«, erwiderte mein Großvater.

Sie war so begeistert, dass sie meinem Großvater gleich eine Führung durchs Gebäude gab, ihm die verschiedenen Ecken und Winkel, einfach alles in dieser Kochschule zeigte.

Großvater verließ die Schule und ging in den nächsten Laden. Er kaufte zwei Tschekuschkas, also Viertelliterflaschen Wodka. Er kam nach Hause, stellte die Flaschen auf den Tisch, öffnete eine und trank einen

Schluck. Und er sagte: »Wiktor, ich war gerade in der Kochschule. Zwei Jahre Studium, immer eine Woche Theorie und eine Woche Praxis. Danach wirst du Chefkoch. Und dein ganzes Leben wirst du satt sein und die Nase im Schnupftabak haben«, sagte er. »Das ist ein russisches Sprichwort, es bedeutet, dass man wohlhabend ist und ein gutes Leben hat.«

Meine Mutter fing an zu weinen: »Aber ich will nicht, dass er in die Küche geht! Sie werden ihm das Stehlen beibringen, er wird im Gefängnis landen!«

Und Großvater antwortete wieder mit einem Sprichwort: »Ein wenig von den Großen zu pflücken ist kein Diebstahl. Das ist gerechte Verteilung.«

Er zwinkerte mir zu.

Dieses Sprichwort hat mir sehr gut gefallen. Ob mir die Idee meines Großvaters gefiel, da bin ich mir nicht sicher. Aber es war schwierig, mit ihm zu diskutieren, also nahm ich meine Unterlagen von der Fachschule und wechselte zur Kochschule.

Die Schule war großartig, sie hatte ein sehr hohes Niveau. Ich wende das, was ich dort gelernt habe, noch heute an. Sie haben uns alles beigebracht: das Zerlegen von Schlachttieren, das Zerlegen von Geflügel und sogar das Zerlegen von Wild. Dazu ein wenig Buchhaltung und Lebensmitteltechnologie. Viel Wissen, tolle Lehrer. Und tatsächlich hatten wir, wie Großvater sagte, eine Woche Unterricht in der Schule und von Anfang an eine Woche Praxis in Restaurants.

Obwohl ich nach dem ersten Monat am Boden zerstört war. Ich wollte sogar aufgeben. Die Praxis war echt zu hart. Sie schickten mich und einen Kollegen in das Restaurant Tscherjomuschki, wo wir in den ersten zwei Wochen nichts anderes taten, als gekochte Eier zu putzen. Wozu? Damit sie schön aussehen. Ich glaube, sie wussten nicht, was sie mit uns machen sollten, also gaben sie jedem tausend Eier zum Schrubben.

Nach diesen zwei Wochen haben mein Kollege und ich endlich allen Mut zusammengenommen, sind zum Chef gegangen und haben gesagt: »Es geht um Folgendes: Wir sollten hier lernen, wie man kocht, und nicht, wie man Eier putzt …«

Daraufhin hat der Chef uns befohlen, das Geschirr und die Töpfe abzuwaschen. Die Pfannen waren komplett mit Fett verschmiert. Und die Töpfe: große Kessel, für mehrere hundert Liter. Es war eine grässliche Arbeit.

Also haben wir uns in der Schule beschwert. Und unsere Lehrerin, Walentina Petrowna, kam im Restaurant vorbei, um zu sehen, wie es dort wirklich zuging. Als sie uns hinter diesen Pfannen, Töpfen und Eiern sah – denn niemand hatte uns vom Eierputzen befreit –, ging sie zum Direktor des Restaurants und riss ihm fast den Kopf ab. Sie drohte, dass die Schule die Zusammenarbeit beenden würde, wenn sie uns nicht das Handwerk ordentlich beibringen würden.

Also versetzte uns der Direktor in die Salatabteilung.

Es war mein erster ernsthafter Kontakt mit dem Kochen, aber ich kann nicht behaupten, dass ich von Anfang an eine große Liebe zu meinem Beruf verspürt hätte. Salate zuzubereiten war auf jeden Fall besser als Eier und Kessel zu putzen. Aber das Schneiden von Grünzeug, Gurken und Tomaten war auch keine Tätigkeit, die ich mein ganzes Leben lang ausüben wollte.

2.

Nach einem Jahr in der Schule schickten sie uns zum Üben in wirklich gute Lokale. Damals war die kulinarische Landkarte Moskaus noch nicht so kompliziert wie heute. Es gab fünf bekannte Restaurants: *Metropol, Ukraina, Moskwa, Praga* und *Nazional*. Das war's.

Ich bin im Restaurant *Praga* gelandet.

Es war ein schickes Restaurant mit weißen Tischtüchern, eleganten Kellnern und hervorragendem Essen im Zentrum von Moskau, in der berühmten Arbat-Straße. Selbst die Kellner waren legendär. Ihr Chef war ein Mann namens Grigorjew, der lediglich drei, maximal vier Tische pro Abend bediente. Die Leute standen Schlange, reservierten sogar mehrere Monate im Voraus, nur um von ihm bedient zu werden. Er war ein schöner Mann, elegant, gediegen. Er wusste, wie man seine Gäste perfekt beriet. Außerdem sorgte er dafür, dass die Küche höchsten Ansprüchen genügte. Er kontrollierte die Köche selbst: ob sie mit Butter braten, ob das Gewicht der Zutaten angemessen ist und so weiter.

Ich habe mich mit dem Personal sehr gut verstanden. Und da ich die Schule mit Auszeichnung abschloss, bot mir der Chef des *Praga* eine Stelle an. Ich habe bereitwillig zugestimmt, auch wenn ich mir noch nicht ganz sicher war, ob ich wirklich Koch werden wollte.

Was ich ebenfalls noch nicht wusste, war, dass die Kellner und Köche dieser fünf wichtigsten Moskauer Restaurants immer wieder für große Festlichkeiten in den Kreml bestellt wurden. Aber das sollte ich bald herausfinden. Kaum hatte ich meine Arbeit aufgenommen, rückte ein großes Ereignis näher: dreißig Jahre Sieg über den Faschismus. Aus diesem Anlass sollte es im Kreml wie immer ein Fest geben, und mein Chef sagte, dass er mich in die Gruppe der Köche aufnehmen würde, die dieses Fest ausrichten sollten.

Mir wurden die Knie weich, Witold. Ich? Wo? Im Kreml? Ich kann doch nichts! Doch der Chef lächelte nur: »Entspann dich, Wiktor«, sagte er. »Du wirst es schon lernen. Irgendwo muss man ja anfangen.«

Ich war damals noch ein Junge. Ich möchte dich daran erinnern, dass ich noch ein Jahr zuvor Eier in einem Restaurant am Stadtrand von Moskau gewaschen habe. Und plötzlich sollte ich im Kreml arbeiten! Aber na ja, es half ja alles nichts, der Chef hatte es angeordnet, da gab es nichts zu diskutieren. Sie haben mich hübsch angezogen, weiße, gestärkte Kleidung, Kochmütze auf den Kopf, und los ging's.

Das Fest war riesig. Was wir gekocht haben, willst du wissen? Ich weiß es nicht mehr, aber damals habe ich nur den älteren Köchen geholfen, vor allem beim Schnippeln oder Putzen, vielleicht auch beim Umrühren. Und als die Kellner nicht mehr hinterherkamen, das Essen aufzutragen, haben sie mich abkommandiert, ihnen zu helfen.

Doch plötzlich stürmten Sicherheitsbeamte in die Küche.

»Alle hierbleiben, keiner darf mehr raus!«, brüllten sie. Wir schauten durch das Türfenster, und da liefen Breschnew, Kossygin, der damalige Premierminister, und alle Mitglieder des Politbüros an der Küche vorbei.

Ich konnte es in meinem Kopf nicht zusammenbringen: Sehe ich gerade fern oder sehe ich das wirklich? Ich schaute die anderen Köche an, um herauszufinden, ob sie das auch sahen. Und es stellte sich heraus, dass keiner von ihnen auch nur kurz zu den Politikern herüberblickte. Für sie war es ein Arbeitstag wie jeder andere. Sie hatten die Mitglieder unseres Politbüros schon mehr als einmal in echt gesehen und wussten, dass sie sie noch öfter sehen würden.

3.

Kreml hin oder her – ich beendete die Schule und die Armee verlangte nach mir. Ich landete bei den Grenztruppen, die unsere nördliche Grenze schützten: von Narjan-Mar, einer Stadt im Autonomen Kreis der

Nenzen, bis nach Mys Schmidta, einem kleinen Dorf in der Tschukotka-Region, von wo aus man – wenn man genau hinsieht – Alaska sehen kann und wo der Arktische Ozean beginnt.

Unsere Truppen unterstanden nicht dem Verteidigungsminister, sondern dem KGB, und über diesen dem Ministerrat der UdSSR. Was war der Unterschied? Aus meiner Sicht vor allem das Essen. Ein einfacher sowjetischer Soldat erhielt zweihundert Gramm Butter pro Tag, ein Grenzschützer hingegen fünfhundert. Das war auch bei allen anderen Rationen so. Wir wohnten zudem in besseren Kasernen und trugen bessere Uniformen. Die sowjetischen Behörden kümmerten sich gut um uns, schließlich schützten wir die Grenzen unseres Landes.

Ich flog nach Workuta, wo ich meinen Dienst in der Sondereinheit des Arktischen Grenzkommandos antreten sollte. Und dort hat man, wie in der Armee auch, zunächst eine Ausbildung mit Unteroffizieren zu absolvieren. Der Unteroffizier, der mich ausbildete, erfuhr von meiner Episode im Kreml und schickte mich zum Kommandanten.

Ich ging also hin und fragte mich, worum es gehen könnte. Werden sie mich anschreien? Oder sogar schlagen? Aber der Kommandant sagte, dass es eine Schande wäre, meine Kochkünste nicht zu nutzen. Und dann fügte er hinzu, dass unsere Verpflegung zwar gut, aber unsere Köche nicht besonders begabt seien. Es seien Menschen aus allen Republiken, meinte er, und meist hätten sie keine Ahnung vom Kochen. Und er sagte noch, dass er bereit sei, mir ein Flugzeug zur Verfügung zu stellen, mit dem ich ein Jahr lang alle unsere Grenzposten bereisen und den Leuten beibringen könne, wie man gut kocht.

»Klar«, sagte ich, »sagen Sie nur wann, was, wo und wie, und los geht's!«

Also machte ich mich auf den Weg. Ich bin mit meinen Kochkursen an Orte gekommen, die ich normalerweise nie im Leben betreten hätte, unter keinen Umständen. Dort gibt es keine Straßen und keine Eisenbahn, man kann nur mit dem Hubschrauber dorthin. Wenn ich für jeden Eisbären, den ich gesehen habe, einen Rubel bekommen hätte, wäre ich heute ein reicher Mann. Außerdem gibt es dort viele Robben. Und die Natur ist wirklich atemberaubend. Das liegt daran, dass sie im hohen Norden nur genau vierundzwanzig Tage Zeit hat, um etwas zu gebären. Es ist das ganze Jahr über sehr rau, aber diese Tage im Frühling, Witold, die sind der Wahnsinn. Wenn man in diesen Tagen einen Schaufelstiel in die Erde steckt, wächst sogar daraus etwas.

Es gibt überall Heidelbeeren, sie sehen aus wie ein großer lila Teppich; dazu Himbeeren und Pilze. Bis ich kam, gab es an all diesen Orten frisches Obst nur während jener vierundzwanzig Tage, an denen es gedieh.

Also habe ich allen Köchen, die ich ausgebildet habe, gesagt, dass sie so viele dieser Heidelbeeren und Himbeeren wie möglich einfrieren sollten, damit sie das ganze Jahr über frisches Kompott hatten. Und an jedem Posten habe ich sie angewiesen, ein Gewächshaus zu errichten, um die Vegetationsphase zumindest ein wenig zu verlängern. Ich weiß nicht, ob sie es alle umgesetzt haben, aber in Workuta, in der Zentrale, auf jeden Fall. Soweit ich weiß, gibt es dort noch heute ein Gewächshaus.

Ich habe auch die Kapitäne der Schiffe, die aus dem Ausland zu uns kamen, gebeten, Saatgut mitzubringen. So hatten wir köstliche Paprika aus dem Mittelmeerraum, Tomaten aus Holland, Gurken aus Schottland. In unseren Gewächshäusern wuchs alles, natürlich nicht das ganze Jahr über, weil es im Norden zu kalt ist, aber aus den vierundzwanzig Tagen wurden plötzlich drei, manchmal sogar vier Monate mit frischem Gemüse, und das ist eine große Veränderung.

Ich habe den Köchen auch beigebracht, wie man einen Hirsch ausnimmt – da sehen Sie, wie gut meine Ausbildung war, sie haben mir selbst solche Dinge beigebracht. Wir haben sogar Rentiere gegessen. Der größte Reichtum dieser Regionen ist jedoch der Fisch. Störe, Äschen, Felchen, Muränen, Muksuns. Da oben im Norden gibt es so viele davon, dass man es sich kaum vorstellen kann. Ich habe in meinem Leben noch nie besseren Fisch gegessen. Das Fleisch eines Muksuns ist so lecker, dass man es ohne es zu kochen auf den Tisch stellen und mit einem Löffel essen kann.

Zweiundzwanzig Außenposten habe ich in einem Jahr besucht. Manchmal befolgten die Leute meinen Rat, manchmal nicht. Du weißt ja, wie sie in der Armee mit dem Essen umgehen. Aber es war eines der tollsten Abenteuer meines Lebens. Dort habe ich zum ersten Mal wirklich gespürt, dass ich Koch werden will, dass dies mein Weg war und dass er mir gefiel. Und ich spürte das in ganz alltäglichen Situationen: wenn wir Gewächshäuser bauten, wenn wir Beeren einfroren.

Doch früher oder später forderte der harte nördliche Winter seinen Tribut. Wir hatten Säcke voller Möhren, Rüben und Kartoffeln, aber sie waren erfroren und schmeckten furchtbar. Die Köche vor mir haben einfach heißes Wasser drübergegossen und es den Soldaten serviert. Schließlich isst ein Soldat alles.

Aber ich wollte es nicht so machen, das ging doch nicht! Ich nahm diese eingefrorenen Kartoffeln, taute sie auf, schälte sie, schnitt sie in Scheiben und legte sie über Nacht in Milch ein. Am nächsten Tag habe ich sie mit Butter belegt und in den Duchowka-Ofen geschoben, um sie schön kross zu backen. Als die Kartoffeln fertig gebacken waren, schlug ich ein paar Eier darauf und servierte sie meinen Kollegen.

Alle fragten mich, woher ich die frischen Kartoffeln hätte – schließlich war kein Versorgungsschiff gekommen.

»Sie sind nicht frisch«, antwortete ich, »ich hab sie für euch nur mal ordentlich zubereitet.«

Meine Kollegen schauten mich erst ungläubig, dann anerkennend an. Damals hatte ich zum ersten Mal das Gefühl, dass ich ein richtiger Koch sein könnte.

4.

Als ich aus der Armee zurückkam, wurde ich im Restaurant *Praga* mit offenen Armen empfangen. Aber es war überraschenderweise allen klar, dass ich nicht lange bleiben und dass ich im Kreml arbeiten würde. Allen außer mir, denn ich hatte noch immer nicht die beste Meinung von mir als Koch.

Und so ist es dann auch wirklich gekommen. Es stellte sich heraus, dass der Onkel einer meiner Lehrerinnen, Alexander Fjodorowitsch, im Kreml Direktor der Lebensmittelabteilung geworden war – ich konnte mir damals nicht einmal vorstellen, dass ich ihn jemals in dieser Position ersetzen würde. Er fragte sie, ob sie begabte Absolventen hätte, und sie erzählte ihm von mir – es sei selten, sagte sie, dass jemand seine Ausbildung mit lauter Einsen abschließe, bei mir sei das aber der Fall gewesen. Also lud mich Alexander Fjodorowitsch zu einem Bewerbungsgespräch ein.

»Hast du eine Ehefrau, Junge?«, fragte er mich.

»Nein«, erwiderte ich. »Aber ich habe eine Freundin.«

»Wenn du hier arbeitest, wirst du in zwei Jahren eine schöne Wohnung zugeteilt bekommen. Und wenn du dann heiraten willst, habt ihr gleich eine Wohnung für die Familie.«

Damals betrug die Wartezeit auf eine Wohnung wesentlich länger als zwei Jahre, sodass dies ein überzeugendes Argument war. Also überlegte ich nicht lange und bewarb mich als Koch im Kreml.

Aber ich musste zwei Monate warten, bis die Dienststellen mich richtig überprüft hatten, bevor ich meine Arbeit aufnehmen konnte. Ich musste einen Fragebogen ausfüllen und dann haben sie untersucht, ob ich gelogen habe. Ich hatte nur ein Problem: Was sollte ich über meinen Vater schreiben, der im Gefängnis saß? Aber jemand sagte mir, ich solle schreiben, dass ich ihn nicht kenne und keinen Kontakt zu ihm habe. Außerdem musste ich mitteilen, ob jemand in meiner Familie während der Stalin-Zeit unterdrückt worden war, ob jemand während des Vaterländischen Kriegs in deutscher Kriegsgefangenschaft gewesen war und ob jemand von meinen Verwandten im Ausland lebte.

Glücklicherweise war das alles bei mir kein Thema.

Ich nutzte die Gelegenheit, meine Mutter und meinen Großvater über unsere Familie auszufragen und es stellte sich heraus, dass meine Vorfahren mütterlicherseits sehr wohlhabend gewesen waren. Sie handelten im großen Stil mit Lebensmitteln und hatten sogar ihre eigenen Lastkähne. In Skopin steht bis heute das Haus meines Urgroßvaters, jetzt befindet sich ein Heimatmuseum darin. Das alles hat mich sehr interessiert, ich habe dir ja schon gesagt, dass ich Geschichte liebte und immer noch liebe.

Aber die wahre Elite war die Familie meines Vaters, die ich ja gar nicht kannte. Sie stammten offenbar direkt von Alexander Danilowitsch Menschikow ab, der rechten Hand von Zar Peter I.

Zum Glück hat man im Kreml entweder nicht so genau hingeschaut oder es war ihnen egal. Auf jeden Fall bekam ich den Job.

Als ich dorthin kam, war ich noch ein halbes Kind. Und die Küche des Kreml war ein Ort, an dem immer außergewöhnliche Menschen gearbeitet hatten. Zu der Zeit, als ich dort anfing, gab es noch Leute, die während des Vaterländischen Kriegs gekocht hatten, Leute, die sich an Stalin und Chruschtschow erinnerten, die in dieser Küche wirklich viel erlebt und gesehen hatten.

Aber keine Geschichte ist mit der von Timofejewitsch zu vergleichen. Ich habe ihn nur ein einziges Mal in meinem Leben gesehen, aber ich werde mich immer an sein Gesicht und seine leicht gebeugte Gestalt erinnern. Timofejewitsch war eine Legende, denn er wurde im Kreml geboren. Ja, du hast richtig gehört: Er war ein Koch, der im Kreml geboren wurde, zur Zarenzeit. Hinter den Mauern des Kreml, wo heute der Kongresspalast steht, befand sich zu Zeiten des Zaren ein großer Kirchenkomplex. Timofejewitschs Vater war Diakon in einer dieser orthodoxen Kirchen und seine Mutter wusch in einer der Kremlküchen das Geschirr. Damals wohnten die Bediensteten direkt neben dem Kreml, also wurde er dort auch geboren. Als Kind kam er öfter in die Küche, um seiner Mutter bei der Arbeit zu helfen, und die Köche brachten ihm das Kochen bei. Und irgendwann blieb er einfach dort. Er hat die Revolution überstanden, er hat den Krieg überlebt, er hat die ganze Zeit gekocht. Erst in den 1940er Jahren zog er aus dem Kreml aus, weil es damals nicht mehr möglich war, auf dem Gelände zu wohnen. Aber die Verwaltung gab ihm eine Wohnung gleich nebenan. Er ging zu Fuß nach Hause.

Mein guter Freund Schenja Grischin hat mit ihm mal Flusskrebse für ein Bankett für russische Filmemacher gekocht. Es war ein wichtiges Ereignis, es sollten fünfhundert Gäste kommen, also brauchte man auch mehrere Tausend von diesen Krebsen. Sie kochten bis spät in der Nacht und irgendwann schaute Timofejewitsch auf die Uhr und sagte zu meinem Kollegen: »Schenja, geh jetzt nach Hause, sonst verpasst du die letzte Metro. Ich mach diese Krebse schon alleine fertig.«

Also machte Schenja Feierabend. Und Timofejewitsch kochte die Krebse zu Ende, schaltete den Herd aus und … starb. Am nächsten Morgen fanden sie ihn neben dem Herd. Wie es sich für einen richtigen Koch gehört, hatte er zuerst seine Arbeit beendet.

Er war ein Mann, der im Kreml geboren wurde und im Kreml gestorben ist. Es ist schade, dass niemand seine Lebensgeschichte aufgeschrieben hat, aber so ist es nun mal. Köche werden schnell vergessen.

5.

Ganz zu Beginn arbeitete ich in der sogenannten Sonderküche. Wir betreuten die Feierlichkeiten des Kreml. Wir kochten Unmengen von Essen für sehr viele Leute, denn manchmal hatten wir bis zu tausend Gäste. Wenn ich mit meiner Arbeit fertig war, half ich meinen Kollegen. Das schätzten sie sehr und ich habe bei ihnen viel gelernt.

Ich kann nicht sagen, dass ich zu dieser Zeit einen Meister gehabt hätte. Mal schaute ich mir bei einem Koch was ab, mal bei einem anderen. So lernte ich immer mehr interessante Rezepte kennen. In der Konditoreiabteilung haben wir zum Beispiel oft süße Piroggen hergestellt. Das war einer der Höhepunkte der Kremlküche – unzählige winzige handgemachte Teigtäschchen. Die Gäste waren tief beeindruckt, denn man muss kein kulinarischer Experte sein, um zu erkennen, wie schwierig es ist, sie zuzubereiten; und es gab Unmengen davon auf den Partys.

Wir haben auch Rastiegaje gebacken, das ist eine Art Teigtasche aus Salzteig mit Fischfüllung. Zum Schluss verzierten wir sie mit kleinen Zöpfen aus Teig. Das sah sehr hübsch aus, aber es machte so viel Mühe und brauchte so viel Präzision, das kann man sich kaum vorstellen. Ich habe diese Zöpfe drei Jahre lang nicht hinbekommen, bis es endlich klick machte und ich begriff, wie es ging.

Ich habe damals auch verschiedene Kochtricks gelernt. Zum Beispiel wie man den besten Borschtsch macht. Er wird immer am Tag vor dem Fest gekocht, weil er so lange haltbar ist und nicht verdirbt. Es gibt dabei nur ein Problem: Der Borschtsch verliert nach einem Tag seine rosarote Farbe. Deshalb haben wir ein spezielles Färbemittel hergestellt: Man raspelt Rote Bete, gießt Wasser auf, fügt Zitronensaft hinzu und kocht das alles. Wenn man das zum Borschtsch hinzugibt, kommt sofort die Farbe zurück.

Besonders spannend war es, wenn die Anführer irgendwelcher wichtigen Länder kamen. Euer Erster Sekretär Edward Gierek mochte mich übrigens sehr. Er brachte mir jedes Mal Geschenke mit, und zwar solche, die speziell für mich bestimmt waren, und nicht das, was man ihm in Warschau mitgegeben hat. Einmal schenkte er mir ein Hemd, handgenäht irgendwo in der Nähe von Krakau und genau in meiner Größe. Ich wollte mich revanchieren und lernte extra für ihn, wie man Bigos macht. Aber er sagte zu mir: »Wiktor Borisewitsch, in Warschau esse ich jeden Tag polnisch. Bei Ihnen möchte ich gerne russisches Essen probieren.«

Wir hatten so eine Abmachung, dass mich sein Leibwächter aufsuchte, wenn er zu Besuch kam, und Bescheid sagte: »Der Chef hätte gerne Schweinekoteletts de Volaille.« Oder Herr Gierek wünschte sich Stör nach Klosterart. Oder Tabaka-Hühnchen auf georgische Art. Und ich bereitete dann schnell genau das zu, was er sich wünschte.

Ich kann mich noch erinnern, dass Edward Gierek Wiener Würstchen sehr gerne mochte. Er aß immer vier oder fünf davon zum Frühstück. In den Fleischverarbeitungswerken in Mikojanow, den größten der UdSSR, gab es eine spezielle Produktlinie luxuriöser Würstchen, die extra für den Kreml hergestellt wurden. Sie waren wirklich sehr lecker und wir servierten sie gerne mit jungen Erbsen.

Wenn ein Besuch Edward Giereks bevorstand, meldete es mir mein Chef schon mehrere Tage vorher: »Dein Pole kommt wieder zu Besuch!«

Bei uns herrschte der Grundsatz, dass, wenn einer der ausländischen Gäste deine Küche mochte, du ihm fest zugeteilt wurdest. Und so arbeitete ich oft für euer Staatsoberhaupt.

Das Einzige, was die Polen mitbrachten, waren Würste. Ich weiß nicht, wie ihr das macht, aber ich habe in meinem Leben nie so gute Wurst wie in Polen gegessen. Das habe ich mal Gierek erzählt und seitdem brachte die polnische Delegation immer Würste mit, nicht nur für mich, sondern auch für diese offiziellen Treffen.

Daher habe ich nur gute Erinnerungen an Gierek. Seinen Nachfolger, Wojciech Jaruzelski, kannte ich wiederum überhaupt nicht, denn für ihn war ein anderer Koch zuständig.

6.

Da ich bei der Arbeit recht beliebt war und einen guten Ruf hatte, bekam ich nach einem oder zwei Jahren das Angebot, als sogenannter Litschnik zu arbeiten. Was das ist, fragst du? Es heißt auf Russisch »Litschnij powar«, das bedeutet persönlicher Koch der wichtigsten Person des Landes. Die Aufteilung im Kreml und in vielen anderen Küchen der Welt sieht so aus, dass die Präsidentenküche das Menü festlegt und für alle Gäste der Feierlichkeit kocht. Aber für den Führer des Landes und die wichtigsten Leute kocht eine zweite Küche, und dort dann die Litschniki, also die Leibköche. Das sind die vertrauenswürdigsten Personen in Russland – direkt beim KGB angestellt und auf jede erdenkliche Weise überprüft. Selbst Kremlmitarbeitern ist der Zutritt zu dieser Küche untersagt, denn die Ernährung des Staatsoberhaupts gehört zu den am strengsten gehüteten Geheimnissen in der Politik. Niemand darf das System kennen, geschweige denn wissen, wer die Litschniks sind. Das sind Fragen der Staatssicherheit.

Ein Litschnik zu sein, ist eine große Ehre für einen Koch. Es bedeutet, dass du ein wirklich hervorragender Koch bist und dass man dir vertraut. Aber zum Glück hatte ich, obwohl ich noch ein Grünschnabel war, genug Verstand, um mich von dieser Tätigkeit so weit wie möglich fernzuhalten. Warum? Zum einen würden wir uns heute nicht darüber unterhalten können. Für den Rest seines Lebens bleibt alles, was man als Leibkoch getan und erlebt hat, geheim und man darf auf keinen Fall darüber sprechen.

Zweitens darf man das Land für den Rest seines Lebens nicht mehr verlassen. Drittens und letztens hat der Litschnik nur so lange etwas zu melden, wie sein Auftraggeber an der Macht ist. Danach kann er nicht mehr im Kreml arbeiten, er wird woandershin versetzt. Und warum? Ich weiß es nicht. Jemand dachte wohl, dass das aus Sicherheitsgründen besser wäre. Ich kannte alle Litschniks damals, ich traf auch Leute, die für die ehemaligen Ersten Sekretäre gekocht hatten; einer von ihnen wurde sogar mein Mentor und Freund.

Aber erlaube mir, Witold, dies alles wie ein Historiker zu betrachten, nämlich chronologisch.

Ich wurde also kein Litschnik, aber ich arbeitete oft für Leonid Iljitsch Breschnew, sowohl im Kreml als auch in seiner privaten Datscha. Es war eine Zeit der Stagnation, in der es Breschnew immer schlechter ging und er zum Gegenstand vieler Witze wurde. Nun, es ist wahr, dass der Kreml damals von alten Leuten regiert wurde. Und dass sie vielleicht den Moment verschlafen haben, als man etwas hätte verändern müssen.

Ich kannte diese Männer jedoch nur im Kontext der Küche. Und ich kann ihnen in dieser Hinsicht nichts vorwerfen. Sie aßen bescheiden und hatten keine ungewöhnlichen Wünsche. In der Datscha in Saretschje, wo Breschnew lebte, regierte seine Frau Wiktorija Petrowna Breschnewa. Sie selbst kochte sehr gut, sie mochte es zu kochen und wollte es nicht aufgeben, nur weil ihr Mann das Staatsoberhaupt war. Frau Petrowna hatte zwar eine Haushälterin, aber sie kochte gerne mit ihr zusammen. Sie machte zum Beispiel wunderbare Wareniki mit Walnussfüllung, so etwas habe selbst ich nicht hingekriegt. Außerdem gab es in Saretschje immer Johannisbeerlikör, der von der Hausherrin persönlich hergestellt wurde. Den hoben sie sich für besondere Gäste auf.

Nach einem großen Fest – und es gab dort Feste für gut und gerne hundert Personen – kam Wiktorija Petrowna immer in den Keller, wo sich die Küche befand, um uns zu danken. Ein paar Mal kam Breschnew selbst. Angeblich war er früher immer in die Küche gekommen, aber als ich anfing zu arbeiten, war er schon alt und kränklich. Er war sehr freundlich, schüttelte jedem die Hand und bedankte sich bei uns. Nach der Arbeit tranken wir ein Glas des berühmten Likörs, räumten auf und wurden mit dem Auto nach Moskau gebracht.

Die Partys zu Breschnews Zeiten waren sehr üppig, die Tische bogen sich geradezu vor Essen – und es war immer vom Feinsten. Stell dir vor, wie wir gekocht haben, wo doch die besten Köche des Landes für den Kreml arbeiteten! Wir waren damals wahrscheinlich die beste Profiküche der Welt.

Viele Hunderte von Menschen nahmen an den Festen teil, aber nur wenige standen unter strengem Schutz. Also: der Erste Sekretär des Zentralkomitees der Kommunistischen Partei der Sowjetunion, der Premierminister, der Verteidigungsminister und noch ein halbes Dutzend weitere Personen. Das ist der sogenannte erste Tisch – sie hatten alle ihren eigenen Leibkoch und eine separate Küche unter der Aufsicht des KGB. Diese Leute hatten sogar ihre eigenen Lieferketten, ihre eigenen, nur für die Herstellung ihrer Lebensmittel bestimmten Bauernhöfe, und niemand durfte wissen, woher ihre Nahrungsmittel kamen.

Für den Rest haben wir gekocht, also die Sonderküche.

Der erste Tisch hatte sogar seine eigenen Kellner, sehr vertrauenswürdige Leute. Breschnew wollte immer, dass die Kalinitschenko-Brüder aus meinem ehemaligen Restaurant *Praga*, Wassili und Nikolai, für ihn auf Partys arbeiteten. Sie wurden ständig vom Kreml angefordert. Diese Männer waren die Art von Kellnern, die man heute nicht mehr sieht. Beide arbeiteten seit Kriegsende in diesem Beruf, also seit fast vierzig Jahren.

Damals gab es in Moskau eine spezielle Schule für Kellner, die Ausbildung dauerte zwei Jahre. Ein guter Kellner erzählt dir keine Geschichten, gibt nichts aus seinem Leben preis und belästigt dich nicht. Er sollte sich dem Tisch respektvoll nähern, sich verbeugen, sich im Hintergrund aufhalten, aber bei jedem Wunsch sofort zur Stelle sein.

Ich war einmal Zeuge eines Gesprächs zwischen Präsident Wladimir Putin und dem ehemaligen Präsidenten der Ukraine, Viktor Janukowitsch. Irgendwann ließ Putin versehentlich seine Serviette fallen und bückte sich automatisch, ohne das Gespräch zu unterbrechen, um sie aufzuheben. Aber die Serviette war schon nicht mehr da. Weil der Kellner einfach erstklassig war.

Eine andere Geschichte waren die Kremltafeln. Wir hatten eine ganze Abteilung für Tischdekoration, Dutzende von Leuten haben daran gearbeitet. Das seit der Zarenzeit angesammelte Wissen erreichte unter Breschnew seinen Höhepunkt. Auf den Tischen standen wunderschön dekorierte Speisen, Störe, Braten, versilberte Schalen mit schwarzem und rotem Kaviar, Kamtschatka-Krabbensalat, alle möglichen Arten von Fleisch und Fisch.

Doch zwei aufeinanderfolgende Erste Sekretäre, sowohl Chruschtschow als auch Breschnew, kamen aus der Ukraine, aus Dörfern oder Kleinstädten. Wo haben die denn dort jemals Störe gesehen? Oder Kaviar oder Kamtschatka-Krabben? Es waren einfache Leute. Sie waren an solche Gerichte nicht gewöhnt, und wenn man so etwas jeden Tag essen muss, schmeckt es einem überhaupt nicht!

Und ich habe oft gesehen, Witold, wie ein Fest für sechshundert Leute ausgerichtet wurde und die Tische übervoll mit Essen waren. Für jeden lag ein Set aus Gabeln und Messern bereit. Und Breschnew saß da und fuhr verärgert mit einer seiner acht Gabeln über den Teller. Denn für ihn war nichts dabei! Es gab nichts auf dem Tisch, was ihm gefiel oder was er gerne gegessen hätte.

Vor einer solchen Feier kamen die Litschniks zu uns, um sich die Speisekarte anzusehen und zu erfahren, was wir kochen würden. Und eines Tages kam einer von ihnen, sah Breschnew von Weitem und sagte: »Er wird jetzt nichts essen. Aber sobald die Party vorbei ist, ruft er uns an, damit wir ihm ein paar Kartoffeln braten. Mit Wurst oder saurer Sahne.«

Und so war es auch. Das Fest neigte sich dem Ende zu, Breschnew ging nach Hause und das Erste, was er tat, war, seinen Koch anzurufen, weil er Bratkartoffeln mit Sauermilch wollte. Oder Hering oder Sauerkraut, je nachdem, in welcher Stimmung er war. Ich habe es selbst mehrmals nach Partys in seiner Villa mitbekommen: Die Leute gingen und Breschnew rief: »Brat mir ein paar Kartoffeln!«

Ein Mann, der der Führer des größten Landes der Welt ist, der alles essen könnte, Kaviar, Stör, ja, ein Mann, der einem befehlen kann, ihm am nächsten Tag einen Bären zu schießen oder einen Muksun zu bringen, so ein Mann will nur Kartoffeln mit ein bisschen saurer Sahne. Und dazu ein Glas Wodka.

Seine Sauermilch stellten sie auf eine sehr interessante Weise her. Sie wurde bei sechzig bis siebzig Grad in Tontöpfen gebacken. So wurde sie oben braun. Breschnews Leibkoch musste extra in die Ukraine reisen, um von den alten Dorffrauen zu lernen, wie man es richtig macht. Aber das war die einzige Laune des Mannes, der ein Fünftel der Welt beherrschte.

Du musst schon zugeben, dass das nicht viel war, oder?

7.

Wenn Leonid Breschnew eine Leidenschaft hatte, dann war es nicht die Küche, sondern die Jagd. Manchmal fuhr er in den Białowieża-Wald, an die polnische Grenze, wo er ein kleines Jagdhaus hatte. Häufiger aber fuhr er in die Nähe von Moskau, nach Sawidowo. Dort gibt es einen kleinen Fluss, ein hübsches Naturschutzgebiet und so viele Wildtiere, dass sogar der örtliche See den Namen Kaban-See, also Wildschwein-See, erhalten hat.

Wenn Breschnew auf die Jagd ging, war klar, dass es Wildfleisch geben würde. Es kam niemals vor, dass er mit leeren Händen zurückkehrte. Seine Leibwächter sagten, dass er die Tiere schon vor Ort, direkt nach dem Abschuss, aufteilte: »Dieses Wildschwein bringt ihr zum Premierminister, dieses ist für den Gewerkschaftsvorsitzenden und dieses schafft ihr zu mir nach Hause.«

Und er liebte Wildschweingulasch mit gebackenen Kartoffeln.

Manchmal ging er allein auf die Jagd, nur mit Leibwächtern und dem Förster, aber an manchen Tagen nahm er das halbe Politbüro mit. Dann brauchten sie einen Koch, der sie versorgte, während sie im Wald unterwegs waren. Meistens wurde ein Eintopf aus Wildschwein oder Rehfleisch gekocht, das aber vorher aus dem Kreml geholt wurde, weil während der Jagd nicht genug Zeit für die Zubereitung blieb. Ich war ein- oder zweimal bei einer solchen Jagd dabei und ich habe diesen Eintopf mitgekocht. Wenn Breschnew jemandem zeigen wollte, dass er ihn respektierte, kochte er persönlich einen Kulesch: eine Suppe aus Hirsegrütze mit Wildfleisch.

Die Leute erinnern sich an ihn als einen alten, über und über mit Orden behängten Mann – es gab Witze, dass sie ihn bei seinen Auftritten mit einem Kran auf die Tribüne hieven mussten. Aber ich als Koch habe ihn als einen guten, freundlichen, bescheidenen Mann erlebt, der stets zu Scherzen aufgelegt war.

REZEPTE

LAMMFRIKADELLEN MIT MOZZARELLA

- 300 g Lammfleisch
- 100 g Weißbrot
- 1 Ei
- 1-2 Knoblauchzehen
- 2 Esslöffel geriebener Mozzarella
- Gemahlener schwarzer Pfeffer
- Salz

Das Lammfleisch zerkleinern. Das Ei, den zerdrückten Knoblauch, das in Wasser eingeweichte Brot, Salz und Pfeffer hinzufügen. Alles gut vermischen und durch den Fleischwolf drehen.

Aus der Masse eine gerade Anzahl von Frikadellen formen. Die Hälfte davon mit dem Mozzarella bestreuen und die andere Hälfte der Frikadellen drauflegen, sodass der Käse nicht zu sehen ist.

In einer Pfanne braten, bis sie weich sind.

MEERESBRISE-SCHICHTSALAT

- 1 Dose Seetang
- 1 kg Alaska-Seelachs
- 500 g Zwiebel
- 4 Eier
- 250 g Mayonnaise
- Pflanzenöl
- Salz
- 1 Bund Petersilie

Die Zwiebeln in große Ringe schneiden, in Öl goldbraun braten und dann, ohne die Ringe aus der Pfanne zu nehmen, mit dem Öl übergießen und mindestens 2 Stunden ruhen lassen.

Den Alaska-Seelachs in Stückchen schneiden. Dann die Seelachsstückchen in eine Pfanne geben und eine Viertelstunde lang in Öl, Salz und Pfeffer schmoren. Wenn der Fisch weich ist, mit den Zwiebeln vermengen und in eine Schüssel geben. Darüber Mayonnaise verteilen.

Die Eier hart kochen und würfeln.

Den Seetang gründlich mit den zerkleinerten Eiern vermischen und als eine weitere Schicht in die Schüssel tun. Danach noch mehr Mayonnaise darauf verteilen.

Sechs Schichten auf diese Art zubereiten. Dann die Petersilie hacken, mit dem Rest Mayonnaise vermischen und die Tarte damit verzieren.

Für 3 Stunden in den Kühlschrank stellen, damit sich der Geschmack entfalten kann.

AUBERGINENKAVIAR MIT FETA

- - 1 kg Auberginen
- - 100 g Fetakäse
- - 100 g Tomaten
- - ½ Tasse Pflanzenöl
- - 30 g Petersilie
- - 1 Knoblauchzehe

Die Auberginen rösten, die Haut abziehen, abkühlen lassen und zu einem Püree mixen. Den Feta klein würfeln, den Knoblauch zerdrücken. Dann das Pflanzenöl, den gehackten Feta und den zerdrückten Knoblauch zu dem Auberginenbrei hinzufügen.

Alles gut vermischen, in eine Salatschüssel geben, mit Petersilie bestreuen und mit den Tomatenscheiben anrichten.

NUSS-SUPPE

- 1-2 Kartoffeln
- 2 Zwiebeln
- 1 Möhre
- 1 Petersilienwurzel
- 300 g Weißkohl
- 200 g Rote Bete
- 6 Nüsse (Haselnüsse oder Walnüsse)
- 1 Teelöffel Zitronensaft

Die Kartoffeln, Zwiebeln, die Möhre und die Petersilie kleinschneiden. Alles zusammen mit Kohlblättern kochen, bis die Kartoffeln weich sind. Vom Herd nehmen.

Die Rote Bete reiben, mit Zitronensaft (oder Weißwein) würzen, in einen Topf tun, anbraten und mit der Gemüsebrühe vermengen.

Vor dem Servieren die Suppe mit den zerriebenen Nüssen dekorieren.

HASELNUSS-EISCREME

- 8 Eidotter
- ½ Tasse Zucker
- 300 g beliebige gemahlene Nüsse
- 2 Becher Schlagsahne
- 1 Päckchen Vanillezucker

Die Eigelbe mit der Hälfte des Zuckers und der Vanille zerreiben, dann kurz erhitzen, aber nicht zum Kochen bringen. Dann die Nüsse unterrühren und zum Abkühlen wegstellen.

Die Sahne mit dem restlichen Zucker und der Vanille aufschlagen und mit der abgekühlten Nuss-Eigelb-Mischung vermengen.

Die Eiscreme portionieren und in die Tiefkühltruhe tun.

MANDARINEN-GARNELEN-SALAT

- 6 Mandarinen
- 150 g Garnelen
- 1 Apfel
- 100 g Staudensellerie
- 4 Esslöffel Mayonnaise
- ½ Zitrone
- 1 grüner Kopfsalat
- 1 Petersilienwurzel
- Essig
- Salz

Die Garnelen in Salzwasser (dem ein wenig Essig hinzugefügt wurde) kochen und anschließend schälen. Dann die Mandarinen waschen und schälen. Zwei von ihnen auspressen und mit der Mayonnaise zu einem Dressing verrühren. Die restlichen Mandarinen in Stückchen zerteilen.

Den Apfel halbieren, das Kerngehäuse entfernen und in Scheiben schneiden. Dann den Staudensellerie fein hacken.

Die Salatblätter waschen und den Boden einer Schüssel damit auslegen.

Mandarinenstückchen, Garnelen, Apfelscheiben und den gehackten Sellerie auf die Salatblätter geben und vorsichtig mischen.

Vor dem Servieren das vorbereitete Dressing über den Salat gießen, mit Zitronenscheiben und der in halbe Ringe geschnittenen Petersilienwurzel garnieren.

HÄHNCHEN MIT SAUERKIRSCHEN

- 1 Huhn
- 200 g kernlose Sauerkirschen
- 80 g Butter
- 150 ml halbtrockener Rotwein
- Gemahlener schwarzer Pfeffer
- Salz

50 Gramm Butter schmelzen und mit Pfeffer und Salz vermischen. Dann das Hähnchen mit der Brustseite nach unten auf den Grill legen und mit der Butter einreiben. Anschließend mit Pergamentpapier abdecken. Bei voller Leistung 4-5 Minuten rösten. Danach das Hähnchen umdrehen, mit der restlichen Butter bestreichen und ohne es wieder abzudecken weitere 7-8 Minuten grillen.

Die während des Grillens entstandene Soße in einen Topf geben, mit dem Rotwein vermengen und bei starker Hitze unter gelegentlichem Rühren kochen.

Zum Schluss die Sauerkirschen in die Soße geben.

Das Hähnchen in Portionen schneiden und mit der Kirschsoße übergießen.

AALSUPPE

- 500 g Aal
- 1 Zwiebel
- 1 Knoblauchzehe
- 2 süße Paprikaschoten
- ⅓ Tasse Pflanzenöl
- 2 Teelöffel Tomatenkonzentrat
- 1 Glas Weißwein
- ½ l Wasser
- 1 Sträußchen Dill
- 1 Teelöffel Salz

Den Aal häuten und in etwa 5 Zentimeter große Stücke schneiden. Die Zwiebel, den Knoblauch und die Paprika fein hacken und in einen Topf geben. 5 Minuten dünsten, dann das Tomatenmark, den Weißwein und eine Handvoll Dill hinzufügen.

Den gehackten Aal in die Brühe geben, salzen und pfeffern und 30 Minuten auf kleiner Flamme köcheln lassen.

KANINCHEN IN WEINSOSSE

- 1 Kaninchen (mit einem Gewicht von etwa 1,5 kg)
- 100 g Lende oder geräuchertes Bruststück vom Schwein
- 1 Zwiebel
- 1 Knoblauchzehe
- 1 Teelöffel Salz
- 1 Glas Hühnerbrühe
- 2 Esslöffel Butter
- 1 Esslöffel Mehl
- 1 Glas trockener Weißwein
- eine Prise getrockneter Rosmarin
- eine Prise weißer Pfeffer
- 2 Eigelbe
- 1 Tasse süße Sahne / Schlagsahne

Das Kaninchen waschen, trocken tupfen und zerteilen, die Schweinelende und die Zwiebel würfeln.

Den Knoblauch schälen, hacken und mit Salz vermengen. Dann die Hühnerbrühe erhitzen.

In einem anderen Topf die Butter schmelzen und die Kaninchenstücke von allen Seiten anbraten. Die Schweinelende und die gehackte Zwiebel dazugeben und unter ständigem Rühren glasig anbraten, dann mit Mehl bestäuben und mit der Hühnerbrühe aufgießen. Knoblauch, Wein, Rosmarin und Pfeffer hinzufügen und das Kaninchen zugedeckt köcheln lassen.

Nach einer Stunde herausnehmen und an einem warmen Ort beiseite stellen.

Die Eigelbe mit der Sahne verrühren, 4-5 Esslöffel der in dem Topf verbliebenen Soße dazugeben und alles verrühren. Diese Soße über das Kaninchen gießen und noch eine Weile köcheln lassen.

Mit Weißbrot oder Kartoffelkroketten servieren.

UCHA-SUPPE AUS MEERESFISCHEN

- 500 g Kabeljau
- 500 g Heilbutt
- 500 g Wolfsbarsch
- 2 l Wasser
- 2 Zwiebeln
- ½ Karotte
- 3 Kartoffeln
- 4 Lorbeerblätter
- 1 Lauch
- 1 Petersilie
- 2 Esslöffel Dill
- 4-5 Safranstäbchen
- 2 Teelöffel Salz
- 4 Zitronenscheiben

Das Wasser zum Kochen bringen und die Kartoffeln, die Karotte, die Petersilie und die feingehackten Zwiebeln hineingeben. Das Ganze 10-15 Minuten bei mittlerer Hitze kochen, bis die Kartoffeln halb gar sind. Dann alle Gewürze und Kräuter außer Dill und Lauch hinzufügen.

Nach weiteren 3 Minuten den in große Stücke geschnittenen Fisch und den Lauch hinzufügen. Weitere 10 Minuten köcheln lassen.

Zum Schluss einen Esslöffel Dill und den Safran unterheben, die Zitronenscheiben und den Rest Dill kurz vor dem Servieren hinzufügen.

DURCH DIE KÜCHENTÜR

Chefkoch Wiktor Beljajew hat durchaus Gründe, die besten Erinnerungen an Breschnew zu haben – in seiner Ära wurden die Köche am meisten geschätzt, die Kremltische waren übervoll mit den teuersten Speisen und die Politik des »Einschüchterns durch Essen« war die effektivste in der Geschichte der UdSSR.

Andere Mitarbeiter der Kremlküche sprechen ähnlich positiv über ihn. Die langjährige Chefköchin Alewtina Georgijewna Kerina, eine Fähnrichin des KGB, erinnerte sich, wie sie während eines Besuchs in den Vereinigten Staaten mit Foie gras gefüllte Wildfilets zubereitete und wie sie mit anderen Köchen den kulinarischen Höhepunkt der Show zauberte: einen mit echten Federn verzierten Fasan.

»Wir haben den Vogel gebraten, ihm einen Sockel aus Brot gemacht und ihm dann Federn angesteckt, eine nach der anderen. Die Gäste der Party haben sie alle als Souvenir mitgenommen«, erzählte sie viele Jahre später.

Alewtina Kerina schuf auch besondere Aquarien für die Partys: Sie goss eine dicke Brühe auf den Boden einer großen durchsichtigen Schale, stellte aus verschiedenen Salaten und Gemüse Seerosen, Algen und Krebse nach, platzierte einen riesigen gekochten Stör auf dem Boden des Gefäßes und dekorierte ihn mit Garnelen, Oliven und Zitronen.

Um den berühmten russischen Kaviar bei einer Feier in Washington zu präsentieren, errichteten die Köche einen speziellen turmförmigen Sockel, den sie mit frischen Blumen verzierten. Oben drauf stand eine große Schale mit Kaviar.

Schön? Gewiss. Das Problem war, dass sich die Sowjetunion diese Kremltafeln nicht mehr leisten konnte. Störe, Kaviar, Kamtschatka-Krabben und sogar der typisch russische Olivier-Salat waren einfach zu viel des Guten. Das Gleiche galt für die gesamte sowjetische Rüstungsindustrie, die den Löwenanteil der finanziellen Mittel des Landes verschlang, und die ebenso teure Raumfahrtindustrie. Die beiden Industrien konkurrierten darum, die mächtigsten der Welt zu sein, obwohl sie massiv unterfinanziert waren.

Es gibt wohl kein besseres Beispiel dafür, wie sinnlos die Moskauer Machthaber ihr Geld verplemperten als die ausufernden Kremlpartys. Vor allem, weil es zu einem Zeitpunkt geschah, als die Bürger der UdSSR die drohende Krise bereits spürten. Nicht umsonst wird die Regierungszeit von Breschnew heute als die Ära der Stagnation bezeichnet. Das Ende der Breschnew-Herrschaft war eine Zeit, in der die Bürger zunehmend leere Regale in den Geschäften vorfanden und in der die sogenannten Wurstzüge in Moskau eintrafen: Menschen vom Land strömten in die Hauptstadt, um Lebensmittel und Waren des täglichen Bedarfs zu kaufen. In der Provinz gab es damals nämlich so gut wie nichts mehr.

Auch in der Außenpolitik beging Breschnew einen heftigen Fehler, der sein Land sowohl viel Geld als auch viel Prestige auf der internationalen

Bühne kostete. Die Aktion der »brüderlichen Hilfe« für Afghanistan, die darin bestehen sollte, die regierenden Kommunisten durch solche zu ersetzen, die Moskau gegenüber folgsamer waren, endete in einem blutigen zehnjährigen Krieg mit den Mudschaheddin.

Wie so Vieles in der sowjetischen Geschichte begann auch diese Intervention in der Küche: Der amtierende afghanische Präsident Hafizullah Amin sollte vom KGB vergiftet werden. Die Operation war präzise geplant: Da Amin seinen Landsleuten nicht traute, ließ er einen russischen Koch kommen. Einige Monate vor der geplanten Operation war dieser von den Russen bereits gegen einen Agenten des Geheimdienstes ausgetauscht worden.

Amin sollte am 27. Dezember 1979 vergiftet werden. Unmittelbar danach sollte die sowjetische Spezialeinheit Alpha in den Palast eindringen und Hafizullah Amin gegen den von Breschnew ausgewählten Babrak Karmal austauschen.

Alles verlief nach Plan, aber aus irgendeinem Grund wollte das Gift in Amins Körper nicht wirken – vielleicht, weil er nur wenig aß. Als er sich unwohl fühlte, bat er außerdem die Ärzte der sowjetischen Botschaft in der Nähe seines Palastes um Hilfe. Sie waren nicht in die Pläne des KGB eingeweiht und retteten ihm das Leben. Dennoch begann einige Stunden später eine Alpha-Einheit mit der Stürmung des Präsidentenpalastes. Amin, der nur knapp dem Tod durch Gift entronnen war, wurde erschossen. Zweihundert seiner Leibwächter starben. Und sein fünfjähriger Sohn.

Es begann ein zehnjähriger Krieg, der enorme Zerstörungen für die Afghanen und über eine Million Tote mit sich brachte. Auf sowjetischer Seite beliefen sich die Verluste auf Zehntausende von Soldaten.

MENÜ XI

Mama Nina – eine Köchin aus Afghanistan

1.

Eines Tages kam Walentin Dimitrijewitsch, mein Mann, von der Arbeit nach Hause, kochte Tee, bat mich, mich zu setzen und sagte, er habe eine Nachricht für mich. Auf Arbeit habe er das Angebot bekommen, nach Afghanistan zu fliegen. Er war kein Angehöriger des Militärs, sondern ein ziviler Arbeiter in einer Fabrik, in der Flugzeuge repariert wurden. Aber das spielt keine Rolle, denn damals hieß es nicht, dass in Afghanistan Krieg herrsche, sondern dass es sich um eine »friedliche Intervention« handele. Wir helfen dem brüderlichen afghanischen Volk, das in Schwierigkeiten steckt. So viel dazu.

Lass mich dir etwas sagen, Witold. Ich war damals fast vierzig Jahre alt, und ich schäme mich, es zuzugeben, aber bis zu diesem Zeitpunkt habe ich alles geglaubt, was im Fernsehen gesagt wurde. Brüderliche Intervention? Dann ist es eine brüderliche Intervention. Wenn es einen Krieg geben würde, hätte Breschnew es uns doch gesagt, oder? Helfen wir denn? Natürlich helfen wir, warum sollten wir die armen Afghanen belästigen?

Ich habe alles, was im Fernsehen kam, für die Wahrheit gehalten, jeden Unsinn. Egal, welchen Mist sie behauptet haben, ich habe alles geglaubt!

Ich habe zwei Söhne, einer hatte damals gerade die Militärschule absolviert und der andere war dabei, die Mittelschule abzuschließen. Ich habe ihnen immer eingebläut: »Ein Freund kann dich belügen, sogar ich tue das manchmal. Aber die Partei wird euch niemals belügen.«

So war ich damals. Bei der Arbeit – vorbildlich. Leiterin der Schuhmacherinnung und Leiterin der Parteizelle der Schuhfabrik in Kubinka. Es war ein großer Betrieb und obwohl ich nur eine einfache Schuhmacherin war, wurde ich zur Parteivorsitzenden gewählt. Tagsüber klebte ich mit anderen Schuhmachern Schuhe zusammen und am Nachmittag nahm ich an Sitzungen mit den Direktoren teil. Immer voraus, immer für die anderen. Wenn ich irgendwo in der Fabrik ein Stück Papier fand, hob ich es auf und brachte es brav in den Papierkorb; wenn einer meiner Schuhmacher ein Problem, auch ein privates, hatte, wusste er, dass er zu jeder Tages- und Nachtzeit zu mir kommen konnte. Und ich habe immer alles getan, was die da oben mir befohlen haben.

Erst Afghanistan hat das geändert. Es war eine echte Lebensschule für mich; alles, was ich über das Leben weiß, habe ich in Afghanistan gelernt. Das Gute. Und das Schlechte.

Aber lass uns einen Schritt nach dem anderen machen.

Mein Mann fragte also, was er tun sollte. Sie boten ihm gutes Geld an: Gehalt, Prämien, Zulagen für die Arbeit im Ausland. Wir hatten nie viel Geld und unsere Söhne waren gerade mit der Schule fertig, also mussten wir sie unterstützen. Andererseits dachte ich: Vielleicht ist es eine brüderliche Intervention, aber sie schießen dort auf Menschen. Vielleicht ist es gefährlich, dorthin zu gehen?

Wenn mein Mann nicht wusste, was er tun sollte, hat er mich nach meiner Meinung gefragt. Alle strategischen Entscheidungen zuhause lagen und liegen immer noch auf meinen Schultern. Und ich glaube, er hat damals gehofft, dass ich ihm dieses Afghanistan ausreden würde und er dann zur Arbeit gehen und seinen Kollegen sagen könnte: »Ich würde ja hingehen, aber meine Frau lässt mich nicht. Ihr wisst, was ich meine, es geht nicht.«

Und er war sehr erstaunt, denn ich antwortete ihm, ohne nachzudenken: »Mein lieber Walentin: Ich halte das für eine sehr gute Idee.«

Ich weiß nicht, warum, aber ich denke nie über etwas nach. Ich tue einfach, was ich für richtig halte. Und damals dachte ich eben, es sei richtig, unseren afghanischen Brüdern zu helfen oder der Partei oder beiden. Wer weiß, was in mir vorging, ich sagte dir ja schon, dass ich die Propaganda im Fernsehen geschluckt hatte.

Mein Mann war sehr überrascht. Aber ich habe schnell hinzugefügt: »Du kannst hinfliegen, aber mit einem starken Rückhalt, den jeder Mann braucht. Das heißt, mit einer Frau. Mit mir.«

2.

Du willst etwas über mein Leben wissen, Witold. Nun gut.

Die wichtigste Person für mich war meine Großmutter, Olga Nikolajewna. Ihr Vater, also mein Urgroßvater, stammte von den Donkosaken ab und war Offizier in der zaristischen Armee. Als die Bolschewiken an die Macht kamen, musste die ganze Familie fliehen. Von Odessa aus, wo sie lebten, zogen sie bis nach China – denn dorthin, in die Stadt Harbin, gingen Tausende von den sogenannten weißen Offizieren und Soldaten, die gegen die roten Kommunisten waren. Dort wollten sie eine Armee aufbauen, die ihnen helfen würde, an die Macht zurückzukehren.

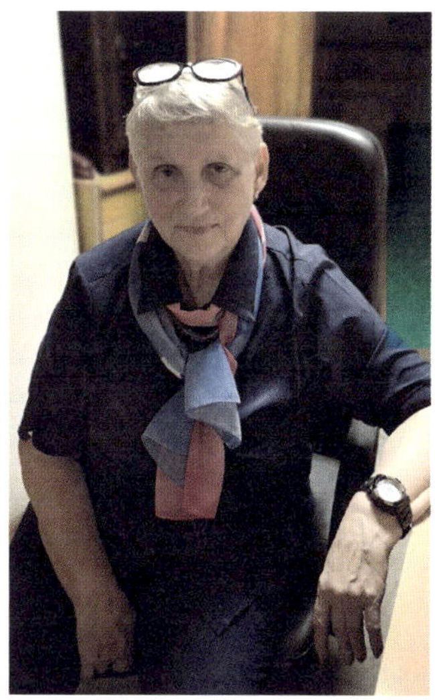

Nina Karpowna

Daraus wurde aber nichts, und außerdem starben beide Eltern meiner Großmutter auf dieser Wanderschaft. So musste meine Großmutter bereits im Alter von zwölf Jahren arbeiten gehen. Und die einzige Arbeit, die sie als Kind finden konnte, war die einer Köchin. Sie wanderte von einem Ort zum anderen, bis sie schließlich von einem der weißen Generäle eingestellt wurde. Ich kenne nur den Namen: Netschajew.

Weißt du, Witold, jahrelang dachte ich, dass es in meiner Familie keine Köche oder Köchinnen gegeben hätte. Und erst jetzt, wo ich dir diese Geschichte erzähle, wird mir klar, dass es doch eine gegeben hat. Und sie war die wichtigste Person in meinem Leben.

Dort, bei diesem General, entdeckte sie mein Großvater, Karp Alexandrowitsch. Er war Offizier und besuchte Netschajew öfter, sie schmiedeten gemeinsame Pläne. Eines Tages brachte Olga etwas zu essen und Karp war sofort verloren. Er verliebte sich auf den ersten Blick in sie. Kurz darauf machte er ihr einen Heiratsantrag, und der General gab sein Einverständnis, dass mein Großvater ihm meine Großmutter wegnahm. Ihr erster Sohn, Sascha, wurde in China geboren, als meine Oma erst siebzehn Jahre alt war.

Sie kamen in den frühen Dreißigerjahren in die Sowjetunion, nachdem Stalin eine Amnestie für die Weißen erlassen hatte. Aber Großvater stand bis zu seinem Lebensende auf der schwarzen Liste der Kommunisten. Weiße Offiziere durften sich nicht in Großstädten niederlassen, es gab auch keine Chance auf eine Karriere in der Armee, also landeten meine Großeltern zunächst in der Nähe von Pskow, wo er als Topograf arbeitete und sie sich um die vier Kinder kümmerte, die ihnen inzwischen geboren worden waren.

Und dann luden sie ihn nach Kubinka ein. Er arbeitete dort an einem Projekt für eine Eisenbahnstrecke, die um Moskau herumführen sollte. Als die Eisenbahner weiterzogen, blieben Großvater und Großmutter im Ort. Ich wohne bis heute in Kubinka.

Die einzige Arbeit, die mein Großvater finden konnte, war im Wald. Also wurde er Förster. Die beiden lebten friedlich zusammen und beklagten sich nie.

Meine Großmutter war klein, hager und sehr liebenswert. Während wir uns hier unterhalten, erinnere ich mich, wie sie köstliche Pierogi,

Warenniki, Pielmieni und Kulebiaki zubereitete. Mit Hüttenkäse, Beeren – mit allem, was es am Waldrand so gab.

Später, in Afghanistan, waren die Jungs überrascht, dass ich aus dem Nichts leckere Teigtaschen oder Kulebiaki zaubern konnte. Das hat mir alles meine Großmutter beigebracht! Zum Beispiel auch mit köstlichen Fisch. Man muss die Gräten aus dem Fisch entfernen. Separat backen, aber so, dass der Saft nicht ausläuft. Dazu Zwiebeln und Möhren anbraten. Dann alles in Blätterteig einwickeln und im Ofen backen.

Na gut, ich erzähle dir hier meine Familiengeschichte, gleich komme ich zu den Rurykowitschs, und du willst doch eigentlich etwas über Afghanistan erfahren und nicht über die Kartenspiele, die meine verstorbene Großmutter in ihrer Freizeit gespielt hat.

Also, eins nach dem anderen.

Mein Mann war nicht sehr überrascht, als ich ihm sagte, dass ich mit ihm gehen würde. Er wusste, dass es keinen Sinn hatte, mit mir zu diskutieren, wenn ich meine Entscheidung getroffen hatte. Obwohl, wenn er gewusst hätte, worauf wir uns einließen, hätte er sich wahrscheinlich auf die Türschwelle gelegt und nicht zugelassen, dass wir gehen. Oder, noch besser: Er hätte das Thema gar nicht erst mit mir besprochen.

Aber das konnte damals keiner von uns wissen. Mein Mann sagte also nur, dass er unsere Antwort am nächsten Tag an das Kollektiv weitergeben würde. Und das war's. Wir haben nie wieder darüber gesprochen.

Zwei Monate später, im Januar 1981, saßen wir schon im Flugzeug. Die Jungs, unsere Söhne, blieben allein zuhause. Ich reiste nach Afghanistan, wie eine Frau vom Lande in die Stadt fährt. Unter anderem hatte ich eine Petroleumlampe dabei, denn man sagte uns, es sei ein armes Land und sie hätten keinen Strom. Auch hatte ich eine Plastikbadewanne dabei, in der man normalerweise Kinder badet, und wollte darin unsere Wäsche waschen. Wir waren im Voraus gewarnt worden, dass es dort spartanisch zugehen würde. Wir würden unter Campingbedingungen leben – mit dem einzigen Unterschied, dass auf Campingplätzen nicht geschossen wird. Ich hatte sogar ein Fass saure Gurken mitgenommen, denn ein Russe sollte nicht ohne Gurken aus dem Haus gehen. Ich hatte auch zwanzig Brote im Gepäck, die wir als Geschenk mitnahmen – weil es dort angeblich kein Schwarzbrot gab und alle Kollegen meines Mannes nach gutem Moskauer Brot verlangten. Jeder, zu dem wir ein gutes Verhältnis haben wollten, einschließlich der Vorgesetzten meines Mannes, bekam einen Laib Brot von uns.

Ich nahm sogar Töpfe, Pfannen, Messer und Gabeln mit – denn die werden in Afghanistan nicht verwendet, hieß es. Wir haben alles mitgenommen, was wir gebrauchen konnten.

In den ersten Wochen ging mein Mann jeden Tag zur Arbeit und reparierte tagelang Flugzeuge. Und während dieser Zeit bin ich fast verrückt geworden. Man durfte nicht hinausgehen, nicht am Fenster stehen und hinausschauen, man durfte mit niemandem sprechen. Nichts war erlaubt. Wir gehörten zu den letzten, die auf dem Luftwaffenstützpunkt in Bagram ankamen. In der Wohnsiedlung, in der die Russen lebten, waren keine Unterkünfte mehr verfügbar. Sie brachten uns also in einem Haus unter, das gerade gebaut wurde; wir waren die einzigen Bewohner dort. Die nächsten Russen waren eine Viertelstunde zu Fuß entfernt, aber wir durften sie nur in Begleitung und mit Sondergenehmigung besuchen.

Um uns herum lebten Afghanen: bärtig, schmutzig, abgerissen. Wenn ich zuhause blieb, standen immer ein paar Leute draußen herum und schauten durch die Fenster rein. Und man wusste nie, ob einer der Typen sich nur umsah oder ob er mit seinen Freunden zurückkommen und eine Bombe auf dich werfen oder dich abstechen wollte.

Obwohl ich fairerweise sagen muss, dass die meisten mich nur angeschaut haben. Für sie war der Anblick des unbedeckten Gesichts einer

Frau, selbst wenn sie schon vierzig Jahre alt war, ein großes Erlebnis. Deshalb saß ich die meiste Zeit zuhause, im Halbdunkel hinter den Vorhängen versteckt, damit sie nicht an die Fenster kamen und mich anstarrten.

Unser Haus hatte zwei Stockwerke, einschließlich einer dreißig Quadratmeter großen Terrasse im ersten Stock. Man ging eine Steintreppe hinauf in den zweiten Stock, wo es ein Esszimmer, ein Schlafzimmer, eine Küche und ein kleines Kinderzimmer gab – für den Fall, dass jemand mit einem Kind kam. Ich sehe deinen misstrauischen Blick, Witold. Ich sage es dir noch einmal: Niemand dort dachte, dass er in den Krieg ziehen würde. Vielleicht wussten die Soldaten, vor allem die Offiziere, worauf sie sich einließen, aber die Zivilisten hatte keine Ahnung. Die Leute dachten wirklich, es handele sich um eine brüderliche Intervention. Zugegeben, keiner unserer Bekannten hatte Kinder dabei, aber es kam ein paar Mal vor, dass sie ihre Eltern besuchten. Ich glaube, so haben sich die Strategen das auch gedacht: Wenn du deine Frau dorthin mitnehmen kannst, wenn deine Kinder dich besuchen können, dann gibt es doch nichts zu befürchten, oder? Nach dem gleichen Prinzip haben sie nach der Tschornobyl-Katastrophe Kinder an der Maiparade teilnehmen lassen.

Bagram war ein großer Stützpunkt, der größte Flugplatz in Afghanistan. Hauptsächlich waren dort Flieger stationiert, aber es gab auch Panzer und Katjuscha-Raketenwerfer dort. Tag und Nacht sangen diese Katjuschas für uns, und wenn sie zu schießen begannen, wurde es taghell und die Erde bebte. Sie schossen eine Weile auf die Afghanen und zogen dann weiter.

Die ersten Wochen saß ich also allein im Licht der Petroleumlampe mit meiner Wanne in unserer Wohnung und dachte, ich würde langsam durchdrehen. Mein ganzes Leben lang war ich sehr aktiv, ich konnte nie stillsitzen. Als ich fünfzehn wurde, begann ich mit meiner Ausbildung, und von da an war ich immer in einem Kollektiv, immer unter Menschen. Und jetzt konnte ich mir nicht einmal eine Zeitung kaufen, um etwas zu lesen.

Um nicht verrückt zu werden, habe ich jeden Tag die Fenster geputzt. Es gibt dort schrecklich viel Staub, immer wieder weht Sand herein. Aber sobald ich ein paar Minuten lang geputzt hatte, merkte ich, wie unten die Afghanen standen und mich anstarrten. Also habe ich mich versteckt. Und so weiter und so fort. Der Tag verging, mein Mann kam von der Arbeit, wir unterhielten uns eine Weile, etwas später ging die Sonne unter und wir gingen schlafen, weil es dort rein gar nichts zu tun gab.

Eines Tages veranstaltete unsere Einheit ein Fest, zu dem wir alle eingeladen waren. Der Kommandant bemerkte, dass mehrere Zivilisten, darunter auch mein Mann, mit ihren Ehefrauen eingetroffen waren. Er kam auf uns zu und stellte sich vor: »Ich bin Andrei Josifowitsch«, sagte er und fragte, was wir Damen denn hier so machten.

»Nun, was auch immer so anfällt, Kommandant«, antwortete ich. »Die Eine näht, die Andere strickt irgendetwas, und ich putze fünfmal am Tag die Fenster und werde allmählich verrückt vor Langeweile.«

»Was sind Sie von Beruf?«, wollte er wissen.

»Schuhmacherin.«

»Dann kommen Sie die Tage mal zu mir. Ich habe eine Aufgabe für Sie.«

»Aber als was soll ich denn arbeiten?«, sagte ich, sehr überrascht. »Als Schuhmacherin? Nur zu gerne! Sie werden jede Woche zwei Paar neue Schuhe bekommen.«

Der Kommandant lachte und sagte: »Meine Stiefel bekomme ich auf Zuteilung, mein Adjutant kümmert sich um sie. Euch Frauen bräuchte ich in der Küche.«

Ich war baff. Das hatte ich nicht erwartet. Und dann sagte ich ihm, dass es in der Küche ja auch Militärtechnik gibt. Viele Dinge, von denen ich als Zivilistin keine Ahnung habe.

»Da hätte ich Angst«, sagte ich. »Sie stellen mich ein und dann stellt sich heraus, dass ich etwas falsch mache. Dann werden Sie mich feuern und am Ende werden Sie gefeuert oder erschossen!«

Daraufhin antwortete der Kommandant ganz ernsthaft, dass momentan die Soldaten kochen würden. Und wie die Männer so sind, sie wüssten nicht, wie man mit Herz kocht. Mal versalzten sie das Essen, mal ließen sie es anbrennen.

»Was wir brauchen«, sagte er, »ist Essen wie bei Mutter, mit drei Gängen: zuerst Suppe, dann der zweite Gang, zum Nachtisch Kompott oder vielleicht Kisiel oder Wackelpudding mit Obst – nicht irgendein Mist aus der Dose. Denn wenn den Soldaten das Essen in der Kantine nicht schmeckt, dann treffen sie sich dort nicht, dann integrieren sie sich nicht. Die Moral der Truppen sinkt. Essen ist in der Armee sehr wichtig«, erklärte er.

Ich protestierte weiter, die anderen Frauen schwiegen. Aber der Kommandant nahm mich zur Seite und sagte: »Nina Karpowna, ich schicke hier jeden Tag Menschen in den Tod. Viele von ihnen kehren nicht von der Front zurück. Ich wünsche mir, dass sie in dieser schwierigen Situation wenigstens gutes Essen haben.«

Was hätte ich da sagen sollen, Witold? Am nächsten Tag zog ich meine Schürze an und ging in die Kantine.

3.

Ich glaube, erst während dieses Gesprächs mit dem Kommandanten kam mir der Gedanke, dass es sich vielleicht nicht um eine brüderliche Intervention handelte. Bis dahin fühlte ich mich, obwohl ich mich verstecken musste, ziemlich sicher. Bagram lag in einem Gebiet, das von unserem Militär kontrolliert wurde.

Auch mein Mann erzählte nichts von Fliegern, die nicht aus dem Einsatz zurückkehrten. Vielleicht wusste er es selbst nicht? Oder wollte er mich womöglich nicht beunruhigen? Ich weiß es nicht. Aber es gab Flugzeuge, die von unserem Stützpunkt aus starteten und die Stellungen der »Dushmanis« beschossen – wir nannten die Afghanen »Dushmani«, in ihrer Sprache bedeutet das »Feind«. Sie wiederum nannten uns »Mushaver«, was »Berater« bedeutet. Hubschrauber und Kampfflugzeuge starteten bei uns, um auf sie zu schießen. Die Dushmans haben mehrmals versucht, unsere Hauptstadt zu erobern. Hätten sie Erfolg gehabt, hätten sie die gesamte russische Armee von der Versorgung mit Waffen und Lebensmitteln abgeschnitten.

Aber das alles wusste ich damals noch nicht. Am Tag nach dem Gespräch mit dem Kommandanten ging ich zur Arbeit und fand mich sofort, um es in der militärischen Terminologie auszudrücken, an der Front wieder. Ich war etwas nervös, das muss ich zugeben. Erstens wusste ich nicht, wie man mich dort empfangen würde, denn ich hatte davor noch nie in einer Küche gearbeitet, und zweitens ist es ein Unterschied, ob man zuhause für seine Familie kocht oder in einer Feldküche für fünfhundert Menschen. Ich hatte noch nie dreihundert Liter Suppe oder einen riesigen Topf Kartoffeln gekocht, und ich hatte keine Ahnung, wie viel ich nehmen sollte, wie ich würzen sollte, nichts. Natürlich hatten wir bestimmte Standards und ein Buch mit Rezepten für Soldatenküchen. Aber dafür hatte mich der Kommandant ja geholt: damit nicht nach diesem Buch gekocht wurde!

Die ersten Tage waren zum Verrücktwerden. Aber es half ja nichts. Ich ging hin und schüttelte dem Chefkoch, Andrei Jewgenijewitsch, die Hand. Ich schüttelte die Hände der Soldaten, die bisher dort gearbeitet hatten. Wir waren zu fünft plus zwei Ehefrauen von anderen zivilen Beratern, die später dazukamen – also insgesamt sieben

Personen. Sie zeigten mir, wo sich die Messer befanden, wo die Töpfe waren, wo die Milch war, das Mehl, das Salz, und wo ich Tomaten und Paprika fand.

Und dann ging es an die Arbeit. Wir machten Frühstück. Und als die Soldaten in der Kantine zusammenkamen, dachte ich, dass sie ruhig wissen sollten, wer für sie kocht. Also stellte ich mich in die Mitte des Raumes und rief: »Jungs, ich bin eure neue Köchin. Ich heiße Nina Karpowna. Wenn etwas schiefgeht: nicht schlagen, nicht schießen, sagt es mir einfach. Alle machen Fehler, aber ich werde mich bemühen, so wenige wie möglich zu machen.«

Ich sah mich um. Ich war doppelt so alt wie die meisten von ihnen. In meinem Alter, und ich war noch keine vierzig, gab es niemanden.

Ich ging zurück in die Küche – alle Soldaten, die dort arbeiteten, hatten Augen so groß wie Untertassen. Sie arbeiteten dort schon seit einigen Monaten, aber keiner von ihnen hätte jemals daran gedacht, sich den Jungs vorzustellen, für die sie kochten. Und da kommt eine Frau aus Kubinka und plustert sich auf. Das hat ihnen nicht gefallen, oje, das hat ihnen gar nicht gefallen.

Aber die Soldaten fanden sehr schnell den Weg zu mir. Und ich habe angefangen, mich gut um sie zu kümmern. Sollen wir Salat servieren? Dann aber mit zwei Radieschen als Augen und einem Tomatenschnitz als lächelnder Mund. Ich gab den Jungs das Gefühl, dass sich jemand um sie kümmert, dass sich jemand um sie bemüht. Ich denke, darum geht es doch beim Kochen, oder? Dass die Leute spüren, dass sich jemand um sie kümmert.

Als ich das erste Mal von dieser Tomatengarnierung erzählte, fielen meine Küchenkollegen fast vom Hocker. Aber Andrei Jewgenijewitsch sagte ihnen, sie sollten auf mich hören. Er wusste, dass ich die Unterstützung des Kommandanten hatte und wollte es sich nicht mit ihm verscherzen. Also saßen sie in der Küche, die großen Jungs, und schnitten dieses Radieschen-Lächeln.

Wenn ich heute daran denke, kann ich es nicht glauben, Witold. Überall um uns herum herrschte Krieg, ständig starben Menschen. Die Afghanen versuchten, in unsere Basis einzubrechen. Und wir saßen da und machten lustige Gesichter aus Radieschen.

Als die Soldaten sahen, dass eine Frau im Alter ihrer Mütter in der Küche herrschte, besuchten sie mich immer wieder. Sie kamen, um angeblich zusätzliches Essen oder mehr Brot zu holen, aber ich spürte, dass sie in Wirklichkeit vor allem reden wollten. Diejenigen, die eine Freundin hatten, zeigten mir Bilder von ihren Mädchen, aber die Hälfte von ihnen hatte keine Freundin. Das war wahrscheinlich das Bedrückendste: Jungen, die niemanden vermissen konnten.

Und dann kam er eines Tages, Loscha – der Junge, wegen dem ich später viele Tränen vergießen sollte. Er war achtzehn Jahre alt und kam aus einem Dorf am Baikalsee, er ging direkt nach der Schule in den Krieg. Er wusste noch nichts vom Leben, aber kurz vor seiner Abreise hatte er ein Mädchen bei einem Dorffest geküsst und hoffte, sie würde ihm schreiben. Er war ein russischer Junge wie aus einem Märchenbuch: wildes blondes Haar, strahlende blaue Augen. Er lispelte ein wenig, aber das verstärkte nur seinen Charme. Eines Tages kam er in die Küche, ebenfalls unter einem dummen Vorwand, und fing an, sich mir anzuvertrauen.

Ich sah ihn an. Er erinnerte mich an meinen jüngeren Sohn, der damals in seinem Alter war. Mein Herz schlug mir bis zum Hals, als ich daran dachte, dass auch mein Sohn in diesem Dreck landen könnte, inmitten dieser Explosionen, in all dem Tod, der einen an jeder Ecke treffen kann.

Dieser Loscha erzählte mir viel über sich. Er sprach über sich selbst und vor allem über dieses Mädchen. Und gleichzeitig half er mir, Kartoffeln zu schälen und den Kellnerinnen, die Tische abzuräumen; man konnte sehen, dass seine Eltern ihn für die Welt aufgezogen hatten, nicht nur für sich selbst. Es war schwer, ihn nicht zu mögen.

Wir haben den Soldaten immer gesagt, wenn sie ein Lorbeerblatt in ihrer Suppe finden, bedeutet das, dass sie einen Brief bekommen werden. Dieser Aberglaube war für sie sehr wichtig, weil sie oft auf Briefe von ihren Freundinnen warteten. Also vereinbarte ich eines Tages mit meinen Kolleginnen, dass ich zwei Lorbeerblätter in die Suppe geben würde, und sie sollten dafür sorgen, dass Loscha sie bekam. Du hättest seine Freude sehen müssen, Witold! Er sprang auf und war so glücklich, als hätte er den Liebesbrief von dem Mädchen bereits erhalten – und zwar nicht nur einen, sondern eine ganze Schachtel.

Aber dann, nach dem Abendessen – er muss wohl noch mal darüber nachgedacht haben –, kam er zu mir in die Küche und fragte: »Nina Karpowna, haben Sie diese Lorbeerblätter in meine Suppe getan?«

Ich schimpfte ihn ordentlich aus. Ich sagte ihm, dass er sich wahrscheinlich nicht vorstellen kann, wie viel Arbeit wir in der Küche haben, wenn er denkt, dass ich Zeit hätte, Lorbeerblätter in irgendjemandes Suppe platzieren zu können.

»Für wen hältst du dich, Loscha, dass du denkst, ich würde die halbe Küchenbelegschaft engagieren, um dir ein Lorbeerblatt zu bescheren?«

Es hat wunderbar funktioniert. Loscha schwebte einen halben Meter über dem Boden und erzählte allen, dass Nina Karpowna ihm diese Blätter bestimmt nicht absichtlich gegeben habe, dass sie ihn ausgeschimpft habe, als er fragte, und dass er bald einen Brief von dem Mädchen erhalten würde, das er auf dem Dorffest geküsst hatte. Und als ich sah, wie wichtig das für ihn war, begann ich, mich nach anderen Soldaten zu erkundigen, denen es nicht gut ging. Ich habe es aber sehr diskret gemacht. Und sobald ich erfuhr, dass einer von ihnen deprimiert war, dass einer sein Zimmer nicht verlassen wollte oder dass er zuhause Probleme hatte – bekamen sie sofort ein Lorbeerblatt in ihre Suppe. Das war sehr wichtig für sie, denn die Jungs vermissten alle, die sie zuhause zurückgelassen hatten: ihre Frauen oder Freundinnen, einige von ihnen ihre Kinder und die Jüngeren unter ihnen ihre Eltern.

Daher habe ich den Kellnerinnen gesagt: »Wenn du merkst, dass etwas nicht in Ordnung ist, wenn jemand traurig ist, dann sag es mir. Ich werde zumindest versuchen, ihn aufzumuntern.« Und so habe ich manchmal ein oder auch zwei Blätter hineingeworfen, aber nur, wenn ich wusste, dass jemand dieses Glückszeichen wirklich brauchte. Man darf nicht zu sehr mit dem Schicksal spielen. Und während des Abendessens ging ich in der Kantine herum und fragte: »War bei irgendwem ein Blatt in der Suppe? Siehst du? Du hast so viel Glück! Und von wem würdest du am liebsten einen Brief erhalten?«

Und die Jungs erzählten mir von ihren Freundinnen, Ehefrauen oder den Mädchen, in die sie verknallt waren.

Die Stimmung in der Kantine wurde besser. Die Leute fingen an, miteinander zu reden. Und plötzlich kamen auch all jene Soldaten, die vorher nicht gekommen waren, um mit ihren Kameraden zu essen.

Und dann hörte ich eines Tages, dass Soldaten mich »Mama« nannten. Mama Nina. Loscha hat mir das bestätigt: »Nina Karpowna, niemand in der Einheit nennt Sie anders. Alle nennen Sie Mama.«

Das hat mich sehr bewegt, das kann ich dir sagen … Ich habe ja bereits erwähnt, dass ich Söhne im gleichen Alter wie diese Jungen hatte. Hier waren sie weit weg von ihrer Heimat und hatten Angst vor dem Tod, ich wollte zumindest versuchen, ihnen ihre Mütter zu ersetzen.

Also habe ich angefangen, mit diesen Kindern zu reden. Wenn es meine Zeit erlaubte, verließ ich in der Mittagspause die Küche und fragte nach: »Na, Jungs, schmeckt euch euer Mittagessen? Ist alles in Ordnung?«

Und sie brüllten immer mit ihren tiefen Stimmen: »Alles gut, Mama Nina!«

Und ich habe ihnen immer Nachschlag gegeben, wie eine Mutter. Und ich habe meine Armeeköche eingespannt, damit sie weiterhin lustige Gesichter aus Radieschen schnitten.

4.

Alle Lebensmittel, die wir zum Kochen brauchten, wurden uns zweimal wöchentlich mit einem großen Flugzeug aus Russland gebracht: Mehl, frisches und eingewecktes Gemüse, eingemachte Kartoffeln, Gurken, Kohl, Tomaten, Zwieback, Zwiebeln, Karotten, Graupen. Es war uns verboten, etwas von den Afghanen zu kaufen – das Kommando dachte, sie könnten versuchen, uns zu vergiften.

Einmal haben die Dushmans unser Lieferflugzeug abgeschossen. Aber für solche Situationen hatten wir Lagerhäuser, in denen wir Lebensmittel aufbewahrten. Theoretisch sollten sie sogar für einen Monat mit unterbrochener Lieferung reichen. In der Praxis – nun, ich bin nicht sicher, ob es für eine Woche gereicht hätte.

Die Arbeit wurde in drei Schichten aufgeteilt, wobei in jeder Schicht drei Personen arbeiteten. Die erste Schicht musste schon mitten in der Nacht in der Küche sein, weil sie gleichzeitig Frühstück und Abendessen zubereiteten. Am Vortag konnte man nichts machen, weil es in der afghanischen Hitze verdorben wäre, und das war es, was wir am meisten fürchteten: Man konnte vor Gericht gestellt werden, weil man die Soldaten vergiftet hatte, selbst wenn es ohne Absicht war.

Unsere Gruppe betrieb drei Kantinen: eine für Piloten, eine technische für Ingenieure und Berater wie meinen Mann und eine dritte für einfache Soldaten.

Wir haben immer drei erste Gänge gekocht. Der erste sollte scharf und würzig sein, zum Beispiel Schtschi, der nächste leichter, wie beispielsweise ungarischer Lapschu, und dazu gerne noch eine Milchspeise.

Die Piloten aßen wie alle anderen Soldaten; der einzige Unterschied war, dass sie, wenn sie vor vier Uhr morgens abflogen, wenn die Küche noch geschlossen war, statt des Frühstücks Schokolade bekamen. Es ist nicht so gut, mit vollem Magen zu fliegen, die Belastungen sind sehr hoch.

Du willst wissen, ob jemand von ihnen die Schokolade tatsächlich gegessen hat? Normalerweise bewahrten die Jungs sie für später auf, um sie, wenn sie nach Russland zurückkehrten, ihren Mädchen zu schenken. Das war damals, in den Achtzigerjahren, als es an allem mangelte, etwas Besonderes.

Nach der Rückkehr von den Einsätzen gab es ein ordentliches Frühstück. Es sei denn, sie kehrten nicht zurück. Hin und wieder kam das vor.

Für die Soldaten gab es spezielle Geschäfte, dort konnte man alles kaufen, was über die üblichen Rationen hinausging: Wasser (denn in Afghanistan gab es ein permanentes Wasserproblem), Säfte, Stifte, Briefumschläge, Süßigkeiten, ja, sogar Uhren. Da dort Mädchen arbeiteten, waren immer viele Leute da; die Jungs kamen vorbei, um zum Beispiel einen Kugelschreiber zu kaufen, in Wirklichkeit aber, um mit den Mädels zu reden.

In der Nähe des Stützpunktes gab es auch ein großes mobiles Krankenhaus. Dort retteten sie die Verwundeten, aber nicht nur, sie mussten zum Beispiel auch Hepatitis behandeln. Die Ärzte waren nicht immer in der Lage, sich um alle und alles zu kümmern. Wenn die Jungs von der Front zurückkamen, wussten sie oft nicht, wen sie als Erstes versorgen sollten. Unsere Küche verpflegte auch die Kranken, die im Krankenhaus lagen, und ein paar Mal habe ich ihnen Essen gebracht – und ich sage dir, Witold, das war wirklich wie aus der Apokalypse. Jungen ohne Arme, ohne Beine, in Bandagen gewickelt, eiternde Wunden. Jemand war von Schüssen getroffen worden, jemand war verbrannt, jemandem war eine Mine in der Hand explodiert.

Es war schwer für mich, das zu ertragen. Sie waren alle noch so jung! Sie taten mir alle sehr leid – und immer wieder musste ich ertragen, dass einer meiner Jungs starb.

5.

Ich war ja als Ehefrau meines Mannes zu einer friedlichen Intervention in ein befreundetes Land gegangen. Und landete als Köchin im Krieg. Es ist eine völlig andere Situation, das musst du zugeben. Um zu überleben, muss man ein paar Regeln lernen.

Erstens: Wenn geschossen wird, lauf weg, so weit wie möglich. Nicht nachdenken, nicht überlegen, wer da schießt: wir oder die anderen. Weglaufen, sich verstecken; wenn es nichts gibt, womit du dich bedecken kannst, dann schütze vor allem deinen Kopf, und wenn es mit einem Metalltopf ist. Ich habe das ziemlich schnell gelernt.

Zweitens: Vertraue niemandem. Den Einheimischen nicht, denn sie haben oft versucht, uns näherzukommen, und dann hat sich herausgestellt, dass sie die Dushmanen darüber informiert haben, wer welche Funktion hat und welche Beziehungen in unserer Basis bestehen. Aber auch nicht deinen eigenen Leuten, denn auch hier gibt es Reibungen und Abhängigkeiten. Einer verkaufte Waffen an die Dushmanen, ein anderer stahl Konserven aus unseren Vorräten und verkaufte sie. Es war schwierig, dort jemandem zu vertrauen. Viele der Jungs wurden drogenabhängig – die Afghanen verteilten kostenlos Opium und Heroin rund um den Stützpunkt oder auf den Basaren. Sie wollten, dass so viele von uns wie möglich anfingen, sie zu nehmen. So habe ich schnell gelernt, nur meinem Mann zu vertrauen. Aber nicht einmal mit ihm wollte ich über die Dinge sprechen, die ich sah.

Drittens und Letztens: Schließe keine Freundschaften im Krieg. Ja, man kann zuhören, man kann helfen, wenn es möglich ist, aber man sollte sich nicht einmischen. Krieg ist eine Situation, in der ein Mensch jederzeit sterben kann. Wenn du dir über jeden dieser Tode Gedanken machst, wirst du als Wrack zurückkehren. Du hast keine andere Wahl, als dich irgendwie zu schützen.

Diese letzte Lektion war für mich die schwierigste. Und das alles wegen Loscha. Aber dazu komme ich noch. Jetzt erzähle ich dir erst einmal, wie ein Oberst von der Panzereinheit mich erschießen wollte, in Ordnung?

Eines Tages hatte ich frei. Als ich morgens aufstand, hörte ich draußen einen schrecklichen Lärm. Ich schaute aus dem Fenster und sah eine Kolonne von Panzern vor meinem Haus stehen. Die Hitze strömte vom Himmel und sie standen in der prallen Sonne, drinnen müssen es an die hundert Grad Celsius gewesen sein.

Ich schnappte mir einen Eimer Wasser, das sie uns in Tankwagen aus vertrauenswürdigen Quellen brachten, und ging damit zu den Panzern.

»Jungs, wollt ihr Wasser?«, fragte ich.

Daraufhin richtete der Panzerkommandant seine Waffe auf mich und schrie: »Ey, du da, verpiss dich!«

Und er rief seinen Jungs zu, dass keiner von ihnen mit mir reden oder sich mir nähern solle, weil er sonst schießen würde.

Also sagte ich ihm, er solle die Waffe runternehmen, sonst würde er sich noch etwas antun. Dass ich Russin sei, genau wie er, und dass er sicher wisse, dass hier in Bagram auch Militärberater lebten. Er wollte das Wasser wegschütten, also sagte ich ihm, dass ein Tropfen Wasser hier wie Gold sei. Und dass er mich erschießen solle, wenn er so dumm ist, aber wenn ich seinen Soldaten kein Wasser gebe, wird er sie wegen Hitze und Dehydrierung verlieren.

»Bist du wirklich Russin?«, fragte der Offizier.

»Was wollen Sie? Soll ich ein russisches Gedicht aufsagen? Die Nationalhymne singen?«, fragte ich. »Übrigens kann ich mich nicht daran erinnern, dass wir uns das Du angeboten hätten. Bitte geben Sie Ihren Namen, Vornamen und Dienstgrad an, denn Sie haben eine Waffe auf mich gerichtet, Genosse, und ich werde das so nicht stehen lassen.«

Erst als er merkte, dass ich keinen Scherz machte, gab er nach. Er nannte seinen Vor- und Nachnamen und ließ zu, dass ich seinen Soldaten Wasser einschenkte. Diese Jungen waren mir sehr dankbar … Sie waren auf dem Weg zu einem Einsatz gegen Massoud … es war eine große Kolonne. Als sie endlich losfuhren, waren sie bereits zwei Stunden unterwegs … Wie viele dieser Jungen sind danach nicht zurückgekommen? Traurig, auch nur daran zu denken …

Das war das große Problem in diesem Krieg. Die Generäle haben die Offiziere nicht respektiert. Die Offiziere hatten keinen Respekt vor den Soldaten. Und die Soldaten respektierten niemanden, nicht ihre Vorgesetzten und nicht einander. Du hast sicher schon gehört, was Djedowschtschina ist, die Herrschaft der Großväter, der Älteren. Es ist wie eine Welle von oben nach unten. Ältere Soldaten schlugen die jungen, zwangen sie, ihre Schuhe zu putzen, ihre Betten zu machen, ihre Unterwäsche zu waschen.

Loscha kam einmal zu mir in die Küche, er hatte ein blaues Auge, von einer seiner Augenbrauen troff Blut.

»Söhnchen, was ist mit dir passiert?«, rief ich.

»Ich bin gegen den Türrahmen gelaufen«, sagte er nur.

Doch ich wusste genau, dass er sich nicht selbst wehgetan, sondern ihn jemand geschlagen hatte. Vielleicht war er jemandem negativ aufgefallen, vielleicht waren sie alle geschlagen worden – ich weiß es nicht. Ich habe nur gesagt: »Wenn dir etwas passiert, denk daran, dass du hier eine Mutter hast.«

Er hat darauf nichts gesagt. Es hätte keinen Sinn gehabt, sich an seine Vorgesetzten zu wenden. Jeder wusste, was auf dem Stützpunkt vor sich ging.

Was den Offizier betrifft, der eine Waffe auf mich gerichtet hat, so habe ich seinen Namen meinen Vorgesetzten mitgeteilt und mich sehr darum bemüht, dass die Information an die richtigen Stellen gelangte. Ich konnte mir solche Dinge erlauben, denn da ich in meiner Schuhfabrik ganz oben in der Partei war, haben sie mich auch sofort in die Parteiorganisation in Afghanistan geholt. Jeden Monat wurde ich zu Sitzungen in die russische Botschaft nach Kabul einbestellt. Der Kommandant war verpflichtet, mir den Transport zu ermöglichen. So wurde mir einmal im Monat ein Hubschrauber zur Verfügung gestellt, weil ich zu diesen Besprechungen musste. Offenbar war die Partei der Meinung, dass sie möglichst vielfältig sein sollte, und da es dort nur Militärs gab und ich eine Köchin war – und schließlich hatte schon Lenin gesagt, wie wichtig Köche waren – musste man das ausnutzen.

Warum Parteiversammlungen, fragst du? Wegen der Aufrechterhaltung der Moral der sowjetischen Bürger während der friedenserhaltenden Mission in Afghanistan. Wie überall. Um zu sehen, ob sich jemand unmoralisch verhält, denn es gibt im Krieg viele Männer und nur wenige Frauen. Einem Bürger muss man vertrauen – aber in Maßen, so hat man uns das beigebracht.

Die Mädchen, die auf dem Stützpunkt arbeiteten, kamen für einen Monat, vielleicht zwei, höchstens sechs, und man musste schon sehr genau aufpassen, damit sie nicht mit einem dicken Bauch zurückkamen und es dann keine zerrütteten Familien gab. Andererseits muss man sagen, dass viele dieser Mädchen genau aus diesem Grund dorthin gegangen sind. Heutzutage trifft man sich im Internet, aber damals lernte man sich eben im Krieg kennen. Wo sonst hätte ein Mädel einen Offizier oder einen Piloten treffen können?

Wenn so etwas passierte, ging ich sofort zu dem Jungen und redete mit ihm: »Und, wozu war das jetzt gut?«, fragte ich.

Wenn einer verheiratet war, war es paradoxerweise einfacher. Ich erklärte ihm dann: »Deine Frau wartet doch zuhause auf dich, schreibt dir Briefe. Wie willst du nach so einer Geschichte nach Hause zurückgehen?«

Einmal sagte einer: »Meine Frau schreibt mir aber keine Briefe.«

»Weil du ihr nicht schreibst und stattdessen mit anderen rummachst!«, erwiderte ich. »Setz dich hin, wir schreiben zusammen einen Brief an sie.«

Dann habe ich ihm alles diktiert: »Zum Mittagessen habe ich dies und jenes gegessen. Zum Abendessen – dies und das. Die Wurst war gut, der Salat nicht so. Ich vermisse dich, ich liebe dich, ich denke an dich.«

Und als er die Antwort bekam, hörte er auf, sich mit anderen Frauen zu treffen.

Schwieriger war es, wenn einer der Jungs keine Ehefrau oder Freundin hatte. Wie sollte ich ihm dann erklären, dass er sich von meinen Kellnerinnen fernzuhalten hatte? Ich habe es mit Tricks versucht und mich an die Mädchen gewandt: »Wenn du ihn magst, wenn es wahre Liebe ist, ist es besser zu warten. Der Krieg ist kein guter Zeitpunkt, um sich zu verlieben.«

Aber wie soll das einen Jungen überzeugen, der ein hübsches Mädchen sieht und sich einfach zu ihr hingezogen fühlt? Dann musste man, um die militärische Terminologie zu verwenden, schwerere Geschütze auffahren. Da war einer, er hieß Rasputin, der hatte eine Affäre mit einer

Kellnerin – und dann sah ich eines Tages, wie er eine andere küsste. Da habe ich es ihm geradeheraus gesagt: »Rasputin, lass meine Kellnerinnen in Ruhe oder ich reiße dir den Kopf ab!«

Und er antwortete: »Soll ich etwa bei Ihnen um Erlaubnis bitten, wenn ich mich mit einer treffen will?«

Daraufhin ich: »Es schadet nicht zu fragen.«

»Und wer sind Sie für sie?«, fragte er frech.

»Ich bin die stellvertretende Vorsitzende der Parteizelle. Mehr musst du nicht wissen. Wenn du morgen nicht an die Front gehen willst, dann diskutierst du nicht weiter mit mir.«

Natürlich hätte ich nie jemanden verpfiffen, ich bin nicht so ein Mensch. Aber ich habe mich um Ordnung und Anstand gekümmert. Die Partei will keine Romanzen? Die Partei weiß es besser.

Ich sage dir, Witold, ich komme mir dumm vor, wenn ich heute darüber rede. Diese Jungen sind wirklich in den Tod gegangen, und selbst wenn sie nicht selbst gestorben sind, haben sie ihre Freunde sterben sehen. Viele kamen ohne Beine, ohne Arme und drogenabhängig zurück. Viele haben nie eine Familie gegründet und blieben für den Rest ihres Lebens behindert. Vielleicht wäre eine Affäre, obwohl von der Partei unerwünscht, ihre letzte Chance gewesen, etwas Schönes zu erleben?

Meine Kellnerinnen hatten oft auch komplizierte Geschichten hinter sich. Eine von ihnen war ein Waisenkind aus einem Kinderheim. Eine andere war eine alleinerziehende Mutter. Die dritte war vor ihrem Ehemann, der sie schlug, nach Afghanistan geflohen. Welches Recht hatte ich, ihnen zu verbieten, sich zu verlieben?

Aber leider war es das, was ich damals gedacht habe. Die Partei über alles. Es war dumm, das sehe ich jetzt ein.

Andererseits hielten mich die meisten Leute in der Basis für eine Tschekistin: eine Geheimagentin, die berichtet, worüber die Leute reden und wie die Stimmung ist. Ich glaube, dass auch der Kommandant so von mir dachte und – obwohl ich nur eine einfache Köchin war – deshalb immer sehr freundlich zu mir war, er hörte sich stets an, was ich zu sagen hatte.

Zu meiner Rechtfertigung kann ich aber sagen, dass ich dieses kleine Stück Macht auch für einen guten Zweck eingesetzt habe. Eines Tages zum Beispiel wartete ich am Flughafen, um ein Paket abzuholen. Am Flughafen waren sie sehr darauf bedacht, dass unsere Leute keine Waren nach Russland mitnahmen, denn in Afghanistan konnte man sogar einen Farbfernseher auf dem Basar kaufen und VHS-Filme oder gute Markenjeans – also viel bessere Sachen als bei uns in Moskau in den besten Läden. Deshalb beschlossen unsere Politiker, dass die Soldaten nichts mitbringen durften, weil die Leute zuhause sonst erkennen würden, dass der Kommunismus verfällt. An der Grenze wurden ihre Koffer gründlich durchwühlt. Was sie zu schmuggeln versuchten, fragst du? Der Eine ein Paar Jeans, ein Anderer ein hübsches Halstuch für seine Mutter; jemand ein Kleid für seine Freundin, ein Weiterer einen Parfümflakon.

Wir hassten die Zollbeamten, denn sie waren sehr pingelig und außerdem fast alle korrupt. Einmal, wir warteten auf die Abfertigung, ging der Zollbeamte vor mir einen Jungen an, der einen kleinen braunen Lederkoffer und ein Sommerkleid für seine Freundin gekauft hatte. Er schrie ihn an, dass er eine Geldstrafe bekommen und wegen Schmuggels vor Gericht gestellt werden würde.

In dem Moment platzte mir der Kragen. Ich ging auf den Beamten zu und machte ihn zur Schnecke: »Was soll das hier, Genosse? Sehen Sie sich diesen Jungen an! Er hat seinem Land gedient. Er hätte getötet werden können. Es ist doch vollkommen verständlich, dass er seinen Lieben zuhause etwas mitbringen möchte.«

Der Zollbeamte sah mich unverschämt an und brüllte: »Wer sind Sie denn?«

Ich daraufhin: »Mein Ehemann ist hier Berater!«

Es gab verschiedene Berater: Zivilisten wie meinen Mann, aber ich hätte genauso gut die Frau eines Generals sein können. Ich wusste, dass der Zöllner es nicht wagen würde, mich anzugehen, wenn ich klar und selbstbewusst sprach.

»Und was machen Sie in Afghanistan?«, wollte der Kerl wissen.

»Wie, was ich mache? Ich arbeite.« Ich habe nicht erwähnt, dass ich als Köchin arbeitete, weil: wozu? Es war besser, wenn er dachte, dass er mit jemand Wichtigem sprach.

Er sah mich an, dann diesen Soldaten. Man konnte an seinem Blick erkennen, dass er einfach kein guter Mensch war. Schließlich sagte er: »Also gut. Ab mit dir.«

Und zu mir sagte er: »Ich werde dahinterkommen, wer Sie sind. Und Sie werden teuer dafür bezahlen, dass Sie mich hier bei der Arbeit stören.«

Daraufhin erwiderte ich: »Nicht teurer als du, Kleiner. Wenn du hier rausgeschmissen wirst, kontrollierst du maximal noch Autos auf dem Parkplatz.«

Und ich drehte mich um und ging.

Ich kam nur deshalb mit solchen Sachen durch, weil alle auf dem Stützpunkt dachten, ich würde für den Geheimdienst arbeiten. An sich hätten sie mich vor Gericht stellen können, weil ich einen Zollbeamten beschimpft hatte, der letztlich nur seine Arbeit machte. Aber weil ich es so unverschämt und selbstbewusst angegangen war, bin ich damit durchgekommen.

Später habe ich mit meinem Mann über diese Situation gesprochen. Und er sagte zu mir: »Warum gehst du so ein Risiko ein? Er wird morgen die Koffer von zehn anderen Jungs auf den Kopf stellen.«

Ich erwiderte: »Walentin Dimitrijewitsch, ich bin hierhergekommen, um den Kommunismus zu verteidigen. Und solche Menschen stellen eine noch größere Bedrohung als die Afghanen dar. Sie sind schlimmer als mancher von den Dushmans!«

So war es auch, Witold. Der Kommunismus war kein schlechtes System. Ich habe in der Partei nur gute, anständige Leute kennengelernt. An ihnen lag es nicht, dass das System zusammengebrochen ist.

Der Kommunismus ist wegen Leuten wie diesem Zöllner mit dem Bulldoggengesicht untergegangen.

6.

Wir durften uns nicht mit Afghanen verbrüdern, es sei denn, es handelte sich um Armeesoldaten und deren Ehefrauen. Es war interessant, sie zu beobachten, denn es waren Leute, die oft eine Militärschule in Russland absolviert hatten. Vor uns verhielten sie sich auch wie Russen. Aber sobald jemand von den afghanischen Ältesten auftauchte, veränderten sie sich blitzschnell. Sie sprachen anders, sie behandelten ihre Frauen anders, sogar ihre Gesichtszüge verwandelten sich.

Die Afghanen hatten getrennte Küchen, getrennte Kasernen, ein anderes Kommando als wir. Aber einer von ihnen sehnte sich nach russischem Brot. Eines Tages kam er zu mir, elegant, glatt rasiert, was selbst bei ihren Soldaten überhaupt nicht üblich war, mit einem modisch gestutzten Schnurrbart, und fragte mich, ob ich mit ihm tauschen wolle: russisches Brot gegen ihre Lepjoschki. Lepjoschka ist ein rundes Brot, das mir sehr gut schmeckte. Ich stimmte natürlich zu und wir begannen, uns zu unterhalten. Er hatte gehört, wie die Soldaten mich »Mama Nina« nannten und dachte, das sei mein Name. Er nannte mich »Mamnin«. Es klang sehr lustig, also korrigierte ich ihn nicht. Abdullah war sehr offen zu mir und erzählte mir, wie der Krieg aus seiner Sicht verlief.

»Mamnin, Ihre Leute tun eine Menge schlechter Dinge für Afghanistan«, hat er mir einmal erklärt. »In meiner Familie sind zwei Brüder in Ihrer Armee und zwei bei den Partisanen. Diejenigen, die zu den Partisanen gehören, haben mir gedroht, mich und meine Frau zu töten, wenn ich mich ihnen nicht anschließe. Es hieß ja, ihr Russen würdet herkommen, uns helfen und dann wieder gehen. Warum hocken Sie noch ein weiteres Jahr hier?«

Ich habe ihm nicht geantwortet, denn was hätte ich sagen sollen? Ich glaubte immer noch, dass man im Kreml einen Plan hatte, den ich halt nur nicht kannte. In der Zwischenzeit war Breschnew gestorben und es begann eine Phase, in der ständig der Erste Sekretär ausgetauscht wurde: Andropow, dann Tschernenko, danach Gorbatschow.

Und wir? Wir haben gelernt, afghanischen Pilaw zu essen. Er ist unglaublich, so etwas findest du nirgendwo! Er wird ausschließlich von Männern zubereitet, die ihn mit großen Stöcken umrühren. Der Pilaw wird mit den Händen gegessen. Wir luden die Afghanen zu allen Feiertagen in die Basis ein – Neujahr, Frauentag, Jahrestag der Oktoberrevolution, Tag des Sieges – und sie brachten immer mehrere große Töpfe mit diesem Gericht mit. Du konntest dich nicht davon losreißen, so lecker war es. Man kann Pilaw entweder herzhaft oder süß machen, also machten sie einen Topf mit Fleisch und einen anderen mit Früchten: Granatäpfel, Aprikosen, Pfirsiche.

In Afghanistan gibt es auch ungewöhnlich gute Weintrauben, die Kischmisch oder Sultaninen genannt werden. Sie sind süßer als Zucker. Unsere Männer organisierten schnell Setzlinge und nach zwei Jahren hatten wir Weinreben, die bis zum zweiten Stock reichten; alle Balkone waren damit überwuchert. In der Erntezeit stellten wir Tischtennisplatten auf und breiteten das Obst auf diesen Tischen aus. Alle konnten sich an den Trauben sattessen und trotzdem blieb noch etwas übrig. Einige Leute haben heimlich Wein daraus gemacht, aber ich habe es meinem Mann verboten. Das war nicht erlaubt.

»Du hast eine Frau in der Partei, also darfst du die Regeln nicht brechen«, sagte ich.

Der Boden in Afghanistan ist sehr sandig, aber in dem Klima dort wächst trotzdem alles. Bei uns braucht eine Karotte einen Monat, um zu wachsen, bei ihnen braucht sie eine Woche. Dasselbe gilt für anderes Gemüse. Die Bäume blühen – und direkt danach tragen sie Früchte. Und im Februar bietet sich einem der schönste Anblick der Welt: wilde Tulpen in der Steppe. Da wachsen regelrecht Millionen davon, eine neben der anderen. Sobald sie zu blühen beginnen, entzünden die Afghanen kleine Feuer, pflücken die Blüten und werfen die Zwiebeln in die Glut. Sie rösten die Tulpenzwiebeln und essen sie. Sie schmecken ein wenig bitter, aber man kann sie essen.

Im März fliegen Zugvögel über Afghanistan, Stare. Interessanterweise haben sie ihre eigenen Stare, die dort sesshaft sind, aber auf die schießen sie nicht. Sie warten nur auf diese Art Zugvögel. Wenn sie mitbekommen, dass sie wieder fliegen – und diese Stare sind schon von Weitem zu hören – eilen sie sofort auf den nächsten Hügel und töten sie, jeder mindestens ein Dutzend von ihnen. Abdullah bat mich eines Tages, ihn von unserem Dach aus schießen zu lassen. Das hat mich echt aufgeregt.

»Sie wollen doch nicht von meinem Dach auf die armen Vögel schießen!«, protestierte ich. Aber wenn ich weg war, hat mein Mann es ihm ein paar Mal erlaubt und dann hat Abdullah uns als Dankeschön etwas von den gebackenen Vögeln mitgebracht, die seine Frau gemacht hatte. Ich habe sie nie gegessen, aber mein Mann hat sie probiert und fand sie gut.

7.

Ich lernte schnell, wie man für die Armee kocht. Jeden Tag musste es eine gute, wärmende Suppe geben, zum Beispiel Rossolnik, mit sauren Gurken, Möhren und Zwiebeln. Oder Schtschi, aus Weißkohl und Sauerkraut, oder Borschtsch.

Für die saure Schtschi brauchst du Sauerkraut: Du schneidest Kohl in kleine Stücke, gibst Salz und Paprika hinzu, aber vor allem brauchst du Fenchelsamen. Du salzst das Kraut gut ein und knetest es durch, damit es Saft abgibt. Lass die Krautmasse drei Tage stehen, damit sie ordentlich einsäuert, bevor du ans Kochen der Suppe gehst.

Diese Krautmasse haben sie uns damals fertig gebracht, in Fässern aus Moskau, denn im Krieg hatte niemand die Zeit, Sauerkraut anzusetzen. Dann kochten wir schnell Kartoffeln dazu, würzten die Schtschi und fertig. Manchmal machten wir auch Sascharka – gebratene Zwiebeln mit Möhren.

Einmal schickte ich einen der Jungen, einen der Gefreiten, die uns in der Küche aushalfen, damit er mir zusätzlich bereits eingekochte Schtschi holte. Dort lagerte aber noch ein anderer Topf, mit Rossolnik. Er brachte mir den Rossolnik und ich habe es nicht bemerkt. Ich mischte die beiden Suppen und so wurde es eine Art Gurken-Schtschi mit Graupen. Ich ging mit hängendem Kopf zum Kantinenleiter und sagte: »Andrei Josifowitsch, bitte nicht schießen, aber es gibt ein Problem mit der Suppe.«

Und ich erklärte ihm, dass ich wüsste, dass sie nicht so zubereitet wird, aber die Eile, die Hitze, die viele Arbeit … Zum Glück war unser Chef ein toller Kerl. Er zuckte nur mit den Schultern. »Wo ist das Problem?«, meinte er. Wir gingen gemeinsam zu der Tafel, an der der Speiseplan ausgehängt war. Und Josifowitsch ersetzte einfach »Schtschi« durch »sibirische Schtschi«.

Ich gestehe dir, Witold, dass weder ich noch Andrei Josifowitsch wussten, ob es »sibirische Schtschi« überhaupt gibt. Aber wir hofften, dass es auch keiner unserer Soldaten wusste. Oder dass sie unsere Speisekarte sowieso nicht lasen.

Wie es der Zufall wollte, gab es aber einen Jungen aus Sibirien bei uns und zu allem Überfluss las er auch noch unseren Aushang. Nach dem Essen kam er in die Küche und sagte: »Mama Nina, ich komme aus Irkutsk und zuhause machen wir sibirische Schtschi anders.«

»Ach ja?«, sagte ich und erwartete, dass er mit mir streiten würde. »Wie macht ihr es denn?«

»Wir geben keine sauren Gurken da rein.«

Ich stellte mich weiterhin dumm.

»Und was schmeckt besser?«, fragte ich ihn. Er dachte einen Moment lang nach.

»Das hier«, antwortete er. »Sobald ich wieder zuhause bin, werde ich meiner Mutter sagen, dass sie die Schtschi mit Gurken machen soll.«

Die Soldaten lobten unsere Küche sehr. Jeden Tag versuchten wir, frische Salate und frisches Gemüse auf den Tisch zu bringen: Tomaten, Radieschen, Gurken. Sie aßen alle so gerne, und uns war es sehr wichtig, dass sie sich gesund ernährten. Nur bekamen wir leider nicht genug Gesundes mit den Flugzeugen geliefert; mehrmals musste ich auf den afghanischen Markt gehen und von meinem eigenen Geld Gemüse kaufen, damit die Jungs etwas Frisches zu essen hatten. Aber wir wurden gut bezahlt, ich konnte es mir leisten. Ich sollte eigentlich keine Lebensmittel auf dem Markt kaufen, das war verboten. Aber ich habe es trotzdem getan. Und ich habe nie jemanden vergiftet.

8.

Eines Morgens kam einer unserer Leute hereingestürmt und rief, dass ein Mann mit einem Loch im Bauch am Zaun liegen würde. Und dass es wahrscheinlich Loscha sei. Ich rannte so schnell ich konnte hin – es war tatsächlich Loscha. Ich kniete neben ihm und weinte, als ob es wirklich mein Sohn wäre, der da lag. Ich konnte mich nicht beherrschen, ich heulte und schrie. Jemand schickte nach meinem Mann, auch die Leute aus der Küche kamen angelaufen, und ich lag auf dem Asphalt, neben Loscha, und weinte, bis mir die Tränen ausgingen.

Noch heute kommen mir Tränen, wenn ich an ihn denke. Er hatte nur noch zwei Monate Dienstzeit vor sich, ließ sich aber dummerweise von einem der Offiziere dazu verleiten, etwas zu stehlen und an die Afghanen zu verkaufen. Wie genau es passiert ist, dass sie ihn erschossen haben? Ich weiß es nicht.

Ich bin dann zu diesem Offizier gegangen und habe ihm gesagt, dass ich alles weiß, dass ich weiß, dass er die Jungs in seine schmutzigen Geschäfte hineinzieht, und dass das jetzt zu weit gegangen ist. Später habe ich das Thema auf einer Parteiveranstaltung in Kabul angesprochen und gesagt, dass es einen Offizier gibt, der nachweislich Benzin und andere Dinge an die Dushmans gibt, wer weiß, vielleicht sogar Waffen, im Tausch gegen Videorekorder. Und dass er vor Kurzem mit jemandem nicht ordentlich abgerechnet hat und ein Soldat seinetwegen sterben musste. Und plötzlich hatte ich das Gefühl, dass es eine Blockade gab. Dass sie alle sehr genau wussten, wen ich meinte und was da ablief. Aber dieser Mann hatte irgendwo weiter oben einen starken Beschützer, keine Chance, dass eine einfache Köchin da etwas bewegen konnte. Sie ließen mich also ausreden und wechselten dann geschickt das Thema.

Loscha bekam, obwohl er nur ein einfacher Soldat war, eine Begräbniszeremonie wie ein Militärpilot. Denn immer, wenn ein Pilot starb, hatten wir den Brauch, dass die Kellnerinnen drei Tage lang alle

Mahlzeiten zu dem Platz am Tisch brachten, an dem er gewöhnlich gesessen hatte. Erst das Brot, dann die Suppe, dann den Hauptgang und anschließend den Nachtisch. Sie stellten ihm alles hin. Und dann brachten sie alles unberührt zurück in die Küche und wir warfen es weg – niemand sollte sein Essen bekommen. Am nächsten Tag das Gleiche. Und am übernächsten Tag. Erst am vierten Tag durfte jemand den Platz des getöteten Piloten einnehmen. Woher kommt dieser Brauch, willst du wissen? Das ist sehr interessant, denn wir haben uns das nicht bewusst ausgedacht. Niemand hat sich mit jemandem beraten, niemand hat darüber nachgedacht, die Kellnerinnen haben das Essen einfach hingestellt und dann wieder abgeräumt. Und plötzlich stellten wir fest, dass wir das für jeden Menschen taten, der uns wichtig war.

Und so haben wir uns von meinem Loscha verabschiedet. Am ersten Tag nach seinem Tod bekam er Schtschi, am zweiten Fleisch mit Kartoffeln und Salat und zum Nachtisch Wackelpudding. Was wir an den folgenden Tagen aufgetischt haben, weiß ich nicht mehr. Zu dem Zeitpunkt befand er sich bereits im Flugzeug, in einem Zinksarg, in dem sie Verstorbene nach Russland überführten.

Ich habe dann seine Eltern ausfindig gemacht, sie angerufen – ich hatte kein Geld, um hinzufliegen – und ihnen gesagt, dass er ein wunderbarer Junge gewesen war und dass er als Held gestorben ist. Ich bin nicht ins Detail gegangen, warum hätte ich das tun sollen? Ich habe seiner Mutter nur gesagt, dass wir ihn so gut wie möglich ernährt haben. Und dass ich nicht mehr für ihn tun konnte. Wir haben beide geweint.

Und Abdullah? Er schloss sich schließlich seinen Brüdern an und stellte sich gegen uns. Er wurde bei einer der ersten Aktionen, an denen er auf Seiten der Dushman teilnahm, getötet. Es waren unnötige

Todesfälle, Witold. Genau wie unsere ganze brüderliche Intervention vollkommen unnötig war und niemandem etwas genutzt hat.

REZEPTE

SCHTSCHI

- 400 g Hähnchenfleisch
- 6 Kartoffeln
- 300 g Sauerkraut
- 6 Tomaten
- 1 Möhre
- 2 Zwiebeln
- 5 Knoblauchzehen
- Lorbeerblätter
- Salz

Das Fleisch in kleine Stücke schneiden und im Topf aufsetzen, bis es aufkocht. Klein gewürfelte Kartoffeln hinzugeben. Sobald sie halbgar sind, das kleingeschnittene Sauerkraut hinzufügen.

Die feingehackte Zwiebel in einer Pfanne goldbraun anbraten, dann die geriebene Karotte hinzufügen und weitere 3-4 Minuten mitbraten.

In einer zweiten Pfanne die Tomatenwürfel anbraten. Den Inhalt der beiden Pfannen mischen und zur Fleischbrühe geben. Lorbeerblatt, Salz und zerdrückten Knoblauch hinzufügen und alles zusammen weitere 10 Minuten kochen lassen.

KALBFLEISCH AUF CHAMPIGNONS

- 1 kg Kalbfleisch
- 500 g Champignons
- 300 g Sahne
- 1 Zwiebel
- 100 g Hartkäse
- Salz

Das Kalbfleisch abspülen, in Portionen schneiden und 1-2 Stunden in Sahne einweichen. Die Champignons in große Stücke schneiden. Die Zwiebeln hacken und den Käse reiben.

Eine Schicht Champignons auf das Backblech legen, dann eine Schicht Zwiebeln, das Ganze salzen und mit geriebenem Käse bestreuen. Dann die in Sahne eingeweichten Kalbfleischstücke darauf verteilen und in den auf 200° C vorgeheizten Ofen schieben.

Wenn die Kruste goldbraun ist, die Sahne über das Fleisch gießen, die Ofentemperatur auf 180° C senken und weitere 40-50 Minuten backen.

UKRAINISCHER BORSCHTSCH MIT KWASS

- 500 g Fleisch
- 400 g Sauerkraut
- 400 g Kartoffeln
- 250 g Rote Bete
- halbes Glas saure Sahne
- halbes Glas Tomatenmark
- 1 Meerrettich-Wurzel
- 1 Zwiebel
- 2 Tomaten
- 20 g Schweineschmalz
- 1 Esslöffel Butter
- 2 Knoblauchzehen
- 1 Glas Kwass
- 1 Lorbeerblatt
- ein Bund Petersilie
- Nelkenpfeffer
- scharfer Paprika
- Salz

Aus dem Fleisch eine Brühe herstellen. Meerrettich, Zwiebel und Rote Bete in Streifen schneiden. Meerrettich- und Zwiebelstreifen in Öl anbraten, mit Mehl bestäuben, mit etwas Brühe verdünnen und aufkochen lassen.

In der Zwischenzeit die Rote Bete 20-30 Minuten kochen und Schmalz, Tomatenmark, Kwass und die Fleischbrühe hinzufügen (man kann auch Sahne nehmen).

Dann die grob gewürfelten Kartoffeln, das Sauerkraut, die gedünstete Rote Bete und Salz hinzufügen und alles 10-15 Minuten köcheln lassen. Danach den Rest der Gewürze, Knoblauch und Tomatenscheiben hinzufügen.

Die saure Sahne in Schalen füllen, die Suppe hineingeben und mit fein gehackter Petersilie bestreuen.

ROULADE AUF RUSSISCH

- 600-700 g Schweinefleisch
- 200 g Hühnerklein
- 100 g Hühnerleber
- 2 Zwiebeln
- 100 g Butter oder Margarine
- 600 g Bratkartoffeln
- scharfe Tomatensoße
- Salz, Pfeffer

Das Schweinefleisch in dünne Scheiben schneiden, mit Salz und Pfeffer würzen und leicht anbraten. Das Hühnerklein in Salzwasser kochen und zusammen mit der Leber im Fleischwolf zerkleinern; die gebratene Zwiebel und das Salz hinzufügen und gut vermischen.

Das Hackfleisch zu Bällchen formen, mit etwas heißer Brühe oder Wasser aufgießen und zugedeckt kochen, bis sie weich sind. Dann die Bällchen in die Schweinescheiben einwickeln und weitere 5-7 Minuten garen.

Mit Bratkartoffeln und einer würzigen Tomaten- oder Zwiebelsoße servieren.

MENÜ XII

Das erste Comeback
von Wiktor Beljajew

1.

Breschnew war gestorben, Witold, ich erinnere mich gut an diesen Tag und werde ihn nie vergessen, denn sein Tod war echt der Wahnsinn im Kreml. Sie sind alle durchgedreht. Seit Stalins Tod 1953, also fast dreißig Jahre zuvor, war noch nie ein Erster Sekretär während seiner Amtszeit gestorben, niemand wusste mehr, wie man ein ordentliches Begräbnis vorbereitet.

Die Arbeit war anders als sonst, denn es waren viele internationale Delegationen da und die meisten Köche waren ihnen zugeteilt. Ich habe für den französischen Premierminister gearbeitet, allerdings hatte ich nicht viel zu tun – er flog ein, nahm an den Feierlichkeiten teil und kehrte sofort nach Paris zurück. So konnte ich meinen Kollegen in der Küche helfen, die das Menü für den Leichenschmaus vorbereiteten. Aber auch dort gab es nicht besonders viel zu tun. Wir haben Kutja mit Rosinen gemacht – das ist unsere russische Tradition bei Beerdigungen –, dazu gab es Blinis, Kompott und ein paar Knabbereien auf separaten Tischen. Nichts Ausgefallenes, kein Stör oder Kaviar.

Die Zeiten von Stör und Kaviar würden zusammen mit Breschnew in Vergessenheit geraten. Aber das konnten wir damals noch nicht wissen.

Und so wie wir drei Jahrzehnte lang kein einziges Staatsbegräbnis hatten, so hatten wir nach Breschnew plötzlich jedes Jahr eins! Zuerst starb Breschnews Nachfolger, Juri Andropow, dann dessen Nachfolger, Konstantin Tschernenko. Und jedes Mal lief es genau gleich ab: Begräbnis, Kutja, Blinis, Kompott und Schluss. Bis jemand auf die Idee kam, keinen tattrigen Greis mehr aufzustellen, der innerhalb eines Jahres sterben würde. Und so wurde 1985 der noch relativ junge Michail Gorbatschow zum Ersten Sekretär der Kommunistischen Partei ernannt.

Und wie du wohl weißt, haben wir ihm die Perestroika, also die Transformation, zu verdanken. Danach ist die UdSSR auseinandergebrochen, was ich sehr bedauere. Aber bevor das geschah, sollten wir auch in der Kremlküche die Perestroika zu spüren bekommen.

Als Allererstes bekamen wir die Ansage, dass Schluss war mit all den luxuriösen Festen. Keine Störe und keinen Kaviar mehr; das alles wurde wegreglementiert. Gorbatschow selbst war dauernd auf Diät. Seine Frau, Raissa Maximowna, hatte das durchgesetzt. Er aß vor allem Haferflocken und achtete sehr genau auf seine Kalorienzufuhr, denn er hatte einen solchen Körperbau, dass er, wenn er sich nur ein kleines bisschen was gönnte, sofort zunahm. Der gesamte Kreml musste mit ihm Diät halten!

Ich sage dir ganz offen, Witold, die Köche hatten es nicht leicht mit Raissa Maximowna. Sie wechselte die Leute oft aus, weil sie ihrer Meinung nach immer etwas falsch machten. Das Essen war nicht richtig, die Spiegeleier waren schlecht gebraten, mal gab es zu wenig, dann wieder zu viel Wurst. Mir wurde immer wieder angeboten, Gorbatschows Leibkoch zu werden und jedes Mal lehnte ich ab. Über das Kochen für Gorbatschow hatten meine Kollegen nur Schlechtes zu sagen.

Wenn er eine Schwäche hatte, dann war es Champagner. Die Köche machten ihm oft eine Limonade, die er sich selbst ausgedacht hatte: Eis, Minze, Zitronensaft, ein wenig Himbeersaft – und obendrauf kamen fünfzig Gramm Champagner pro Glas.

Seine einzige Extravaganz, an die ich mich von den Partys erinnere, war Beluga, ebenfalls in Champagner gekocht.

2.

1986 erlebte ich ein letztes außergewöhnliches Begräbnis im Kreml. Ein alter Mann war gestorben, ein Veteran der Macht, an den man sich sicherlich auch heute noch erinnert: Wjatscheslaw Molotow. Derselbe Mann, der 1939 mit Ribbentrop den sowjetisch-deutschen Freundschaftspakt abgeschlossen hatte. Er war sechsundneunzig Jahre alt, der Letzte aus der stalinistischen Machtelite, der Einzige, der so lange lebte. Ich kannte ihn, wir brachten ihm manchmal Essen aus dem Kreml.

Die letzten Jahre seines Lebens verbrachte Molotow hauptsächlich im Leninskij-Sanatorium in Rubljowka, einem heute sehr exklusiven, neureichen Stadtteil von Moskau. Er hatte dort sein Zimmer. Da es ein Sanatorium für wichtige Parteimitglieder war, gingen wir manchmal dorthin, um zu kochen. Wir verbeugten uns immer demütig vor ihm, denn Molotow war eine Legende, auch wenn er damals in der aktuellen Politik keine Bedeutung mehr hatte.

Seine Wohnung befand sich in unmittelbarer Nähe des Kreml, in der Granowski-Straße, wo vor dem Krieg die gesamte Elite der Sowjetunion lebte: Rokossowski, Budjonny, Woroschilow. Und eben auch Molotow.

Als er starb, hatte er als bedeutender Politiker Anspruch auf ein Begräbnis und einen Leichenschmaus auf Staatskosten. Also wurde ich zur Granowski-Straße geschickt, um den Leichenschmaus vorzubereiten. Zwei ältere Damen, entfernte Cousinen von ihm, erwarteten mich in der Wohnung. Ich stellte mich vor, verbeugte mich höflich und sie ließen mich rein.

Die Wohnung war vom Feinsten, mehrere hundert Quadratmeter im Zentrum von Moskau. Sie bestand aus einem Kaminzimmer, einem Esszimmer, einem Arbeitszimmer, zwei Schlafzimmern und einer riesigen Küche. Ich ging also in die Küche, sah mich um, welches Geschirr und welche Töpfe mir zur Verfügung standen, ob es Messer gab, wie viele und welche, damit ich wusste, mit welchen Geräten ich arbeiten würde. Ich ging zum Tisch, griff nach einem Teller, der da stand, und er ließ sich nicht aufnehmen. Warum? Wegen Dreck! Man kann es sich kaum vorstellen, alles klebte vor Dreck. Molotow war schon sehr alt und hatte entweder nicht mehr die Kraft oder keine Lust zum Abwaschen. Also nahm er sein Essen zu sich und ließ danach alles stehen und liegen.

So etwas habe ich in meinem Leben noch nicht gesehen, weder vorher noch nachher. Diese Cousinen sahen mich besorgt dastehen und sagten: »Machen Sie sich keine Sorgen, Wiktor Borisewitsch. Wir werden diese Teller in der Badewanne abwaschen.«

Und sie haben sie abgewaschen. Aber es gab nicht genug Teller, wir mussten welche aus dem Kreml hinbringen.

Ich habe mich eine Weile in dieser Wohnung umgesehen. Ich habe dir bereits gesagt, dass ich mich für Geschichte interessiere, und eine solche Gelegenheit, zu sehen, wie jemand wie Molotow gelebt hat, bietet sich nur einmal im Leben. Ich dachte, ich würde vielleicht einige Notizen sehen, vielleicht sogar ein Foto mit Ribbentrop. Aber nein. Nichts dergleichen. Und selbst wenn es dort etwas Interessantes gegeben hätte, wären sicher die entsprechenden Dienste gekommen und hätten alles weggebracht, bevor sie den Koch holten.

Ich sah nur einige Souvenirs aus verschiedenen Ländern, wie zum Beispiel ein Porträt von ihm aus Reis – ein Geschenk aus Usbekistan.

So viel ist von Molotow geblieben: schmutzige Teller und ein Porträt aus Reis.

3.

Den Mann, den ich als meinen Meister bezeichnen kann, lernte ich während der Gorbatschow-Ära kennen.

Alles begann damit, dass der XXVII. Parteitag bevorstand und – wie immer zu diesem Anlass – viele bedeutende Persönlichkeiten, auch aus dem Ausland, nach Moskau kamen. Für besondere Gäste ließ die Partei in Gorki Leninskije, in unmittelbarer Nähe von Lenins Wohnhaus, Ferienhäuser bauen. Es handelte sich um recht luxuriöse Villen, jede mit einem Kinosaal, einem Billardtisch, einem Arbeitszimmer und einer Kantine.

Jede dieser Einrichtungen verfügte auch über Personal und Sicherheitskräfte. Wir nannten diese Häuschen »Osobnjaki«, Herrenhäuser.

Und eines Tages sagte mir mein Chef, dass er mich für die Dauer des Kongresses in ein Osobnjak schickt, wo ich für Kaysone Phomvihane kochen sollte. Wissen Sie, wer das war? Ich wusste es auch nicht. Der Premierminister von Laos, das zu jener Zeit eine große Freundschaft mit der UdSSR pflegte.

Ich erschrak. Hier muss ich hinzufügen, dass ich damals noch jung war, noch keine dreißig, also sagte ich zu meinem Chef: »Wie soll ich ganz alleine in einem Osobnjak kochen? Das ist eine große Verantwortung!«

Und mein Chef antwortete: »Vielleicht hast du recht. Mit wem könntest du denn zusammenarbeiten …« Er dachte einen Moment lang nach. Dann sagte er: »Ich weiß es. Mit Witali Alexejewitsch. Wer das ist? Das wirst du schon herausfinden, wenn du da bist.«

Nun, so soll es sein, dachte ich. Ein paar Tage später setzten sie mich ins Auto und fuhren mich weg. Witali Alexejewitsch war schon da, ein großer, grauhaariger alter Mann, sehr höflich und sehr zurückhaltend. Wir gaben uns die Hand und begannen mit der Arbeit, aber Witali Alexejewitsch verhielt sich nicht wie der bessere und erfahrenere Koch. Er fragte mich nach allem, stimmte alles mit mir ab, konsultierte mich ständig: Wie viel Essen sollten wir bestellen, welche Art von Essen, und was könnten wir kochen, damit es den Gästen aus Laos schmeckt?

Dann haben wir uns an die Arbeit gemacht. Und ich konnte mich gar nicht genug wundern, wie hervorragend dieser Mann kochte! Wie geschickt seine Hände waren, mit welcher Anmut er sich in der Küche bewegte. Ich war sehr überrascht, dass jemand mit einem solchen Talent nicht jeden Tag bei uns im Kreml kochte. Ich habe ihn danach gefragt.

»Was ist im Kreml üblich, Wiktor?« Er lächelte. »Wer darf da nicht kochen?«

»Ich weiß es nicht«, antwortete ich. »Da gibt es zu viele Regeln, als dass ich sie alle kennen könnte.«

»Denk mal nach«, antwortete Witali Alexejewitsch. Und er lächelte wieder.

Und ich habe mir die halbe Nacht den Kopf darüber zerbrochen, wer er sein könnte, wie er in Schwierigkeiten geraten ist, wen er sich zum Feind gemacht hatte, sodass er nicht mit uns arbeiten konnte. Dann erinnerte ich mich daran, dass keine Leibköche von Verstorbenen oder von unehrenhaft Entlassenen im Kreml kochen dürfen. Hatte Witali Alexejewitsch womöglich als Litschnik für einen der Ersten Sekretäre gearbeitet? Aber wenn ja, für wen? Ich war wieder wach, dachte nach, ich überlegte die ganze Zeit. Und als ich schließlich drauf kam, was das Problem sein könnte, lief mir ein Schauer über den Rücken.

Am nächsten Tag, als wir aufgestanden waren, um Frühstück zu machen, ging ich gleich zu ihm und fragte ihn direkt: »Ich habe die ganze Nacht nachgedacht. Haben Sie … haben Sie für Stalin gearbeitet?«

Witali Alexejewitsch lächelte nur.

4.

So wurde Stalins persönlicher Küchenchef mein Freund und Meister. Vitali durfte sogar neben Stalins Villa wohnen und kannte alle legendären Köche, allen voran Sascha Egnataschwili. Witali und ich wohnten vierzehn Tage lang im Herrenhaus, kochten zusammen, tranken jeden Tag ein Schlückchen Cognac und spielten Domino – ein Lieblingsspiel der älteren Kremlköche. Der Erste Sekretär aus Laos wurde immer erst am späten Abend zu uns gebracht, nach den Sitzungen, sodass wir uns nicht besonders für ihn interessierten und er sich ebenfalls nicht besonders für uns interessierte. Er hat sich zumindest nicht beschwert, was schon viel wert ist.

Die Arbeit mit Witali Alexejewitsch war sehr hilfreich und brachte mich ein großes Stück weiter. Er war es, der mich zu einem vollwertigen Koch gemacht hat: zu jemandem, der sich bewusst ist, worum es in unserem Beruf wirklich geht. Er hat mich Dinge gelehrt, die mir niemand in der Schule oder anderswo gesagt hatte.

Er hat mir zum Beispiel beigebracht, wie man einen Hering mit einem einzigen Messerstrich filetiert – Stalin liebte Heringe, er hätte sie jeden Tag essen können.

Er lehrte mich, dass ein Koch stets gutgelaunt zur Arbeit gehen muss. Er darf sich nicht stressen lassen, er darf nicht nervös werden, darf sich aus keinem Grund der Welt aus dem Gleichgewicht bringen lassen – obwohl das nicht einfach ist, wenn man für die Regierung arbeitet.

»Ein nervöser Koch bedeutet schlechtes Essen«, pflegte Witali Alexejewitsch zu sagen, und damit hatte er durchaus recht. Er erzählte mir, dass Stalin dies sehr gut verstand und seinen Unmut oft an verschiedenen Personen aus seinem Umfeld und seinem Personal ausließ – aber niemals an seinem Koch. Ihm war klar, dass seine Gesundheit und sein Wohlbefinden von der Stimmung des Kochs abhingen.

Ich werde nie vergessen, wie ich eines Tages, als wir einen Hefekuchen backen sollten, anfing zu meckern: »Dieser Kuchen funktioniert bei mir nie«, beschwerte ich mich. »Ich kriege das echt nicht hin. Ich werde wieder nur Zeit vergeuden und es wird nichts draus.«

»Kannst du singen?«, fragte Witali plötzlich.

»Singen? Was hat Singen mit Hefekuchen zu tun?«, erwiderte ich verwirrt.

»Hefe ist ein lebender Organismus, der deine Stimmung jederzeit wahrnimmt. Wenn man nervös ist, spüren die Hefepilze das und der Teig fällt zusammen. Es gibt nur eine Möglichkeit, sie zu täuschen. Du musst für sie singen!«

»Ist das Ihr Ernst, Witali Alexejewitsch?«, vergewisserte ich mich. Ja, es war ihm sehr ernst.

Ich habe es versucht. Und ich habe es tatsächlich geschafft, die Hefe zu überlisten. Meine Mutter hat mir als Kind oft vorgesungen, sodass ich viele traditionelle russische Lieder kannte. Seitdem singe ich immer für meinen Hefeteig und es ist noch nie vorgekommen, dass er nicht aufgegangen ist.

5.

Witali Alexejewitsch und ich kamen uns mit der Zeit so nahe, dass er anfing, mir eine Menge Geschichten über Stalin zu erzählen. In Maßen, versteht sich. Alle Personen, die mit den Führern des Landes zusammenarbeiteten, mich eingeschlossen, erhielten ein Dokument, das besagte, dass man mit niemandem über seine Arbeit sprechen dürfe. Niemand konnte einen jemals von dieser Verpflichtung befreien, auch wenn die Regierung wechselte. Man musste Stillschweigen bewahren, egal was passierte.

Darüber hinaus war Witali Alexejewitsch ein Litschnik, ein persönlicher Koch, und für diese gab es viele zusätzliche Einschränkungen. Die Tatsache, dass jeder von ihnen direkt beim KGB angestellt war, habe ich dir bereits erklärt. Wenn du versuchen würdest, ihn zu erreichen, so wie du mich erreicht hast, würdest du in Schwierigkeiten geraten. Das Komitee für Staatssicherheit ist auch für die Küche zuständig, die die Führer versorgt. Die Köche sind zertifiziert, sie werden zehnmal häufiger kontrolliert als ich damals kontrolliert wurde, und jeder von ihnen hat einen militärischen Rang. Das ist bis heute so.

Irgendwann erzählte Witali Alexejewitsch mir von dem Tag, an dem Stalin starb. Es war der 5. März und Zeit für seine Schicht in der Küche. Er lebte, wie alle Mitarbeiter, mit seiner Frau und seinen Kindern auf dem Gelände von Stalins Datscha, war aber just an diesem Tag in der Stadt, um einige Besorgungen zu machen. Als er vor dem Mittagessen zurückkam, wurde er durch das Fenster von Walentina Istomina gesehen, Stalins Haushälterin, die angeblich auch dessen Geliebte war. Istomina mochte Witali Alexejewitsch sehr. Sie lief zu ihm in den Hof und sagte weinend: »Der Hausherr ist gestorben. Beria hat schon damit begonnen, seine Leute hinzurichten.«

»Was soll ich tun?«, fragte Witali.

Sie zeigte ihm das Auto, das versteckt hinten im Hof stand.

»Schnapp dir den Wagen! Hol deine Frau und deine Kinder und flieht, solange es noch nicht zu spät ist.«

Istomina rettete ihm damit das Leben, denn Beria hatte tatsächlich die Hinrichtung zahlreicher Personen aus Stalins Gefolge angeordnet.

Witali Alexejewitsch lebte mit seiner Familie monatelang bei Verwandten auf dem Land und fürchtete, dass Berias Männer nach ihm suchen würden. Als er dann erfuhr, dass auch Beria erschossen worden war, kehrte er zurück, ging zum Kreml und fragte, ob er seine alte Stelle wiederhaben könnte.

Er wurde eingestellt, aber gemäß der ungeschriebenen Regel, dass ehemalige Leibköche der Ersten Sekretäre keinen Zutritt zum Kreml haben dürfen, wurden ihm Aufgaben an verschiedenen anderen Orten übertragen. So arbeitete er beispielsweise in der Datscha von Alexei Kossygin, dem langjährigen Premierminister der UdSSR und eine der wichtigsten Personen des Staates. Kossygin lebte außerhalb der Stadt, in Sosny. Er aß sehr bescheiden, wie es für viele Kommunisten der älteren Generation typisch war; seine Leibspeisen waren Käsekuchen, Pudding und Buchweizenbrei. Witali Alexejewitsch sagte immer, dass er eigentlich nur diese drei Gerichte für ihn kochen durfte.

Doch eines Tages erhielt er von Kossygin einen besonderen Auftrag.

»Hören Sie«, sagte Kossygin, »morgen werde ich Kongressabgeordnete aus den USA zu Besuch haben. Ich möchte, dass Sie sie gut verpflegen, sich etwas Besonderes einfallen lassen.«

Witali Alexejewitsch überlegte und überlegte und da er sehr gerne Domino spielte, machte er ihnen als Snack Sandwiches in Form von Dominosteinen. Wie du weißt, ist jeder Dominostein in zwei Teile geteilt, auf denen sich eine unterschiedliche Anzahl von Punkten befindet. Alexejewitsch schnitt das Brot in Scheiben, trocknete es ein wenig im Ofen, damit es nicht auseinanderfiel, und schnitt die Schreiben dann mit einem Messer zu, um sie auf die perfekte Größe und Form zu bringen. Obendrauf gab er eine dicke Butterschicht und die Punkte formte er aus schwarzem Rogen.

Es hat unglaublich lange gedauert, aber es war wunderschön. Stell dir vor: Dominosteine, die du essen kannst! Mein Meister war sehr zufrieden mit sich, er zeigte allen seine Sandwiches und meinte, dass er einen Preis dafür bekommen sollte, so schön waren sie.

Doch kurz vor der Party wurde er von Kossygins Sicherheitschef angesprochen: »Kommen Sie. Er will Sie sehen«, sagte er.

Kossygin saß in seinem Arbeitszimmer. Immer, wenn er wütend wurde, sprach er sehr leise, und an jenem Tag begann er mit Witali Alexejewitsch mit der leisesten all seiner leisen Stimmen zu sprechen: »Was zum Teufel soll das bedeuten? Du, wenn du noch einmal derart mit Lebensmitteln spielst, dann kann ich für nichts garantieren … Das Volk steht Schlange vor den Geschäften, um einfache Wurst zu bekommen. Und du bastelst hier Dominosteine aus Kaviar? Hau ab!«

Das musste sich Witali nicht zweimal sagen lassen. Er verschwand, so schnell er konnte. Und ich habe eine wichtige Sache aus seiner Geschichte gelernt: Der Kreml ist kein Ort, an dem sie dich zu schätzen wissen. Es ist kein Ort, an dem man gelobt wird. Wenn dich niemand anschreit, ist das schon ein Lob. Was die Dominosteine betrifft, so hatte Kossygin unrecht. Was Witali geschaffen hat, waren keine Sandwiches, sondern richtige kleine Kunstwerke. Das ist so, als wäre man wütend auf Andrei Rubljow, weil er Fresken malt, während die Bauern hungern.

Aber vielleicht war Kossygin wegen etwas anderem verärgert und ließ es an seinem Koch aus? Solche Situationen gab es immer wieder. Köche und Leibwächter dienten den Politikern oft als Blitzableiter, um Spannungen abzubauen.

6.

Aus irgendeinem Grund mochten die Leute es, wenn ich für sie kochte. Also begannen meine Chefs, mich wichtigen ausländischen Delegationen zuzuteilen. Ich kann mich gar nicht mehr an alle wichtigen Menschen erinnern, für die ich gekocht habe, darunter waren aber unter anderem Fidel Castro, Nicolae Ceauşescu, Saddam Hussein, Erich Honecker und natürlich euer Edward Gierek. Die wirklichen Abenteuer begannen jedoch, als Richard Nixon, der ehemalige Präsident der Vereinigten Staaten, Gorbatschow besuchte, um dessen Treffen mit Ronald Reagan vorzubereiten. Gleich am ersten Abend kam er mit seiner Assistentin zum Abendessen – und keiner sagte ein Wort. Ich habe für Nixon wunderbare Speisen zubereitet – Blinis, Fisch, verschiedene Arten Fleisch, alles hübsch dekoriert, schön serviert. Und dann – Stille.

Wir haben uns in der Küche beraten, was zu tun sei, weil es für uns schwer zu verstehen war, was da vor sich ging. Also schickten wir den Kellner mit dem Wein los. Er ging hinaus, kam zurück, wir alle stürzten uns auf ihn, und er sagte: »Ihr werdet nicht glauben, was da los ist: Nixon und seine Assistentin stehen mit einer Kamera am Büffet. Und sie fotografieren jedes Gericht einzeln!«

Sie mochten unsere Kremlgerichte so sehr, dass sie beschlossen, alle auf Bildern festzuhalten.

Ich kochte ein paar Tage lang für Richard Nixon. Er war sehr zufrieden, bis er eines Tages einfach in die Küche stürmte und noch auf der Schwelle rief: »Wer ist hier der Koch?«

Sie riefen nach mir, brachten mich zu ihm, und ich habe auf Englisch gestottert: »Good morning!«

Und Nixon stand da, komplett baff. Wahrscheinlich hatte er einen großen fetten Iwan mit Schnauzbart erwartet. Und da stand ich nun. Ein Jüngelchen aus Ismailowo. Und offenbar gefiel es ihm so gut, sich mit einem jungen Russen unterhalten zu können, dass er mich nun jeden Tag besuchen kam. Und er stellte mir gerne Fragen: Wie leben junge Menschen hier, wie lange muss man auf eine Wohnung warten, wie viel kostet dies, wie viel kostet das. Es war mir unangenehm, dass er so bei mir abhing, aber mein Chef sagte, es sei in Ordnung, es sei schon nichts dabei. Und dass ich mit ihm reden soll, wenn Nixon das so möchte.

Also nahm ich eines Tages meinen ganzen Mut zusammen und sagte, dass ich mich freue, dass ihm mein Essen schmeckt. Aber dass er das Beste der russischen Küche meiner Meinung nach noch gar nicht gekostet habe.

»Oh! Und was ist das?«, fragte er neugierig.

»Suppen, Mister President«, antwortete ich. »Russland ist berühmt für seine köstlichen Suppen. Wir haben Borschtsch, wir haben Soljanka, wir haben Ucha. Sie sind alle sehr gesund. Besonders für Männer«, sagte ich bedeutungsvoll.

»Für mich ist es dafür zu spät.« Er zuckte mit den Schultern.

»Mister President«, antwortete ich, »es ist nie zu spät! Suppen wirken verjüngend. Überzeugen Sie sich selbst!«

Und weil ich wusste, dass er ein begeisterter Angler war und nur zu gerne Fisch aß, bereitete ich ihm am nächsten Tag Ucha vor. Er aß auf, ließ sich noch Nachschlag geben und aß auch den.

»Gut, wirklich gut«, meinte er. »Ich denke, ich werde mir in Amerika einen russischen Koch suchen müssen.« Er lächelte.

Doch das Außergewöhnlichste geschah, als Nixon mich am letzten Tag seines Aufenthalts bat, ihm Moskau zu zeigen. Mein Chef stimmte zu, Nixon nahm nur einen Leibwächter mit und wir fuhren los. Er wollte keine Denkmäler oder Sehenswürdigkeiten besichtigen, sondern sehen, wie normale Menschen leben. Wir fuhren in den Bezirk Tscherjomuschki, denn dort war er einige Jahre zuvor schon mit Breschnew gewesen.

Als wir ankamen, fragte Nixon, wo der lokale Wochenmarkt sei – er kannte ihn noch von seinem früheren Besuch. Er dachte sich, wenn er ohne Gefolge, nur mit einem Leibwächter und mir, unterwegs wäre, würde ihn niemand erkennen und er würde sich das normale Leben in Russland anschauen können. Also gingen wir auf den Marktplatz in Tscherjomuschki. Natürlich erkannten ihn alle; eine Menschenmenge versammelte sich, sie fingen an, ihm Blumen, Gemüse, Obst, Honig zu schenken, ich musste alles für ihn annehmen und tragen. Nixon brach vor Rührung in Tränen aus. Irgendwann kam eine alte Großmutter aus der Menge, eine von denen, die auf dem Markt sitzen und Knoblauch, Sonnenblumen und andere Dinge verkaufen, um sich etwas zu ihrer Rente dazuzuverdienen. Sie überreichte uns alle Sonnenblumen, die sie zum Verkaufen hatte. Und sie sagte: »Herr Präsident, ich habe nichts anderes, was ich Ihnen schenken könnte. Aber darf ich Sie um etwas bitten? Ich habe im Krieg zwei Söhne verloren. Krieg ist das Schlimmste, was es gibt. Ich flehe Sie an, tun Sie bitte alles, damit es nie wieder dazu kommt.«

Richard Nixon umarmte sie, flüsterte ihr etwas ins Ohr – man merkte ihm an, dass ihm dieses Treffen sehr nahe ging. Wir kehrten in die

Gästevilla zurück, in der er wohnte; ich bereitete ihm sein Mittagessen zu und er ging noch lange in dem weitläufigen Garten spazieren und dachte über das alles nach.

Später kochte ich für ihn zum Abschied noch einmal Ucha, und nach dem Essen schlug er vor, dass wir ein Erinnerungsfoto machen. Und dann war er weg.

7.

Ich habe in all meinen Arbeitsjahren nur einmal verschlafen. Allerdings war das der denkbar schlechteste Tag dafür, weil ich an jenem Morgen das Frühstück für Margaret Thatcher zubereiten sollte. Sie war mit einer großen Delegation in Moskau; am Abend zuvor hatten sie bis spät in der Nacht zusammengesessen und um fünf Uhr früh ging schon der Rückflug.

Mein Chef schlug vor, dass ich im Kreml auf dem Sofa schlafen sollte. Aber weißt du, Witold, ich schlafe nicht gerne außer Haus. Ich bedankte mich und ließ mich von einem Kremlwagen nach Hause bringen. Ich verließ die Arbeit um ein Uhr, um halb vier musste ich zurück in der Küche sein. Ich reservierte ein Auto beim Kreml, stellte den Wecker – und habe ihn schlicht und einfach überhört.

Ich wachte gegen drei Uhr dreißig auf und geriet in Panik. Ich habe die ganze Familie geweckt, meine Frau, meine Kinder. Meine Mutter, die bei uns wohnte, half mir mit der Hose, meine Frau bügelte schnell mein Hemd. Und ich rief die Haushälterin im Kreml an, um ihr zu sagen, was passiert war, und bat sie: »Öffne bitte schon mal ein paar Erbsendosen, schlag Eier für Pfannkuchen auf und setz Wasser auf, damit es kocht, wenn ich komme.«

Doch das Schlimmste stand mir noch bevor: der Arbeitsweg. Moskau, Achtzigerjahre. Da es keine Taxis gab, würde ich eine Stunde brauchen, um zum Kreml zu laufen. Und für die Chauffeure des Kreml, die in der Stadt unterwegs waren, um Mitarbeiter abzuholen, galt die Regel, dass sie höchstens eine halbe Stunde warten durften. Wenn du innerhalb dieser Zeit nicht auftauchtest, hattest du ein Problem. Dann musstest du dich eben vor deinem Chef rechtfertigen.

Ich dachte mir, keine Chance, dass das Auto noch da sein würde. Das Herz schlug mir bis zum Hals und ich rief den Kremldispatcher an und betete, dass Ljuba, meine gute Bekannte, gerade Dienst hatte.

Zum Glück ging Ljuba ran. Jetzt war alles in Ordnung. Ich rief: »Ljuba, ich habe verschlafen! Und bei uns ist doch Margaret Thatcher zu Besuch! So tut doch etwas, helft mir, ich muss Frühstück für sie machen!«

»Uh-uh!«, sagte Ljuba. »Nicht schlecht.« Und sie schickte mir ein neues Auto.

Ich zog mein Hemd und meine Krawatte an, rannte die Treppe hinunter, stieg in den Wagen – und plötzlich kam da noch einer angefahren. Es stellte sich heraus, dass der Fahrer eine Ausnahme gemacht und auf mich gewartet hatte.

Also fuhren wir los, ich in dem einen Auto, das andere hinter uns. Am Eingang grüßten uns die Soldaten, ich grüßte sie – und lachte. Die Wachen sahen mich an.

»Verdammt noch mal, Wiktor, du bist das! Erschreck uns doch nicht so! Wir dachten, es würde ein hohes Tier ankommen.«

»Gewöhnt euch dran, Jungs«, erwiderte ich. »Von nun an werde ich immer so angefahren kommen.« Sie brachen in Gelächter aus.

Dann rannte ich die Treppe hinauf. Blini, Vorspeise, Käse, Würstchen, Schinken, alles habe ich schnell geschnitten und aufgetafelt.

Ich habe es in letzter Minute geschafft.

Margaret Thatcher kam sogar zu mir in die Küche, um sich zu bedanken, wie Richard Nixon. Es war übrigens lustig, denn als sie das erste

Mal zu Besuch kommen sollte, sagten mir die anderen Köche, dass wir uns wegen ihr keine Gedanken machen sollten, weil sie eh nie isst, was wir kochen. Sie sagten, sie hätte keinen Koch im Haus, sie koche selbst und habe überhaupt keine Lust auf Essen, das von anderen gekocht wird.

Für ihr erstes Frühstück in Moskau habe ich also von allem etwas aufgetischt, aber ich war darauf vorbereitet, dass die Thatcher entweder gar nichts essen oder nur mit ihrer Gabel auf ihrem Teller herumpieksen würde. Ich bereitete also zwei Salate, etwas Grütze, etwas Aufschnitt, Toast, Marmelade und Blini-Pfannkuchen zu und machte mich an das Mittagessen.

Wie überrascht war ich, als der Kellner zehn Minuten später mit einem leeren Tablett in die Küche kam.

»Sie will mehr Blinis«, sagte er.

Wie, sie will mehr Blinis? Angeblich soll sie doch gar nichts essen?!

Panisch schlug ich ein paar Eier auf, vermengte sie mit Wasser, Milch und Mehl und briet hektisch noch mehr Pfannkuchen. Zwei habe ich schnell rausgegeben. Der Kellner kam sofort zurück.

»Noch mehr!«

Sie muss an diesem Tag mindestens acht Blinis gegessen haben. Selbst ihre Mitarbeiter waren überrascht, dass es ihr so gut geschmeckt hat.

Am anstrengendsten war es, wenn Delegationen aus Indien oder aus den arabischen Ländern kamen. Saddam Hussein zum Beispiel reiste immer mit seinen eigenen Köchen, die halal kochten, streng nach den Regeln des Islam, aus eigens geschlachteten Tieren. Das konnten wir nicht, wie auch.

Die Hindus aßen zwar bei uns, aber da gab es ebenfalls ein paar Probleme: Der eine aß kein Fleisch, der andere keinen Fisch, ein Dritter mochte zwar Fisch und Fleisch, vertrug aber keine Eier und so weiter. Auf jeden Fall aß niemand von ihnen Rindfleisch. Wie auch immer, man musste sich gut merken, was man für wen kochen durfte. Aber selbst vegetarische

Gerichte wurden nach der ayurvedischen Lehre in drei Kategorien unterteilt. Ich und meine Kollegen haben lange überlegt, wie wir es am besten machen können, aber letztlich hatten wir keine Wahl: Wir mussten für jedes Mitglied der indischen Delegationen einzeln kochen.

Ich weiß noch, wie einmal der Kellner, der ihnen ihre Getränke aufs Zimmer brachte, völlig verwirrt zurück in die Küche kam – er hatte sie allesamt im Kopfstand vorgefunden. Später erfuhren wir, dass Gandhi jeden Tag ab fünf Uhr morgens Yoga machte.

8.

Wenn nicht gerade ausländische Delegationen zu Besuch waren, war das Kochen im Kreml prosaische Wiederholung des Immergleichen. Für jedes Mittagessen bereiteten wir üblicherweise fünfzehn Vorspeisen zu: Fisch, Fleisch, Gemüse. Beispielsweise gefüllte Lende, Hähnchen und Fisch in Aspik.

Das Besondere im Kreml war jedoch die Dekoration der Gerichte. Jeder von uns musste einen speziellen Kurs absolvieren: Röschen aus Tomaten, winzige Zäune aus Gurken, Blüten aus Radieschen – wir konnten alles!

Die Snacks durften sich nicht öfter als einmal die Woche wiederholen. Nur Kaviar durfte öfter aufgetischt werden, aber wenn er an einem Tag rot war, musste er am nächsten Tag schwarz sein. Natürlich kam er aus Astrachan, nur der Beste, vom Beluga oder Stör. In Astrachan gab es ein spezielles Kombinat für die Kaviarbeschaffung; jedes solcher Kombinate hatte einen Spezialisten, der für den Kreml arbeitete. Astrachan stellte Kaviar für uns her, Murmansk geräucherten Fisch und die Mikojanskower Fleischbetriebe Wurst, Wiener Würstchen und andere Wurstwaren.

Wenn Parteitage stattfanden, brachten die Delegationen auch ihre eigenen Delikatessen mit: die Ukraine – Würste, die Pribaltika-Region, also Litauen, Lettland und Estland – Sprotten und Heringe, die kaukasischen Republiken – Hammelfleisch, Trauben und andere Früchte. Aber die Kreml-Köche waren alles Russen. Ich kann mich nicht an einen einzigen »Natzmen«, also einen Angehörigen einer nationalen Minderheit, erinnern. Warum, fragst du? Ich weiß es nicht. Wahrscheinlich war es für die da oben einfacher, uns, die Einheimischen, zu überprüfen.

Bei der Arbeit gab es selbstverständlich Konflikte, aber alle haben darauf geachtet, dass ein kritisches Maß nicht überschritten wurde – denn wir wussten, dass jemand, der zu weit geht, entlassen wird. Und dann kannst du lange suchen, bis du einen Job findest, bei dem man nach zwei Jahren eine Wohnung und einen Urlaub auf der Krym bekommt.

Diese Urlaube waren wirklich etwas Besonderes: halber Preis, luxuriöse Bedingungen, denn wir hatten dort ein eigenes Zentrum für Kremlmitarbeiter. Einmal pro Halbjahr konnten wir auch ins GUM gehen, in das große, schicke Warenhaus im Zentrum Moskaus. Da gab es eine spezielle Abteilung, für die wir Gutscheine hatten, und wir konnten uns dort ordentliche Kleidung kaufen. Das war in jedem anderen Job undenkbar. Und der Schneider des Kreml konnte einem auch einen Mantel anfertigen. Er nähte sogar Anzüge. Wenn man wollte, machte der Kremlschuster einem auch Schuhe. Meine Frau und ich haben uns da alles anfertigen lassen. Auf Schiguli-Autos wartete man nur zwei Jahre, und das zu einer Zeit, als normale Menschen, die nicht im Kreml arbeiteten, zehn Jahre warten mussten. Ich kann mich jedenfalls nicht daran erinnern, dass irgendjemand so viel gestritten hätte, dass er seinen Job verlor.

Aber ich erinnere mich an eine Gelegenheit, bei der die Kollegen sich von ihrer Fantasie haben mitreißen lassen. Es war am Frauentag, Ende der Achtzigerjahre. Wir verteilten Geschenke an unsere Kolleginnen und setzten uns zu einem Getränk und einem Imbiss zusammen. An sich durften wir das nicht, also sagte unser Chef: »Trinkt ein Gläschen und verschwindet!«

Und diejenigen von uns, die wie ich bereits verheiratet waren, tranken tatsächlich nur einen Kurzen und gingen nach Hause. Aber in unserem Team waren vier junge Männer, ohne Frauen, ohne Kinder, und sie blieben im Kreml und feierten weiter. Als ich ging, sagte ich zu ihnen: »Jungs, der Kommandant wird gleich seine Runde machen, er wird euch erwischen und dann bekommt ihr Ärger.«

»Alles klar, Wiktor«, sagten sie, »wir gehen auch bald.«

Und sie gingen. Aber nicht nach Hause.

Sieben Uhr abends, der Kreml war geschlossen. Plötzlich ertönte Gesang von einem der Türme. Er war überall auf dem Roten Platz zu hören. Vier Männerstimmen sangen die bekanntesten russischen Hits: Katjuscha, Moskauer Abende, dann etwas aus dem Repertoire von Alla Pugatschowa und anderen berühmten Sängerinnen und Sängern.

Leider haben das nicht nur Touristen gehört, sondern auch der Kommandant des Kreml. Er rief seine Männer zusammen, sie gingen um die Anlage herum und kamen nicht dahinter, woher der Gesang kam. Auf der Mauer? Niemand. Auf dem Turm? Niemand. Auf dem Glockenturm? Auch niemand!

Sie haben eine Stunde lang nach ihnen gesucht. Weißt du, wohin die Jungs gegangen sind? Im Kreml steht die sogenannte »Zar Kolokol«, die größte Glocke der Welt, aus der im 18. Jahrhundert ein Stück Metall herausgebrochen ist. Und durch das damals entstandene Loch kletterten die Jungs in die Glocke, setzten sich hin, aßen Würstchen und tranken Wodka, saßen da und sangen.

Deswegen wurden sie leider entlassen. Der Kommandant erzählte mir später, dass er sich am liebsten zu den Jungs gesetzt hätte, er hätte zu gerne mit ihnen getrunken und gesungen. Es soll eine schöne Feier gewesen sein.

Nur dass sowas nicht erlaubt war. Nicht im Kreml.

DURCH DIE KÜCHENTÜR

Obwohl Michael Gorbatschow alles getan hat, um die UdSSR zu retten, hat es das Schicksal nicht gut mit ihm gemeint. Die Krise der Breschnew-Ära verschärfte sich immer mehr und alle Bemühungen des neuen Ersten Sekretärs versanken im Sumpf der sowjetischen Bürokratie. Gorbatschow tat, was er konnte, und versuchte, Reformen durchzuboxen, aber er hatte nicht nur dickköpfige kommunistische Hardliner gegen sich, die keinesfalls vorhatten, seine Glasnost und Perestroika zu unterstützen – auch viele Bürger der UdSSR verstanden sein Handeln nicht und lehnten es ab.

Er hatte zudem einen Gegner, den er sich selbst herangezüchtet hatte: Boris Jelzin. Er war ein junger, effizienter Apparatschik und berühmt dafür, dass er den Abriss des Hauses angeordnet hatte, in dem die Bolschewiken die Familie von Zar Nikolaus II. hingerichtet hatten. Zunächst verhätschelte und förderte Gorbatschow ihn, versuchte aber später, Jelzins Karriere auszubremsen. Bereits damals spielte sich ein tödlicher Kampf um die Macht über die Sowjetunion – und das, was von ihr übrig bleiben sollte – zwischen den beiden ab.

Als ob Gorbatschow nicht schon genug Probleme hätte, explodierte am 26. April 1986 einer der Reaktoren im Kernkraftwerk von Tschornobyl. Der Erste Sekretär, der von seinen Mitarbeitern in die Irre geführt wurde, hat das wahre Ausmaß der Katastrophe zunächst ignoriert und dann versucht, es zu vertuschen. Die Hilflosigkeit des Staates angesichts dieser Tragödie war ein weiterer Stein in der Mauer des Misstrauens zwischen Gorbatschow und den Bürgern der UdSSR.

Die Tage des größten Landes der Welt waren gezählt.

MENÜ XIII

Märchenwald – die Küche in Tschornobyl

Auf dem Marktplatz am Busbahnhof von Warasch fühle ich mich um mindestens zwei Jahrzehnte in der Zeit zurückversetzt. Der Asphalt des angrenzenden kleinen Platzes ist schon vor vielen Jahren geschmolzen, aber zuvor waren ellenbogentiefe Löcher darin entstanden. Wenn man diese umgeht und weiterläuft, kann man auf dem Markt Welse, Karpfen, Plötzen, Schleien und sogar Aale sehen, die in großen Plastikwannen liegen. Manche von ihnen bewegen noch immer ihre Kiemen, hecheln mit letzter Kraft, verschmiert mit dem Blut anderer Fische. Fällt dem Kunden ein Fisch ins Auge, sticht der Verkäufer ihn geschickt mit einem langen Messer in den Kopf, weidet ihn aus, säubert ihn von den Schuppen und steckt ihn ein Dutzend Sekunden später in eine Plastiktüte, damit der Kunde weiter einkaufen kann: vielleicht Würstchen aus dem Firmenladen der nahe gelegenen Metzgerei in Trostjanez? Vielleicht Gemüse aus Tortschyn? Oder vielleicht eine lebende Gans, ein Huhn oder eine Taube?

Hier gibt es alles.

Man kann auch das Glas des neuesten Smartphones reparieren, sich einen Rock oder eine Hose nähen, eine Strumpfhose flicken lassen, eine Tasse Kaffee trinken und von einem besseren Leben träumen, während man Tscheburek mit Fleisch oder gefüllte Kartoffelbrötchen genießt, die – wie in allen postsowjetischen Ländern – von alten Frauen mit Kopftüchern verkauft werden.

Vor einer baufälligen Hütte, die als Bahnhofsgebäude dient, stehen mehrere Taxis. Der erste Fahrer ist mit einer modischen Lederjacke und einer Mütze mit dem Logo eines Skigebiets bekleidet. Der zweite trägt einen alten Mantel und eine sowjetische Fellmütze. Ich hätte es vorgezogen, mit dem zweiten zu fahren, denn er wird interessantere Geschichten zu erzählen haben, aber der in Leder ist der Erste in der Schlange und keiner der Leute, die mit mir aus dem Bus gestiegen sind, möchte den Taxidienst in Anspruch nehmen.

Also warte ich.

Ich schaue nach links und sehe die Taras-Schewtschenko-Boulevard, eine der Hauptverkehrsadern der Stadt, mit hohen, repräsentativen Wohnblocks.

Ich schaue nach rechts. Und … ach du Scheiße! Ich schaue noch mal. Und noch mal.

Da steht Tschornobyl. Ich zähle die Schornsteine, einen nach dem anderen – eins, zwei … sechs.

Nein, das ist nicht Tschornobyl. Zu viele Schornsteine. Das ist seine Zwillingsschwester, das Kernkraftwerk Riwne. Und Warasch selbst ist eine kleine Stadt, die um das Kraftwerk herum entstanden ist – so wie die Stadt Prypjat um Tschornobyl herum entstanden ist, heute eine Geisterstadt, die in allen Filmen über die Katastrophe gezeigt wird. Wenn ihr wissen wollt, wie das Leben in einer Stadt in der Nähe eines Kernkraftwerks aussah, solltet ihr hierher kommen.

Ich warte nicht länger. Ich steige in das erste Taxi, zu dem eher europäisch gekleideten Fahrer. Ich fahre zu den Köchinnen, die in Tschornobyl unmittelbar nach der Katastrophe gekocht haben.

DIE SIEBEN KÖCHINNEN

Sie holten Frau Ljuba von ihrem Beet ab, wo sie Tomaten jätete.

Frau Raja – oder Raissa – aus der Wohnung, in der sie als alleinerziehende Mutter drei Kinder großzog.

Frau Walentina wurde von dem Geschäft, in dem sie arbeitete, mitgeteilt, dass sie noch am selben Tag wegmüsse. Und sie rieten ihr auch gleich, nicht zu viel darüber zu reden. Was hätte sie tun sollen? Sie ging.

Frau Nastja erfuhr es in der Warteschlange beim Arzt von einer Kollegin, die in der Personalabteilung arbeitete. »Aber ich bin krank, ich bin krankgeschrieben!«, rief sie überrascht. Ihre Kollegin erklärte ihr jedoch, dass das kein Problem sei.

Und Frau Lidia wurde von der Leiterin der gleichen Personalabteilung informiert: »Entweder du gehst hin oder du packst deine Sachen und gehst zurück in dein Dorf.« Also fuhr sie hin.

Frau Olga weinte zwei Stunden lang und überlegte, was sie tun sollte. Sie hatte ein sechs Monate altes Baby und sie hatte Angst, dass sie es mit irgendetwas infizieren könnte.

Nur Frau Tatjana erfuhr, dass sie nach Tschornobyl fahren würde, um für die Menschen zu kochen, die gegen die Katastrophe kämpften, wie es sich für eine echte Köchin gehört: an ihren Töpfen.

Ich habe es geschafft, alle sieben zu treffen.

Wie sie die anderen acht Mädchen aus der ersten Gruppe von Köchinnen, die unmittelbar nach der Katastrophe nach Tschornobyl gingen, mitgenommen haben, ist nicht mehr bekannt. Sie sind alle tot. Die Erste starb bald nach ihrer Rückkehr, die Zweite ein paar Jahre später. Drei von ihnen starben nach dem zehnten Jahrestag der Tragödie. Eine starb vor dem zwanzigsten Jahrestag. Zwei weitere starben ein paar Jahre später. Von den sieben, die noch leben, sind jedoch sechs krank und haben

Freiwillige Helferinnen in Tschornobyl

mehrere, manchmal mehr als ein Dutzend Operationen unterschiedlicher Schwierigkeitsgrade hinter sich.

Aber lasst uns von vorne beginnen. Im Dorf Warasch in Wolhynien, von dem nur noch ein paar Häuser übrig sind. Und Erinnerungen.

LJUBA

Frau Ljuba ist in ihren Sechzigern, sie hat eine dunkle Weste an und einen Fellhut auf dem Kopf, aus einem Pelz, dessen Art ich nicht erraten kann. Wir treffen uns in einem Café in der Nähe des Kulturpalastes von Warasch. Frau Ljuba erinnert sich noch an die Zeit, als hier Gänse herumwatschelten und Kühe weideten.

»Es war ein schönes Dorf, unser Warasch. Mein Vater hatte Schweine, Kühe, Kaninchen und Enten. Er und meine Mutter arbeiteten in der Kolchose, aber damals erlaubten die Sowjets bereits, eigene Tiere zuhause zu halten.

Mama und Papa hatten elf Kinder. Ich war die Jüngste und lebte wie ein Krapfen in Butter. Alle haben mich sehr liebgehabt. Als ich in die dritte Klasse ging, kam ein Komitee zu meinem Vater, um ihm unser Haus und das Stück Land, das wir besaßen, abzukaufen. Sie sagten, dass in Warasch ein Kernkraftwerk gebaut werden sollte und dass der Reaktor dort stehen würde, wo sich unser Haus befand. Das hat einen großen Eindruck auf mich gemacht. Welcher Reaktor? Welches Kraftwerk? Was ist das? Heute hat ja jeder schon einmal von Kernkraftwerken gehört, Tschornobyl hat dazu beigetragen – aber damals war das etwas völlig Neues, man hatte gerade erst mit dem Bau solcher Anlagen begonnen.

Meinem Vater hat diese Idee nicht gefallen. Unsere Familie lebte schon seit Generationen in Warasch. Wir hatten den Krieg und die Kollektivierung überstanden und plötzlich sollten wir unser Haus und unser Grundstück verkaufen und es gegen eine Wohnung in der Platte eintauschen? Aber dieses Komitee begann, meinen Vater davon zu überzeugen, dass, wenn er jetzt nicht verkaufe, sie es ihm demnächst sowieso wegnehmen würden, denn wenn der Erste Sekretär in Moskau entscheide, dass ein Kraftwerk in Warasch gebaut werden solle, dann habe ein Bauer in Wolhynien leider keine Chance, das zu verhindern.

Mein Vater schlug also vor, dass wir für unser Haus zwei Wohnungen in den Blöcken, die sie hier bauen wollten, bekommen würden – und sie stimmten zu. Etwa sechs Monate später kamen die Arbeiter, errichteten die Plattenbauten und wir zogen ein. Meine Eltern bekamen beide Arbeit im Kraftwerk, das sich damals anfangs noch im Bau befand, meine Mutter als Reinigungskraft, mein Vater als Wachmann. Und mein Vater wurde plötzlich ein großer Fan der Kernkraft! Er und meine Mutter verdienten dreimal so viel wie in der Kolchose und weil sie nun einen Schrebergarten hatten, konnten sie weiterhin Gänse, Schweine, einige Enten und ein paar Kaninchen halten. Nur die Kühe mussten sie aufgeben, weil es keinen Platz zum Weiden gab.

Bis mein Vater, der immer sehr einfallsreich war, eines Tages zu mir sagte: ›Ljuba, würdest du vielleicht als Köchin ins Kraftwerk gehen? Du hast schon immer gerne gekocht. Vielleicht wäre das ein guter Job für dich?‹

›In Ordnung, Papa‹, antwortete ich. ›Aber warum fällt dir das gerade jetzt ein?‹

Da stellte sich heraus, dass die Tochter eines Freundes als Köchin im Kraftwerk arbeitete. Jeden Abend schüttete sie die Essensreste in Eimer und ihr Vater holte sie mit dem Traktor für ihre Schweine ab. Mein Vater träumte davon, dass auch er kostenloses Futter für die Schweine bekommen würde.

Zuerst hat es mich ein bisschen geärgert, dass er überhaupt nicht an mich gedacht hat, sondern nur an die Schweine. Dann musste ich lachen. Aber nach einer Weile dachte ich, dass es vielleicht keine schlechte Idee wäre, im Kraftwerk zu arbeiten. Also ging ich hin und bewarb mich.

Damals expandierte das Werk sehr schnell, sodass man mich umgehend einstellte. Und so hat sich mein ganzes Leben ergeben – weil mein Vater Küchenabfälle für die Schweine haben wollte.

Und so ging es ein paar Jahre lang: Ich kochte im Kraftwerk und abends fuhr mein Vater mit seinem Traktor vor und holte die Eimer ab. Ich erinnere mich, dass, als er das letzte Schwein geschlachtet hatte, der erste Reaktor bereits in Betrieb war. Er und unser Nachbar haben es im Badezimmer unserer Wohnung geschlachtet, damit sie das Fleisch nicht herumschleppen mussten. Wurst, Sülze, Schinken, meine Mutter und ich haben alles selbst hergestellt.

Hier wird ein Reaktor gebaut, das Atom wird gespalten, man kann alles durch das Fenster sehen. Und im Badezimmer schlachten Vater und der Nachbar ein Schwein.

Schließlich wurde der Reaktor an einem anderen Ort gebaut, nicht auf unserem Land. Und sie änderten den Namen von Warasch in Kusnjetzowsk. Zu Ehren eines Kommunisten, der während des Kriegs als Spion unter den Deutschen tätig war. Erst als die Ukraine unabhängig wurde, änderten sie den Namen wieder in Warasch zurück.«

OLGA

»Ich war mein ganzes Leben lang eine schlechte Esserin«, sagt Frau Olga.

Wir sitzen bei ihr zuhause, nicht weit von der orthodoxen Kirche von Warasch, und Frau Olga stellt alles auf den Tisch, was sie im Kühlschrank hat. Und wie es sich für eine professionelle Köchin gehört, hat sie alles Mögliche da: hausgemachte Würste und Sülze, Gemüsesalat, geräucherten Fisch, Auberginenröllchen, eingelegte Gurken und Karotten in Essig. Als Krönung gibt es eine Flasche selbstgemachten Schnaps auf Basis von Meerrettichwurzeln, den habe ich mitgebracht.

»Meine Mutter sagte immer, ich würde nur Marzipan essen, das stimmt aber nicht.« Frau Olga lacht. »Aber es stimmt, dass ich mäkelig war. Wenn ich zuhause erzählt hätte, dass ich Köchin werde, wenn ich groß bin, wären sie wohl vor Lachen vom Stuhl gefallen.

In meiner Stadt wurde in den Sechzigerjahren eine große Chemiefabrik gebaut, dort wollte ich nach der Schule arbeiten. Mein Schwager arbeitete bereits dort. Und er sagte: ›Olga, das ist eine Arbeit mit Chemikalien. Du weißt nicht, was das bedeutet und du bist jung, hübsch, du willst Kinder bekommen. Du solltest besser nicht da anfangen.‹

Ich fand, dass er recht hatte und ging stattdessen auf eine Kochschule. Sehen Sie, wie übel einem das Leben mitspielen kann? Anstatt in einem Chemiekombinat bin ich in Tschornobyl gelandet.

Aber lassen Sie uns der Reihe nach vorgehen. Ich komme aus dem Gebiet Iwano-Frankiwsk, und dort, in der Stadt Burschtyn, hatten wir eine sehr gute Kochschule. Ich ging also auf diese Schule. Sie haben uns gleich ins kalte Wasser geworfen, nach nur einem Monat Theorie (wie welche Reibe funktioniert, wie dies, wie das, was ein Fleischwolf ist und so weiter) – kamen wir sofort in ein Restaurant, eine Bar, eine Kantine.

Noch bevor ein Jahr vergangen war, setzten sie uns in einen Bus und brachten uns zu einem Praktikumsort. Ich und meine beste Freundin Nadja, die aus einem Dorf nicht weit von meinem kam, fuhren zum Kernkraftwerk nach Warasch. Wir waren nicht nur zu zweit, da war ein ganzer Bus voller Leute, aber Nadja und ich standen uns am nächsten. Warum Warasch? Ich wusste das damals nicht, aber meine Schule hatte eine Vereinbarung mit der Leitung aller ukrainischen Kernkraftwerke, unsere Köche bedienten sie alle. Nicht nur Köche, sondern auch Kellnerinnen, Bäcker, Konditoren und Verkäuferinnen aus Burschtyn gingen in die Kraftwerke: in unseres in Riwne, aber auch in die Kraftwerke in Chmelnyzkyj, Saporischschja und in die Süd-Ukraine.

Und nach Tschornobyl. Ich kannte viele Mädchen, die in Tschornobyl gekocht haben, ich kannte die Kellner, die Konditoren. Die meisten waren entweder zum Zeitpunkt der Katastrophe dort oder kurz danach. Und fast alle sind nicht mehr am Leben.

Es war üblich, dass man, wenn man sich im Praktikum bewährt hatte, eine Stelle bekam und bleiben konnte. Das war noch vor der Explosion in Tschornobyl; damals wusste niemand, dass Strahlung gefährlich sein kann.

Die Anfänge waren schwierig. Sie brachten uns in einer ganzen Gruppe hierher, am 1. Juni 1980. Die Betten in dem Heim, in dem wir untergebracht wurden, waren schief und aus rohen Holzbrettern. In der Umgebung gab es noch ein paar Bauernhöfe und ärmliche Hütten. Keiner der Reaktoren war in Betrieb, sie waren gerade dabei, sie einzuschalten. Aber es gab trotzdem jede Menge Arbeit: Wir waren zu fünft und hatten zweitausend Menschen zu verpflegen. Brot und Würstchen schneiden, Rührei braten, dann aufräumen, und zum Mittagessen wieder Brot schneiden, Suppe kochen, Koteletts braten, aufräumen, und das Gleiche zum Abendessen. Wenn man sich auch nur um fünf Minuten verspätete, würden die Leute unzufrieden sein, denn sie hatten es auch nicht leicht und wollten ihr Essen pünktlich auf den Tisch bekommen.

Wo heute einer der Reaktoren steht, hatten wir eine Kantine. Nadja und ich wohnten im Wohnheim und gingen jeden Tag zusammen zur Arbeit. Wir mussten vor fünf aufstehen, denn das Frühstück begann um sieben. Wir haben in der Kantine Nummer sieben gearbeitet. Die Nummern eins, sieben, acht, neun und dreizehn befanden sich auf dem Kraftwerksgelände, die übrigen in der Stadt.

Einmal, als ich das Arbeitstempo nicht mehr aushielt, zog ich mich für eine Weile zurück und schlief im Heizraum ein – es gab noch keine Zentralheizung und unsere Zimmer wurden mit Kohle beheizt. Ich wachte erst mitten in der Nacht auf. Die Mädchen wussten nicht, wo ich war und waren ohne mich zurück ins Heim gegangen. Ich bin durch ein Fenster raus, es war ein Wunder, dass ich nicht in eine Grube gefallen bin.

Später brachten sie mich in das Restaurant *Waldlied*, auf Ukrainisch ›Lisowaja Pjesnja‹. Dort gab es sogar noch mehr zu tun, denn neben dem normalen Tagesgeschäft kümmerten wir uns um Hochzeiten, Partys und die Delegationen aus Moskau, Kyjiw und anderen Atomstandorten. Und da die Inbetriebnahme des Reaktors bevorstand, gab es viele dieser Besuche. Da war egal, ob es Samstag war oder dein kleines Kind krank. Es hieß: Geh und arbeite.

Ich erinnere mich noch daran, wie sie 1981 endlich den ersten Reaktor in Betrieb nahmen. So eine Party, wie sie an jenem Tag im *Waldlied* stattfand, hatte ich noch nie erlebt. Es muss ein ganzer Tankwagen Wodka ausgeschenkt worden sein. Und das war auch gut so. Unsere Leitung und unsere Ingenieure hatten es sich mehr als verdient. Sie haben hart gearbeitet und hatten schließlich Erfolg. Die Mädchen und ich arbeiteten an diesem Tag bis vier Uhr morgens.

Und am nächsten Tag kam eine Kommission, weil zehn Kilo Fleisch aus der Küche verschwunden waren.

Es war die Zeit von Breschnew, die Zeit der Wirtschaftskrise, jeder stahl, was er konnte. Köche wurden immer ganz besonders unter die Lupe genommen, denn man war allgemein der Meinung, dass diejenigen, die einen Koch in der Familie hatten, nicht am Hungertuch nagen würden. Also wurde uns immer unterstellt, wir würden stehlen.

Ich kann Ihnen ganz reinen Herzens sagen, dass ich niemals etwas von der Arbeit mitgenommen habe. Selbst wenn ich es gewollt hätte, hätte ich es nicht gewagt – die Strafe dafür war Gefängnis. Alles war genau abgezählt und wir zählten jeden Tag, wie viel Fleisch, wie viel Käse, wie viel Aufschnitt und wie viel Gemüse ankam. Es war genug da, um auf Arbeit etwas essen zu können.

Aber es verschwanden auch immer wieder Lebensmittel, das ist wahr. Besonders bei Hochzeiten. Die Braut und der Bräutigam, die wussten, was so vor sich ging, stellten immer jemanden in die Küche ab, um auf das Essen aufzupassen. Andernfalls würde zum Beispiel ein großes Stück Fleisch aus der Suppe verschwinden. Und wie sollte man Borschtsch ohne Fleisch kochen? Wer hat das Fleisch herausgenommen? Weiß keiner. Und wer ist schuld daran? Natürlich die Köchin! Aber wir alle wussten sehr wohl, wer die Diebe waren. Aber es war nicht möglich, darüber zu sprechen, weil es sich um Leute handelte, die viel höher standen als wir.

Warasch hat mir von Anfang an sehr gut gefallen. Es war eine Stadt im Aufbau, voller junger Leute, die Stimmung war toll. Die Arbeit war hart, aber es gab einen Club für junge Leute, in dem ein- oder zweimal pro Woche getanzt wurde. Ständig kam jemand Neues, es war etwas los, alle waren freundlich. Ich hatte Freunde, die in Prypjat, in der Nähe des Kernkraftwerks Tschornobyl, lebten, und sie erzählten mir, dass es ihnen genauso ging. Wir hatten Annehmlichkeiten, die es in anderen Städten der Sowjetunion nicht gab: gut sortierte Geschäfte mit Fleisch, Fisch und Obst. Alle verdienten gut, gewiss über dem sowjetischen Durchschnitt.

Eine bestimmte Art von Menschen kam an solche Orte. Die Selbstbewussten. Die Mutigen.«

RAJA

»Dass in Tschornobyl etwas nicht stimmte, erzählten sich die Leute schon am Tag der Katastrophe. Wir waren eng mit Tschornobyl verbunden: Köche kamen von dort, um sich bei uns weiterzubilden. Ingenieure aus Tschornobyl waren auch oft bei uns. Es handelte sich um Schwesterkraftwerke, die nahe beieinander lagen, sodass es schwierig gewesen wäre, keine Kontakte zu pflegen.

Aber zu Beginn war noch nichts klar: Einer konnte beispielsweise seine Tochter, die in Tschornobyl lebte, nicht erreichen. Jemand hatte etwas von einem Freund erfahren. Ein anderer hatte ebenfalls etwas gehört, es war aber nicht klar, was.

Ich erinnere mich jedoch, dass Olga an jenem Tag zur Arbeit kam und sagte, dass sie aus Iwano-Frankiwsk angerufen und gefragt wurde, ob bei uns alles in Ordnung sei. Ihr Schwager war in der Politik tätig; er hatte Radio Swoboda gehört, und dort hieß es, dass es in einem ukrainischen Atomkraftwerk einen schrecklichen Unfall gegeben habe. Wir haben uns unsere Gurkenfässer angeschaut – so nannten wir die Schornsteine unseres Kernkraftwerks – und meinten, dass die Havarie wohl nicht bei uns passiert war. Dann gingen wir zurück an die Arbeit. Keiner von uns dachte, dass es etwas so Ernstes sein könnte.

Ein paar Tage später, am 1. Mai, fand die alljährliche Parade statt und alle nahmen teil, als wäre nichts geschehen. Erst Jahre später begannen manche Leute zuzugeben, durchaus etwas gewusst zu haben. Aber sie gaben es nicht weiter, weil man sie der Desinformation hätte beschuldigen können, und dafür konnte man von der Staatsanwaltschaft angeklagt werden. Warasch war eine geschlossene Stadt, die von besonderer Bedeutung war. Allein für die Verbreitung der Information, dass es eine undichte Stelle gab, konnte man ins Gefängnis kommen. Und nach dem 1. Mai ging alles sehr schnell. Sie hatten in Tschornobyl niemanden mehr, der für sie kochte, und mussten Köche heranholen. Eine ganz normale Sache. Wenn die Armee kommt, kommt auch der Koch als einer der Ersten.

Ich hatte damals drei Kinder: Tochter Soia war in der sechsten Klasse, Sohn Iwan in der vierten und die kleine Aljonka in der ersten. Ich arbeitete, wie die meisten Mädchen, im *Waldlied*, aber die Personalabteilung rief an und sagte, ich solle sofort ins Kraftwerk kommen. Unser Restaurant war nämlich der Leitung des Atomkraftwerks unterstellt.

Also ging ich hin. Und die Personalreferentin sagte, dass ich meine Sachen packen solle, weil ich ab morgen helfen würde, die Folgen des Reaktorunfalls zu beseitigen. Ich sagte: ›Was habe ich als Köchin mit dem Reaktorunfall zu tun? Soll ich mich auf den Reaktor drauflegen? Ihn mit einer Decke zudecken? Oder vielleicht mit einem Topf? Außerdem habe ich drei Kinder, die ich allein großziehe, weil mein Mann mich verlassen hat und es niemanden gibt, der sich um sie kümmert.‹

Die Personalreferentin zuckte mit den Schultern. Sie sagte, meine Soia sei schon zwölf, sie könne sich um die Kleineren kümmern. Zuerst dachte ich, das ist doch vollkommen lächerlich. Meine Soienka, noch so klein, soll sich um die Kinder und den Haushalt kümmern? Aber es half alles nichts: Ich musste hin. Und Soia hat es geschafft. Sie kochte, wusch die Wäsche und schickte die Kleinen zur Schule.

Erst später erfuhr ich von Kolleginnen aus den anderen Atomkraftwerken (es gab fünf davon in der Ukraine und wir kannten uns alle), dass sie nur aus Warasch Frauen mit kleinen Kindern nach Tschornobyl geschickt hatten. Von den alleinerziehenden Müttern war ich wahrscheinlich die einzige. Die Personalchefin hat mich nie gemocht, wahrscheinlich hat sie mir deshalb dieses zweifelhafte Geschenk gemacht.

In diese erste Gruppe wurden fünfzehn von uns eingeteilt, einige aus dem *Waldlied*, andere aus den Kantinen, ein paar aus dem Kraftwerk oder von irgendwoher aus der Stadt. Wir kannten uns alle, Warasch ist keine große Stadt und die Köchinnen kennen sich untereinander.

Als wir im Bus saßen, haben wir die ganze Fahrt über gesungen. Jemand hatte eine Flasche Weinbrand dabei und wir tranken sie, um uns aufzuheitern. Dabei haben wir uns sehr bemüht, nicht hinauszuschauen, denn dort, draußen vor dem Fenster, fand die Apokalypse statt. Der Wald war komplett niedergebrannt. In diesem verbrannten Wald standen Kühe und brüllten jämmerlich, weil die Menschen von dort weggebracht worden waren und es niemanden gab, der sie melken konnte. Ein paar lagen auf dem Boden, wahrscheinlich tot.

Wir kamen an verlassenen Dörfern mit Gemüsegärten, Imkereien, Bienenstöcken vorbei. Es gab da alles: Obst und Gemüse, Gläser mit Birkensaft und Honig. Man hätte einfach nur anhalten müssen, um das alles einzusammeln. Aber wir durften nicht anhalten. Wir hatten einen Befehl.

Es war eine Welt, in der es keine Menschen mehr gab. Ein seltsames Gefühl: Noch vor ein paar Tagen hatte man Pläne, Träume, einen Job, drei Kinder. Normale Probleme, wie Millionen Menschen im ganzen Land. Und plötzlich, drei, vielleicht vier Tage später, fuhr man durch fremdes Gebiet an einen Ort, wo man nicht wusste, was einen erwartete. Und man wusste nicht, ob man jemals zurückkommen wird.

Wenn ich heute an einem Laster mit Kühen auf dem Weg zur Schlachtung vorbeifahre, denke ich mir manchmal, dass wir damals genauso unterwegs waren. In solchen Momenten denke ich: Arme Kreaturen, ihr wisst nicht, wohin sie euch fahren.«

LJUBA

»Sie packten uns vor unserem Restaurant in einen Bus, mit dem wir nach Rafaliwka fuhren, einem Dorf vier Kilometer von hier, wo es Eisenbahnschienen gibt. Sie stellten uns unserer Vorarbeiterin vor: Walentina Timofejewna Sawitzkaja. ›Guten Morgen, guten Morgen‹ – wir alle kannten sie, denn sie war die Geschäftsführerin eines Ladens in der Nähe des Kraftwerks. Von Anfang an machte sie einen guten Eindruck auf uns. Sie war der Typ Mensch, der alles für einen anderen Menschen tun würde. Du sagst, dass du etwas nicht magst – und schon rennt Vala los, um etwas Besseres für dich zu besorgen. Du hast ein Problem? Vala wird die halbe Nacht nicht schlafen, weil sie darüber nachdenkt, wie sie dir helfen kann.

In Rafaliwka bestiegen wir einen Nachtzug nach Kyjiw, in Kyjiw bekamen wir Frühstück und wurden auf ein Schiff nach Tschornobyl gebracht. In Tschornobyl verließen wir das Schiff und gingen ein Stück bis zum letzten Bus, der dort wartete und uns an unser Ziel brachte.

Ich habe den Reaktor damals nur einmal gesehen. Er brannte noch und es rauchte sehr stark. Es sah schrecklich aus. Später saßen wir einen Monat lang im Wald und der Reaktor war von Bäumen verdeckt.

Sie brachten uns zu einem alten Pionierlager mitten im Wald. Es hieß ›Märchenwald‹. Schön, nicht wahr? Vala sagte uns, wir sollten früh ins Bett gehen, weil wir um sechs Uhr morgens aufstehen mussten. Aber wir konnten sehr lange nicht einschlafen. Doch dann weckten uns die Soldaten schon um vier Uhr. Warum so früh? Wegen unserer Kolleginnen. In den ersten beiden Tagen waren auch Köchinnen aus einem anderen Kraftwerk dabei. Sie sollten das Frühstück vorbereiten, uns die Küchen, die Kühlräume, die Wasserentnahmestelle zeigen, uns mit der Ausrüstung vertraut machen. Um zwölf sollte ihr Rücktransport erfolgen. Doch anstatt auf uns zu warten, waren sie mitten in der Nacht durch den Wald geflohen.

Damals war ich wütend auf diese Frauen, weil wir alles für sie übernehmen mussten. Ich habe nicht verstanden, wie sie sich so verhalten konnten.

Heute habe ich nur noch Mitleid mit ihnen. Der Wald war am stärksten verstrahlt. Diese Frauen wollten ihr Leben retten und wahrscheinlich lebt heute keine von ihnen mehr.«

WALENTINA

»Dieses Ticken werde ich mein Leben lang nicht vergessen. Manchmal träume ich, dass ich wieder im ›Märchenwald‹ bin und es höre.

Aber eins nach dem anderen. Die ORS, die Abteilung für Arbeiterwohlfahrt, der sowohl die Küche als auch die Geschäfte unterstellt waren, entschied, dass ich Vorarbeiterin, also Leiterin der Kochgruppe, werden sollte. Ich wollte nicht, weil ich noch nie in einer Küche, sondern bisher nur in einem Laden gearbeitet hatte, und außerdem wusste ich, dass es verdammt viel Arbeit sein würde. Aber die Leiterin der Parteizelle, zu der ich gehörte, nahm mich zur Seite und sagte: ›Vala, wenn nicht wir Parteimitglieder, wer dann?‹

Sie wusste, dass ich zustimmen würde, wenn sie die Partei erwähnte, denn ich war wirklich eine gläubige Kommunistin. Ich engagierte mich sehr, immer lief ich irgendwo hin, um etwas für andere zu tun. Die Partei war damals mein Leben. Bis heute kann ich mich nicht mit der Tatsache abfinden, dass sie nicht mehr existiert, dass sie zerstört wurde.

Hinzu kam, dass meine Chefin selbst gar nicht mitging. Sogar meine geliebte Partei war durchsetzt von Leuten, die immer nur schön daherredeten, aber nicht die Absicht hatten, ihren Worten auch Taten folgen zu lassen. Dass die Partei so leicht zerschlagen werden konnte, lag unter anderem an Leuten wie dieser Frau.

Als wir in Tschornobyl ankamen, war alles so, wie meine Kolleginnen es erzählt hatten: Kühe und Hühner liefen im Wald herum, die Armee war überall und die Mädchen aus dem Kernkraftwerk Saporoschje waren weggelaufen. Wir haben ein Dosimeter bekommen, um die Strahlung vor Ort zu messen und schauten uns um: Da war Strahlung, da wieder nicht, also war es okay, es war nicht schlimm, dachten wir. Dann gingen wir schlafen. Ich lag schon im Bett, hatte es mir gemütlich gemacht, wollte endlich einschlafen, da schrie plötzlich eines der Mädchen, Anna Dimitrowna, laut auf.

›Was ist passiert?‹, fragte ich.

Es stellte sich heraus, dass die Mädchen aus Spaß mit dem Dosimeter gespielt und die Gegenstände in ihrer Umgebung überprüft hatten. Und auf dem Bettzeug, unter dem wir schlafen sollten, war das Gerät ausgetickt.

Ebenso auf dem Bett. Im Badezimmer und in den Duschen war es nur wenig besser. Ich nahm das Dosimeter, brachte meine Bettdecke nah an die Linse, und das Gerät fing wie wild an zu summen. Mein Kissen: das Gleiche. Handtücher, Bettgestell, Matratze: alles summte. Und dann sagte Anna zu mir: ›Walentina, hier werde ich nicht schlafen, das könnte gefährlich sein!‹

Dann traf ich die wahrscheinlich dümmste Entscheidung meines Lebens. Ich sagte zu den Mädels, dass sie tun konnten, was sie wollten, aber dass ich endlich schlafen wolle. Ich legte mich auf meine verstrahlte Matratze, auf mein verstrahltes Kissen, zog meine verstrahlte Bettdecke über meinen Kopf und schlief ein. Ich erinnere mich noch, dass ich schlecht über diese Anna Dimitrowna gedacht habe: dass sie so jung sei und sich schon so aufspiele.

Als die Mädchen sahen, dass ich mich hinlegte, legten sie sich auch hin. Anna Dimitrowna zögerte am längsten, aber was sollte sie tun, da wir ja alle ins Bett gingen. Schließlich legte auch sie sich hin.

Heute weiß ich, dass ich sie nicht unter diesem Bettzeug hätte schlafen lassen dürfen. Dass ich hätte gehen sollen, schreien, für die Gesundheit dieser Mädchen kämpfen, mich für sie prügeln. Schließlich war Anna Dimitrowna erst achtzehn!

Und heute ist Anna Dimitrowna tot. Sie starb einige Jahre nach Tschornobyl. Ich weiß nicht, ob sie mir jene Nacht mit dem Dosimeter übelgenommen hat, denn wir haben nie darüber gesprochen. Ich kann mich nur für diese Dummheit verfluchen und zu meiner Rechtfertigung sagen, dass ich zwar Vorarbeiterin, aber auch noch jung und dumm war, und dass ich für diesen Fehler auch mit meiner eigenen Gesundheit bezahle.

Am nächsten Tag begannen wir um 4 Uhr morgens mit der Arbeit, und zwar sofort mit Hochdruck, denn die geflüchteten Mädchen hatten ein schreckliches Chaos hinterlassen. In der Spüle standen massenhaft ungewaschene Teller, auch die Kessel und Töpfe waren schmutzig. Wir mussten den Boden fegen und wischen und uns dann an die Frühstückszubereitung machen. Ich wusste, dass ich als Vorarbeiterin das Tempo vorgeben musste, also war ich die Schnellste von allen. Ich lächelte jeden an und verbreitete trotz allem gute Laune. Wenn der Vorarbeiter in einer solchen Situation anfängt, sich zu beschweren oder sich hinsetzt, ist es vorbei. Alle würden aufgeben und die Arbeit würde liegenbleiben.

Um viertel vor sechs waren wir fertig. Ich schickte Olga und Nastja, zwei Freundinnen, raus, um das Essen zu servieren. Sie setzten sich extra schöne Kochmützen auf. Wir haben ein Schild mit dem Namen der Arbeiterwohlfahrt Warasch und dem Spruch Wir heißen Sie alle willkommen und wünschen Ihnen guten Appetit! in den Speiseraum gestellt. Und Olga, die ein gewisses künstlerisches Talent hatte, hatte Blümchen und Hühnchen drumrum gezeichnet.

Es war sieben vor sechs, das weiß ich noch ganz genau, als die ersten Liquidatoren ankamen. Oder, wie wir damals sagten: die ersten Gäste.

Und plötzlich, vollkommen unerwartet, noch bevor sie den Speiseraum betreten hatten, hörte ich wieder dieses schreckliche Summen.

Es stellte sich heraus, dass in der Kantine, am Eingang, auch Geigerzähler angebracht waren. Und diese Zähler summten wie bei uns im Zimmer: sssss, ssssss, ssssssss, ssssssssss, sssssssssss …

Immer mehr Leute kamen herein, liefen auf uns zu, holten sich bei Olga und Nastja ihr Frühstück ab, und dieser Klang verschmolz zu einem großen, endlosen SSSSSSSSSSSSSSSSSSSSSSSSSSSSSSSSSSS SSSS. Die Menschen, die aus Tschornobyl zu uns kamen, waren alle verstrahlt, genau wie unsere Bettwäsche und unsere Handtücher. Sie kamen direkt aus dem Kraftwerk; es waren diejenigen, die der Strahlung am nächsten waren, die im Reaktor selbst arbeiteten.

Es war ein entsetzliches Geräusch.

Wir haben es von morgens bis abends gehört, mit zweistündigen Pausen, wenn wir die Kantine putzten.

Nach drei Tagen waren die Messgeräte verschwunden. Ich weiß nicht, wann oder wie, aber eines Tages kamen wir in die Kantine und sie waren weg. Zuerst dachte ich, jemand hätte sie gestohlen – ich schäme mich, das zu sagen, aber ich habe mit eigenen Augen gesehen, wie einige Leute versucht haben, sich ihren Lebensunterhalt mit Diebstählen aufzubessern. Aber dann befahlen uns die Soldaten, die nicht weit von uns entfernt stationiert waren, ihnen auch unsere Geräte auszuhändigen. Sie hatten den Befehl erhalten, sämtliche Dosimeter einzuziehen. Strahlung schien plötzlich sicher zu sein: Man kann sie nicht sehen, sie riecht nicht, also schadet sie auch nicht. Wozu also die Menschen erschrecken und sie daran erinnern, dass sie verstrahlt werden?

So hat sich das wahrscheinlich jemand gedacht.«

OLGA

»Walentina Timofejewna Sawitzkaja beauftragte mich und Nastja, meine Freundin aus der Schule in Burschtyn, mit der Essensausgabe. Sie belehrte uns auch, dass alle hier hart arbeiten, alle in einer schwierigen Situation sind und für die Meisten dieser Menschen eine Mahlzeit der einzige angenehme Moment des Tages ist. Also müssten wir tun, was wir können, um ihnen die Kraft zu geben weiterzuarbeiten.

Vala schickte mich an die Essensausgabe, weil ich immer am meisten von allen Mädels gelacht habe. Ob es nun einen Grund gab oder nicht, es liegt in meiner Natur, dass ich nicht gerne schlecht gelaunt bin. Blond, jung, fröhlich, die Jungs werden glücklich sein – so hat es sich unsere Vala wahrscheinlich überlegt. Und sie stellte mir Nastja an die Seite, weil sie wusste, dass wir uns mögen und dass wir zu zweit viel Spaß haben und gute Laune verbreiten würden.

Die Soldaten, die dort alles beaufsichtigten, gaben uns Arbeitskleidung, Schutzmasken und Dosimeter. Wir wurden angewiesen, uns zweimal am Tag umzuziehen – die ausgezogenen Kleidungsstücke wurden sofort entsorgt – und wir durften unsere Masken nicht abnehmen.

In der ersten halben Stunde haben wir noch mit Masken gearbeitet. Aber irgendwann ging das nicht mehr; es war unmöglich, in ihnen zu atmen. Danach habe ich meine Maske kein einziges Mal mehr aufgesetzt.

Am ersten Tag habe ich Brot gebacken, die Tische mit Blumen geschmückt und Servietten gefaltet, damit es schön aussah. Und dann, um viertel vor sechs, setzte ich meinen Kokoschnik auf, eine ganz besondere Kochmütze, dachte an etwas Angenehmes, damit sich meine Stimmung auf die Menschen übertrug, denen ich begegnen würde, und stellte mich mit Nastja an die Essensausgabe.

Und lassen Sie mich etwas sagen, Witold. Um eine gute Köchin zu sein, muss man Fingerspitzengefühl haben. Ein Mensch, der keine Empathie besitzt, der nicht einfühlsam ist, wird nie etwas Leckeres kochen. Ein guter Koch spürt die Stimmungen anderer Menschen und deshalb bemerken Köche viele Dinge, die andere Menschen nicht sehen. Und ich wusste schon am ersten Tag, dass die Lage sehr schlimm war. Viel schlimmer, als man uns gesagt hatte. Denn alle um uns herum behaupteten immer noch, dass es nur eine kleine Störung sei, wie sie in einem Kernkraftwerk immer vorkommen kann. Aber als ich die Soldaten sah, die direkt vom Reaktor zu uns kamen, wusste ich, dass das nicht stimmte. Dass die Situation dramatisch war.

Zugegeben: Das Essen dort war sehr gut. Es war unser erster Tag in Tschornobyl, wir haben uns große Mühe gegeben. Aber selbst wenn den Leuten das Rührei oder die Haferflocken nicht geschmeckt hätten, gab es immer reichlich Schokolade und massenhaft Obst auf den Tischen. Ich glaube nicht, dass irgendjemand von ihnen sowas von zuhause kannte, aber sie haben nicht einmal hingeschaut. Sie wollten nur trinken. Sonst nichts. Es brannte in ihnen, Witold. Es hat sie von innen heraus verbrannt.

Jeder von den Jungs nahm sich drei oder vier Gläser Kompott und bat um mehr. Sie wollten nichts essen, sie sahen nicht einmal die Schokolade an, sie wollten nur trinken und trinken und trinken. Die Tatsache, dass keiner von den Männern mich auch nur angesehen hat, erwähne ich nur am Rande.

Diese Menschen starben bereits.«

WALENTINA

»Ich habe in meinem Leben nie härter gearbeitet als in Tschornobyl.

Mein Tag begann um drei Uhr morgens, denn um diese Zeit sind wir immer losgefahren, um Vorräte zu holen. Ich kaufte alles selbst ein, denn ich musste meine Unterschrift auf jede Quittung setzen, und wenn ein Stück Butter fehlte, konnte man mich des Diebstahls bezichtigen. Außerdem haben sie mich für diesen Job gut ausgewählt, denn ich bin ein bisschen vorlaut und ein Einkäufer sollte unbedingt so sein. Hier muss man sich in der Schlange vordrängeln, dort muss man diskutieren, da muss man verhandeln, und dort wiederum ein bisschen flirten, aber zugleich muss man auch etwas erledigt bekommen. Ich hatte dieselbe Arbeit schon in einem Geschäft in Warasch gemacht, daher fiel sie mir leicht. Einmal, vor den Feierlichkeiten zum Tag des Sieges am 9. Mai, schickte man mich, um Bier für unsere Arbeiter zu besorgen. Aber der Lagerleiter in Luzk sagte, dass die Fabrik stillstehe und es kein Bier geben würde. Ich habe ihm gesagt, dass er machen kann, was er will, aber ohne den von uns produzierten Strom würden weder die Fabrik Bier herstellen noch die Lagerhäuser öffnen können. Und wenn die Menschen in unserer Stadt kein Bier bekommen, möchte ich mir nicht vorstellen, was dann passiert. Ich habe so nett mit ihm geplaudert, dass wir in Warasch am Ende die Einzigen in der Region waren, die Bier für unsere Veteranen hatten.

Das waren die Fähigkeiten, die sich meine Chefs erhofften, als sie mich zur Vorarbeiterin der Köchinnen – und zur Leiterin der Versorgung – des ›Märchenwalds‹ machten. Es war ihnen von vornherein klar, dass es nicht einfach werden würde. Und es war klar, wenn jemand damit zurechtkommen würde, dann ich.

Um Lebensmittel zu besorgen, fuhr ich also jeden Morgen zur Verteilungsstelle in der Nähe von Prypjat. Ich hatte einen großen Lastwagen, um Gemüse, Obst, Käse, Milch und Brot zu holen. Beim Großlager waren meine rhetorischen Fähigkeiten nicht wirklich von Nutzen: Es gab damals drei Kantinen wie meine, sodass nur drei Lastwagen zu beladen waren. Und weil der Staat Tschornobyl oberste Priorität einräumte, wurde unser Stützpunkt sehr gut versorgt, man musste auf nichts warten, alles ging blitzschnell.

Aber einmal in der Woche besorgte ich mir einen zusätzlichen Lastwagen und fuhr nach Kyjiw, um Fleisch, Wurst, Mehl und Nudeln zu besorgen. Und da fingen die Probleme an, denn obwohl ich aus einem stark verstrahlten Gebiet kam und selbst verstrahlt war, verwiesen sie mich an denselben Stützpunkt, an dem auch die Versorger aus den Kantinen und Restaurants der Stadt warteten. Alles verlief reibungslos, sodass ich nie protestierte, sondern einfach geduldig mit allen anderen wartete.

Dann, in der dritten Woche, geschah etwas Seltsames. Als ich ankam, hatten die anderen Fahrer die Straße blockiert und ließen uns nicht zum Stützpunkt durch. Ich stieg aus, um herauszufinden, was los war. Die Männer riefen: ›Geh zurück in dein Tschornobyl! Du wirst uns hier nicht anstecken!‹

Mein Tschornobyl?

›Leute, ich bin nicht einmal von dort!‹, rief ich. ›Ich helfe, das Feuer zu löschen. Sonst werden wir alle sterben!‹

Aber sie wollten mir nicht zuhören.

Ich ging zur Verwaltung und sagte, dass die anderen Fahrer mich nicht reinlassen würden. Sie antworteten mir, dass sie sich darum kümmern, aber ich erwiderte: ›Hören Sie, die Menschen haben ein Recht darauf, Angst zu haben. Vor mir in der Warteschlange stand ein Lieferwagen mit Milch für einen Kindergarten. Wie können die Leute sicher sein, dass ich ihre Milch nicht verstrahlen werde?‹

›Was sollten wir also tun?‹, fragten die in der Verwaltung.

›Lassen Sie mich durch einen separaten Eingang rein. Dann muss ich nicht in der Warteschlange stehen.‹

Und genau so machten sie es von da an. Ich habe danach nicht ein einziges Mal warten müssen. Und am Hintereingang habe ich nie jemanden getroffen. Hat es mir leid getan? Witold, ich war bei der Arbeit immer sachlich, auf meine Aufgaben konzentriert, niemals emotional. Letztlich war ich sogar froh, dass ich mich nicht mehr anstellen musste.«

OLGA

»Im ›Märchenwald‹ gab es einen medizinischen Versorgungsposten, dem ein alter Arzt aus Russland vorstand, der uns helfen sollte, wenn jemand gesundheitliche Probleme hatte. Schon am ersten Tag bekam ich eine schreckliche allergische Reaktion: Mein Hals tat weh, meine Nase tropfte, meine Augen tränten. So hat mein Körper gegen die Strahlung gekämpft. Also ging ich zu diesem Arzt, um Augentropfen zu bekommen.

Der Doktor, Alexander Jossipowitsch, war zu dem Zeitpunkt bereits im Ruhestand, er hatte bereits während des Zweiten Weltkriegs als Arzt gearbeitet. Er meldete sich freiwillig für Tschornobyl, weil er angeblich an geheimen Experimenten mit der sowjetischen Atombombe beteiligt gewesen war und über Kenntnisse zu Strahlung verfügte. Er hielt es für seine Pflicht, uns zu helfen, aber die Leitung wusste nicht so recht, was sie mit ihm anfangen sollte, also wies man Jossipowitsch uns, der Kochabteilung, zu. Er sah sich alles an, was vor sich ging, und schüttelte den Kopf. Er sprach mit niemandem, sondern rief nur ständig irgendwo an. Das kam uns seltsam vor, aber wir dachten, dass sich alte Menschen eben seltsam verhalten und es keinen Grund zur Sorge gibt.

Aber eines Tages, als ich mir wieder meine Tropfen abholte, sprach ich ihn an: ›Alexander Jossipowitsch‹, sagte ich, ›ich habe den Eindruck, dass Sie traurig sind. Sie kommen nicht zu uns, ich sehe Sie nicht beim Essen. Ist Ihnen etwas zugestoßen? Vielleicht kann ich helfen?‹

Er sah mich an, als hätte er einen Geist gesehen. Und er sagte: ›Zehn Jahre. In zehn Jahren wird keiner von Ihnen mehr hier sein.‹

Mir lief ein eiskalter Schauer über den Rücken. Aber ich fragte weiter: ›Warum glauben Sie das, Alexander Jossipowitsch?‹

Und er erwiderte: ›Niemand hier versteht, welche Macht das Atom hat. Haben Sie von Hiroshima gehört? Ich war dort. Ich habe Menschen gesehen, die qualvoll gestorben sind. Ich habe Kinder gesehen, die mit Missbildungen geboren wurden. Und das hier ist viel schlimmer als Hiroshima.‹

Ich rannte weinend hinaus und hatte Angst, wieder zu ihm zu gehen. Ich habe mich zwei Tage lang mit meinen Augen gequält, bevor ich mir wieder Tropfen geben ließ.

Und eine Woche später stellte sich heraus, dass Dr. Alexander Jossipowitsch nicht mehr bei uns war. An seiner Stelle schickten sie eine junge, fröhliche Krankenschwester, die keine Ahnung von Strahlung hatte und uns trotz unserer Zweifel sagte, wir sollten uns einfach oft die Hände waschen und zweimal am Tag duschen, das würde ausreichen.

Einige Leute sagten damals, der alte Arzt hätte Selbstmord begangen. Dass er der Einzige von uns gewesen war, der wusste, wohin das alles führen würde, wie es enden würde, und dass er es einfach nicht ertragen konnte. Aber meiner Meinung nach war es noch schlimmer. Es war die Armee, die den Arzt abholte und ihn nach Russland zurückschickte, weil er anfing, Dinge zu sagen, die er nicht sagen sollte. Wenn er mir erzählt hat, wie schlimm es um uns stand, muss er es auch den anderen gesagt haben. Und die da oben zogen es vor, dass wir in Unwissenheit arbeiteten.

Aber das wusste noch keiner von uns. Ich erinnere mich, dass zu der Zeit, als der Arzt verschwand, Bekannte aus Warasch in der Kantine auftauchten. Sie fingen an, nicht nur Köche, sondern auch Ingenieure, Feuerwehrleute oder einfache Bauarbeiter nach Tschornobyl zu schicken. Da war ein junger Mann, ein Maurer, sein Name war Kolja. Er erkannte mich und sagte: ›Oje, Olga, haben sie dich auch zum Sterben hierher geschickt?‹

Ich regte mich auf und erklärte ihm, dass er das nicht sagen dürfe, denn hier würde niemand sterben.

›Ich habe einen Ehemann, ich habe ein kleines Kind, ich habe jemanden, für den ich lebe‹, erwiderte ich.

Er lächelte sanft und entschuldigte sich, fügte allerdings hinzu: ›Olga, du sitzt hier im Wald und weißt gar nichts.‹

Und dann trank er einfach sein Kompott aus.«

WALENTINA

»Ich habe es nur einmal bereut.

Hin und wieder wurden Konzerte für die Menschen organisiert, die in Tschornobyl arbeiteten. Viele Künstler lehnten ab – das wussten wir damals noch nicht –, aber einige wirklich bekannte und beliebte Sänger und Sängerinnen kamen, um für die zu singen, die dort arbeiteten.

Zu einem der ersten Konzerte dieser Art wurde ein Sänger, den ich sehr mochte, aus Moskau geholt. Einst hatte ich bei seiner Musik meinen Mann kennengelernt. Dieser Künstler bedeutete mir damals sehr viel, aber ich möchte nicht sagen, Witold, wer es war, denn ich möchte niemanden beschuldigen. Sie hatten den Mut, in die Todeszone zu kommen, das werde ich nie vergessen. Ich werde Ihnen also nur erzählen, wie es mir damals ergangen ist.

Am Tag vor dem Konzert vereinbarte ich mit den Mädchen, wer meine Aufgaben übernehmen würde, denn es war ein großer Feiertag für mich; der einzige Tag, an dem ich mir erlaubte, die Arbeit zu verlassen, wenn auch nur für drei Stunden. Am Tag des Konzerts lieh ich mir von einem der Mädchen einen Lippenstift und zog mein bestes Kleid an. Zwei Tage zuvor, als wir in Kyjiw waren, hatte ich für den Künstler bereits einen wunderschönen Blumenstrauß gekauft, den schönsten, den ich mir leisten konnte.

Wir gingen nur zu viert zum Konzert, der Rest der Mädels musste im Stützpunkt bleiben, weil wir ja die ganze Zeit Essen servierten. Ich saß in der ersten Reihe, mit diesen Blumen, und ich war so gerührt und glücklich wie noch nie.

Und nach dem Konzert ging ich, ohne jemanden um Erlaubnis zu fragen, mit meinem Strauß hinter die Bühne und lief auf meinen Lieblingssänger zu. Ich ging auf ihn zu, fing schon von Weitem an zu reden – und ich war immer gut im Reden –, ich sagte, dass wir uns unter vielleicht ungewöhnlichen Umständen trafen, aber sonst hätten wir uns wohl nie getroffen, und dass mich seine Lieder in den wichtigsten Momenten meines Lebens begleitet hätten. Ich kam näher und näher, er sah mich, aber etwas stimmte nicht, Witold. Anstatt sich zu freuen, dankbar zu sein, zwei oder drei Worte zu sagen, und sei es nur aus Höflichkeit, wich mein geliebter Künstler panisch vor mir zurück. Er lief vor mir weg, als wäre ich eine Aussätzige.

Und plötzlich wurde mir klar, dass ich wirklich eine Aussätzige bin. Dass ich gefährlich bin, verstrahlt. Dass wirklich jemand, der mich berührte, Blumen von mir nahm oder mich umarmte, krank werden oder sogar sterben könnte.

Wie ist es dazu gekommen? Wann? Warum?

Dann kam ein Mann auf mich zu, versuchte die Situation zu entschärfen, sagte mir, ich solle die Blumen auf den Boden legen, der Künstler sei sehr erfreut, aber es sei ihm zu seinem Leidwesen verboten, etwas von den Leuten hier anzunehmen.

›Ein Befehl von oben, verstehen Sie.‹

Aber ich habe ihm gar nicht richtig zugehört, Witold. Ich habe geweint wie nie zuvor in meinem Leben. Und verstehen Sie mich nicht falsch – ich bin diesem Sänger nicht böse. Später las ich in einer Zeitung, dass auch die Künstler gezwungen wurden, nach Tschornobyl zu gehen, dass auch sie Angst hatten. Und sie hatten recht, sich zu fürchten, ich möchte nicht über sie urteilen. Alla Pugatschowa, die berühmte Sängerin, fuhr nach Tschornobyl, verbrüderte sich angeblich mit den Liquidatoren, gab Autogramme, nahm Geschenke von den Leuten an – später brachte sie kein einziges Kind zur Welt und leidet bis heute an einer Schilddrüsenerkrankung. Ich wiederhole nur, was ich in den Zeitungen gelesen habe.

Aber an diesem Tag zerbrach etwas in mir. Ich konnte mich lange Zeit nicht wieder einkriegen. Die Mädchen versuchten, mich zu trösten, aber ich konnte ihnen nicht einmal erklären, was genau mit mir passiert war.

Bis am nächsten Tag meine Professionalität siegte. Ich riss mich zusammen und fuhr los, um Vorräte zu besorgen. Wie immer. Aber ich kann diesen Sänger bis heute nicht hören. Wenn er im Fernsehen auftritt, muss ich den Sender wechseln, obwohl er mir früher so viel bedeutet hat.

Tschornobyl hat nicht nur meine Gesundheit zerstört. Es hat sogar meine Erinnerungen zerstört.«

LJUBA

»Nun gut, ich nehme an, es ist an der Zeit, etwas über das Essen zu erzählen?

Ich werde Ihnen eines sagen, Witold. Obwohl ich Köchin war, obwohl ich in einem Kernkraftwerk und in einem guten Restaurant gearbeitet habe, habe ich in meinem Leben noch nie so viel gutes Essen gesehen wie in Tschornobyl. Es war, als wollte der Staat diese Menschen dafür belohnen, dass er sie an einen so schrecklichen Ort geschickt hatte. Stirb, aber iss dich vorher ordentlich satt. Es gab ein Meer an Lebensmitteln: beste Butter, unverdünnte Sahne – klingt vielleicht komisch, war aber damals, unter Gorbatschow, eine echte Delikatesse –, Erdbeer-, Johannisbeer- und Preiselbeerkompott, dazu das obligatorische ›Mors‹, also ein sowjetisches Fruchtsaftgetränk, und außerdem Fleisch, Schinken, Sülze, Wurst, Seefisch, Süßwasserfisch, geräucherter Fisch, gebackener Fisch, was auch immer. Dazu alle Arten von Obst: Wassermelonen, Honigmelonen, Orangen, Granatäpfel aus Aserbaidschan. Ein Italiener schickte sogar zwei Waggons mit Zitronen, also machten wir jeden Tag Limonade.

Die Menüs wurden von Lebensmitteltechnologen für uns zusammengestellt, um die richtige Kalorienmenge zu gewährleisten. Und wir haben gekocht und gekocht! Gulasch, Eintöpfe, Aufläufe, Salate, Kompotte, Käsekuchen, Rouladen. Und Suppen: Erbsensuppe, Buchweizensuppe, ukrainischer Borschtsch, russischer Borschtsch, alles natürlich mit Fleisch, unbedingt, damit die Menschen Kraft hatten. Und wenn wir Zeit hatten, haben wir Pfannkuchen gemacht oder süße Brötchen gebacken.

Jeder bekam auch ein Glas dicke Sahne pro Tag – anscheinend hilft Kalzium gegen Strahlung, also gab es bei uns auch viel Hüttenkäse und andere Käsesorten. Obwohl alle ohnehin glaubten, dass Wodka am besten helfen würde. Ich selbst war auch davon überzeugt, dass er gegen die Strahlung hilft, und obwohl ich keine große Trinkerin bin, überwand ich mich und trank jeden Tag vor der Arbeit fünfzig Gramm.

Es gab auch ein Meer an Fruchtsäften, alles was das Herz begehrte, und so viel Schokolade habe ich danach nie wieder in meinem Leben gesehen. Aber, wie Olga schon sagte: Die Leute wollten nicht wirklich etwas essen. Nicht einmal die Schokolade.

Einmal sagte ich zu einem von ihnen: ›Wenn du es nicht selbst isst, nimm es mit, für deine Frau oder dein Kind.‹

Er sah mich so bedeutungsvoll an, dass ich sofort verstand, dass man von hier keine Schokolade mitnimmt, schon gar nicht für ein Kind.

Die Jungs gaben ihre Schokolade uns und wir gaben sie den Polizisten, die in der Nähe an der Straße einen Kontrollpunkt hatten. Wir selbst haben es auch vorgezogen, sie nicht mit nach Hause zu nehmen. Später kauften einige Leute sie angeblich auf und verkauften sie auf den Basaren in Kyjiw – natürlich ohne zu sagen, woher sie kam. Nach und nach eröffneten andere Kantinen in der Nähe, in ähnlichen Pionierlagern, und Walentina dachte sich aus, dass wir mit ihnen darum konkurrieren würden, welche die beste in der Region ist. Wir haben uns alle zusammengesetzt und überlegt, was wir tun können, was diese Menschen am meisten brauchen. Und wir kamen auf die Idee, an der Wand Tische mit den gesündesten Speisen, hübsch dekoriert, aufzustellen – damit man sie sich als Nachtisch mitnehmen kann und sie gleichzeitig das Auge erfreuen.

Wir wollten diese Menschen irgendwie trösten, wir wussten, dass es für niemanden leicht war. Selbst in solch schrecklichen Zeiten ging es einem gleich besser, wenn man ordentlich gegessen hat.

Wir stellten also drei Tische nebeneinander im Speisesaal auf. Wir nannten ihn den ›Vitamintisch‹, und jeden Tag war es für uns Ehrensache, ihn so schön wie möglich zu gestalten. Was es da nicht alles gab! Raja machte Rosen aus Zwiebeln, die in Zucker getränkt waren, und das sah wunderschön aus. Ich habe Blumen aus Möhren geschnitten. Und es gab Igel aus Äpfeln. Und daneben, in großen Thermoskannen, standen gesunde Tees aus sibirischen Kräutern, für die Verdauung. Alles war sehr ansprechend, frisch und lecker.

Wir haben damals so hart gearbeitet, dass sich die Haut von unseren Händen löste und unsere Augen vor Erschöpfung brannten. Ich bin einmal ohne Schuhe zur Arbeit gegangen, weil ich so müde war; ich habe es nicht einmal gemerkt. Aber jeder, der in unsere Kantine kam, ging zufrieden nach Hause.«

RAJA

»Mit der Zeit waren wir nicht mehr in der Lage, alles zu schaffen und einige andere Köchinnen und Helferinnen schlossen sich unserer Brigade an. Es waren nette und fleißige Mädchen dabei. Aber es gab auch einige Schlaumeier, die nur mehr Geld verdienen wollten – in Tschornobyl bekamen wir fünfzig Prozent mehr Lohn als sonst, sozusagen als Gefahrenzulage. In Kernkraftwerken wird generell gut bezahlt, für eine Köchin aus Kyjiw oder irgendwo vom Dorf war das also sehr gutes Geld; aber gleichzeitig wollten diese Mädels nicht hart arbeiten. Einmal habe ich einer aufgetragen, Suppe zu kochen, aber sie wusste angeblich nicht, wie das geht. Also übertrug Walentina ihr das Servieren der Mahlzeiten. Wenn sie schon nicht kochen konnte, dann zumindest auftun – und wieder wusste sie angeblich nicht, wie. Am besten wäre gewesen, wenn jemand gekommen wäre und es für sie getan hätte. Komplett unfähig!

Aber Walentina konnte sehr gut mit solchen Mädchen. Du willst keine Suppe ausschenken? Dann schnapp dir einen Putzlappen und ab, den Boden schrubben!

Wie auch immer, ich spreche so unfreundlich über dieses eine Mädchen, dabei starb sie schon bald nach ihrem Tschornobyl-Aufenthalt, möge sie in Frieden ruhen. Später stellte sich heraus, dass sie bei uns Wurst gestohlen hatte, für ihre Leute, irgendwo auf dem Land. Sie hat sie mit ihrem Mann gegessen und offenbar sind dort alle an dieser Wurst gestorben. Ob das wahr ist? Ich weiß es nicht. Wir haben schließlich auch dort gegessen und sind am Leben. Aber wir waren nur einen Monat in Tschornobyl; dieses Mädel hatte sich vorgenommen, ihr Haus zu renovieren und einen Fernseher und einen Videorekorder zu kaufen, alles sehr teure Dinge damals, und sie blieb fast ein Jahr im ›Märchenwald‹. Sie arbeitete immer vierzehn Tage lang und fuhr dann für eine Woche nach Hause, irgendwo in die Nähe von Kyjiw. Dann wieder für zwei Wochen in die Todeszone. Und wieder zurück nach Hause. Angeblich nahm sie jedes Mal einen ganzen Sack mit Lebensmitteln mit.

Aber wie sie das ganze Essen herausgeschafft haben soll, weiß ich wirklich nicht. Die Polizei war überall auf Schritt und Tritt dabei und achtete sehr darauf, dass niemand etwas mitgehen ließ. Sie überprüften jeden von uns, um sicherzugehen, dass sich nichts in unseren Handtaschen oder unter unseren Jacken befand. In Tschornobyl, wie in der gesamten Sowjetunion, waren es nicht die kleinen Leute wie wir, die gestohlen haben, sondern die hohen Tiere. Wir wurden regelmäßig kontrolliert und dennoch waren damals ganze Lastwagen mit aus den Kantinen gestohlenen Produkten unterwegs.

Aber das habe ich erst viele Jahre später herausgefunden.

Meine Kolleginnen erzählten über dieses Mädchen, dass sie bei ihr ein Auge zudrückten, weil sie mit dem Chef der Miliz schlief. Aber ich sage das nicht, Witold, um hier irgendwen zu diffamieren, deswegen nenne ich ihren Namen auch nicht. Ich möchte nur, dass Sie eine Chance haben, zu verstehen, an was für einem Ort wir arbeiten mussten.

Alle Lebensmittel kamen von außerhalb der kontaminierten Zone nach Tschornobyl. Wir durften nichts kochen, was in der Gegend gesammelt wurde. Aber schließlich befanden wir uns mitten im Wald, irgendwann gab es Beeren und Pilze, und Soldaten, die in der Nähe stationiert waren, begannen diese Pilze zu sammeln – und baten uns, sie in Butter und Sahne zu braten. Selbstverständlich haben wir die Pilze für sie gebraten, aber ich habe diese Sachen niemals angerührt. Und ich habe ihnen mehrmals gesagt, dass das alles hochgradig verstrahlt sein könnte. Aber wenn ich sagte, dass man von diesen Pilzen krank werden kann, lachten die Soldaten mich aus.«

WALENTINA

»Irgendwann gab es in der Umgebung von Tschornobyl fünf Kantinen. Eines Tages rief mich einer von den Chefs an: ›Gratulieren Sie Ihren Kolleginnen‹, sagte er, ›und ich gratuliere Ihnen, Frau Walentina. Sie haben den ersten Platz im Kantinenwettbewerb gewonnen! Sie haben das beste Essen, die schönste Kantine und den nettesten Service.‹

›Das ist ja wunderbar‹, antwortete ich, ›danke sehr! Aber was für ein Wettbewerb ist das denn? Wer hat hier einen Kantinenwettbewerb durchgeführt und wie? Ich weiß von nichts. Was ist hier eigentlich los?‹

Mir wurde erklärt, dass die Zentrale prüfen wollte, wer sich am besten bewährte. Während wir uns abmühten! Sie steckten zwei Personen, einen Mann und eine Frau, in die weiße Kleidung, die die Liquidatoren trugen, und schickten sie in alle Kantinen in der Umgebung von Tschornobyl. Sie sollten das Essen probieren, sich Notizen machen und auch wiederkommen; es ist ja klar, dass jeder ein- oder zweimal einen schlechten Tag haben kann, aber die Idee war, den Wettbewerb so objektiv wie möglich zu gestalten.

Offenbar haben die Mädchen und ich einstimmig gewonnen: das beste Essen, die netteste Bedienung, die schönste Einrichtung. Der Ausschuss schätzte besonders unseren Vitamintisch und empfahl, dass auch andere Kantinen so einen einführen sollten.

Meine Kolleginnen und ich haben uns sehr gefreut. Natürlich ist es schön, wenn man für seine Arbeit Anerkennung bekommt. Aber die größte Wertschätzung kommt für mich immer von den Menschen, für die man kocht.

Wir hatten am Ausgang des Speisesaals ein Gästebuch, in das die Leute ihre Kommentare eintragen konnten, aber lange hatte niemand von uns Zeit, es sich anzusehen. Bis Olga bemerkte, dass Leute etwas hineinschrieben. Wir haben es nach der Arbeit in unsere Unterkunft mitgenommen und uns alles durchgelesen. Das Gästebuch war fast voll! Und die Leute loben uns in den höchsten Tönen. Dass das Essen ganz köstlich ist, genau wie bei Mutti. Dass wir nett sind. Dass wir wunderbar sind.

›Dank Ihnen hatte ich ein Zuhause in der Ferne‹, schrieb jemand, und das sind Worte, die ich niemals vergessen werde.«

RAJA

»Die Rückkehr nach Warasch war schwierig. Hier erwartete uns niemand mit offenen Armen. Die Leute wussten sehr wohl, dass wir stärkster Strahlung ausgesetzt gewesen waren. Es gab eine Zeit, als sogar alte Freunde Angst hatten, mich nach Hause zum Tee einzuladen. Sie sagten: ›Raja, wir vermissen dich, aber du musst verstehen … Wir haben kleine Kinder …‹

Ich hatte auch kleine Kinder, aber ich habe es verstanden.

Nach ein paar Jahren haben alle Tschornobyl irgendwie vergessen. Die Sowjetunion brach zusammen. Da gab es ernstere Probleme als das.«

WALENTINA

»Ich war noch zweimal in Tschornobyl, immer als Vorarbeiterin, und ich freundete mich jedes Mal mit meinen Köchinnen an – sie mochten mich so sehr, dass ich nicht mehr in meinen Laden in Warasch zurückkehren, sondern bei ihnen in der Küche bleiben wollte. Ich habe sowohl in den verschiedenen Kantinen als auch im *Waldlied* gearbeitet, wie wir alle. Ich war Vorarbeiterin, Einkäuferin, aber ich war auch Köchin.

Mit uns arbeitete ein Mädchen im Kernkraftwerk, Lesja, sie hatte zuvor in Tschornobyl gearbeitet und in Prypjat gelebt. Als der Reaktor explodierte, musste sie alles zurücklassen. Sie sagte, irgendwelche Beamten seien zu ihnen nach Hause gekommen und hätten ihnen verboten, etwas mitzunehmen; nur ihre Dokumente durften sie einpacken. Sie sagten: ›Kommen Sie sofort raus, Sie werden evakuiert.‹ Niemand hat ihnen gesagt, dass es für immer ist. Lesja hat alles zurückgelassen: Geld, Schmuck, Familienfotos. Sie und ihr Mann hatten eine Datscha, sie hatten Geld beiseitegelegt, und plötzlich war alles weg.

Gott, wie sie geweint hat. Sie kam jeden Morgen mit geschwollenen Augen zur Arbeit und ich konnte sehen, dass sie nachts nicht geschlafen, sondern nur geweint hatte. Und bei der Arbeit konnte sie sich auch nicht beherrschen.

Ihr Mann arbeitete als Techniker in Tschornobyl. Er kam mit ihr nach Warasch, aber er blieb nicht lange; er ging weg, um irgendwo auf einer Baustelle zu arbeiten, und dann verschwand er, ohne jede Spur. Daraufhin weinte Lesja noch mehr. Ich habe sie in der gesamten Zeit nie lächeln gesehen. Einmal sagte ich zu ihr: ›Lesja, du kannst die Zeit nicht zurückdrehen. Du wirst dein Leben wieder aufbauen. Was ist los mit dir, gibt es nicht genug Männer auf der Welt? Du bekommst eine neue Wohnung, du verdienst neues Geld. Man kann nicht sein ganzes Leben damit verbringen, sich Sorgen zu machen.‹

Aber sie sah mich nur an, als hätte ich jemanden getötet, der ihr nahe stand.

Und sie zischte: ›Das kannst du nicht verstehen. Ihr seid die Glücklichen. Ihr habt alle einen Ort, an den ihr zurückkehren könnt.‹

Nun, unter uns gesagt, ich halte mich nicht für glücklich. Mein Gesundheitszustand hat sich nach Tschornobyl drastisch verschlechtert. Aber was soll's. Ich wollte mich nicht mit ihr darüber streiten, wer von uns mehr litt.

Es gab keine Möglichkeit, sie zu trösten. Obwohl sie mich ziemlich unfreundlich behandelte, ging ich zur Personalabteilung, um ihr so schnell wie möglich eine Wohnung zu besorgen. Sie hat es verdient, erklärte ich ihnen, schließlich hat sie alles in Prypjat zurückgelassen. Und tatsächlich hat sie bald eine Wohnung bekommen, außerhalb der Warteliste, vor allem dank mir. Und als sie aufhörte, bei uns zu arbeiten, hörte sie auch auf, mich auf der Straße zu grüßen. Kein ›Guten Morgen‹, kein ›Hallo‹, kein ›Wie geht's‹. Ich weiß von Leuten, dass sie sehr schlecht über mich sprach, also habe ich versucht, sie anzurufen: ›Vielleicht sollten wir mal miteinander reden?‹, fragte ich.

Sie legte sofort auf.

Aber ich werfe ihr das nicht vor. Tschornobyl hat nicht nur unsere Gesundheit ruiniert. Es hat auch unsere Seelen gezeichnet.«

OLGA

»Der Wettbewerb um die beste Kantine, den sie unerwartet für uns veranstaltet hatten, war in den Zentralen der Kernkraftwerke so beliebt, dass sie beschlossen, ihn fortzusetzen. Sie löschten das Feuer im Reaktor, stellten einen Sarkophag über ihm auf und kündigten an, dass es einen neuen Wettbewerb geben würde.

Jedes Kraftwerk musste die beste Köchin und eine Helferin auswählen, die dann alle an einem Ort zusammenkommen und kochen sollten. Und aus irgendeinem Grund hat die Leiterin unserer ORS mich ausgewählt, um unser Kraftwerk zu repräsentieren. Und ich habe mich für meine Freundin Nastja als Helferin entschieden. Der Wettbewerb sollte in der

Stadt Enerhodar stattfinden, wo sich das Kernkraftwerk Saporoschje befindet.

Nastja und ich haben uns gut auf den Wettbewerb vorbereitet, wir haben überlegt, was wir kochen würden, wir haben uns mehrmals getroffen. Aber meiner lieben Kollegin ging es dann sehr schlecht. Zwei Tage vor dem Wettbewerb kam sie in ein Krankenhaus in Kyjiw.

Es stellte sich heraus, dass sie an Leukämie erkrankt war. Der Arzt, der sie untersuchte, riet ihr, gleich in der Klinik zu bleiben. Ich musste allein zum Wettbewerb nach Enerhodar fahren.

Ich bin gefahren wie in Trance, Witold. Ich erinnere mich nicht mehr daran, wen ich getroffen habe, wer was zu mir gesagt hat, ich weiß nicht mehr, was es für Preise gab. Ich erinnere mich nur daran, dass Vertreter aller ukrainischen Kernkraftwerke anwesend waren, einschließlich des Kernkraftwerks in Tschornobyl, das noch viele Jahre nach der Katastrophe offiziell in Betrieb war. Die Köchinnen kannte ich alle von einigen gemeinsamen Kochkursen.

Aber ich erinnere mich, dass ich im letzten Moment meine Pläne änderte und statt des Fisches, den ich mit Nastja kochen wollte, einen anderen machte. Ich habe Hering gekocht, durch den Fleischwolf gedreht, Butter und Grünzeug dazugegeben, das Ganze erneut durch den Fleischwolf gedreht und aus der Masse mehrere kleine Fische geformt, die ich mit Salat und Möhrchen dekoriert habe. Es war ein Rezept, das Nastja und ich uns in der Schule ausgedacht hatten. Und weil ich die ganze Zeit an Nastja denken musste, wollte ich etwas machen, das an sie erinnerte.

Die zweite Vorspeise war ebenfalls sehr einfach: Ochsenzunge und dazu Meerrettich mit Honig. Dieses Rezept haben Nastja und ich für den Vitamintisch in Tschornobyl entworfen. Außerdem habe ich Eier in Gelee und in Teig gebackene Miniwürstchen gemacht, serviert mit Bratäpfeln.

Ich weiß selbst nicht wie oder warum, aber ich habe den Hauptpreis bekommen. Sie applaudierten mir, gaben mir eine Urkunde und ich glaube, ich habe sogar etwas Geld erhalten. Aber sobald der Wettbewerb vorbei war, stieg ich in einen Zug und fuhr so schnell ich konnte nach Kyjiw, ins Krankenhaus, zu Nastja.

Ich hatte Nastja lediglich fünf Tage nicht gesehen, doch sie hatte sich verändert, als wären mehrere Jahre vergangen. Die Ärzte kümmerten sich sehr gewissenhaft um sie; es war eine Zeit, in der sie noch Geduld mit allen hatten, die nach Tschornobyl krank wurden. Später änderte sich das, aber damals kümmerten sie sich auf die bestmögliche Weise um Nastja. Sie sahen, dass sie ein junges Mädchen war und es für sie noch nicht an der Zeit war zu sterben. Sie planten eine Chemotherapie, erklärten ihr, dass ihr wahrscheinlich die Haare ausfallen würden, aber niemand sagte, dass dies ihr Ende sein könnte.

Aber das wusste Nastja bereits. Mir sagte sie: ›Olga, ich fühle, dass ich sterben werde.‹

Und ich habe ihr geantwortet: ›Nastja, warum sagst du so dumme Sachen? Nächstes Jahr brauche ich dich für den Wettbewerb, denn dieses Mal habe ich ihn durch Zufall gewonnen, aber das wird kein zweites Mal funktionieren.‹

Ein Jahr später fand der kulinarische Wettbewerb für alle Atomkraftwerkkantinen bei uns in Warasch statt. Ich habe einen schlichten Borschtsch und dazu ein einfaches Poscharski-Kotelett gemacht. Und ich habe den letzten Platz belegt. Alle waren überrascht, dass ich im Jahr zuvor gewonnen hatte und nun so schlecht abschnitt.

Und dann bin ich zu Nastja auf den Friedhof gegangen und habe es ihr vorgeworfen: ›Siehst du? Ich habe es dir doch gesagt!‹

Ich gehe alle zwei, manchmal alle drei Tage zu ihr. Ich glaube daran, dass sie mein Engel ist, der sich bei Gott für mich einsetzt. Zum Beispiel für meine Gesundheit. Ich bin die Einzige der Köchinnen aus Tschornobyl, die nie ernsthafte gesundheitliche Probleme hatte. Ich bin weder operiert worden, noch leide ich in irgendeiner Weise an irgendwas, obwohl ich genauso lange dabei war wie die anderen Mädchen.

Ich bin überzeugt, dass es meine Freundin ist, die im Himmel mit demjenigen spricht, der solche Dinge entscheidet.«

* * *

Alle Köchinnen aus Tschornobyl fühlen sich ungerecht behandelt.

»Die Liquidatoren bekommen Rentenzuschläge. Und wir? Wir haben nichts«, erzählen sie. »Als wir gebraucht wurden, hat uns natürlich jeder die Hände geküsst. Aber jetzt, wo wir nicht genug Geld haben, um über die Runden zu kommen, fragen sie scheinheilig, wer wir denn seien und was wir wollen!«

Deshalb müssen die meisten dieser Frauen, selbst wenn sie schon in Rente sind, noch irgendwo arbeiten und sich etwas dazuverdienen. Sie kochen auf Hochzeiten, bei Taufen und manchmal – wenn viel los ist – in Restaurants.

Heute versucht Walentina Sawitzkaja, die ehemalige Vorarbeiterin, für angemessene Renten für die versehrten Frauen zu kämpfen. Sie war schon mehrmals vor Gericht und hat für einige der Arbeiterinnen ein paar tausend Griwna mehr pro Monat erkämpfen können – knapp hundert Euro. Aber das ist nur ein Tropfen auf den heißen Stein.

»Es schmerzt mich sehr, weil ich weiß, wie viele Menschen die Tschornobylzulage unrechtmäßig erhalten«, erklärt sie. »Vor einigen Jahren bot mir eine alte Freundin an, über einen Bekannten einen Rentenzuschuss zu bekommen. Er war hoch, heute würde er zehntausend Griwna betragen. Sie wollte von mir tausend Dollar für die Vermittlung. Ich sagte zu ihr: ›Meine Liebe, warum sollte ich dafür bezahlen? Ich war wirklich in Tschornobyl, mir steht dieses Geld rechtmäßig zu!‹

Und sie sagte, sie wisse ja, dass ich wirklich dort gewesen war, deshalb wolle sie auch nur tausend Dollar von mir. Von denen, die nicht in Tschornobyl waren, nehme sie jeweils mehrere Tausend Dollar.

Damals war ich sehr entrüstet. Aber die Wahrheit ist, dass diejenigen, die sie damals bezahlt haben, heute eine viel bessere Rente haben als ich. Ich kann mir meine Prinzipientreue sonst wohin stecken.«

Manchmal wacht Walentina morgens auf und ihre Beine sind mit eitrigen Wunden übersät. Oder blau angelaufen.

»Das ist die Strahlung, die nach all der Zeit immer noch aus mir herauskommt«, sagt sie. »Ich bin früher von einem Arzt zum anderen gegangen und habe versucht, etwas dagegen zu tun. Heute weiß ich, dass es für den Rest meines Lebens so bleiben wird.«

* * *

Frau Raja ist sogar gegen ihren eigenen Schweiß allergisch. Und gegen die Sonne.

»Als wir aus Tschornobyl zurückkamen, war ich so abgemagert, dass meine Freundinnen dachten, ich würde sterben. Sie besuchten mich und brachten mir und den Kindern Essen. Ich dachte mir so: Warum kommen die auf einmal alle an? Sie kamen, um sich von mir zu verabschieden. Sie dachten, es würde nur noch ein paar Tage, vielleicht Wochen dauern, bis ich weg wäre. Sie besprachen sogar untereinander, wer sich um meine Kinder kümmern würde, damit sie nicht in Waisenhäusern landeten.«

Aufgrund der Strahlung und wegen der Allergien muss Frau Raja sogar im Sommer Handschuhe tragen. Aber das ist noch nicht alles. Sie hat bisher elf Operationen hinter sich: einen Leistenbruch, einen Knoten an der Schilddrüse, dann noch einen weiteren Schilddrüsenknoten. Dann wurde ihr ein Stück Darm entfernt – alles typische Probleme von Menschen mit Strahlenkrankheit.

»Ich kann gar nicht zählen, wie viele Glioblastome und Lymphome ich schon hatte«, sagt Raja. »Und dazu die kaputte Schilddrüse. Außerdem habe ich, seit ich alt bin, Schwierigkeiten mit der Konzentration und den grauen Star.«

* * *

Frau Ljuba versinkt in ihren Gedanken.

»Die Erste, die starb, war Anna Dimitrowna. Die, die in der ersten Nacht Angst hatte, in dem verstrahlten Bettzeug zu schlafen. Sie fuhr eines Tages mit ihren Eltern in den Schrebergarten, fiel um und stand nie wieder auf. Und davor war sie nie krank! Sie wurde obduziert, denn wenn ein Mensch so jung stirbt, muss man überprüfen, ob er nicht vergiftet wurde. Der Arzt sagte meinem Mann später, dass alles in ihrem Inneren zersetzt war. Alles.«

Frau Ljuba ist nicht in der Lage, etwas Schwereres als ein Stück Seife zu heben. Sie leidet seit Jahren an einem Leistenbruch; es folgte eine sehr schwierige Operation, für die sie den weiten Weg nach Moskau reisen musste.

»Ob ich bereue, dass ich nach der Katastrophe in Tschornobyl helfen wollte?« Frau Ljuba vergewissert sich, dass sie meine Frage richtig verstanden hat. »Witold, wenn ich gewusst hätte, was ich heute weiß, wäre ich so weit wie möglich von dort weggelaufen. Ich wäre über die Grenze nach Polen, nach Deutschland, in die Schweiz geflüchtet; irgendwohin, so weit weg wie möglich. Tschornobyl hat mir nichts Gutes gebracht. Ich glaube nicht, dass Leiden veredelt. Ich habe sehr viel gelitten in meinem Leben und fühle mich keineswegs besser oder edler.«

REZEPTE

GEORGISCHE CHARTSCHO-SUPPE

- 500 g Rind- oder Lammfleisch, am besten Bruststück
- 2 Zwiebeln
- 2-3 Knoblauchzehen
- 100 g frische Tomaten oder 2 Löffel Tomatenmark
- ½ Glas Reis
- ½ Glas Sahne
- Koriander oder Petersilie oder Dill
- Salz
- gemahlener schwarzer Pfeffer

Das Fleisch putzen und kleinschneiden, in einen Topf tun, mit kaltem Wasser übergießen und auf kleiner Flamme köcheln lassen. Den Schaum abschöpfen.

Nach 1,5 bis 2 Stunden klein gewürfelte Zwiebeln und den zerdrückten Knoblauch hinzugeben, dann Reis, Sahne, Salz und Pfeffer. Danach weitere 30 Minuten köcheln lassen.

Die Tomaten kurz in Öl anbraten und 10 Minuten, bevor sie fertig sind, in die Suppe tun.

Vor dem Servieren die Chartscho mit den kleingeschnittenen Kräutern bestreuen.

FRÜHLINGSSALAT

- 3 Orangen
- 3 Grapefruits
- 200 g Erdbeeren
- Saft von 1 Zitrone
- 200 Gramm Honig
- Minzblätter
- 6 Esslöffel Schlagsahne
- 1 Teelöffel Weinbrand

Die Zitrusfrüchte schälen, in kleine Stücke schneiden und mit den Erdbeeren vermischen. Den Zitronensaft und den Cognac zum Honig geben und diese Soße über die Früchte gießen.

Mit Schlagsahne und Minzblättern garnieren.

SLAWISCHE SUPPE

- ½ l Bier
- 2 Esslöffel Sahne oder Kefir
- 2 Eidotter
- 2 Esslöffel geriebener Hartkäse
- Schwarzbrotkruste
- Croutons von Schwarzbrot
- 1 Esslöffel Zucker

Die Sahne mit dem Zucker und den Eigelben vermengen, einen Esslöffel Bier hinzufügen und verquirlen. Das restliche Bier mit der fein gehackten Brotkruste aufkochen und vorsichtig in die Sahne gießen.

Die Sahne mit dem Bier auf kleiner Flamme köcheln (nicht zum Kochen bringen!).

Geriebenen Käse und Croutons auf Tellern verteilen und die Suppe darüber gießen.

EXOTISCHER SALAT

- 6 mittelgroße Kartoffeln
- 2 Gläser saure Sahne
- 2 Teelöffel Salz
- 100 g Kokosraspeln
- 1 Teelöffel Senfkörner
- mehrere scharfe Paprikaschoten
- 2 reife Tomaten
- 1 Esslöffel frischer Ingwer
- ein paar Zweige Petersilie

Die Kartoffeln mit Schale kochen. Danach schälen, in Würfel schneiden, in eine Schüssel geben und kaltstellen.

Sahne, Salz und Kokosraspeln verrühren. In einer kleinen Pfanne erhitzen, die Senfkörner hinzufügen und abdecken, damit die aufgeplatzten Körner nicht entweichen. Sobald sie aufplatzen, den geriebenen Ingwer und die kleingeschnittene scharfe Paprika hinzufügen und alles einige Sekunden lang umrühren.

Die Mischung in eine Schüssel geben, die Kartoffeln hinzufügen, umrühren und leicht schütteln, damit sie gleichmäßig mit der Marinade bedeckt sind.

Mit Petersilie und Tomatenvierteln garnieren. Kalt servieren.

PARISER SALAT

- 900 g weißer Spargel
- 1 Bund Brunnenkresse
- 100 g Mayonnaise
- 2 Esslöffel Milch
- 1 Esslöffel frischer Zitronensaft
- einige Zitronenscheiben zur Dekoration

Den geschälten Spargel in etwas Wasser bei starker Hitze 2-3 Minuten kochen. Dann die Hitze auf mittlere Stufe reduzieren und 5-10 Minuten weitergaren, bis er weich ist. Das Wasser abgießen und den Spargel auf einer Platte anrichten; abdecken und für 2 Stunden in den Kühlschrank stellen.

Drei Viertel des Bundes Brunnenkresse kleinhacken (man kann sie durch Kopfsalat oder Sauerampfer oder eine beliebige Salatmischung ersetzen, aber es lohnt sich, daran zu erinnern, dass Brunnenkresse als gesündeste Pflanze der Welt gilt).

Die gehackte Brunnenkresse mit Mayonnaise, Milch und Zitronensaft vermischen. Alles auf den abgekühlten Spargel geben.

Das Gericht mit Zitronenscheiben garnieren.

MENÜ XIV

Das zweite Comeback von Wiktor Beljajew

Drei Jahre nach der Katastrophe von Tschornobyl nahm sich Wiktor Beljajew eine Auszeit vom Kreml.

»Ich fuhr mit einem Auftrag nach Syrien«, erinnert er sich. »Ein Freund von mir war mit dem sowjetischen Botschafter in Damaskus gut bekannt. Und dieser suchte einen Koch. Ich ging fort, um Geld zu verdienen und mal eine andere Luft zu atmen. Mein Interesse an Geschichte erwachte wieder und ich nahm mehrmals ehrenamtlich an archäologischen Arbeiten in einer antiken römischen Ausgrabungsstätte teil. Es war fantastisch: Wir haben die Villa eines reichen Patriziers ausgegraben. Es gab Amphoren, Fresken an den Wänden, alles sehr gut erhalten. Es wirkte ein bisschen, als wären die Gastgeber lediglich für eine Weile weggegangen und würden gleich zurückkommen, und wir würden währenddessen in ihren Sachen stöbern.«

Als Beljajew das Land verließ, regierte noch Michail Gorbatschow und nichts deutete darauf hin, dass sich das demnächst ändern würde.

Zwei Jahre später kehrte er zurück. Und er fand sich mitten im politischen Chaos wieder.

»Ich war buchstäblich mittendrin«, erzählt er, »denn sie sagten mir, ich solle am 18. August 1991 in den Kreml kommen. An jenem Augustmorgen wurde ich vom Klingeln des Telefons geweckt. Ein befreundeter Kremloffizier rief an: ›Wiktor, mach den Fernseher an, schnell!‹ Ich schaltete ihn ein und sah, was los war. Panzer auf den Straßen. Der Janajew-Putsch hatte begonnen. Es waren die alten Kommunisten, die versuchten, die UdSSR zu retten. Meine Frau sagte mir, ich solle nicht gehen, weil wir nicht wissen konnten, was als Nächstes passieren würde.

Aber wenn man so viele Jahre im Kreml gearbeitet hat wie ich, wusste man eines: Dort oben kann es zu Umwälzungen kommen, einer verliert die Macht, ein anderer gewinnt sie, aber jemand wie ich hatte damit nichts zu tun. Ich war lediglich zum Kochen da. Solange ich kochte, war ich sicher.«

Beljajew beruhigte also seine Frau, zog sich an und machte sich auf den Weg zum Kreml. Wie in den Vorjahren schickte ihm die Verwaltung ein Auto.

»Als ich reinging: das reinste Irrenhaus!«, erzählt er. »Jemand rennt, jemand schreit, jemand wird in Handschellen abgeführt. Und ich lief, als wäre nichts geschehen, zum Personalbüro, um herauszufinden, welche Arbeit sie denn für mich haben. Auf dem Weg dorthin traf ich Janajew selbst, der bei meinem Anblick breit lächelte und fragte, warum er mich so lange nicht gesehen hätte – schließlich kannten wir uns von verschiedenen Empfängen –, außerdem traf ich Boris Pugo, einen weiteren Putschisten. Es hatte etwas Absurdes an sich, dass ich mit der Personalleiterin Tee trank, während das Schicksal des Landes auf dem Spiel stand. Sie erklärte mir, wohin sie mich schicken wollte.«

»Ich landete in Stalins privater Datscha in Kunzewo«, erinnert er sich. »Wo schon Alexander Egnataschwili und Witali Alexejewitsch gearbeitet hatten und wo Stalin lebte und starb.«

»Wie genau kam es dazu?«, will ich wissen.

»Es war eine der außergewöhnlichsten Erfahrungen in meinem Leben. Die Kremlleitung wollte etwas aus Kunzewo machen. Gorbatschow hatte sich dort eine moderne Villa gebaut, die er aber kaum nutzte. Und jemand fand es offenbar schade, ein so großes Gelände in der Nähe des Moskauer Stadtzentrums verkommen zu lassen. Die Idee war, Kunzewo für Kongresse, Konferenzen oder auch privat zu vermieten, damit der eine oder andere an diesem historischen Ort in Luxus leben konnte.

Und ich bekam das Angebot, Direktor von Kunzewo zu werden. Ich habe nicht mal eine Minute darüber nachgedacht. Ich habe dir bereits gesagt, dass ich schon immer ein Geschichtsliebhaber war. Außerdem war ich mit Stalins persönlichem Koch befreundet, der mir oft von dieser Datscha erzählt hatte. Ich stimmte also zu. Und sie riefen sofort einen Wagen, der mich hinbrachte, damit ich mir alles genau anschauen konnte.

Die Datscha war im finnischen Stil gebaut, an einem kleinen See, aus dem sie ihren Fisch holten. Zweihundert Meter entfernt stand die von Gorbatschow errichtete Villa, in der sich – wie in allen ähnlichen Gebäuden für hochrangige Parteimitglieder – ein Swimmingpool, eine Bibliothek, eine Sauna und sogar ein Heimkino befanden.

Der Putsch war vorbei, Jelzin hatte gewonnen, Boris Pugo sich erschossen; und ich stellte Köche und Kellner für Kunzewo ein, kaufte Geschirr und bestellte Pflanzenstecklinge, weil ich die alten Gewächshäuser, die seit Stalin niemand mehr benutzt hatte, wieder aufbauen wollte.

Die Datscha sah genauso aus wie an dem Tag, an dem er starb. Sie hatten dort keine einzige Renovierung vorgenommen und ich glaube nicht, dass seit seinem Tod irgendjemand das Gebäude betreten hatte. Das Sofa, auf dem er gestorben war, stand immer noch auf seinem Platz und am Eingang zu diesem Zimmer war ein brauner Fleck auf dem Boden, der nicht sehr angenehm aussah. Die Tische, Stühle, Teppiche, der Schreibtisch, das Geschirr, das wir in der Küche vorfanden: Alles war noch original und es waren Dinge, die Stalin persönlich benutzt hatte. Ich erinnere mich, dass es sehr interessante Spiegel im Esszimmer gab. Sie waren gebogen, und zwar so, dass man, wenn man sich umdrehte, den gesamten Raum einsehen konnte: Jemand glaubt, dass Stalin nur seine Uniform zurechtzupft, doch derweil beobachtet er, was die Leute tun, wenn sie denken, dass er ihnen den Rücken zukehrt.

Im Flur hingegen hatte er Spiegel, die ihn größer machten.

In Moskau verbreitete sich die Nachricht, dass es möglich sei, Stalins ehemalige Datscha zu mieten, und ein bekannter Regisseur stellte den

Antrag, dort einen Dokumentarfilm zu drehen. Ich als Direktor hatte keine Einwände, meine Chefs im Kreml auch nicht, und so tauchte einige Wochen später ein Filmteam auf – das erste und letzte in der Geschichte von Kunzewo, wie sich später herausstellen sollte. Sie brachten einen ungewöhnlichen Gast mit: Stalins alten Leibwächter, der vor der Kamera alles erzählte, was er über diesen Ort wusste. Ich bin mit ihnen herumgegangen, denn du kannst dir bestimmt vorstellen, wie spannend das für mich war!

Auf dem Gelände befindet sich ein Hauptgebäude, die Datscha, und von dort aus geht man einen langen, mit Teppich ausgelegten Korridor entlang zu einem anderen Gebäude. Darin gibt es mehrere Küchen, darunter eine mit einem georgischen Brotbackofen, Räume für die Wachleute, und sogar ein großes Aquarium, in das regelmäßig frische Fische gesetzt wurden. Dieser Wachmann führte uns also durch dieses Bedienstetengebäude und erzählte uns alle möglichen Details, und dann liefen wir über diese Teppiche – alles Originale! – hinüber in Stalins Datscha. Er öffnete die Tür. Wir gingen hinein. Und der Mann wurde weiß wie eine Wand.

Der Regisseur sah mich an, ich sah ihn an. Wir fragten den alten Wächter, ob alles in Ordnung sei oder ob er sich schlecht fühle, ob er wolle, dass wir eine Krankenschwester rufen. Aber er sagte nichts, schaute nur geradeaus. Schließlich sah er uns an, schüttelte entsetzt den Kopf und flüsterte: ›Er war hier.‹

Ich bekam eine Gänsehaut, Witold. Das war alles, was er sagte. Und dann ließ er sich so schnell wie möglich nach Hause fahren; er wollte das Interview nicht fortführen, er hat kein Geld von diesem Filmteam genommen. Er wollte nur so schnell wie möglich weg.

Später sprachen wir mit Kollegen, die dort arbeiteten, und kamen zu dem Schluss, dass es dort immer noch nach Stalin roch. Seit seinem Tod war die Datscha verschlossen gewesen, sie hatten nie gelüftet, und der alte Mann muss den Geruch, den er von früher kannte, wahrgenommen haben. Mehr ist an der Sache sicher nicht dran gewesen.

Allerdings muss ich dir sagen, dass ich mich jedes Mal, wenn ich dort allein übernachtet habe, sehr unwohl gefühlt habe. Ich hatte Angst. Es fühlte sich an, als gäbe es eine Art böse Macht an diesem Ort.

Ich habe zwei Jahre dort gearbeitet. In dieser Zeit ist die Sowjetunion zusammengebrochen und Michail Gorbatschow wurde durch Boris Jelzin ersetzt. Was diesen Zerfall betrifft, so hat, um ehrlich zu sein, am Anfang niemand wirklich verstanden, was geschieht.

Jelzin und der Ukrainer Krawtschuk reisten nach Belarus, um sich mit Schuschkewitsch zu treffen. Sie unterzeichneten eine Art Abkommen, von dem niemand so recht wusste, was es bedeutete. Heute glaube ich, dass sie es absichtlich so gemacht haben, dass es niemand versteht.«

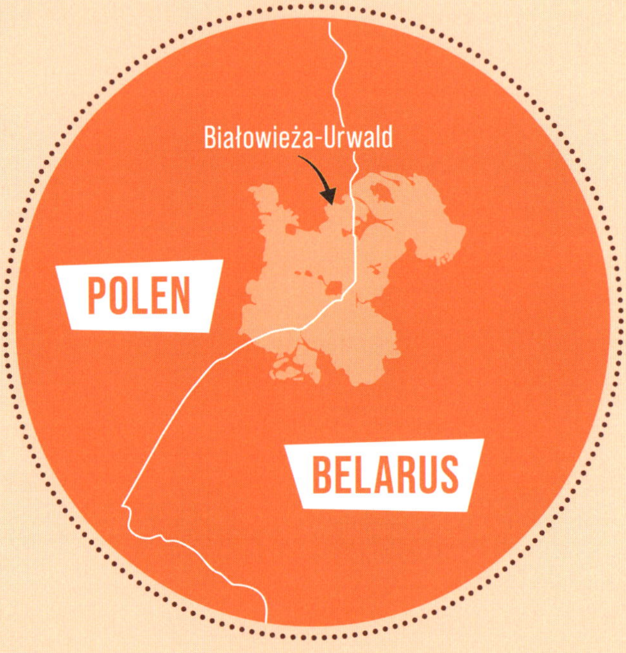

MENÜ XV

Polina Iwanowna – Wildschweingulasch oder das letzte Abendmahl der UdSSR

»Ich hätte sie vergiften sollen. Einen nach dem anderen. Ihnen Arsen in das Wildschwein reintun. Oder Gift in die Wurst, oder was auch immer. Niemand hätte da lebend rauskommen dürfen.«

Polina Iwanowna ist eine lebhafte, etwas korpulente Frau in ihren Sechzigern. Wir sprechen miteinander zu einer Zeit, in der die Belarusen gegen ihren Präsidenten Aljaxandr Lukaschenka protestieren. Jetzt, nach den Wahlen 2020, die er eindeutig gefälscht hat, sagen sie nicht »Präsident«, sondern »jemand, der sich als Präsident ausgibt.« Was letztlich der Grund dafür ist, dass mich diese Dame bat, ihren Vor- und Nachnamen im Text zu ändern. Sie will keinen Ärger; davon hat sie in ihrem Leben schon genug gehabt.

Also ändere ich ihren Namen. Und höre ihr zu.

»Alles Böse, das in meinem Leben und in der Welt geschah, begann an diesem Tag, dem 8. Dezember des Jahres 1991«, sagt Polina Iwanowna. »Es begann mit dem betrunkenen Jelzin. Und diesen beiden Schurken, Krawtschuk und Schuschkewitsch, die diesen schändlichen Vertrag mit ihm unterzeichnet haben. Wie konnte die Sowjetunion, unser Mutterland, unser Heimatland, unser Nährboden, derart abgeschlachtet werden? Jeder Bauer auf dem Land weiß, dass man ein trächtiges Schwein nicht schlachtet. Aber diese Politiker wussten es offenbar nicht und schlachteten das Land ab – dieses Land, das den Faschismus besiegte und den Menschen ins All schickte, das mächtigste Land der Welt.

Sagen Sie doch selbst, Witold: Wie konnte in zwei Tagen so viel Böses geschehen? Welcher Teufel war nur in sie gefahren?

Nun, ich weiß es nicht. Ich bin im Schatten der Sowjetunion aufgewachsen und vermisse sie nicht besonders. Aber im Moment halte ich den Mund.«

1.

Es war eine seltsame Bekanntschaft. Er war ein Parteiapparatschik aus Belarus und der erste Premierminister des Landes nach dem Zusammenbruch der UdSSR. Ich, ein Schriftsteller aus Polen, halb so alt wie er. Ich bin zu Wjatschaslau Kebitsch gegangen, weil ich die Rezepte des Abendessens nachkochen wollte, bei dem die Sowjetunion gestürzt wurde, und er hatte dieses Essen ja organisiert. Kebitsch hingegen langweilte sich in seinem Ruhestand, und so spielte er über ein Jahr lang Katz und Maus mit mir, beantwortete die eine oder andere Frage und versprach, mehr zu erklären, wenn ich ihn wieder besuche.

Uns trennte so gut wie alles: Kebitsch war, obwohl er die Präsidentschaftswahlen 1994 gegen Aljaxandr Lukaschenka verlor und danach politisch ins Abseits geriet, beispielsweise bis zu dessen Tod mit Boris Jelzin befreundet. Auf seinem Telefon hatte er sowohl die private Nummer von Nursultan Nasarbajew aus Kasachstan als auch die der Leibwächter von Wladimir Putin gespeichert. Anscheinend hat Putin selbst kein Mobiltelefon und dies soll der zuverlässigste Weg sein, ihn zu erreichen. Ich bat Kebitsch, ihn in meinem Namen anzurufen und nach seinem Großvater, dem Koch Spiridon, zu fragen, aber er lächelte nur: »Das ist eine Nummer für ganz besondere Anlässe. Wegen sowas darf ich da nicht anrufen. Sonst sperren sie mich.«

Hatte er solche Anlässe? Das wollte er nicht sagen.

Er wurde 1936 im Dorf Konjuschewschtschisna, damals noch Teil von Belarus, geboren. Sein Vater diente im Ersten Weltkrieg auf der Seite der Russen und kämpfte, dann in der polnischen Armee, 1920 im Krieg gegen die Bolschewiki. Als zu Beginn des Zweiten Weltkriegs ihr Dorf, genau wie der Rest von Belarus, in die UdSSR eingegliedert wurde, verschwieg die Familie diese Tatsache sorgfältig. Für den Dienst in der polnischen Armee hätte Franak Kebitsch nach Sibirien verbannt werden können.

Wjatschaslau Kebitsch wirkte kränklich und von der Last des Lebens gebeugt, doch wenn er es sich in seinem Kunstledersessel bequem machte, erzählte er interessant und farbenfroh aus seinem Leben. Und dieses Leben war hochspannend!

Nach dem Krieg hatte es die Familie Kebitsch nicht leicht. Obwohl der junge Wjatschaslau sehr gut in der Schule war und die Schule in Pjarschai mit Auszeichnung abschloss, hätte nicht viel gefehlt und er hätte seine akademische Laufbahn mit dem Abitur beendet.

»Kaum, dass ich mit der Schule fertig war, starb unsere Kuh«, erzählte er. »Mein Vater meinte, dass es ihnen sehr leid täte, aber dass sie es sich nun nicht leisten könnten, mich zum Studieren in die Hauptstadt zu schicken. Zum Glück war meine Mutter auf meiner Seite und überredete meinen Vater. Sie wusste ja, wie wichtig es mir war, zu studieren. Aber meine ersten Jahre in Minsk waren sehr ärmlich. Ich ernährte mich vor allem von Kartoffeln und Speck.«

Der junge Kebitsch beendete das Polytechnikum und ging nach Westdeutschland, wo er einige Jahre illegal jobbte. Es war ein weiterer Schandfleck (neben den Kriegswirren seines Vaters) in seinem Lebenslauf, den er würde vertuschen müssen, um in die Politik zu gehen.

Als er aus Deutschland zurückkehrte, machte er eine glänzende Karriere in der belarusischen Wirtschaft. Im Alter von vierzig Jahren wurde er Direktor der Werkzeugmaschinenfabrik Kirow in Minsk.

»Es stellte sich heraus, dass ich mich auch als Manager ganz gut machte«, erzählte er. »Die Arbeit dort hat mich geradezu beflügelt.«

In der bereits im Niedergang begriffenen Sowjetunion war Kebitschs Fabrik nicht nur äußerst rentabel, sondern exportierte auch in über vierzig Länder.

»Wir beschäftigten mehrere Tausend Menschen. Und jedes Jahr bekamen sie alle einen großen Bonus zusätzlich zu ihrem Gehalt ausgezahlt«, prahlte er vor mir. »Ich habe mit Mitarbeitern auf allen Ebenen regelmäßig über ihre Wünsche und Bedürfnisse gesprochen und wir haben versucht, sie zu erfüllen. Es ist nicht so, wie es im Kapitalismus zu sein scheint, dass Arbeitnehmer nur so viel Geld wie möglich verdienen wollen. Wir haben auf dem Werksgelände Saunen errichtet, für die Mitarbeiter. Die Leute wollten sie, weil sie sich so besser integrieren konnten. Auch haben wir einen kleinen botanischen Garten angelegt, in dem sie ihre Pausen verbringen konnten. Das alles war nicht nur in Belarus, sondern auch in der gesamten UdSSR unvorstellbar.«

Kebitschs Experimente waren so ungewöhnlich, dass er, obwohl der Betrieb regelmäßig gute Umsätze erzielte, von sämtlichen Kontrollinstitutionen ständig kritisiert wurde.

»Eine Sauna? Pure Verschwendung. Ein botanischer Garten? Was für eine Extravaganz!«, erinnerte er sich an die Reaktionen. »Es waren Leute wie diese, die die Sowjetunion am Ende zerstört haben: stumpfe, sture Beamte, die nicht an ihren Scheuklappen vorbeischauen konnten. Sie hätten mich wahrscheinlich am liebsten gefeuert, darauf war ich vorbereitet. Aber glücklicherweise wurden meine Bemühungen in Moskau wahrgenommen. So begann meine Karriere in der Partei.«

Ich habe Wjatschaslau Kebitsch mehrmals besucht und ich glaube, dass der alte Apparatschik unsere Treffen mochte. Er hat mich für mein Interesse mit außergewöhnlichen Geschichten belohnt.

»Sie werden sie veröffentlichen dürfen, aber erst, wenn ich tot bin«, sagte er jedes Mal, wenn er sich hinreißen ließ und ein paar Worte zu viel sagte. Dabei lächelte er spitzbübisch.

Und dann ist er 2020 tatsächlich gestorben, mit 84 Jahren, an Covid. Es stellte sich heraus, dass ich dank ihm über einzigartiges

Filmmaterial über den Zusammenbruch der Sowjetunion und dessen Verlauf verfügte.

Natürlich mit Betonung auf den Geschichten aus der Küche.

2.

Es heißt, Chruschtschow hätte hier auf jemanden geschossen (in einer anderen Version dieser Legende schoss jemand auf Chruschtschow), und Raúl Castro sei aus einem rasenden Auto gefallen. Der rumänische Diktator Nicolae Ceauşescu soll kein einziges Wildschwein getroffen haben, obwohl die Jäger sie ihm direkt vor den Gewehrlauf trieben. Es heißt, dass ein betrunkener Soldat, der von seiner Freundin verlassen wurde, hier in einem Akt der Verzweiflung Leonid Breschnew erschießen wollte.

Das sind natürlich nur Gerüchte, denn alles, was die Jagdausflüge der Parteikumpane im Białowieża-Urwald angeht, war schon immer vertraulich bis geheim. Der alte Jäger, zu dem ich gebracht wurde und der Breschnew, Castro, Ceauşescu und andere Würdenträger auf ihren Jagdausflügen begleitete und wahrscheinlich Einiges darüber erzählen könnte, ist jetzt über neunzig Jahre alt und leidet an fortgeschrittener Demenz. Die meisten der außergewöhnlichen Geschichten aus der Wildnis werden mit ihm verschwinden.

Der Urwald hat große Führer schon immer angezogen. Vor Jahrhunderten, 1410, verbrachte Władysław Jagiełło hier einen ganzen Winter, um sich mit seiner Armee auf die Schlacht von Grunwald vorzubereiten. Später jagten hier alle polnischen Könige und nach den Teilungen Polens fast alle Zaren. Spuren des Jagdschlosses, dessen Bau Alexander III. in Auftrag gegeben hatte, sind noch in Biał owieża zu sehen.

Nur wenige wissen, dass Polen kurz davor war, in seinen heutigen Grenzen keinen Teil des Urwalds zu enthalten. Die ersten polnischen

Regierungschefs haben nach dem Zweiten Weltkrieg um ihn gekämpft: der kommunistische Präsident Bolesław Bierut und Premierminister Edward Osóbka-Morawski. Sie hatten selten den Mut, Stalin die Stirn zu bieten, doch als die Grenze gezogen wurde, bestanden sie darauf, dass der Wald bei Polen verbleiben sollte. Stalin war anderer Meinung, aber Bierut und Osóbka-Morawski ließen nicht locker. Bis Stalin überraschenderweise nachgab. Angeblich soll er, als er wieder einmal darauf angesprochen wurde, abgewunken und gesagt haben: »Lasst den Polen die Hälfte.«

Doch dann zeichnete er mit einem Rotstift den neuen Grenzverlauf so ein, dass die »größere Hälfte«, also etwa sechzig Prozent, an das sowjetische Belarus fiel.

Mitte der 1950er Jahre besuchte Stalins Nachfolger, Nikita Sergejewitsch Chruschtschow, Marschall Josip Broz Tito in Jugoslawien. Letzterer nahm ihn mit in ein staatliches Jagdhaus, das auf seine Anweisung hin gebaut worden war und ausschließlich ihm gehörte.

»Da ist Chruschtschow durchgedreht«, erzählt Anna Dengubenko, eine pensionierte Mitarbeiterin eines Nationalparks im belarusischen Teil des Białowieża-Urwaldes, die dessen Geschichte gut kennt und noch immer erforscht. »Er hat erfahren, wie gut man bei der Jagd über politische Themen sprechen kann. Und er sagte, er wolle sofort einen ähnlichen Treffpunkt in der Sowjetunion haben. Kirill Trofimowitsch Masurow, der damalige Vorsitzende der Belarusischen Kommunistischen Partei, hörte das und schlug vor, in der Białowieża-Wildnis zu jagen. Chruschtschow stimmte bereitwillig zu.«

Nur wenige Monate später begann sich der bis dahin eher rückständige Ort Kamenjuki, die Hauptstadt des belarusischen Teils des Urwalds, in einem noch nie dagewesenen Tempo zu entwickeln. Es wurden ein Kindergarten, eine Schule, ein Restaurant und die Keimzelle des heutigen Naturkundemuseums gebaut.

Zur gleichen Zeit wurde am Rande des Wildnisdorfes Wiskuli mit dem Bau eines kleinen Jagdpalastes begonnen. Das Projekt wurde vom Architekten Michail Baklanow in einem Stil entworfen, der an die kommunistische Architektur in Moskau erinnert.

»Der Granit kam aus der Ukraine und der Marmor aus dem Kaukasus«, erinnert sich Anna Dengubenko. »Jeden Tag arbeiteten etwa fünfhundert Personen auf dem Bau, wodurch das Gebäude innerhalb eines halben Jahres fertiggestellt werden konnte. Die Einheimischen, die dort arbeiteten, wunderten sich, als sie sahen, dass Bidets in den Badezimmern eingebaut wurden. So etwas war selbst in Moskau eine Seltenheit, erst recht inmitten des Urwaldes!«

Chruschtschow kam zum ersten Mal im Januar 1958 nach Wiskule, mit dem Zug.

»Man kann nicht behaupten, dass er sich in den Jagdpalast verliebt hätte«, berichtet Anna Dengubenko. »Die Wände waren noch nicht trocken und nach der ersten schlaflosen Nacht in der Feuchtigkeit beschloss Chruschtschow, die nächste in seinem Zugabteil zu verbringen. Doch als er auf die Jagd ging und merkte, wie viel Wild es hier gab, begann es ihm zu gefallen.«

Nikita Chruschtschow war ein leidenschaftlicher Jäger.

Ein paar Jahre später wurde das Naturkundemuseum in Kamenjuki eröffnet. Es war ein außergewöhnlicher Ort, mehr Tierpark als Museum.

»Die ungefährlicheren Tiere liefen frei umher und die Besucher durften sie füttern«, erinnert sich Frau Dengubenko. »Die Wildschweine standen am Zaun und warteten auf die Ankunft der Ausflugsbusse. Einmal kam ein Reh in das Büro des Direktors und ließ sich nicht vertreiben.

In der Anlage gab es außerdem vierzig Mufflons und fünfhundert Fasane. Sie wurden extra hingebracht, was von vielen Leuten kritisiert wurde – denn es sind keine einheimischen Arten. Doch sobald sie freigelassen wurden, machten die hiesigen Wölfe kurzen Prozess mit ihnen. So hat sich das Problem sozusagen von selbst erledigt.«

3.

Ein großes weißes Monster, das direkt auf das kleine Mädchen zuläuft und es verschlingen will.

Dies ist die erste Kindheitserinnerung von Polina Iwanowna. Sie erinnert sich, dass ihre Eltern, die damals in der Kolchose auf den Rübenfeldern arbeiteten, sie, vielleicht drei Jahre alt, auf einer Decke am Rande des Feldes zurückließen. Glücklicherweise ging alles gut aus. Das Ungeheuer entpuppte sich als ein Storch, der gleich nebenan Frösche fing.

Die kleine Polina wurde in einem mittelgroßen Dorf im Süden von Belarus geboren. Ihre Großmutter stockte ihre Rente mit dem Kochen für Hochzeiten und Beerdigungen auf und sobald ihre Enkelin etwas älter war, nahm sie sie mit. Polina hat immer gerne gekocht.

»Alles, was ich kochte, war sehr lecker«, sagt sie stolz. »Einmal hat mir meine Oma gezeigt, wie man Dranniki zubereitet, unsere traditionellen Kartoffelpuffer mit Fleischfüllung, schon kurz darauf habe ich sie selbst gemacht. Später habe ich Geld verdient, indem ich meiner Oma half. Es war zwar nur ein Hungerlohn, aber ich war damals zwölf, knapp dreizehn, und das war mein erstes selbstverdientes Geld. Als der örtliche Parteichef seine Tochter verheiratete, habe ich dreihundert Frikadellen für ihre Hochzeit gebraten. Ich dachte, meine Hände würden abfallen. Aber sie haben mir damals das Doppelte bezahlt.«

Das Kochen faszinierte die junge Polina so sehr, dass sie sich keinen anderen Beruf vorstellen konnte.

»Also hab ich die Kochschule in Minsk besucht. Ich habe dort zwei Jahre lang gelernt und sehr gut abgeschnitten. Für die Praktika schickten sie mich in verschiedene Restaurants und Kantinen der Stadt. Und die Lehrerin mochte mich sehr; sie sagte, ich hätte wirklich ein Händchen fürs Kochen. Eines Tages sagte sie: ›Polina, ich habe einen ganz besonderen Praktikumsplatz für dich.‹ ›Welchen denn, Anna Walentina?‹, fragte ich. Und sie darauf: ›In der Kantine des Ministerrats der Sowjetrepublik Belarus.‹«

So kam Polina Iwanowna in den Amtssitz des Ministerpräsidenten von Belarus.

»Nachdem sie mich als Praktikantin eingestellt hatten, ließen sie mich nicht mehr gehen.« Sie lächelt bei dieser Erinnerung. »Also blieb ich. Die Bezahlung war nicht besonders gut, die Arbeit anstrengend, aber ich wuchs mit dem Kollektiv zusammen und fühlte mich dort wohl. Und ich kann Ihnen eines sagen, Witold. Ich begann meine Arbeit unter Tichon Jakowlewitsch Kisseljow, der bis in die Achtzigerjahre Ministerpräsident war. Dann habe ich für acht aufeinanderfolgende Ministerpräsidenten gearbeitet. Und solange der Kommunismus andauerte, aßen sie alle sehr bescheiden. Niemand bestellte Delikatessen, jeder aß das, was auch normale Arbeiter bekamen. Das einzige Privileg, das ein Ministerpräsident hatte, war ein persönlicher Kellner, der ihm das Essen aus der Kantine ins Büro brachte.

Aber genauso oft ging der Ministerpräsident die Treppe hinunter und stellte sich wie ein normaler Arbeiter in der Kantine an. Es kam nie jemand auf die Idee, ihn vorzulassen.«

4.

Kurz nachdem Wjatschaslau Kebitsch Vorsitzender des Ministerrates geworden war, traf er Boris Jelzin. Er musste ihn in Moskau aufsuchen, um einen großen Kredit für Belarus zu beantragen.

»Jelzin aß bescheiden«, erzählte mir Kebitsch. »Natürlich bedeutet ›bescheiden‹ nicht Brot mit Margarine. ›Bescheiden‹ im Verhältnis zu dem, was er als Präsident Russlands, damals noch Teil der UdSSR, hätte essen können. Man hat Geschichten gehört, dass im Kreml unter Breschnew stets Eimer mit schwarzem und rotem Kaviar herumgestanden haben sollen. Ich selbst habe als Direktor des Kirow-Werks bei verschiedenen Veranstaltungen in Russland Kaviar mit Löffeln gegessen, er wurde in großen Schüsseln serviert. Bei Boris gab es zwar auch Kaviar, aber nur dünn auf belegte Brote gestrichen. Es waren andere Zeiten, das hat er verstanden.«

Die Verhandlung über den Kredit verwandelte sich schnell in ein alkoholisches Gelage.

»Es gab natürlich Wodka. Ohne den hätte man mit Jelzin nichts klären können«, berichtete Kebitsch. »Er hat nie etwas dazu gegessen, also habe auch ich keinen Imbiss zu mir genommen. Und da er saufen konnte wie ein Loch, vergaß ich nach dem dreizehnten oder vierzehnten Toast, warum ich überhaupt gekommen war. Zum Glück erinnerte sich Boris. ›Wie viel braucht ihr denn?‹, fragte er schließlich. ›Einhundert Millionen Rubel‹, antwortete ich.

Er stimmte sofort zu, unterschrieb die Papiere und vor lauter Freude und Trunkenheit vergaß ich, selbst zu unterschreiben. Deshalb mussten wir die Dokumente noch einmal per Kurier hin- und herschicken.«

Als Kebitsch Premierminister war, wurde der Physiker Stanislaw Schuschkewitsch Chef des belarusischen Parlaments. Dadurch wurde er eine Art Oberhaupt der Republik. Der siebenundachtzigjährige ehemalige Politiker lebt heute in einer bescheidenen Wohnung im Zentrum von Minsk.

»Es war Perestroika, es herrschte völliges Chaos und wir hatten Angst, dass wir kein Gas für den Winter haben würden«, erinnert Schuschkewitsch sich. »Der Winter sollte außergewöhnlich kalt werden, hieß es. Wir wussten nicht, wie wir mit Gorbatschow reden sollten. Deshalb wollten wir gemeinsam herausfinden, wie wir Belarus mit Gas versorgen können. Ich ging zu Kebitsch und sagte: ›Wir sollten Jelzin einladen. Wir werden ihn in den Urwald bringen, wir werden ihn ordentlich bewirten, mit Jagd, Essen, Wodka, wie in den alten Zeiten. Unter solchen Bedingungen wird es leichter sein, miteinander zu reden.‹ Kebitsch war einverstanden.

Bei meinem ersten Besuch in Moskau fragte ich also Jelzin, ob er Lust hätte, uns zu besuchen und er stimmte bereitwillig zu. Dann kamen wir auf die Idee, Krawtschuk aus der Ukraine dazuzuholen, denn so ein Treffen der drei Führer der slawischen Republiken hatte ja eine ganz andere Dimension. Ob jemand daran gedacht hat, die UdSSR zu stürzen? Ich ganz sicher nicht. Für mich sollte es ein Treffen zum Thema Gasversorgung werden: Gas für uns und für die Ukrainer.

1991 kam es zu einem erbitterten Kampf zwischen Jelzin und Gorbatschow um die tatsächliche Macht. Gorbatschow, der versuchte, die kollabierende Sowjetunion zu reformieren, glitt die Macht zunehmend aus der Hand. Anfang 1991 organisierte er ein Referendum, bei dem sich mehr als siebzig Prozent der Bürger für den Erhalt der UdSSR aussprachen. Doch im Laufe des Jahres ratifizierten die Parlamente der einzelnen Republiken die Unabhängigkeit. Im April: Georgien. Im August: Belarus, Litauen, Lettland, Estland, Moldawien, Ukraine, Usbekistan und Kirgisistan. Im September erklärten Armenien und Tadschikistan ihre Unabhängigkeit, im Oktober Aserbaidschan und Turkmenistan.

Die letzte Republik, die zögerte, war Kasachstan. Russland hingegen bekam einen neuen Präsidenten – Boris Jelzin«, fasst Schuschkewitsch die damaligen Ereignisse zusammen.

»Es war eine seltsame Situation«, erinnerte sich Kebitsch. »Immer mehr Republiken erklärten ihre Unabhängigkeit und Gorbatschow, der Präsident der UdSSR, saß immer noch im Kreml. Niemand wusste, wer wofür zuständig war, wie viel Macht Gorbatschow hatte und wie viel die jeweiligen Länder hatten. Niemand wusste, wie man darüber reden sollte, und es war unmöglich, mit Gorbatschow zu sprechen, weil er immer beleidigt war. Er war damals böse auf alle.

Im August gab es den Putsch von Gennadi Janajew – die alten Kommunisten versuchten, die neue Ordnung zu verhindern. Ehrlich gesagt, war ich mit meinem Herzen auf ihrer Seite. Aber das alles geschah zu leise, zu sanft und zu spät. Die Sowjetunion existierte nur noch auf dem Papier. Die Leiche lag bereits in der Leichenhalle, der Gerichtsmediziner musste nur noch die Sterbeurkunde unterschreiben.«

5.

Stepan Martysjuk gehörte zu den Jägern, die mit den Würdenträgern der Partei aus Moskau und anderen kommunistischen Hauptstädten auf die Jagd gingen. Wir treffen uns in seinem Haus, in einem der malerischen Dörfer am Rande des Urwalds. Von den Wänden starren uns, wie es sich für ein Jägerhaus gehört, leere Augenhöhlen von toten Tieren an. An einem von ihnen hängt Martysjuks alte Jagduniform.

»Die Arbeit war angenehm, man war im Freien und konnte eine ganze Menge Geld verdienen«, erinnert er sich. »Obwohl diese Jagden ein bisschen fauler Zauber waren«, fügt er nach kurzem Nachdenken hinzu.

»Was meinen Sie damit?«, frage ich.

»Wenn Breschnew extra aus Moskau kam, um zu schießen, war klar, dass er etwas zu jagen bekommen musste. Aber in der Natur kann man es sich nicht aussuchen: Wildschweine halten sich manchmal in einem Teil des Waldes auf und manchmal in einem anderen. Wir hatten also eine Wildschweinherde, die speziell für die Besuche von Würdenträgern vorbereitet wurde.«

»Wie denn?«, will ich wissen.

»Wir haben sie mit Kartoffeln und anderen Köstlichkeiten gefüttert. Und wir haben das Futter immer in der Nähe des Hochsitzes abgeladen, wo sich die Jäger versammelten. Die Wildschweine hatten sich daran gewöhnt, dass die Stimme eines Menschen oder ein laufender Automotor bedeutete, dass es bald etwas zu fressen gab. Also rannten sie sofort zum Hochsitz. Wir haben die Tiere in einem speziellen Gehege gehalten und wenn einer der VIPs kam, haben wir sie freigelassen. Dann liefen die Wildschweine direkt auf ihn zu. Es war unmöglich, sie nicht zu treffen.«

»Die Jagd wurde also manipuliert ...«

»Ach, wissen Sie ... Diese Männer jagten, um Stress abzubauen oder um politische Angelegenheiten zu regeln. Breschnew brachte oft ein paar seiner Generäle mit, die er später befördern wollte. Wir sollten sie an einen Ort bringen, an dem es mit Sicherheit Wild geben würde. Ich kann nur sagen, dass andere Tiere wie Rehe, Hirsche, Hasen oder sogar Fasane nicht so gehalten wurden, und wenn jemand sie erlegt hat, dann war es wirkliches Jagdgeschick.«

»Und, haben sie oft getroffen?«, will ich wissen.

»Vor allem Chruschtschow, aber ich erinnere mich nicht an ihn, ich habe nicht ein einziges Mal mit ihm gejagt. Abgesehen von ihm konnte Raúl Castros Frau gut mit der Waffe umgehen; Castro selbst hat, obwohl er Verteidigungsminister war, unfassbar schlecht geschossen.«

Als Martysjuk nur noch zwei Jahre bis zur Rente hatte, bot ihm der Direktor des Nationalparks an, die Leitung des Jagdhauses in Wiskuli zu übernehmen.

»Er sagte mir, es sei ein perfekter Job«, erinnert sich Martysjuk. »Gorbatschow käme nie hin, und das war die Wahrheit. Auch Kebitsch und Schuschkewitsch waren Fans der Jagd. ›Machen Sie es‹, sagte mir der Direktor, ›es gibt nicht viel zu tun, keine Verantwortung, und das Geld ist gut. Außerdem bekommen Sie dadurch eine höhere Rente.‹«

»Und?«

»Ich stimmte zu.« Stepan Martysjuk breitet seine Arme aus. »Wenn ich die Zeit zurückdrehen könnte, würde ich mir selbst eine Tracht Prügel verpassen. Und hätte sofort abgesagt. Dem würde ich um nichts in der Welt mehr zustimmen. Man sollte sich so weit wie möglich von der Politik fernhalten, insbesondere von der großen Politik. Und so verfolgt einen die Scham und die Schande für den Rest des Lebens …«

»Welche Schande?«

»Diese Leute haben die Sowjetunion gestürzt, in meiner Anlage. Und ich habe alles für sie vorbereitet: Ich habe die Zimmer geheizt und das Bettzeug gewechselt. Ich habe ihnen sogar eine Schreibmaschine mitgebracht, auf der sie diese schändlichen Vereinbarungen getippt haben. Ich meine, nicht ich persönlich, aber meine Arbeiter, die vierzig Leute, die in Viskuli gearbeitet haben, haben alles auf meinen Befehl hin getan. Aber das alles hängt mir an, nicht ihnen. Die Leute glauben, wir hätten gewusst, worüber die Politiker dort debattierten.«

»Also wussten Sie nicht, Herr Martysjuk, was dort beschlossen wurde?«

»Wenn ich das gewusst hätte, wäre niemand lebendig aus der Sache herausgekommen!«, verneint der ehemalige Direktor heftig. »Ich hatte ein Gewehr, ich war mein ganzes Leben lang Jäger. Ich wiederhole: Wenn ich gewusst hätte, was sie dort tun, hätte ich sie alle erschossen.«

6.

»Etwa einen Monat vor seinem Besuch erfuhren wir, wann Jelzin ankommen würde«, erinnert sich Wjatschaslau Kebitsch. »Jeder erinnert sich noch, dass Schuschkewitsch ihn willkommen hieß und bei uns beherbergte. Aber die ganze Arbeit musste am Ende ich machen. Es war meine Aufgabe, die technischen Details zu klären, die Logistik, die Organisation von allem, was mit diesem Besuch zusammenhing: vom Transport, der Koordinierung der Flugzeuge und der Limousinen, bis hin zu Unterkunft und Verpflegung. Das Resort in Viskuli stand ebenfalls unter meiner Aufsicht. Weil denen da oben wichtig war, dass alles in einer angenehmen Atmosphäre ablief, habe ich die besten Köchinnen aus dem Ministerrat geholt, die damals dort gearbeitet haben.«

»Einschließlich Polina Iwanowna?«

»Ja, deshalb habe ich Sie einander vorgestellt. Ich verstehe, dass Sie, wenn Sie ein Buch über Essen schreiben, wissen wollen, was beim letzten Abendmahl der Sowjetunion serviert wurde. Nun, Frau Iwanowna hat es vorbereitet. Sie weiß alles. Ich nahm auch andere Leute aus dem Personal mit: Ich kümmerte mich um hübsche Mädchen, die den Delegationen Blumen überreichten, eine angemessene Menge Puschtscha-Wodka, aber auch andere Spirituosen, auch westliche. Ich habe sogar drei Masseure aus Minsk bestellt; in Viskuli gab es sogar eine traditionelle russische Banja. Einer von ihnen war übrigens ein richtiger Saunameister, er wusste, wie man richtig mit dem Dampf umging und wie man die ganze Zeremonie durchführte. Und ehrlich gesagt war hier das erste

Mal, dass ich die Parole hörte, wir sollten die Sowjetunion stürzen – ausgerechnet während einer Saunazeremonie.«

»Von Jelzin?«

»Von Gennadi Burbulis, seiner rechten Hand. Aber lassen Sie uns langsam und Stück für Stück an diesen Punkt gelangen.«

* * *

»Niemand hat geahnt, wie das Treffen verlaufen würde«, sagt Polina Iwanowna. »Der Leiter des Büros des Ministerpräsidenten, der mit mir sprach, sagte nur, dass wichtige Gäste kommen würden. Und dass es eine Menge Arbeit sein würde, aber er würde mir dafür einen Bonus zahlen. Ich habe nicht wirklich darüber nachgedacht, ich meine, warum auch? Auf jeden Fall war es für mich eine willkommene Abwechslung. Ich war nur zweimal in meinem Leben im Białowieża-Urwald gewesen, einmal auf einem Schulausflug.

Zwei Tage vor dem Gipfeltreffen fuhr ich mit zwei Kolleginnen aus der Küche hin, um alles vorzubereiten. Es hieß, es kämen allein etwa hundert Russen, dazu Ukrainer und unsere Leute aus Belarus. Eine Zeit lang war die Rede davon, dass Nasarbajew vielleicht aus Kasachstan kommen würde. Wir haben deshalb sogar Hammelfleisch besorgt, damit er sich wie zuhause fühlt, schließlich essen sie dort viel davon, und in der Wildnis, in der Provinz, gab es keine Möglichkeit, es zu kaufen.

Als wir ankamen, stand Jelzins Limousine schon bereit, sie wurde extra in einer beheizten Garage abgestellt. Sein Chauffeur, der immer Sakko und Krawatte trug, war auch schon da – obwohl sein Fahrgast erst in ein paar Tagen ankommen würde. Es gab auch Leibwächter, mit denen war es noch schlimmer. Zuerst machten sie viel Gewese von wegen, sie müssten uns kontrollieren, um zu sehen, was wir kochten und ob Jelzin davon womöglich krank werden könnte. Und als sie anfingen, den hiesigen Samogon-Schnaps zu saufen, machten sie sich an uns Mädels ran und konnten ihre Hände nicht bei sich behalten.

Ich war damals schon geschieden. Ich werde Ihnen nichts über meinen Mann erzählen, Witold, denn da gibt es nicht viel zu sagen; auf jeden Fall war ich sehr empfindlich gegenüber betrunkenen Männern, die klebrige Hände haben. Ich schlug also einen von den Leibwächtern mit einem Lappen und er fing an zu lachen und sagte, er würde mich nachts besuchen kommen. Wir drei Mädchen schliefen vor Angst in einem Bett, denn wer weiß schon, was einem solchen Mann durch den Kopf geht. Sie waren so eine Art Spezialeinheit, Judokas, Karatekämpfer, wer weiß was noch, aber sie benahmen sich wie Teenager im Ferienlager.

Krawtschuks Bodyguards trafen erst am Tag vor dem Treffen ein. Glücklicherweise kümmerten sich Jelzins Leibwächter sofort um Krawtschuks Leute und ließen uns dann in Ruhe. Damals begannen die seltsamen Reibereien zwischen Russland und der Ukraine. Die Ukraine hatte gerade einen Präsidenten gewählt, der den Russen nicht besonders gefiel, und sie lästerten ständig hinter ihrem Rücken über die Ukrainer: ›Chochols‹ hier, ›Chochols‹ da. In der Sowjetunion war ›Chochol‹ eine abfällige Bezeichnung für einen Ukrainer.

Eines Tages wollten die Bodyguards von Krawtschuk illegal gebrannten Schnaps kaufen, aber die russischen Leibwächter wollten ihnen nicht sagen, wo sie ihren herhatten. Die Ukrainer wollten wissen, in welche Richtung die Delegationen gehen würden, wer in welchem Haus schlafen würde – und wieder sagten die Russen: ›Warum wollt ihr Chochols das wissen?‹ Und lachten.

Als die Präsidenten und Ministerpräsidenten zusammenkamen, prügelten sich Jelzins und Krawtschuks Leibwächter. Die Staatsoberhäupter stürzten die Sowjetunion und ihre Leibwächter polierten sich die Fressen.

Aber zurück zum Kochen. Meine Kolleginnen und ich teilten die Speisen in solche ein, die im Voraus zubereitet werden können, wie zum Beispiel der Teig für die Deruni oder die gekochten Eier für den Salat, und solche, die erst kurz vor dem Servieren zubereitet werden müssen. Schnell war klar, dass wir es nicht schaffen würden, für alle zu kochen. Glücklicherweise gab es in Kamenjuki ein ziemlich gutes Restaurant, das über ein komplettes Team von Köchen und Kellnern verfügte. Also machte sich mein Chef schnell auf den Weg, um eine Vereinbarung mit ihnen zu treffen. Zwei Köchinnen und ein paar Kellner kamen schließlich, um uns zu helfen. Der Rest verpflegte die weniger wichtigen Mitglieder der Delegation in ihrem Restaurant. Es war nur zwanzig Minuten Autofahrt von uns entfernt, viele von ihnen übernachteten auch dort.

Was das Essen selbst anbelangt, so gab es keine großen Köstlichkeiten. Vielleicht bereiteten Jelzins Köche in Moskau außergewöhnliche Gerichte für ihn zu, aber nicht bei uns. Zum Frühstück gab es Wurst, Käse, Haferbrei und Blini.

Das einzig Interessante war das Wildfleisch. Vor Ort gab es einen ganzen Kühlschrank voller Wild: Reh, Hirsch, Wildschwein. Wir waren immerhin in einem Jagdhaus, da musste man sowas doch kosten. Offiziell war Jelzin ja zur Jagd eingeladen worden, und so standen sie alle gleich am ersten Tag bereit, um auf die Jagd zu gehen. Es gab einen Jagdmeister, es gab Gewehre, es gab Hunde. Es stellte sich jedoch bald heraus, dass Jelzin nicht auf die Jagd gehen würde, und auch keiner seiner Leute. Schon bei seiner Ankunft war er so betrunken, dass er kaum die Flugzeugtür fand, und wäre dann auch fast von der Gangway gefallen.«

7.

»Es war eine Farce und keine Jagd!« Stepan Martysjuk breitet aufgeregt seine Arme aus. »Wir alle erwarteten, dass es wie zu Breschnews Zeiten sein würde: eine schöne Jagd, nach der sie im Wald Wildbret oder Kulesch-Eintopf essen und sich dann betrinken und ihren Geschäften nachgehen würden. Ich habe alles entsprechend organisiert, einschließlich eines Kessels im Wald, um Suppe zu kochen, und einer tragbaren Schnapsbar. Dann stellte sich heraus, dass nur zwei der Ukrainer auf die Jagd gehen wollten: Präsident Krawtschuk und Ministerpräsident Fokin.

Ich kann nicht behaupten, dass ich nicht enttäuscht gewesen wäre. Aber es gab keinen Grund, beleidigt zu sein. Alles lief nach Plan, Krawtschuk und Fokin gingen auf die Kanzel, meine Leute ließen die Wildschweine hinter dem Zaun frei, die Wildschweine rannten zu den Jägern, weil sie dort Futter erwarteten. Aber Krawtschuk hatte fünf Leibwächter dabei und die standen herum, rauchten Zigaretten, erzählten sich Witze, lachten und fluchten laut. Sie haben alle Wildschweine verscheucht. Anstatt zur Schusslinie zu laufen, wie es ihnen beigebracht worden war, hockten die Tiere verschreckt im Wald und wollten nicht herauskommen.

Krawtschuk winkte ab und meinte, das sei reine Zeitverschwendung. Aber Fokin ging mit meinem erfahrensten Jäger, Jewgeni Lukscha, tiefer in den Wald hinein. Sobald es etwas ruhiger wurde, schoss Fokin sofort einen Eber.«

* * *

»Ich erinnere mich noch gut daran«, erzählt Polina Iwanowna. »Wir waren gerade schwer mit Kochen beschäftigt, die Zubereitung von Essen für so viele Menschen ist ja alles andere als leicht. Und dann kommen diese Jäger und behaupten, der ukrainische Ministerpräsident habe ein

Wildschwein geschossen. Und sie werfen es lachend auf den Boden neben der Speisekammer, blutig, mit Fell, Eingeweiden und allem, und sagen, wir sollen etwas daraus kochen.

Ich dachte, ich würde den Verstand verlieren. Ich sagte: ›Leute, wenn ihr etwas daraus kochen wollt, dann häutet es, teilt das Fleisch, nehmt die Schulter oder die Lende heraus und wir werden uns etwas einfallen lassen. Aber was soll ich mit einem Wildschwein machen, das noch blutet?‹

Aber ich sage Ihnen noch etwas, Witold. Es war schwer, dort jemanden zu finden, der nüchtern war. Die Menschen im Urwald stellten ihren eigenen Schnaps her, richtig guten, mit Quellwasser und ausschließlich natürlichen Zutaten. Breschnew hatte ihnen sogar Sondergenehmigungen erteilt, sodass sie dies legal tun konnten. Ein Fass mit diesem Wildnisschnaps stand immer im Hof der Anlage. Jeder, der wollte, konnte hingehen und sich einschenken.

Das Wildschwein lag also im Gang, und um etwas aus der Speisekammer zu holen, mussten wir jedes Mal drübersteigen. Schließlich erbarmte sich jemand, nahm es mit, häutete und zerlegte es.«

8.

»Der Erste, der die Idee hatte, Gorbatschow auszutricksen, war, wie ich schon sagte, Gennadi Burbulis«, erinnert sich Wjatschaslau Kebitsch. »Aber er hat natürlich nicht gesagt: ›Wir werden die Sowjetunion stürzen.‹ Das wurde viel sanfter formuliert, um uns zu testen. Burbulis sagte so etwas wie: ›Was wäre, wenn wir versuchen würden, Gorbatschow zu umgehen und hinter seinem Rücken ein Abkommen zu schließen?‹ Dafür waren wir ja da, also haben wir natürlich alle zugestimmt. Und dann fragte Burbulis: ›Wie wäre es, wenn wir eine neue staatliche Struktur aufbauen würden, ohne Gorbatschow?‹ Und alle warteten darauf, was Krawtschuk dazu sagen würde und was Schuschkewitsch.

Hier war bereits klar, dass sehr viel auf dem Spiel stand. Eine staatliche Struktur aufbauen ohne Gorbatschow? Was bedeutete das eigentlich!?, fragten wir uns. Aber wir hatten Gorbatschow so satt, die Unmöglichkeit, mit ihm in irgendetwas übereinzustimmen, dass wir alle applaudierten. In Ordnung. Wir wissen zwar nicht wie, aber lasst es uns tun.

Wir verließen die Sauna und gingen zum Abendessen. Und am nächsten Tag begannen die Verhandlungen. Das gesamte Abkommen musste Punkt für Punkt erdacht und aufgeschrieben werden. Und da begannen die Probleme. Wir waren nicht darauf vorbereitet, dass wir wichtige Dokumente verfassen würden; wir hatten weder eine Schreibmaschine, noch eine Schreibkraft oder ein Faxgerät. Meine Leute holten eine Sekretärin aus einer nahe gelegenen Kolchose, aber sie war so aufgeregt, weil sie so viele berühmte Leute sah, dass sie nicht in der Lage war zu tippen. Was soll ich sagen, sie war ein einfaches Mädchen vom Dorf, sie kannte wahrscheinlich nicht einmal alle Wörter, die in den Vertrag geschrieben werden mussten. In solchen Fällen setzte sich Burbulis höchstpersönlich an die Schreibmaschine. Oder er diktierte ihr die Worte – manchmal Buchstabe für Buchstabe.

Für das Fax musste jedoch ein Flugzeug extra bis nach Minsk geschickt werden. Als es zurückkehrte, stellte sich heraus, dass mehrere Journalisten an Bord waren. Sie hatten irgendwie gespürt, dass etwas Wichtiges passieren würde.

Rückblickend muss ich heute feststellen, dass die Russen gut vorbereitet zu diesem Treffen erschienen sind. Denn irgendwann sagte Burbulis: ›Meine Herren, wir übersehen einen wichtigen Punkt! Um eine neue staatliche Organisation zu schaffen, müssen wir die alte stürzen!‹ Und er erklärte uns, dass die Sowjetunion ja von vier Republiken gegründet wurde: der russischen, der belarusischen, der ukrainischen und der transkaukasischen. Die transkaukasische existierte zu dem Zeitpunkt nicht mehr, weil sie sich in kleinere Gebiete aufgeteilt hatte. Durch einen merkwürdigen Zufall befanden sich also die Nachfolger aller drei bestehenden Republiken hier, im Białowieża-Urwald. Und es genüge zu vermerken, meinte Burbulis, dass diese Vereinbarung von vor siebzig Jahren nicht mehr gültig sei.

Lassen Sie mich Ihnen Folgendes versichern, Witold. Wenn mir jemand vorher gesagt hätte, was die Folgen sein würden: dass das Land aufhören würde zu existieren, dass es zerfallen würde, dass wir dann Kriege hätten, sowohl in Jugoslawien als auch im Donbas, hätte ich niemals unterschrieben! Aber damals war ich sicher, dass wir die Sowjetunion abschaffen und an ihrer Stelle die Gemeinschaft Unabhängiger Staaten gründen würden. Wir ändern den Namen, aber alles andere – die Währung, die Armee, die Grenzen – bleibt gleich. Das war der Plan.

Nun ja, heute kann ich sagen: Wir sind betrogen worden.«

* * *

»Der Chef des belarusischen KGB war ebenfalls dort«, sagt Stepan Martysjuk. »Ich kannte ihn, weil er immer zu uns zur Jagd kam. Und er sagte zu mir: ›Ich muss Moskau darüber informieren, was hier vor sich geht.‹ Ich habe nicht einmal protestiert. Ich war sicher, dass Gorbatschow Kommandotruppen schicken und uns alle erschießen lassen würde, und damit wäre die Sache erledigt gewesen. Und glauben Sie mir, Witold. Jeder andere Generalsekretär hätte das getan. Es wäre kein Stein auf dem anderen geblieben. Aber nicht Gorbatschow. Der konnte nur weinen.«

* * *

Wjatschaslau Kebitsch fuhr fort: »Ich betrachtete Boris Jelzin als meinen Freund. Bei seiner Beerdigung weinte ich wie nach dem Verlust eines Familienmitglieds. Aber wenn Sie so fragen, muss ich zugeben, dass Boris uns bei den Belowescher Vereinbarungen getäuscht hat. Er spielte ein ganz anderes Spiel, bei dem es um völlig andere Dinge ging. Das alles sollte vollkommen spontan aussehen: In der Sauna fragt jemand locker, was passieren würde, wenn wir Gorbatschow ausschalten; dann schlägt jemand vor, dass wir ein Memorandum schreiben; später fragt einer: ›Warum ein Memorandum, wenn man doch ein Abkommen zur Abschaffung der UdSSR verfassen könnte?‹

In Wirklichkeit war nichts daran spontan. Boris wusste ganz genau, womit er zu uns kam. Er nutzte unsere Naivität aus, meine und die von Schuschkewitsch, denn wir standen beide noch am Anfang unserer politischen Laufbahn. Zu meiner Entschuldigung kann ich Folgendes sagen: Es war Ende 1991. Damals unterzeichneten alle Sowjetrepubliken, mit Ausnahme Kasachstans, ihre Unabhängigkeitserklärungen. Ich habe Ihnen bereits gesagt, dass die UdSSR tot war und dass es nur noch einen Gerichtsmediziner brauchte, der den Totenschein unterschrieb. Wir waren dieser Gerichtsmediziner. Und die Belowescher Vereinbarungen der Totenschein.«

9.

»Ich habe mit meinen Kolleginnen überlegt, was wir aus diesem Wildschwein machen könnten, es musste schnell gehen und gleichzeitig lecker sein«, erinnert sich Polina Iwanowna. »Und wir haben uns darauf geeinigt, ein Gulasch zu machen. Das ist ja ein Gericht, das alle gerne essen. Wir fügten Kräuter, Majoran und Knoblauch hinzu, um den Wildgeschmack hervorzuheben und die Atmosphäre des Ortes widerzuspiegeln, an dem wir uns befanden.

Das Wildschwein wurde am Tag vor der Unterzeichnung des Abkommens zum Abendessen serviert. Sie haben vorhin gefragt, was bei dem letzten Abendmahl der Sowjetunion serviert wurde. Es gab also Würstchen, verschiedene Salate, mehrere Käsesorten, Kaviar, ein wenig Fisch und Koteletts. Das Vorzeigegericht war jedoch das vom ukrainischen Ministerpräsidenten erlegte Wildschwein. Genauer gesagt: Es war ein Wildschweineintopf.

Und einen Tag später haben sie unser Land zerlegt, wie dieses Wildschwein. Und das war's.«

REZEPT

Wildschweingulasch nach dem Rezept von Polina Iwanowna – das letzte Gericht der Sowjetunion

WILDSCHWEINGULASCH

- 700 g Wildschweinfleisch aus der Keule
- 50 ml Olivenöl
- 50 g Butter
- 4 Stiele Schalottenzwiebeln
- 250 g Champignons
- 200 ml trockener Weißwein
- 200 ml Schlagsahne, 15 % Fett
- 5 Esslöffel Senf
- Salz, Pfeffer nach Geschmack

Das Wildschweinfleisch in Streifen schneiden. Die Zwiebeln schräg in 5-8 Zentimeter lange Scheiben schneiden, große Stiele der Länge nach abschneiden. Die Champignons in dicke Streifen schneiden.

Eine Pfanne gut erhitzen, das Olivenöl und dann die Butter hineingeben und die Wildschweinstücke goldbraun anbraten.

Dann die Pilze und Zwiebeln hinzufügen, umrühren, die Flamme auf mittlere Stufe reduzieren, den Wein hineingießen und alles 4-5 Minuten köcheln lassen. Nach dieser Zeit die Sahne, Salz und Pfeffer hinzugeben, alles verrühren und vom Herd nehmen, den Senf hinzugeben und erneut verrühren.

Sie können die Zwiebeln auch durch Lauch ersetzen. Der beste Senf ist Dijon-Senf oder ein anderer milder Senf.

MENÜ XVI

Spiridon Putin – der Koch aus dem Sanatorium

»Ein Koch ist in erster Linie ein Koch.«

Wladimir Putin

1.

Wenn etwas nicht nach seinem Geschmack war, warf er seine Schürze auf den Boden und rannte hinaus. Im *Astoria* , einem der vor dem Ersten Weltkrieg teuersten Restaurants in St. Petersburg, herrschte dann Panik – er, Spiridon Putin, hatte als Chefkoch den Schlüssel zum Schrank mit den teuren Spirituosen. Kein Putin bedeutete: kein armenischer Cognac und kein französischer Wein. Zumindest besagt das die Familienlegende.

Diese temperamentvolle Art wird ihn für den Rest seines Lebens begleiten, selbst dann noch, als er im Ruhestand in einer kleinen Wohnung lebte und sich mit unzähligen Zigaretten und beim Angeln entspannte.

Enkel Wladimir traf seinen Großvater nur wenige Male in seinem Leben, erinnert sich aber, dass er ein Meister seines Fachs war. Eine andere Familienlegende erzählt, wie eines Tages, zur Zeit des Zaren, Rasputin zum Mittagessen ins *Astoria* kam. Was kochte Putin für Rasputin? Vielleicht eines der Gerichte, für die das *Astoria* berühmt war? Hähnchen Julienne? Lammkoteletts? Zander Orly in Soße tartare mit Kaviar?

Das weiß heute niemand mehr.

Der Familiengeschichte zufolge hat das Essen dem Hofscharlatan so gut geschmeckt, dass er danach den Koch kommen ließ. Als dieser vor ihm stand, überreichte ihm Rasputin zum Dank eine Goldmünze. Die Älteren unter den Familienmitgliedern bestehen darauf, dass sie sich lange unter den Familienerbstücken befand, der eine oder andere kann sich an sie erinnern. Aber dann kamen zwei Weltkriege, der Stalinismus, die

Perestroika … irgendwann muss die Goldmünze in den Wirren der Geschichte verloren gegangen sein.

Ebenso erinnert sich niemand mehr, wie Spiridon Putin in einem der besten Restaurants des zaristischen Petersburg landete. Manche sagen, er sei ein armer Junge aus Pominow, einem kleinen Dorf bei Twer, gewesen, der nach Arbeit suchte. Schon als Zwölfjähriger begann er, in Restaurants zu arbeiten. Es stellte sich schnell heraus, dass er wahrhaftig goldene Hände hatte, und so begannen die Köche, ihn auszubilden. Noch bevor er dreißig Jahre alt war, hatte er sich zu einem angesehenen Chefkoch entwickelt.

Andere erzählen wiederum, dass die Putins eine Familie von Köchen waren und Spiridon bei seinen Onkeln und Cousins gelernt hätte.

Die goldene Zeit der Zaren endete mit dem Beginn des Ersten Weltkriegs. Spiridon ging quasi direkt aus der Küche an die Front. Sein Enkelsohn Wladimir wird Jahrzehnte später dem amerikanischen Regisseur Oliver Stone, der mit ihm ein langes Filminterview führte, erzählen, wie sein Großvater mal aus dem Schützengraben auf einen österreichischen Soldaten geschossen hat, doch als er ihn auch traf, sei er sofort mit dem Verbandskasten zu ihm gerannt, um ihn zu verarzten. So hat er ihm das Leben gerettet.

»Hätte mein Großvater nicht zuerst geschossen, hätte der Österreicher ihn getötet«, meinte Putin.

Also habe Spiridon sich verteidigen müssen. Aber töten wollte er nicht. Dieser Großvater ähnelt also überraschenderweise Wladimir Putins Russland, das – wenn man der Propaganda glaubt – Waffen ebenfalls nur zur Verteidigung einsetzt.

2.

Die Russen erfuhren von Putin dem Koch aus einem bestimmten Interview, aber dazu später mehr. Kurz zuvor hatte Boris Jelzin, den die

Russen wegen seiner Alkoholexzesse allmählich satt hatten, unerwartet den Enkel von Spiridon, Wladimir Putin, zu seinem Nachfolger bestimmt. Das Vorwahlfieber war in vollem Gange und schon bald würde sich zeigen, ob der junge, schneidige Judoka mit KGB-Vergangenheit Jelzin als Präsident ablösen würde. Die entscheidende Wahl rückte immer näher und er musste sie gewinnen.

Sein Interview mit drei russischen Journalisten, das später unter dem Titel *От первого лица* (deutsch: »Aus erster Hand«) als Buch veröffentlicht wurde, sollte Russland und die Welt mit diesem bisher unbekannten Politiker bekannt machen. Putin spricht darin über seine Familie, seine Karriere beim KGB, seine Jahre in der DDR, seine Frau und sogar über seine Großmutter, die ihn heimlich getauft hat.

Und über seinen Großvater.

»Er muss ziemlich gut gekocht haben, denn nach dem Ersten Weltkrieg wurde ihm eine Stelle in Gorki Leninskije, einem Vorort von Moskau, angeboten, wo Lenin und die gesamte Uljanow-Familie lebten. Als Lenin starb, wurde mein Großvater in eine von Stalins Datschen versetzt. Er hat dort sehr lange gearbeitet«, sagte Wladimir Putin, damals noch Kandidat für das Amt des russischen Präsidenten.

»Wurde er nicht zum Opfer einer Säuberung?«, fragten die Journalisten.

»Nein, aus irgendeinem Grund haben sie ihn am Leben gelassen«, antwortete Wladimir Wladimirowitsch. »Nicht viele Menschen, die viel Zeit in der Nähe von Stalin verbrachten, kamen unbeschadet davon, aber mein Großvater war einer von ihnen. Er überlebte Stalin und arbeitete später, bereits im Ruhestand, als Koch im Sanatorium des Moskauer Parteikomitees in Ilinskoje.«

Seitdem heißt es in fast allen Biografien über den russischen Präsidenten, dass sein Großvater der Koch von Lenin und Stalin gewesen sei.

3.

Die Familie von Spiridon Putin wurde durch die Blockade von Leningrad und den Krieg mit Deutschland dezimiert. Von seinen sieben Söhnen überlebten nur zwei: Wladimir und Alexander. Wladimir, nach dem der russische Präsident benannt ist, lebte zu dieser Zeit in Leningrad und meldete sich freiwillig zur Armee. Er wurde einer NKWD-Einheit zugeteilt, die in der Nähe der Stadt Kingisepp im Rücken des Feindes Sabotageakte verübte. Als ihnen einmal die Lebensmittel ausgingen, gingen sie in eines der Dörfer und baten die Bauern um Hilfe. Die Bauern meldeten sie aber den Deutschen. Die Einheit von Wladimir Putin senior geriet in einen Hinterhalt.

Von den achtundzwanzig Männern überlebten nur drei Kameraden Wladimirs und er selbst. Putins Vater wurde verwundet und entkam der Verfolgung, indem er die ganze Nacht in einem See verbrachte, wobei er durch einen Strohhalm aus Schilfrohr atmete. Wie durch ein Wunder gelang es ihm, in die Nähe von Leningrad zurückzukehren, aber er war erschöpft und schwer verwundet. Wenn ihm nicht jemand helfen würde, auf die andere Seite der Newa zu gelangen, hätte er keine Chance zu überleben.

Glücklicherweise stellte sich heraus, dass ein Dorfnachbar in der gleichen Einheit diente. Er schwamm mit dem verwundeten Putin über die Newa.

»Du lebst und ich gehe zurück, um zu sterben«, sagte der Mann, als er sich umdrehte, um zu seiner Einheit zurückzukehren.

Die Nachricht von Wladimirs Ankunft verbreitete sich schnell im eingekesselten Leningrad und seine Frau Maria und ihr zweijähriger Sohn wiktor wurden zu dem Verwundeten gebracht. Wie alle anderen Einwohner der Stadt zu dieser Zeit war der kleine Wiktor ständig hungrig.

Also gab ihm sein Vater seine gesamte Ration – die Krankenhäuser hatten, wie Schulen und Kindergärten, ihre eigenen Kantinen.

Als die Krankenschwestern sahen, was vor sich ging, ließen sie Maria und das Kind nicht mehr ins Krankenhaus. Das Krankenhausessen war für die Verwundeten bestimmt, nicht für die Verhungernden in der Stadt. Sie wurden bereits wie Leichen behandelt.

Der kleine Wiktor Putin hat die Blockade nicht überlebt. Er starb an Diphtherie. In einem bewegenden Artikel, den er, damals bereits Präsident, für die Zeitschrift *Russki Pionier* verfasste, beschrieb Wladimir Putin, wie seine abgemagerte Mutter auf einer Bahre aus ihrem verfallenen Haus getragen wurde. Sie entkam dem Tod in letzter Minute.

Es ist unmöglich, die Familie Putin oder das heutige Russland zu verstehen, ohne die Not der Leningrader Blockadezeit zu begreifen.

4.

Der mittlerweile verstorbene Alexander Putin, Bruder des Vaters des Präsidenten und einer der beiden erwähnten Putin-Brüder, die die Leningrader Blockade überlebt hatten, betonte in jedem Interview, was für ein bescheidener Mann und gleichzeitig hervorragender Koch sein Vater gewesen war: »Er lernte das Handwerk zu Zeiten des Zaren, als die russische Kochkunst in ihrer Blüte stand. Er bereitete besonders gern Fleisch und Fisch zu, aber er hatte kein spezielles Lieblingsgericht«, sagte er in einem Interview mit der *Komsomolskaja Prawda.* »Alle waren immer zufrieden, wenn mein Vater in der Küche stand. Bis er zweiundsiebzig Jahre alt war, baten sie ihn, für Bankette zu kochen. Vater wurde sehr wütend, als die Lebensmittelrationierungen eingeführt wurden. Wie kann man einen Koch einschränken, er sollte selbst entscheiden, wie viel wovon er wann hinzufügen muss!«

Und weiter: »Er war sehr prinzipientreu; selbst in Zeiten, in denen es an Lebensmitteln mangelte, nahm er nichts von der Arbeit mit nach Hause. Nicht einmal eine Scheibe Brot. Er lebte bescheiden in zwei winzigen Zimmern, erhielt hundertzwanzig Rubel Rente und verlangte nichts weiter. Er war einzigartig. Solche Menschen gibt es heute nicht mehr viele.«

Es heißt, dass Spiridon Putin seine Arbeit als Koch nicht besonders schätzte. Er hielt sie für wenig lohnend und undankbar und bedauerte, nicht Ingenieur oder Architekt geworden zu sein. Und er wollte keinesfalls, dass seine Kinder oder Enkelkinder in seine Fußstapfen treten.

Das ist ungefähr alles, was über ihn bekannt ist. Aber ich wollte mehr herausfinden.

Als ich Gorki Leninskije besuchte, fragte ich die Führer und den Direktor der Anlage nach Spiridon Putin. Doch keiner von ihnen wollte über ihn sprechen, sie wurden stumm wie Fische.

»Wir sind noch auf der Suche nach Unterlagen über ihn«, erklärte der Direktor diplomatisch.

»Aber es heißt, dass Schura Worobjowa für Lenin gekocht hat.« Ich wollte nicht nachgeben.

»Wenn der Präsident sagt, dass sein Großvater hier gearbeitet hat, dann hat er das auch«, antwortete der Direktor. »Ich bin sicher, dass die Dokumente bald gefunden werden.«

In Sankt Petersburg sprach ich mit dem langjährigen, legendären Direktor des Restaurants *Astoria*. Er sagte mir direkt, dass er noch nie vom Großvater des Präsidenten gehört habe. Aber später bat er darum, dass sein Name in meinem Buch vorsichtshalber nicht genannt wird. Je länger ich versuchte, Informationen über Spiridon Putin zu finden, desto mehr entglitt er mir. Je mehr ich versuchte, seine Geschichte in irgendwelchen Archiven oder Dokumenten zu bestätigen oder zumindest mit jemandem zu sprechen, der ihn persönlich kannte, desto größer wurden die Mauern, gegen die ich stieß.

Bis mir schließlich klar wurde, dass ich keinen Beweis dafür finden würde, dass Spiridon Putin im *Astoria* gekocht und Rasputin ihm als Dank eine Goldmünze geschenkt hatte.

Warum? Weil keine Beweise existieren. Genauso wie es keine Belege dafür gibt, dass Spiridon Putin jemals für Lenin oder Stalin gekocht hat. Putins Großvater hat sein ganzes Leben lang in Sanatorien gekocht, auch in einem Sanatorium für Parteimitglieder – und das war's. Und ja, es kann sein, dass sowohl Nikita Chruschtschow, also Stalins Nachfolger, als auch Wjatscheslaw Molotow dazu gehörten, denn das hat Wladimir Putins Onkel Alexander in einem Interview erwähnt. Und vielleicht wurde er auch ein- oder zweimal gebeten, etwas für ein Bankett zu kochen, bei dem Stalin zu Gast war. Vielleicht hat er sogar eine Zeit lang in einer von Stalins Datschen gearbeitet? Vielleicht war er einer der Köche, die vom Kreml eingeladen wurden, um bei großen Banketten zu kochen? Oder er arbeitete dort als Vertretung?

Wir werden es nie erfahren. Aber ich bin mir einer Sache sicher. Die Hälfte seiner Biografie ist erfunden. Historische Fakten werden mit purer Fiktion vermischt.

Die Geschichte von Spiridon Putin ist vielleicht das schönste Beispiel dafür, wie die russische Propaganda hinter den Kulissen funktioniert. Dabei spielt es keine Rolle, ob die Geschichte wahr ist oder nicht. Wichtig ist, dass die Menschen daran glauben. Der Großvater, den Rasputin bewunderte und der später sowohl für Lenin als auch für Stalin kochte, war ein großartiger Werbegag für Wladimir Putin vor der Wahl, weil er in seiner Biografie Epochen vereinte, für die die Russen – trotz all des Bösen, das damals geschah – ein nostalgisches Faible haben.

»Wenn die größten Führer der UdSSR meinem Großvater vertrauten, können Sie mir auch vertrauen«, schien Wladimir Putin zu sagen.

Und genau das ist geschehen. Die Menschen vertrauten ihm und wählten ihn zu ihrem Präsidenten.

5.

Die einmal erlangte Macht wollte Wladimir Putin nie wieder aus der Hand geben. Er regiert den Kreml jetzt im dritten Jahrzehnt.

Und was isst er? Der Kreml veröffentlicht manchmal die Menüs von seinen Treffen mit anderen Staatschefs. Im Dezember 2019 traf er Aljaxandr Lukaschenka, den Präsidenten von Belarus, in Jalta. An dem Abend wurde als Vorspeise Kürbissalat mit Tomaten und Käse, Oktopusfilet auf Möhrenpüree, Creme aus grünen Erbsen und Barbe mit Artischocken und Quinoa serviert; als Hauptspeise gab es Beefsteak vom Kalb auf gebackenem Porree und zum Nachtisch Mandarinensorbet und Erdbeertarte.

Allerdings weiß ich von Wiktor Beljajew, dass die Staatsoberhäupter oft gar nicht das essen, was auf dem Tisch steht: Ihr richtiges Essen nehmen sie erst zu sich, wenn die offiziellen Termine vorbei sind. Was also isst Putin, wenn alle wieder weg sind? Beljajew verriet mir lediglich, dass er von Eiscreme besessen sei. Zu jedem Nachtisch, den man ihm vorsetzt, muss mindestens eine Kugel Eis serviert werden.

Wladimir Putin hat dennoch, womöglich wegen seines Großvaters, große Sympathie für Köche. Einer von ihnen, Jewgeni Prigoschin, der viele Jahre als Gastronom in St. Petersburg tätig war, ist heute sein Mann für besondere Aufgaben. Das FBI sucht ihn wegen Einmischung in die US-Wahl von 2016, die Donald Trump gewonnen hat. Er ist außerdem Chef der Söldnergruppe Wagner, die unter anderem in der Ukraine kämpft und der zahlreiche Kriegsverbrechen vorgeworfen werden.

Bei einem ihrer Treffen schenkte Putin Lukaschenka einen Samowar und einen Vorrat an Tee. Im Gegenzug schenkte Lukaschenka ihm einen Korb mit belarusischen Leckereien: Bauchspeck, Meerrettich, Senf, Preiselbeeren in Zucker, Käse, Basturma (getrocknetes Rindfleisch) aus Hrodna und Lendenbraten. Russische Journalisten bemerkten spöttisch, dass der Belaruse mittlerweile bessere Geschenke mitbringe – bei einem früheren Besuch hatte er mehrere Säcke mit Kartoffeln belarusischer Kolchosen dabei.

Einige Monate später begannen in Belarus Massenproteste. Hunderttausende von Menschen demonstrierten gegen Lukaschenka, der das Land seit über einem Vierteljahrhundert regiert. Doch Putin muss die belarusischen Köstlichkeiten sehr gemocht haben, denn er unterstützte den schnauzbärtigen Diktator. Obwohl der russische Präsident einmal sagte, dass derjenige, der den Zusammenbruch der UdSSR nicht bedauere, kein Herz, aber derjenige, der sie zurückhaben möchte, kein Gehirn hätte, verfolgt Russland unter seiner Herrschaft eine Politik der Wiederherstellung des Sowjetimperiums.

Putin isst zwar bescheiden, hat aber einen großen Appetit auf Macht in der Region und in der Welt. Russland hat Georgien angegriffen, ist in Konflikte im Nahen Osten verwickelt und versucht (wie man sieht, erfolgreich), Wahlen in den Vereinigten Staaten und den Ländern der Europäischen Union zu beeinflussen.

Das deutlichste Beispiel für seine Politik ist jedoch der Angriff auf die Ukraine in den Jahren 2014 und 2022. Putin zeigte damit, dass er vor nichts zurückschreckt.

MENÜ XVII

Tscheburek – die Küche der Krymtataren

1.

»Möchten Sie ein Tscheburek essen?« Erfan Kudusow schaut mich mit der ganzen magischen Kraft seiner leicht schräg gestellten dunklen Augen an, den Augen eines Jungen, der, obwohl er bereits erwachsen ist, die Fähigkeit zu zaubern und die Lust am Scherzen nicht verloren hat. »Ich habe die besten in Kyjiw, ganz ehrlich!«

Ich mag Tschebureki, tatarische Teigtaschen aus Mehl, Salz und Wasser. Und ich glaube ihm, dass sie köstlich sind, aber sobald wir anfangen zu schlemmen, ist es mit der Arbeit vorbei. Also frage ich ihn zuerst nach einer Tasse tatarischen Kaffees, schwarz und dick wie der Asphalt, der im Sommer am Schwarzen Meer schmilzt. Dann setze ich mich auf den Teppich, auf dem die Gäste hier empfangen werden, und schalte den Rekorder ein. Krym. Verbannung. Wieder die Krym. Wieder ins Exil. Außerdem Küche, Liebe, Krieg. Es gibt eine Menge zu hören.

Erfan erinnert sich nicht an die Krym aus seiner Kindheit, wie auch. Er wurde ein Vierteljahrhundert nach der Deportation geboren, die seinen Vorfahren, den Krymtataren, das Genick gebrochen hatte. Das Einzige, woran er sich erinnert, ist das Essen, das seine Großmutter zuzubereiten pflegte: Tschebureki, Kobete, Jantikas, Sarma und Schorby, also Suppen.

Sobald seine Großmutter, die eine ausgezeichnete Köchin war, eine tatarische Suppe aufsetzte, bekamen die älteren Menschen, die sich noch an die Krym erinnerten, glasige Augen und begannen, sich an ihre Felder, Steppen, Häuser und Weinberge zu erinnern. Und an ihre Nachbarn. Und an ihr Leben auf dieser schönen Halbinsel, auf der die Tataren jahrhundertelang gelebt hatten, und die in diesen Geschichten wie das reinste Paradies erschien.

Erfans Vater war gerade zwei Jahre alt, als seine Eltern – also Erfans Großvater und Großmutter – 1944 nach Usbekistan deportiert wurden.

Aber er behauptete immer, sich genau an sein Elternhaus in der Nähe von Simferopol und an jeden Raum darin zu erinnern.

»Wir haben seine Geschichten als harmlose Kauzigkeiten betrachtet«, sagt Erfan. »Wir wussten schließlich, dass unser Vater zu jung war, um sich an irgendetwas zu erinnern. Wir behandelten seine Erinnerungen an Zuhause wie Märchen, die nicht wahr sind, aber von alten Menschen erzählt werden dürfen, damit es ihnen gut geht.«

Erfan hat in seiner Kindheit so viel von der Krym gehört, dass er manchmal von ihr geträumt hat.

»Ich hatte das Gefühl, schon einmal dort gewesen zu sein. Im Traum erschien es mir selbstverständlich. Heute weiß ich, dass es an den Genen liegt«, sagt er. »Schließlich wurden alle meine Vorfahren, bis hin zu meinem Vater, dort geboren und sind dort auch gestorben. Nur meine Mutter wurde in Usbekistan geboren, zwei Jahre nach der Deportation. Ich gehöre zur ersten Generation, die außer den Erinnerungen an ihre Vorfahren nichts mit der Krym verbindet.

Stalins Plan war, die Tataren von ihrem Land zu entwurzeln und sie an einen völlig neuen Ort zu bringen. Er hoffte, dass wir uns dort, in Usbekistan, mit den Usbeken vermischen und aufhören würden zu existieren. Das wäre ihm fast gelungen, ich bin das beste Beispiel dafür. Aber der Reihe nach.«

2.

Diljara Sejtwieliewa – oder für die Tataren Diljara-Chanum, wie sie traditionell die angesehensten Frauen ihres Volkes nennen – ist eine ruhige, freundliche Dame, der man nicht ansieht, dass sie bereits Anfang siebzig ist. Wir treffen uns in dem Garten, der an das Haus ihrer Kinder in Kyjiw angrenzt, wo Frau Diljara gerade zu Gast ist.

»Aber bald kehre ich auf die Krym zurück«, sagt sie. »Ich werde niemals von dort wegziehen. Es hat meine Familie zu viel gekostet, dort zu leben.«

Also greife ich nach den großzügig aufgetafelten Süßigkeiten – wer nicht alle Leckereien auf dem Tisch zumindest kostet, könnte seinen Gastgeber beleidigen –, nippe wieder an meinem schwarzen, teerdicken Kaffee und lausche. Diljara-Chanum ist überzeugt, dass die Russen die Deportation der Tataren viele Jahre im Voraus geplant hatten.

»Wir wurden bereits zur Zeit von Katharina der Zweiten vertrieben«, betont sie. »Aber die schlimmsten Zeiten kamen mit den Bolschewiken. Als ihre Herrschaft begann, litten wir schlimmen Hunger, wie auch andere Menschen, die ihnen lästig waren. Sie wollten uns alle aushungern. 1921 verhungerten auf der Krym über hunderttausend Menschen. Weitere fünfzigtausend verließen die Halbinsel auf der Suche nach einem besseren Ort zum Leben. Jeder Fünfte.«

Später folgten ebenso schwierige Zeiten für die Tataren. Die Sowjets versuchten, sie vollständig zu unterwerfen, wobei sie sich ihrer bevorzugten Methoden bedienten: Terror und Attentate. Im April 1938 exekutierte der NKWD die Elite der Tataren: Schriftsteller, Philosophen, Gelehrte, Geistliche und Mitglieder des Madschlis – der tatarischen Selbstverwaltung.

Während des Zweiten Weltkriegs nutzten die Deutschen die Abneigung der Tataren gegen die Russen und bekämpften mit ihrer Hilfe die sowjetischen Partisanen auf der Krym.

»Sobald die Sowjetunion 1944 die Krym von den Deutschen zurückerobert hatte, rächten sie sich an uns. Sie haben uns alle deportiert. Jeden Einzelnen von uns«, sagt Frau Sejtwieliewa. »Offiziell war das die Strafe für die Kollaboration mit den Deutschen. Aber wir wissen alle, dass das nur ein Vorwand war, um uns Tataren loszuwerden. Die

Deportation war eine unglaublich komplizierte Operation. Der Krieg war noch im Gange, Millionen von Soldaten waren an der Front. Und der NKWD deportierte innerhalb von zweieinhalb Tagen fast zweihunderttausend Menschen von der Krym nach Usbekistan. Keiner wurde zurückgelassen.«

Heute betrachten die Tataren die auf Stalins Befehl durchgeführte Vertreibung als Völkermord.

Übrigens gab es nach der Deportation noch zwei tatarische Dörfer auf der Krym. Sie befanden sich auf der Arbat-Nehrung, weit entfernt von anderen Ortschaften. Ihre Bewohner gingen der Fischerei nach und lebten weit genug von der Zivilisation entfernt, um von der NKWD-Maschine unbemerkt zu bleiben. Bogdan Kobulow, ein General mit dem Spitznamen »Samowar«, der die Umsiedlungsaktion befehligte, hörte von ihnen erst zu einem Zeitpunkt, als er und seine Männer bereits Medaillen für die erfolgreiche und effiziente Aktion erhalten hatten. Es war kein guter Moment, dass jemand aus der Führungsriege erfuhr, dass die Aktion nicht vollständig durchgeführt worden war. Also ließ er die Bewohner beider Dörfer fangen, fesseln, auf einen Kahn laden und ins Meer werfen. Sie sind alle gestorben.

Auf der Krym, die seit Dschingis-Khans Zeiten, also mehr als achthundert Jahre lang, in tatarischer Hand war, blieb kein einziger Tatare übrig.

3.

»Erst vor Kurzem, Witold, ist mir bewusst geworden, wie unsere Eltern und Großeltern nach der Deportation gelebt haben«, sagt Erfan. »Einmal unterhielt ich mich mit meiner Mutter und sie benutzte den Satz: ›Als wir noch in der Erdhütte lebten.‹ Ich hatte zuvor schon gehört, dass sie anfangs unter schwierigen Bedingungen lebten, aber ich hatte den

Eindruck, dass es vielleicht um ein Jahr, maximal anderthalb Jahre ging, und dann haben sie richtige Häuser gebaut. Doch jetzt, wo ich selbst im Exil lebe, habe ich angefangen, mich nach ihrer Geschichte zu erkundigen. Und es stellte sich heraus, dass meine Mutter tatsächlich in einer Erdhütte gelebt hat, bis sie zwölf Jahre alt war! In einem in den Boden gegrabenen Loch, abgedeckt mit einer Plane. Als Kind war ich hin und wieder mit meinen Freunden dort spielen, ohne zu wissen, dass das der Ort war, wo sie früher gewohnt hat. Wir nannten diese Stellen ›Löcher‹ und dachten, dass dort entweder Archäologen oder Ingenieure gegraben hätten. Es ist mir nie in den Sinn gekommen, dass ich an dem Ort herumlief, wo meine Familie gelebt hatte, und zwar meine engste Familie. Mama, Oma, Opa, Onkel, Tanten.«

»Das erste Jahr nach der Deportation war schrecklich«, fügt Diljara-Chanum hinzu. »Die Menschen hatten Hunger, sie wurden krank. Sie begannen einer nach dem anderen zu sterben.«

Fast die Hälfte der Tataren, die 1944 deportiert wurden, starb innerhalb des ersten Jahres an Hunger oder Krankheit.

Der Bruder von Frau Sejtwieliewa, Mustafa Dschemiljew – für Tataren Mustafa Khan –, wurde viele Jahre später zu einem der bekanntesten Aktivisten der tatarischen Minderheit in der Sowjetunion. Er verbrachte insgesamt fünfzehn Jahre in Gefängnissen und Lagern, weil er für die Rückkehr der Tataren auf die Krym kämpfte.

»Mustafa Khan erzählte uns immer, dass die ganze Schule in Hysterie verfallen war, als Stalin starb«, sagt Frau Diljara. »Alle haben geweint, auch der Rektor und die Lehrer. Alle, bis auf die tatarischen Kinder. Sie wussten sehr wohl, was Stalin unserer Nation angetan hatte. Mustafa Khan erinnerte sich, dass ein Junge, zwölf, vielleicht dreizehn Jahre alt, schnell nach Hause lief, um Zwiebeln zu holen, und den Jüngeren sagte, sie sollten sich damit die Augen einreiben. ›Wir müssen um Stalin weinen‹, sagte er, ›sonst kommen unsere Eltern ins Gefängnis.‹ Das ging jahrelang so weiter. Wir Tataren haben uns angepasst. Wenn es sein musste, haben wir sogar geweint. Aber wir wussten, wie es wirklich war.«

Diejenigen, die überlebten, wurden einer sehr starken Indoktrination unterworfen.

»Mein Vater war sehr protatarisch«, erinnert sich Erfan Kudusow. »Er traf sich mit anderen Aktivisten in seinem Fotostudio. Sie verfassten gemeinsam Briefe und schickten sie nach Moskau an die Ersten Sekretäre, denn sie waren der seltsamen Überzeugung, dass Stalin, Chruschtschow oder Breschnew sich sicherlich für sie einsetzen würden, wenn sie vom Schicksal der unglücklichen Tataren erführen. Natürlich zogen sie mit diesen Briefen nur den Zorn des KGB auf sich. Das Atelier meines Vaters wurde viele Male durchsucht und sie zählten sein Fotopapier, weil diese Briefe als Fotokopien verschickt wurden. Was sie nicht wussten, war, dass mein Vater Bestechungsgelder nutzte, um heimlich mehr Papier von den Fabriken zu kaufen.«

Doch während sein Vater ein tatarischer Patriot war, sagt Erfan von sich, er sei als Kind ein Produkt der sowjetischen Propaganda gewesen.

»Wenn ich bei meinem Vater gelebt hätte, wäre ich wahrscheinlich als Dissident aufgewachsen. Aber meine Eltern ließen sich scheiden und ich sah Papa nur ein paar Tage im Monat. Meine Mutter hingegen hatte solche Angst, dass mir etwas passieren könnte, dass sie mich zu Treffen des Komsomol, der kommunistischen Jugendorganisation, schickte. Als Kind und Jugendlicher glaubte ich fest an den Kommunismus und daran, dass wir im bestmöglichen System lebten. Es mag mir jetzt peinlich sein, das zuzugeben, aber ich wurde einer kompletten Gehirnwäsche unterzogen. Zugegeben, ich habe nicht ganz verstanden, warum in diesem besten aller politischen Systeme, in dem, wie Lenin sagte, alle

Nationen gleich seien, unsere tatarische weniger gleich war. Aber Lenin sagte auch, dass auf dem Weg zum Kommunismus Fehler passieren können. Ich hielt dies einfach für einen Fehler, der in den Kriegswirren gemacht wurde. Darüber hinaus für einen, der korrigiert werden konnte.«

Doch es vergingen Jahre, ohne dass jemand diesen Fehler behob. Diejenigen Tataren, die nach jahrzehntelanger Deportation versuchten, auf eigene Faust auf die Krym zurückzukehren, stießen auf eine sehr heftige Reaktion der Behörden. Als die Sowjetunion in den Sechzigerjahren auf der Krym nach Arbeitskräften suchte, entgingen den Beamten, ganz zufällig natürlich, mehrere Hundert tatarische Familien, denen die Rückkehr gelungen war.

»Auch die Familie meiner Frau war darunter«, erzählt Erfan. »Sie können sich nicht vorstellen, was diese Menschen durchgemacht haben. Sie wurden aus ihren Häusern vertrieben. Sie wurden in die Steppe gebracht, ohne Essen und Trinken. Damals sang ich fröhlich Komsomol-Lieder, während meine zukünftigen Schwiegereltern ein Drama durchmachten, weil sie auf dem Land ihrer Vorfahren leben wollten.«

Zur gleichen Zeit wird Diljara-Chanums Bruder, Mustafa Dschemiljew, zum ersten Mal inhaftiert.

4.

1975 war Frau Diljara gerade mit ihrem ersten Kind schwanger, als ihr Mann eine wichtige Entscheidung traf.

»Er verließ die Armee, doch anstatt nach Usbekistan zurückzukommen, ging er auf die Krym, um ein Haus für uns zu suchen«, erinnert sie sich. »Mein Bruder war zu dieser Zeit im Gefängnis. Mein Mann ging ins Ungewisse und auch ich wusste nicht, wie es ausgehen würde. Aber die Entscheidung war gefallen. Von da an sollte unser Leben völlig anders aussehen.«

Einige Monate später folgte Diljara-Chanum ihrem Mann, der in einem kleinen abgelegenen Dorf in der Nähe von Bachtschyssaraj, der ehemaligen Hauptstadt der tatarischen Khans, ein Zuhause gefunden hatte.

»Das Haus war verlassen, verrottet und verschimmelt; es war fast nicht bewohnbar. Es gab weder Wasser noch Strom. Die Bushaltestelle war zwei Kilometer entfernt und man konnte nur einmal am Tag in eine größere Stadt fahren. Mein ältester Sohn wurde unter diesen Bedingungen geboren. Kurz darauf kamen meine Eltern, um bei uns zu leben. Sie weinten beide. Mein Vater war Ende des 19. Jahrhunderts geboren worden; als er auf die Krym kam, war er bereits Ende siebzig. Er hatte nicht mehr damit gerechnet, die Krym jemals wiederzusehen. Sie weinten vor Freude, aber auch aus Traurigkeit. Denn die Krym war unter den Sowjets sehr vernachlässigt worden.«

Aus Sicht der Behörden war der Aufenthalt der Familie Sejtwieliew auf der Krym illegal.

»Sie haben uns alle möglichen Steine in den Weg gelegt«, erinnert sich Diljara-Chanum. »Zunächst einmal haben sie uns nicht registrieren wollen. Wir waren also nicht offiziell gemeldet. Somit konnten wir nicht arbeiten gehen, obwohl der örtliche Direktor der baufälligen Kolchose uns unbedingt anstellen wollte. Er hat uns oft in verschiedenen Angelegenheiten um Rat gefragt, denn mein Mann und ich waren beide Ingenieure mit Universitätsabschluss.«

Gleichzeitig gingen die Behörden konsequent gegen alle Tataren vor, denen es gelungen war, durchzurutschen und sich auf der Krym anzusiedeln. Sie setzten alle Arten von Repressionen ein. Meistens kam die Miliz mitten in der Nacht; Familien, oft mit kleinen Kindern, wurden in Autos gepfercht und tief in die Steppe gefahren. Dort wurden sie ohne Wasser und Nahrung ausgesetzt.

»Ich kenne einen Mann, der achtmal auf diese Weise vertrieben wurde«, erinnert sich Diljara-Chanum. »Sie schütteten Müll und Schrott in sein Haus, sodass er nirgendwohin zurückkehren konnte. Und jedes Mal kam er zurück, reinigte das Haus mit Hilfe seiner Nachbarn und fing wieder von vorn an. Wenn wir Tataren irgendetwas gut können, dann ist es sicherlich, bei Null anzufangen. Das haben uns die Sowjets sehr gut beigebracht.«

Diljara und ihr Mann lebten also auf der Krym, waren offiziell aber in einem anderen Teil der Sowjetunion gemeldet, in der Region Krasnodar. Ihnen war verboten zu arbeiten und sie lebten nur von dem, was um ihr Haus herum wuchs.

»Wir durften nicht einmal was im Garten anpflanzen«, erinnert sich Frau Diljara. »Nicht eine einzige Wassermelone, nicht einen einzigen Kürbis. Was wir gemacht haben? Wir sammelten alles, was wild am Straßenrand wuchs. Verschiedene Heilpflanzen, Früchte von Heckrosen und Hartriegel, wilde Kirschen. Außerdem brachten uns unsere Freunde immer etwas mit. Oder sie pflanzten Gemüse für uns an, aber nicht am Haus, sondern zum Beispiel neben der Straße oder irgendwo am Rand der Kolchose. Nur so konnten wir überleben.«

Nach zwei oder drei Jahren erkannte der örtliche KGB, dass seine Repressionen keine Wirkung zeigten.

»Sie verschwendeten viel Zeit und Energie, aber wir sind immer wieder zurückgekommen, und wir bekamen Kinder. Es sollte keine Tataren auf der Krym geben, stattdessen wurden es immer mehr«, erzählt Diljara-Chanum. »Sie mussten etwas tun. Wenn sie von nun an tatarische Familien in die Steppe brachten, kam gleich danach ein Bulldozer und riss deren Haus ab. Sie hatten nichts mehr, wohin sie zurückkehren konnten.«

»Und, haben Sie da überlegt zu gehen?«, frage ich.

»Ach, auf keinen Fall!« Frau Diljara rollt mit den Augen, als ob ich die Tataren und ihre enorme Stärke im stillen Kampf gegen die Sowjetunion überhaupt nicht verstanden hätte. »Diejenigen, die damals auf die Krym gingen, wussten, dass es nicht einfach werden würde. Aber wir waren auf alles gefasst.«

Die Repressionen gegen die Tataren erreichten 1978 ihren Höhepunkt. Damals ereignete sich die erste große Tragödie: Ein verzweifelter Mann namens Musa Mamut, den die Behörden wieder einmal mit seiner Familie mitten in der Steppe aussetzen wollten, übergoss sich mit Benzin und zündete sich an.

»Sie haben uns nicht einmal zu seiner Beerdigung gehen lassen«, erinnert sich Frau Diljara. »Mein Ehemann und andere in der Gegend lebende Männer fuhren mit dem Auto hin. Aber alle Straßen zu seinem Dorf waren abgesperrt, und die Miliz und die Behörden wiesen jeden zurück, der versuchte, an dem Begräbnis teilzunehmen. Mein Mann hat es geschafft, indem er viele Kilometer durch die Felder gelaufen ist.«

Da niemand in der Familie Sejtwieliew legal auf der Krym lebte, mussten sie regelmäßig zu dem Ort reisen, an dem sie zuletzt registriert waren.

»Die Behörden wussten bereits, dass wir die Krym nicht freiwillig verlassen würden«, sagt Diljara-Chanum. »Als wir einmal verreist waren, nutzten sie die Gelegenheit und suchten meine Mutter auf, die in unserem Haus geblieben war. Das war am 12. April 1979, also bereits nach dem Tod von Musa Mamut, deshalb befürchtete man weitere Verzweiflungsakte. Zehn Autos kamen zu meiner Mutter, einer alten Frau, die allein zuhause war, darunter für alle Fälle auch die Feuerwehr. Gleichzeitig haben sie uns nicht auf die Krym zurückkehren lassen; Mutter schaffte es, zu uns zu kommen, in die Region Krasnodar. Dort blieben wir dann zehn Jahre.«

In der Region Krasnodar überlebte die Familie von Frau Diljara sowohl den Tod von Breschnew als auch den ihres Vaters. Mustafa Khan versuchte, ihn auf seiner geliebten Krym zu beerdigen. Leider ohne Erfolg.

»Wir sahen mit Entsetzen, wie die Sowjetunion nicht nur uns und unsere Freunde von der Krym vertrieb. Sie beseitigten auch jede Spur, dass dort jemals Tataren gelebt hatten. Sie zerstörten sogar unsere Friedhöfe: Erntemaschinen von den Kolchosen fuhren hin und machten sie platt. Sie änderten die Namen fast aller Orte, die aus unserer Sprache stammten. Unsere Madrasa aus dem 16. Jahrhundert in Sindschirli, also ein Ort, an dem zu Khanat-Zeiten Philosophen, Dichter und Astronomen studiert haben, wurde in ein Krankenhaus für Geisteskranke umgewandelt. Bitte denken Sie nicht, dass ich etwas gegen psychisch Kranke hätte. Aber die Sowjets haben solche Dinge nicht einfach so getan.«

»Was meinen Sie damit?«

»Die Russen wissen sehr gut mit Symbolen umzugehen, und wenn sie ein Krankenhaus für Geisteskranke an einem Ort errichten, der jahrhundertelang von tatarischer Wissenschaft und Kunst geprägt war, wussten sie sehr genau, was sie taten, glauben Sie mir. Diese Auslöschung der tatarischen Spuren kam aber auch in viel kleineren Angelegenheiten zum Ausdruck.

In der Stadt, in der wir wohnten, gab es einen Busbahnhof. In der Gorbatschow-Ära wurden kleine Privatinitiativen zugelassen und eine Tatarin hatte dort eine Bar eröffnet, in der sie Tschebureki verkaufte. Deshalb hatte sie über ihre Bar auch in Großbuchstaben *TSCHEBUREKI* geschrieben – denn was hätte sie sonst schreiben sollen? Sie müssen wissen, dass Tschebureki unser krymtatarischer Exportschlager sind; die ganze Sowjetunion hat sie gegessen, von Brest bis Wladiwostok, und jeder wusste, dass sie der tatarischen Küche entstammen. Aber wir lebten zu nahe an der Krym; sogar die Küche, sogar unsere Tschebureki wurden da zum politischen Thema. Eines Tages bekam diese Frau also Besuch von der Miliz. Am folgenden Tag prangte über ihrer Imbissbar nicht mehr das Wort *TSCHEBUREKI*, sondern *TEIGTASCHEN AUS DEM SÜDEN*. Es spielte keine Rolle, dass die Frau, die sie herstellte, eine Krymtatarin war und dass sie sie genau so herstellte, wie die Tataren sie seit Hunderten von Jahren auf der Krym von Hand hergestellt hatten.«

5.

Während sich die Familie Sejtwieliew mit den Behörden anlegt, verlässt der junge Komsomolze Erfan die Schule in Usbekistan, um in Russland zu studieren.

»Ich habe Jura studiert«, sagt er. »Damals war mir das nicht bewusst, aber ich war der einzige Student unter den Krymtataren, der das tun durfte. Es gab eine Liste von Berufen, die wir nicht ausüben durften, darunter Rechtsanwalt und Journalist. Aber offenbar glaubten die Behörden, dass der Komsomol mich so weit gehirngewaschen hatte, dass ich nicht mehr gefährlich war. Also ließen sie mich gehen, allerdings nicht nach Moskau, sondern in die Stadt Iwanowo, zweihundert Kilometer von der Hauptstadt entfernt.«

Währenddessen kommt in der Sowjetunion Michail Gorbatschow an die Macht. Er ist der erste Staatschef der Sowjetunion, der versucht, sich mit den aktuell drängenden, schwierigen Themen auseinanderzusetzen. Neben seinen Schlüsselparolen Glasnost und Perestroika liegt zum ersten Mal seit Langem der Geist der Freiheit in der Luft. Die Krymtataren wollen die Gunst der Stunde nutzen und veranstalten auf dem Roten Platz in Moskau eine große Demonstration, um für das Recht auf Rückkehr in ihr Land zu kämpfen.

»Obwohl ich nie auf der Krym gelebt habe, habe ich diese tatarische Welle gespürt«, sagt Erfan. »Und da wollte auch ich in das Land meiner Vorfahren zurückkehren. Als ich noch Student war, habe ich ein Praktikum bei der Staatsanwaltschaft in Simferopol absolviert, ich habe dort sehr gute Referenzen bekommen. Und nachdem ich mein Studium mit Auszeichnung abgeschlossen hatte, habe ich meine Magisterarbeit über Morde mit besonderer Grausamkeit geschrieben. Danach wollte ich bei der Staatsanwaltschaft arbeiten. Ich habe mich also beworben und gewartet. Und weil ewig keine Antwort kam, setzte ich mich ins Flugzeug und flog nach Simferopol, um zu erfahren, was da los war. Ich ging also zur Staatsanwaltschaft, alles sehr nett, Kaffee, Small Talk; bis die Sekretärin sagte, dass der leitende Staatsanwalt persönlich mit mir sprechen möchte. Fantastisch, natürlich wollte ich mit ihm reden! Er begrüßte mich sehr herzlich, fragte mich, ob ich eine gute Reise gehabt hätte. Dann sagte er, dass er gerade eine Pause machen wollte, um etwas zu essen, deshalb sollten wir das Büro verlassen. Und außerhalb des Büros fragt er mich direkt: ›Sohn, ich sehe, Sie sind in Usbekistan geboren?‹ ›O ja, in Usbekistan.‹ ›Ein Krymtatar?‹ ›Genau, ein Krymtatar.‹ ›Mein Sohn‹, sagt daraufhin der Leiter der Staatsanwaltschaft, ›ich will ehrlich zu Ihnen sein. Sie haben alles, was es braucht, um bei uns zu arbeiten. Aber ich habe eine Anweisung direkt von oben, aus Moskau, dass ich keinem von euch Arbeit geben darf.‹«

»Und wie haben Sie reagiert?«, will ich wissen.

»Es hat mir regelrecht die Sprache verschlagen. Zunächst einmal hatte ich bis dahin wirklich an den Kommunismus geglaubt und daran, dass die Umsiedlung der Tataren eine Art Kriegsfehler war, der wieder gutgemacht werden konnte. Und hier hatte ich schwarz auf weiß, dass es sich nicht um einen Fehler, sondern um eine bewusste Politik handelte. Außerdem hörte man ständig Gorbatschow im Fernsehen sagen, dass die Sowjetunion von nun an versuchen würde, sich zu ändern und ihre Fehler zu korrigieren. Aber unter vier Augen, außerhalb des Büros, sagte der oberste Staatsanwalt der Krym mir, er habe Anweisungen aus Moskau, keine Tataren einzustellen. Wo liegt also die Wahrheit?, fragte ich mich. Wer lügt hier? Das wusste ich nicht. Aber genau an diesem Tag in Simferopol begann mein Transformationsprozess.«

Der politische Wandel mag langsam verlaufen sein, aber Tatsache ist, dass die Tataren unter Gorbatschow begannen, Usbekistan in großer Zahl in Richtung Krym zu verlassen. Die Abwanderung war so groß, dass die sowjetische Fluggesellschaft Aeroflot einen Direktflug Taschkent-Simferopol einführte. Damals war dies eine der am stärksten frequentierten Flugstrecken in der gesamten Sowjetunion; zeitweise flogen bis zu drei Flugzeuge pro Tag auf die Krym.

»Meine Schwester lebte zu dieser Zeit in Taschkent«, erinnert sich Diljara-Chanum. »Und da unsere Familie wegen meines Dissidenten-Bruders bei absolut allen Krymtataren bekannt war, wurde das Haus meiner Schwester zu einer Art Rasthaus. Der Schlüssel lag immer unter der Fußmatte, und wer dort übernachten oder sich auch nur frisch machen wollte, konnte hingehen, sich eine Tasse Tee machen, etwas essen, sich ausruhen und dann seine Reise fortsetzen.«

»Ich zog nach Jalta, zu einem entfernten Cousin«, erzählt Erfan. »Jeden Tag kamen mehr und mehr von uns auf die Krym. Es herrschte eine Atmosphäre wie bei einem fröhlichen Picknick. Man ging auf die Straße und traf ständig auf einen Verwandten oder Bekannten. ›Wann bist du angekommen? Wo wohnst du? Brauchst du etwas? Komm, lass uns einen Wodka auf dich trinken, damit es gut für dich läuft.‹ So sah mein Leben damals aus.

Mit der Arbeit lief es auch gut. Gorbatschow hatte ja erlaubt, private Unternehmen zu gründen und so eröffneten die Juden aus Simferopol eine Bank. Sie fuhren nach Moskau, holten alle Genehmigungen und Lizenzen ein und kehrten auf die Krym zurück. Dann stellte sich heraus, dass sie niemanden fanden, der bereit war, dort zu arbeiten: Eine staatliche Stelle schien den Leuten viel stabiler zu sein als ein Job in einer Privatbank. Die jüdischen Mitbürger wussten also nicht, was sie tun sollten. Doch plötzlich waren da Tausende von Tataren, darunter Buchhalter, Kassierer und ausgebildete Bankkaufleute. So kam auch ich zu dieser Bank und ich muss Ihnen sagen, dass das der ungewöhnlichste Job meines Lebens war. Eine Bank, deren Eigentümer Juden und deren Angestellte Muslime sind. Und in der es in all den Jahren keinen einzigen Konflikt gab.«

Erfan merkte schnell, dass er nicht nur ein Gespür für besonders grausame Morde hatte, sondern auch für die Geschäftswelt. Er arbeitete einige Jahre in der jüdischen Bank und eröffnete dann ein Immobilienunternehmen. Schließlich pachtete er mehrere Plätze von der Stadt, auf denen er Wochenmärkte aufbaute.

»Auf zwei von ihnen wurden vor allem Blumen verkauft, einer war ein Markt für Bauwaren und einer war ein Flohmarkt: Antiquitäten, Gemälde und diverser anderer Nippes. Ich habe sehr gut davon gelebt. Aber eines wusste ich immer: Ich kann Immobilien verkaufen, ich kann in einer Bank arbeiten, ich kann meine eigenen Märkte aufmachen. Aber ich möchte niemals etwas tun, das mit Lebensmitteln zu tun hat. Kein Restaurant, keine Bar, keine Gastronomie. Auf keinen Fall. Mehrere Freunde haben in diesem Bereich angefangen und ich habe gesehen, wie hart es war und wie viel Engagement und Zeit es ihnen abverlangt hat. Ich beschloss, dass ich mich für den Rest meines Lebens vom Restaurant-Business fernhalten würde.«

6.

Erfan leitete also seine Wochenmärkte und Diljara-Chanum, die Ende der Achtzigerjahre zum zweiten Mal auf die Krym zurückkehrte, widmete sich der Basisarbeit und begann, das tatarische Bildungswesen zu entwickeln. Ihr Bruder, Mustafa Dschemiljew, wurde Vorsitzender des Madschlis der Krym.

»Es kamen mehr von uns aus Usbekistan in die Heimat zurück, als Stalin deportiert hatte. Wir haben Schulen eröffnet: Junge Menschen, die vorher kaum Tatarisch konnten, begannen plötzlich, die Sprache ihrer Großeltern zu sprechen. Es schien, als ob es von nun an nur noch bergauf gehen würde. Nach ein paar Jahren waren meine Kinder groß und zogen in die Welt, um eine Ausbildung zu machen. Wir waren nicht in der Lage, sie finanziell zu unterstützen, also mussten sie sich ihren Lebensunterhalt selbst verdienen. Mein jüngerer Sohn, der in der Türkei arbeitete, war in den Sommerferien als Kellner in türkischen Ferienanlagen tätig. Eines Tages kam er nach Hause, nach Bachtschyssaraj, sah sich um und fragte nach einem Haus, das einer meiner Cousinen gehörte: ›Mama, hat die Tante die Absicht, dieses Haus zu nutzen? Warum steht es leer?‹

Ich antwortete, dass ich nicht wüsste, ob sie es nutzen würden, da sie ein zweites Haus hätten und dieses in einem ziemlich schlechten Zustand sei.

›Mama, das Haus ist perfekt, um darin ein Restaurant zu eröffnen‹, sagte mein Sohn.

Ich sage Ihnen ganz offen, Witold, ich hatte absolut keine Ahnung, wovon er sprach. Was meinte er mit ›ein Restaurant eröffnen‹? Wir, die wir in der Sowjetunion aufgewachsen waren, hatten keine Ahnung. Wir sind in einem System aufgewachsen, das jegliche Privatinitiative stigmatisierte. Alles sollte in staatlicher Hand sein.

In Usbekistan verkaufte meine Mutter damals Milch und Käse auf dem Markt, um uns zu ernähren, und ich habe mich sehr geschämt, weil meine Lehrer in der Schule solche Leute als ›Spekulanten‹ und

›Relikte des früheren Systems‹ bezeichneten. Als Kind wollte ich nicht, dass meine Mutter ein solches Relikt ist und dieser Gedanke war sehr tief in mir verwurzelt.

Aber ich habe versucht, die Angelegenheit mit den Augen meines Sohnes zu betrachten. Es kamen immer mehr Touristen auf die Krym, doch verdienten vor allem diejenigen daran, die Grundstücke in Meeresnähe besaßen. In Bachtschyssaraj verdiente kaum jemand Geld, obwohl es eine historische Stadt war, die ehemalige Hauptstadt des Khanats.

Das Haus meiner Cousine war wunderschön gelegen: nicht weit vom Palast des Khans entfernt, am Hang eines Berges, wo eine angenehme Kühle herrschte. Außerdem gab es in der Nähe eine Quelle; schon unsere Vorfahren hatten entdeckt, dass der beste Kaffee mit Quellwasser gemacht wird. Und da dachte ich, mein Sohn könnte recht haben …«

Die ganze Familie machte sich an die Arbeit - sie hatten kein Geld, Handwerker anzuheuern. Sie renovierten das Haus der Cousine mit ihren eigenen Händen und bauten kleine Terrassen in den Berghang, um Tische für die Gäste aufstellen zu können.

»Wir haben alles selbst gemacht«, erinnert sich Diljara-Chanum. »Und auf der Speisekarte standen unsere Familienrezepte. Die meisten davon waren Krymtatarische Gerichte, aber Sie müssen eines wissen: Wir haben mehrere Jahrzehnte Tür an Tür mit Usbeken gewohnt und die haben eine der besten Küchen der Welt. Es war schwer, sich davon nicht beeinflussen zu lassen, weshalb alle Tataren heutzutage usbekischen Plov, also Reis mit Fleisch, und Manti, kleine Teigtaschen, kochen. Auch das ist heute Teil unserer Tradition, so wie die Verbannung nach Usbekistan Teil unserer Geschichte ist. Deswegen stehen diese Speisen auch auf unserer Speisekarte.

Wir nannten das Restaurant *Musafir*. Mein Sohn rechnete damit, dass es sich nach drei, in der optimistischen Variante nach zwei Jahren amortisieren würde. Aber wir haben bereits nach weniger als einem Jahr Gewinn gemacht!

Es war eine verrückte Zeit. Ich war einerseits in der Politik tätig und gleichzeitig schmeckten meine Tschebureki den Gästen am besten. Ich sitze also im städtischen Madschlis bei einer Sitzung zum Thema Bildung und da ruft mein Sohn an: ›Mama, rette uns, wir haben gerade eine große Gruppe reinbekommen.‹ Also breche ich die Debatte ab, entschuldige mich bei allen, laufe hinaus, mache Tschebureki, serviere sie, und nach einer Stunde – zurück in die Besprechung. Es gab viel Gemüse und Obst aus unserem eigenen Garten; das Fleisch kam entweder von uns oder von unseren Nachbarn. Wir kochten auch so, wie es mir meine Mutter beigebracht hatte, und davor ihre Mutter ihr.«

Auf der Speisekarte standen: Tschebureki, Jantiki, Sarma – ein Snack aus in Weinblätter eingewickeltem Fleisch, Dolma – mit Fleisch gefüllte Paprika, Imam bayildi – mit Gemüse und Fleisch gefüllte Auberginen und Nohutlu yemegi – Lammfleisch mit Kichererbsen.

7.

Auf der Krym änderte sich alles, als im November 2013 der ukrainische Präsident Wiktor Janukowytsch ablehnte, das Assoziierungsabkommen seines Landes mit der Europäischen Union zu unterschreiben.

Innerhalb weniger Tage gingen Tausende, später Hunderttausende auf die Straßen. Die Sicherheitskräfte gingen besonders brutal gegen sie vor: Bei den Demonstrationen auf dem Majdan in Kyjiw starben über hundert Menschen. Doch die Proteste hielten an und sind als »Revolution der Würde« in die ukrainische Geschichte eingegangen. Unter ihrem Druck sah sich Janukowytsch gezwungen, nach Russland zu fliehen.

Russland wollte da nicht seelenruhig zusehen. Die Annäherung der Ukraine an die EU hätte de facto bedeutet, dieses strategisch wichtige Land zu verlieren. Ende Februar 2014 wurde die ukrainische Krym von russischen Truppen eingenommen. Einen Monat später wurde ein Referendum durchgeführt, bei dem sich angeblich die Mehrheit der Bewohner der Halbinsel für den Anschluss an Russland ausgesprochen haben soll.

»Schwachsinn!«, kommentiert Erfan. »Die regionale prorussische Partei hatte es nicht einmal in das Parlament geschafft, so wenig Rückhalt hatte sie. Zugegeben: Die meisten Menschen auf der Krym sprachen Russisch. Aber sie wollten sich Russland auf keinen Fall anschließen! Diese Ergebnisse wurden im Kreml manipuliert; die Zahlen standen schon fest, bevor dieses Pseudo-Referendum überhaupt stattgefunden hat.

Und ich?

Als der Majdan in Kyjiw stattfand, bin ich jeden Tag mit einer großen krymtatarischen Flagge hin. Ich wollte den Ukrainern zeigen, dass wir Krymtataren auf ihrer Seite sind. Aber als die ›grünen Männchen‹, also Putins verkleidete Soldaten, in Jalta auftauchten, flog ich sofort hin. Ich hatte ja meine Frau auf der Krym zurückgelassen, allein mit vier Kindern. Als ich sah, dass der Regierungssitz bereits in russischen Händen war, habe ich nicht gezögert. Wir haben unsere Sachen gepackt und sind mit zwei Koffern nach Kyjiw gefahren. Wir dachten, dass der Krieg ein oder zwei Monate dauern könnte, aber dass die Ukraine es schaffen würde. Ich hätte nie geglaubt, dass ich die nächste Generation bin, die das Land meiner Vorfahren verlassen musste, vielleicht für immer.«

»Während der russischen Invasion wurde das *Musafir* zu einem Treffpunkt für Menschen, die gegen den Anschluss an Russland waren«, erinnert sich Diljara-Chanum. »Wir Tataren sind von alters her immun gegen Russland. Aber es wurde uns auch beigebracht, dass Russland, zumindest im Moment, viel stärker ist als wir. Wir konnten uns nicht noch einmal der Vernichtung aussetzen. Die Menschen wollten nicht zu Steinen oder Waffen greifen. Sie würden warten, hieß es.

Mein Mann und ich blieben in Bachtschyssaraj. Unser mittlerer Sohn und seine Familie blieben ebenfalls. Wir überlebten. Das war nicht einfach. Einerseits sandten die Russen Signale, dass sie die Tataren begnadigen möchten. Andererseits entführten sie unsere Aktivisten. Einige landeten im Gefängnis. Ein paar unserer Jungs wurden später grausam gefoltert und ermordet aufgefunden. Das war ein klares Signal an den Rest von uns, sich nicht zu weit aus dem Fenster zu lehnen und die Ukrainer zu unterstützen. Uns sollte die Gefahr bewusst sein, die davon ausging.«

Das *Musafir*, das noch 2013 den Preis für das beste Restaurant in Bachtschyssaraj erhalten hatte, wurde plötzlich mit finanziellen Sanktionen belegt, als die Russen an die Macht kamen. Nach Ansicht der neuen Behörden wurde das Restaurant ohne die erforderlichen Genehmigungen betrieben.

»Wir mussten schließen«, seufzt Diljara-Chanum. »Aber meine Kinder sind ein Risiko eingegangen und haben ein Lokal im Zentrum von Kyjiw aufgemacht. Wieder einmal mussten wir bei Null anfangen. Aber jetzt können Sie in Kyjiw unsere krymtatarischen Gerichte probieren, Rezepte, die unsere Familie von Generation zu Generation weitergegeben hat.«

»Zwischen 2014 und 2016 wohnten meine Frau und ich mit unseren vier Kindern bei verschiedenen Freunden und Aktivisten«, erinnert sich Erfan. »Es war ein schreckliches Leben. Einen Monat bei dem einen, zwei Wochen bei einem anderen, dann eine Woche in einem Hotel, das jemand für uns bezahlt hat. Meine Kinder haben fünfmal die Schule gewechselt, seit wir nach Kyjiw gekommen sind. Schließlich mussten wir uns eingestehen, dass es keinen Ausweg gab, dass wir vorerst keine Chance hatten, auf die Krym zurückzukehren.

Wir verkauften unsere Wohnung in Jalta und ich beschloss, mit dem Geld ein Geschäft in Kyjiw zu eröffnen. Ich überlegte, was das sein könnte. Erinnern Sie sich daran, dass ich Ihnen erzählt habe, ich hätte mich mein ganzes Leben lang so weit wie möglich von der Gastronomie ferngehalten? Ja, das habe ich auch. Doch zurück in Kyjiw erzählte mir ein tatarischer Bekannter, dass das Einzige, was Krymtataren in der ukrainischen Hauptstadt machen können, Tschebureki sind. So sieht man uns hier, und das werden wir auch in einem Jahr nicht ändern. Ein Tatar hat nichts mit Kunst, Handel oder dem Bankensektor zu tun. Ein Tatar soll tatarisches Essen machen.

Also pachtete ich ein Lokal, für zehn Jahre. Ich habe zwei Köchinnen eingestellt. Sie sind beide sehr religiös, wir sitzen gerade neben ihren Teppichen, auf denen sie fünfmal am Tag beten. Ich habe also tatsächlich ein Tscheburek-Restaurant eröffnet, unweit der Hauptstraße von Kyjiw.«

»Und wie läuft es?«

»Bis zur Pandemie lief es sehr gut. Ich habe eine kleine Krym für die Kyjiwer geschaffen: Neben dem Restaurantbetrieb haben wir eine Galerie mit tatarischer Kunst, Büchern, Gemälden und Keramik aufgebaut. Jetzt läuft es nicht mehr so gut. Aber ich möchte Ihnen etwas Ungewöhnliches erzählen: Mein Vater war zwei Jahre alt, als Stalin ihn von der Krym deportierte, aber er behauptete immer, sich ganz genau an seine Heimat erinnern zu können. Das habe ich ihm nie geglaubt. Nun habe ich zwei Söhne, Zwillinge, und als meine Frau und ich Jalta verließen, waren sie ebenfalls zwei Jahre alt. Heute sind sie neun. Und sie können uns genau sagen, wie unser Haus aussah, wo die Küche war, wo die Treppe und wo sich ihr Zimmer befand. Jetzt weiß ich, dass wir Tataren eine viel engere Verbindung zur Krym haben, als Putin oder andere Politiker glauben. Wir haben die Abschiebung überlebt, wir werden auch das hier überleben. Dank unserer Familien und unserer Freunde. Und dank unserer Küche – denn jedes Mal, wenn wir abgeschoben wurden, hatten wir keine Zeit zum Packen und nahmen immer nur zwei Dinge mit: den Koran und unser Essen.

Nun gut, wir haben genug geredet. Meine Köchinnen sind mit dem Beten fertig und Sie müssen endlich etwas essen, Witold.

Hier haben Sie ein paar Tschebureki. Und fügen Sie Ihrem Buch bitte einige tatarische Rezepte hinzu. Die Leute sollen unsere Küche zuhause ausprobieren.«

REZEPTE

KOBETE-FLEISCHKUCHEN

Teig:
- 1 kg Mehl
- 500 g Schafsfett aus dem Schwanz
- Salz
- besonders weiches Wasser (am besten aus einem Brunnen) zum Kneten von festem Teig
- Safran oder Kurkuma

Füllung:
- 700 g Fleisch (vorzugsweise junge Lammbrust, falls nicht verfügbar, Lamm- oder Hammelfleisch)
- 350 g Zwiebeln
- 400 g Kartoffeln
- 1 Ei
- Salz, Pfeffer
- 1 Bund Petersilie
- 1 Bund Frühlingszwiebeln
- Wasser, oder noch besser: Milchmolke

Das Mehl mit dem Fett vermischen. Langsam Salzwasser dazugeben und den Teig kneten. Wenn der Teig fertig ist, in den Kühlschrank stellen.

In der Zwischenzeit die Füllung zubereiten: Das Lammfleisch in kleine Stücke schneiden, die ebenfalls kleingeschnittenen Kartoffeln und die halbierte Zwiebel hinzufügen. Kräuter, Salz und Pfeffer hinzugeben und zum Schluss die Molke dazugießen (Brühe geht auch).

Dann geht es zurück an den Teig: Rollen Sie ihn 5 Millimeter dick aus und legen Sie ihn auf dem Boden des Backblechs aus. Die Füllung auf den Teig geben, am besten in Schichten: erst die Kartoffeln, dann das Fleisch. Mit Salz, Pfeffer und Kräutern bestreuen. Das untere Teigstück mit einem ähnlichen Teigstück bedecken. Die obere Schicht mit Ei bestreichen und dann alles in den auf 200-220 °C vorgeheizten Backofen schieben. Etwa eine Stunde lang backen.

TSCHEBUREKI

Teig:
- 1 kg Mehl
- 10 g Salz
- Wasser

Füllung:
- 600 g Lammfleisch (durch den Fleischwolf gedreht oder sehr fein gehackt)
- 150 g Zwiebel
- Salz
- schwarzer Pfeffer

Aus Mehl und Salzwasser einen Teig kneten. In Frischhaltefolie wickeln und eine halbe Stunde in den Kühlschrank stellen. Anschließend in 20 bis 30 Gramm schwere Stücke aufteilen und dann in zwei Arten von Kreisen: kleinere und größere. Die kleineren Kreise sollten etwa 10 cm und die größeren etwa 15 cm groß sein. Die vorbereitete Fleischfüllung auf den großen Kreis legen und mit dem kleineren Kreis abdecken. Dann die Ränder abschneiden.

Die Tataren haben dafür ein spezielles Gerät, das Tschygyryk genannt wird und oft schön verziert ist. Es handelt sich um eine Art gezahntes Rad an einem Griff, das ausschließlich zum Schneiden der Teigränder verwendet wird. Wenn aber gerade kein Tschygyryk zur Verfügung steht, kann man diese Aufgabe auch mit einem normalen Messer oder einem Pizzaschneider erledigen und dann die Teigränder wie bei Teigtaschen mit einer Gabel festdrücken.

Wenn die Tschebureki fertig sind, das Pflanzenöl in einem Topf oder Kessel erhitzen und dann die Tschebureki hineintauchen, sodass sie frei im Öl schwimmen können. Einige Minuten braten, bis sie goldbraun sind.

Traditionell werden Tschebureki mit Hammelfleisch zubereitet, aber heutzutage sind sie auch mit Rindfleisch, Kartoffeln, Pilzen und sogar mit süßem Quark beliebt.

JANTYK-FLADEN

Der Jantyk-Teig wird genauso zubereitet wie der für Tscheburek. Man fügt nur ein wenig Olivenöl hinzu, damit der Teig weicher und luftiger wird. Der wichtigste Unterschied ist jedoch die Zubereitungsart: die Jantyks brät man in der Pfanne und bestreicht sie, wenn sie noch heiß sind, von beiden Seiten mit Butter.

Ähnlich wie Tschebureki wurden die Jantyks ursprünglich ganz klassisch mit Hammelfleisch zubereitet. Heutzutage gibt es sie in zahlreichen Varianten: mit Tomaten, Käse, Frischkäse, Kürbis oder Kraut.

Da es keine besonders komplizierte Speise ist, kann man zuhause Krym spielen und die Jantyki mit diversen Füllungen ausprobieren, herzhaft oder süß.

SCHORBA-EINTOPF

- 700 g Hammelfleisch oder Kalbfleisch
- 350 g Paprika
- 400 g Tomaten
- 2 Möhren
- 2 Zwiebeln
- 5 mittelgroße Kartoffeln
- 1 Knoblauchzehe
- Tomatenmark
- Salz, Pfeffer

Schorba ist eine beliebte tatarische Suppe mit türkischen Wurzeln.

Das Fleisch und die Kartoffeln in kleine Würfel schneiden. Die Zwiebeln klein schnippeln. Alles mit heißem Wasser übergießen. Möhren und Paprika kleinschneiden und hinzufügen. Alles zusammen etwa 30 Minuten lang kochen. Danach die Tomaten hinzufügen. Zum Schluss den zerdrückten Knoblauch und das Tomatenmark hinzufügen und 10-15 Minuten köcheln lassen.

MENÜ XVIII

Das dritte Comeback von Wiktor Beljajew

Eines Tages, als ich noch in Kunzewo arbeitete, kam Jelzin zu uns, damals bereits Präsident Russlands, um zu sehen, wie Stalins alte Datscha aussah. Ich habe ihn herumgeführt, ihm alle Ecken und Winkel gezeigt. Stalins Jacke hing noch im Flur und seine Schuhe standen noch da. Anschließend gingen wir in den modernen Teil, Jelzins Leibwächter holten eine Flasche heraus, wir tranken jeder hundert Gramm und Jelzin fragte: »Und was haben Sie als Nächstes damit vor?«

Ich sagte ihm also, dass die ursprünglichen Pläne ehrgeizig waren, wir aber aus irgendeinem Grund keine Besucher hätten.

Jelzin sah mich an: »Wiktor Borisewitsch«, sagte er, »gehen Sie dahin zurück, wo Sie hingehören.«

Und so kehrte ich nach fünf Jahren Abwesenheit in den Kreml zurück.

1.

Unter Boris Jelzin bekam meine Karriere einen mächtigen Schub. Ich wurde Chefkoch des Kreml. Alles, was mit der Ernährung zu tun hatte, oblag mir, das heißt, ich hatte die dreihundert bis vierhundert Menschen, die dort arbeiteten, sowie alle Gäste mit Essen zu versorgen. Ich habe die Menüs für die beiden Kremkantinen – denn auch dort gibt es Kantinen, wie an jedem anderen Arbeitsplatz auch – und für alle offiziellen Empfänge zusammengestellt. Nur die Leibköche waren nicht mir, sondern direkt dem KGB unterstellt.

2.

Dann wurde Präsident Jelzin durch Präsident Putin ersetzt, doch ich blieb weiterhin Küchenleiter. Ich war an der Organisation vieler wunderbarer Feste beteiligt und begleitete den Präsidenten, um in der ganzen Welt für die russische Küche zu werben. Oft schlaflos, oft unter Stress. Hin und wieder habe ich im Kreml geschlafen, irgendwo auf einer Couch oder sogar auf dem Fußboden. Es galt, Tonnen von Lebensmitteln zu verarbeiten, hunderte, wenn nicht sogar tausende Gäste zu versorgen. Zweihundert Personen waren pro Schicht in den Küchen tätig. Ich habe damals zwei Stunden pro Nacht geschlafen, dann kamen das nächste Meeting, die nächste Party, der nächste Arbeitstag. Ich hatte über zweihundert Leute unter mir: Köche, Kellner, Servicekräfte. Und ich wusste, wenn etwas schiefgehen würde, wäre ich der Erste, der dafür den Kopf hinhalten müsste. Wenn einer dieser Tausenden von Menschen vergiftet oder krank würde, wäre ich der, der zur Verantwortung gezogen würde. Wenn das Essen schlecht gewesen wäre – das Gleiche.

Wenn alles in Ordnung war, wurde ich hingegen auch nicht gelobt. Ich habe dir bereits gesagt: Im Kreml ist es ein Kompliment, wenn man nicht beschimpft wird.

Aber, Witold, alles im Leben hat seinen Preis. Die jungen Leute wissen das nicht, sie halten sich für unzerstörbar, sie können zwölf, fünfzehn, achtzehn Stunden am Tag arbeiten und denken, sie würden ewig leben. Und wenn man merkt, dass das nicht stimmt, ist es manchmal schon zu spät.

Ich bekam nach ein paar Jahren, in denen ich auf diese Weise gearbeitet hattee, einen so schweren Herzinfarkt, dass ich schon mit einem Bein im Jenseits stand. Ich kann mich an nichts davon erinnern; ich bin einfach bei der Arbeit auf den Küchenboden gesunken.

Ein paar Tage später wachte ich im Krankenhaus auf, angeschlossen an eine Maschine. Ich sah meine Frau und meine Kinder weinen. Mir wurde klar, dass ich meine Arbeit fast mit meinem Leben bezahlt hätte. Sobald ich mich besser fühlte, ging ich zur Personalabteilung und reichte meine Kündigung ein. Ich hatte keine Ahnung, was ich als Nächstes tun würde, aber ich wusste, wenn ich leben wollte, konnte ich nicht länger im Kreml arbeiten. Es ist einfach zu viel Stress.

Aber bis heute sind die meisten Köche, die im Kreml arbeiten, Leute, die ich eingestellt und ausgebildet habe.

3.

Du hast mich gefragt, wie ein guter Koch sein sollte. Zunächst einmal – seiner Arbeit ergeben. Wenn ein Koch keine Lust hat, jeden Tag in die Küche zu gehen, wenn er nichts Neues lernen will, sollte er seinen Beruf wechseln. Unsere Energie, unsere Laune strahlt wirklich auf das Essen ab, das die Leute später zu sich nehmen. Stalins Leibkoch Witali hat mich das gelehrt.

In den Schulen wird heute nur noch die Technik gelehrt: so und so schneiden, dann bei einer bestimmten Temperatur in den Ofen schieben – fertig. Doch die Technik ist erst der Anfang des Kochens. Hat dir jemals einer gesagt, dass du für den Hefeteig singen musst? Nein, nur ich.

4.

Nachdem ich aus dem Kreml ausgeschieden war, gründete ich ein Catering-Unternehmen. Außerdem reise ich durch ganz Russland und bilde, wie früher in der Armee, Köche aus. Neulich habe ich in Tscheljabinsk in einer Schule für Lebensmitteltechniker jungen Leuten erzählt, wie einst Leonid Breschnew und der französische Staatspräsident Valéry Giscard d'Estaing zusammen angeln gingen. Meine Kollegen und ich hatten direkt am Ufer eine Feldküche aufgebaut und bereiteten den Fisch an Ort und Stelle zu. Ich erzählte die Geschichte zu Ende, schaute mich im Raum um und bemerkte, wie jemand die Hand hob. Ein junges

Mädchen, eine Studentin, fragte mich, woher ich mich so gut mit der Verarbeitung des Fisches auskenne.

Um Himmels willen, welche Verarbeitung, dachte ich mir. Schwanz und Flossen abschneiden, ausnehmen und ausschaben? Mehr gehört doch nicht dazu! Das hat mir schon meine Großmutter als Kind beigebracht, weil sie Hilfe in der Küche brauchte. In der Schule hatten wir Kurse über Meeresfische, andere über Süßwasserfische und eine speziellen Kurs über Störfische. Im Kreml wusste jeder Koch, wie man einen Fisch oder Wild zerlegte. Und obwohl wir fertige Würste geliefert bekamen – wenn es nötig gewesen wäre, hätte jeder von uns es geschafft, selbst Würste zu machen.

Und heute fragt mich eine angehende Lebensmitteltechnologin nach der Verarbeitung von Fisch? Daraufhin habe ich die Schüler gefragt, was sie in dieser Schule lernen. Fleischverarbeitung? Offenbar genügte da ein einziges Seminar, in dem alles von Geflügel bis Lamm behandelt wurde. Fisch, Wild? Vergiss es. Darüber wurde nicht gesprochen. Und so jemand geht dann mit seinem Diplom in Lebensmitteltechnologie in ein Restaurant und soll dort kochen!

Das ist so, als würde man einem Flugzeugpiloten ein Diplom dafür ausstellen, dass er weiß, wie man den Startknopf drückt.

5.

Ich verbringe meinen Ruhestand also alles andere als ruhig.

Was mein Berufsleben angeht, so wäre ich gerne wie Maria Alexandrowna, die Chefin einer der Kantinen aus der Zeit, als ich im Kreml arbeitete. Maria Alexandrowna begann im Alter von vierzehn Jahren als Hilfsköchin zu arbeiten. Sie hat sich auf Suppen spezialisiert. Im Alter von zweiundachtzig Jahren gab sie ihre Stelle auf. Zu dieser Zeit war ich bereits Direktor und habe persönlich für ihren Rücktritt gesorgt, damit sie endlich zur Ruhe kam. Und weißt du was, nachdem sie gegangen war, haben den Leuten die Suppen nicht mehr geschmeckt. Ich bekam Anrufe, oder die Leute kamen persönlich zu mir und sagten: »Sprechen Sie bitte mit den Köchen, denn man kann diese Suppe nicht essen!«

Ich ging in die Kantine. Ich schaute mich um und sah, dass alles so gemacht wurde, wie es sein sollte. Die Leute hatten sich einfach so sehr an Maria Alexandrownas Suppen gewöhnt, dass sie nichts anderes mehr mochten.

So eine Art Koch wäre ich gerne. Dass die Leute sofort den Unterschied schmecken, wenn du weg bist. Und eines Tages sagen: »Niemand hat Fleisch gebacken, Ucha gekocht, Blinis gebraten wie unser Wiktor.«

Das Zubereiten des Olivier-Salats

6.

Was willst du noch wissen? Was mit Stalins Datscha geschah, nachdem ich weg war? Sie wurde wieder zugesperrt, und ich vermute, dass sich dort seitdem nichts mehr verändert hat. Der Mantel hängt noch, die Schuhe stehen noch da, und ich glaube, der Geruch von Stalin ist auch nicht weg.

Danksagung

Für ihre Hilfe und Unterstützung während der Arbeit an diesem Buch möchte ich mich herzlich bei den folgenden Personen bedanken:

Marcin Biegaj, Wiktor Beljajew, Andrij Bondar, Jadwiga Barbara Dąbrowska, Natalia Denysiuk, Anna Dziewit-Meller, Arek Jakimiuk, Roman Kabatchij, Elżbieta Kalinowska, Tatjana Kalinowska, Walery Kalinowski, Piotr Kędzierski, Wjatschaslau Kebitsch, Wiktoria Kołpak, Anastasia Levkova, Krzysztof Leśniewski, Daniel Lis, Antonia Lloyd-Jones, Izabela Meyza, Maciej Musiał, Gabriela Niedzielska, Andrew Nurnberg, Masza Pistunowa, Anna Rucinska, Taras Shumeyko, John Siciliano, Aniela Szabłowska, Marianna Szabłowska, Ida Świerkocka.

GLOSSAR

Die »**Republik Abchasien**« gehört völkerrechtlich zu Georgien und wird nur von wenigen Staaten anerkannt. Abchasien hat sich 1994 für unabhängig erklärt und wird von Russland unterstützt. [15]

Bakschisch ist ein persischer Begriff für Trinkgeld – oder auch Schmiergeld. [15]

Nowy Afon ist der russischer Name der Stadt, der hier aufgrund des Kontextes benutzt wird. Auf Georgisch heißt sie Achali Atoni, auf Abchasisch Afon Ttschyz. [16]

Die **Staatsduma**, kurz auch Duma genannt, ist das Unterhaus des russischen Parlaments. [34]

Zarskoje Selo bedeutet auf deutsch »Zarendorf«. Ab 1918 hieß der Ort »Kinderdorf«, Zarendorf passte nicht mehr. Seit 1937 heißt die Stadt Puschkin. [34]

Das **Gulag** ist ein System von Konzentrations- und Straflagern. Die Abkürzung steht für »Glavnoe Upravlenie Lagerej« (Hauptverwaltung der Arbeitslager). Vor allem unter Stalin betrieb es gefürchtete Lager – Insassen wurden meist für Jahre oder Jahrzehnte eingesperrt, Millionen von ihnen starben. [70]

Die Rezepte des **Online Memory Restaurants** lassen sich unter https://en.uncounted.ual.ua/menu/ (aufgerufen am: 16.6.2023) finden. [96]

Sascha ist im Russischen eine häufig genutzte Koseform von Alexander. [103]

Ein **Salon** ist ein sich regelmäßig treffender Kreis von an Kunst, Literatur, Wissenschaft oder Politik interessierten Menschen. [112]

In Georgien werden Männer mit heftigem Temperament üblicherweise als »**Asiaten**« beschimpft. [112]

Ein **Nepmann** war eine Person, die während der Neuen Ökonomischen Politik (1921-1928) ein privates Unternehmen führte. [114]

Soso ist Stalins Pseudonym aus Jugendzeiten. [118]

Woschd bedeutet auf Deutsch »Führer«. [124]

Joachim von Ribbentrop (1893-1946) war ein deutscher Politiker und in der Nazizeit ab 1938 Reichsminister des Auswärtigen. [124]

Die **Tschekisten** sind die Mitarbeiter der Tscheka, der nach der Oktoberrevolution 1917 gegründeten Geheimpolizei der Sowjetunion. [124]

Mit **Defätismus** bezeichnet man eine zum Aufgeben tendierende, negative Haltung. [136]

Das **KGB** (»Komitee für Staatssicherheit«) war der sowjetische In- und Auslandsgeheimdienst. [136]

Der Nachruf in der **Prawda** wurde am 2. Januar 1949 auf Seite 4 veröffentlicht. unterzeichnet wurde er von der »Gruppe der Genossen«. [176]

Kim ist ein Akronym aus den Anfangsbuchstaben des russischen Namens der Kommunistischen Internationalen Jugend – Коммунистический интернационал молодежи (»Kommunistitscheski internazional molodeschi«). [186]

Ein **Duchowka-Ofen** ist eine Art Backofen. [224]

Mit **Mudschaheddin** werden hier die islamischen Kämpfer gegen die Sowjetunion in Afghanistan bezeichnet. [242]

Bei **Netschajew** handelt es sich wahrscheinlich um Konstantin Petrowitsch Netschajew, geboren in Lodz im Jahr 1883, gestorben in Tschita 1946. [247]

Ahmad Schah Massoud (1953-2001) war ein afghanischer Mudschaheddin-Führer, der erfolgreich gegen die Sowjetarmee kämpfte und dessen militärisches Können als mitverantwortlich für deren Niederlage gilt. [263]

Pilaw ist ein orientalisches Reisgericht. [270]

Andrei Rubljow war ein berühmter Ikonenmaler (1360-1430). [289]

Leonid Krawtschuk (1934-2022), Parlamentspräsident der Ukrainischen Sowjetrepublik, nach dem Zusammenbruch der Sowjetunion erster Präsident der unabhängigen Ukraine [349]

Stanislau Schuschkewitsch (1934-2022) war ein sowjetischer Wissenschaftler und später belarusischer Politiker. 1991-1994 war er Vorsitzender des Belarusischen Rates und damit Staatsoberhaupt. [349]

Nursultan Nasarbajew ist ein kasachischer Politiker (geb. 1940) und war von 1990 bis 2019 Präsident Kasachstans. [352]

Władysław II. Jagiełło (1362-1434) war polnischer König und Mitgründer der Polnisch-Litauischen Union. [355]

Alexander III., gebürtig Alexander Alexandrowitsch Romanow (1845-1894), war von 1881 bis 1894 Zar von Russland. [355]

Die **Belowescher Vereinbarungen** wurden unter dem russischen Namen des Waldes bekannt. Der Białowieża-Urwald lag jedoch seit 1918 bis zu Stalins teilweiser Annexion vollständig auf polnischem Gebiet, weshalb im Buch der polnische Name verwendet wird. [373]

Prigoschins Gruppe Wagner meuterte im Juni 2023, besetzte die Stadt Rostow am Don und marschierte bis kurz vor Moskau, brach den Aufstand dann aber ab. Jewgeni Prigoschin starb am 23. August 2023 bei einem Flugzeugabsturz, vermutlich ein Anschlag. [384]

Imam bayildi bedeutet auf Deutsch »den Imam hat's umgehauen«. [404]

QUELLEN

Menü I

Die Details der Arbeitsweise und der Organisation der Küche von Nikolaus II. sowie einige Rezepte seines Hofes entnahm ich dem Buch:

Илья Лазерсон, Игорь Зимин, Александр Соколов: Императорская кухня. XIX – начало XX века. Повседневная жизнь Росссийского императорского двора, Moskau 2014.

Darüber hinaus habe ich die folgenden Quellen verwendet:

Дневник охранника: каким человеком был Николай II, http://guardinfo.online/2020/02/04/dnevnikoxrannikakakimchelovekombylnikolajii, [abgerufen am: 27.9.2020].

Как повар Николая II отдал жизнь за царя, разделив участь царской семьи, https://kulturologia.ru/blogs/090819/43865, [aufgerufen am: 29.9.2020].

Bartłomiej Garczyk: Życie – polityka – władza. Rytuał dnia codziennego ostatniego cara Rosji Mikołaja II w świetle jego dziennika, [in:] Kultury Wschodnio-słowiańskie – Oblicza i Dialog, Bd. VII, 2017.

Lev L. Kolesnikov, Guren A. Pashinyan, Sergei S. Abramov: Anatomical Appraisal of the Skulls and Teeth Associated with the Family of Tsar Nicolay Romanov, [in:] The Anatomical Record 2001, Nr. 265, S. 15-32 (in diesem Artikel kann man die genaue Lage der Überreste der Zarenfamilie und der sie begleitenden Personen einsehen).

Menü II

Die Aussagen der Führerin zu Gorki Leninskije sind in Wirklichkeit eine Zusammenstellung von Aussagen dreier Personen: der leitenden Spezialistin Swetlana Generalowa, der leitenden Spezialistin Tamara Schibina und des Direktors des Komplexes, Boris Wlassow.

Der Text von Wiljam Pochljobkin über Lenins Ernährung erschien 1997 in der Wochenzeitung *Ogoniok*: Что ел Ленин, Огонёк 1997, Nr. 39.

Мы гоняли соловья, который не давал спать Владимиру Ильичу, Коммерсантъ Власть 2004, 19. Januar.

Menü III

Wacław Radziwinowicz: Rosja ma w genach pamięć o głodzie. Do dziś część Rosjan suszy chleb na czarną godzinę, Gazeta Wyborcza 2018, 5. März.

Anne Applebaum: Roter Hunger, übersetztvon Martin Richter, München 2019.

Menü IV und V

Ich zitiere Stalins Geschichten über das Leben im Exil nach Nikita Chruschtschow, der sie in seinen Memoiren beschrieben hat: Н. С. Хрущев: Мемуары, Вопросы истории 1992, Nr. 1.

Der Bericht von Henri Barbusse nach: Wiljam Pochljobkin, Кухня века.

Иван Иванович Алиханов: Дней минувших анекдоты, Moskau 2004, ist ein von Lilianas Sohn bzw. Alexander Egnataschwilis Stiefsohn geschriebenes Buch, aus dem ich von ihrem außergewöhnlichen Leben erfahren habe. Ich habe außerdem Informationen aus Gesprächen mit dem Sohn von Iwan Alichanow, einem bekannten russischen Liedermacher, verwendet.

Darüber hinaus habe ich die folgenden Bücher genutzt:

Borys Bażanow: Byłem sekretarzem Stalina, Warschau 1985.

Roman Brackman: The Secret File of Joseph Stalin. A Hidden Life; London/Portland 2001.

Владимир Михайлович Логинов: Тени Сталина. Генерал Власик и его соратники. Der Autor interviewte Pavel Rusischwili und den Sohn von Alexander Egnataschwili, Georgi Egnataschwili. Wie sein Vater machte auch Georgi Karriere beim Sicherheitsdienst; er war sogar Sicherheitschef von Nikolai Schwernik, der Michail Kalinin im Amt des tatsächlichen Staatsoberhauptes ablöste. Beria gelang es, seine Karriere zu unterbrechen, doch bevor er ihn eliminieren konnte, wurde er selbst von anderen Genossen Stalins zum Tode verurteilt.

Simon Sebag Montefiore: Stalin, his Father and the Rabbit. Te bizzare story of Stalin, his possible biological father, his food taster; New Statesman 2007, 6. September.

Simon Sebag Montefiore: Stalin. Dwór czerwonego cara, übersetzt von Maciej Antosiewicz, Warschau 2003.

Анатолий Овчаров, Душа вождя.

Joshua Rubenstein: Ostatnie dni Stalina, übersetzt von Jarosław Skowroński, Warschau 2017.

Menü VI

Ich gebe die Geschichte der Familie Putin während des Kriegs und der Blockade in Anlehnung an einen Leitartikel von Wladimir Putin wieder (dabei versuche ich, ihm jedes Wort zu glauben), der in einer russischen Zeitung veröffentlicht wurde: Жизнь такая простая штука и жестокая, Русский пионер 2015, 30. April.

Die Geschichte des finnischen Bäckers Taneli Juho Kyyttinen wurde von Tatjana Vatanen, einer Russin finnischer Herkunft, auf ihrem Youtubekanal erzählt. Das Video trägt den Titel: Даниил Кютинен. Пекарь-легенда блокадного Ленинграда. ч. 1 ГОЛОД und Даниил Кютинен. Блокада Ленинграда. Судьба его семьи. Эвакуация. ч. 2. Vatanen hat unter anderem Kyyttinens Nachkommen erreicht, seinen Stammbaum rekonstruiert und die Sterbeurkunde des Bäckers ausfindig gemacht: https://www.youtube.com/watch?v=jsiQWzUaYxQ, [Video], [aufgerufen am: 27.9.2020].

Richard Bidlack, Nikita Lomagin: The Leningrad Blockade, 1941-1944: A New Documentary History from the Soviet Archives, Yale 2012.

Außerdem auch ein Interview, das der Autor mit Nikita Lomagin 2019 in St. Petersburg geführt hat.

Menü VII

https://spbvedomosti.ru/news/nasledie/krovoprolitiezarubezhissledo vateloneizvestnykhfaktakhnarvskoybitvy, [aufgerufen am: 31.10.2020].

Иван Дмитриенко: Чем кормили солдат во время войны по обе стороны фронта, Profil 2019, 9. Mai.
Anna Reid: Leningrad. Tragedia oblężonego miasta. 1941-1944, übersetzt von Wojciech Tyszka, Krakau 2012.
Ксения Дементьева: Полевая кухня времен Великой Отечественной: как и чем питались советские солдаты, Rus Base 2015, 4. Mai.
Ольга Липчинская, Шел второй год войны. Хлеба – 400 граммов, лампочки – 25 ватт, Комсомольская правда 2015, 2. Februar.

Menü VIII

Serhii Plokhy: Jałta. Cena pokoju, übersetzt von Robert Bartołd, Warschau 2011.
Wiljam Pochljobkin: Кухня века, Moskau 2000.

Menü IX

Der einzige Journalist, der Fejna Kasetskaja interviewen konnte, war der Ukrainer Wolodymir Schunjewitsch im Jahr 2002: Ночью накануне гибели Юрий Гагарин попросил стакан своего любимого сырого молока, Факти 2002, 24. Oktober.
Fejnas Aussage vor der Kommission, die die Ursachen von Juri Gagarins Tod untersuchte, ist bis heute nicht freigegeben worden. Maria Kritinina, die Köchin vom Baikonur, wurde einige Wochen vor ihrem Tod von Olga Gopalo von der *Komsomolskaja Prawda* interviewt. Ihr Text erschien am 11. April 2013 unter dem Titel *Повариха из Ростовской области кормила борщом Гагарина и Леонова. Мария Критинина 31 год проработала поваром на космодроме Байконур.*
Darüber hinaus habe ich die folgenden Vorträge und Texte verwendet:
Ewelina Zambrzycka-Kościelnicka: 60 lat temu Jurij Gagarin został świętym, WP Magazyn, https://magazyn.wp.pl/informacje/artykul/60lattemu jurijgagarinzostalswietym, [aufgerufen am: 3.5.2021].
Антон Первушин: »Не могла скрыть заплаканных глаз«: как Летала Терешкова. За что Королев ругал Валентину Терешкову, gazeta.ru 2018, 16. Juni, https://www.gazeta.ru/science/2018/06/16_a_11803717.shtml.
Natalia Niechliebowa: Вкус – космический. Чем питаются на орбите и как это готовят, Огонёк 2019, 8. April.
Антон Первушин: 108 минут, изменившие мир, Moskau 2011.
Антон Первушин: Империя Сергея Королева, Moskau 2020.
Лена Поротикова и Алексей Соколов: Здравствуй, Рита: первая встреча Гагарина послеча Гагарина после возвращения из космоса 2016, 12. April, https://tass. ru/kosmos/3189731.
А. Т. Гагарина: Слово о сыне, Moskau 1986.
С. М. Белоцерковский: Гибель Гагарина: Факты и домыслы, Moskau 1992.
Piers Bizony, Jamie Doran, Starman: The Truth Behind the Legend of Yuri Gagarin, Bloomsbury 1998.
Я. Голованов: Королев: факты и мифы, Moskau 2007.
Ю. А. Гагарин: Дорога в космос, Moskau 1978.

Menü XI

Svetlana Alexijewitsch: Cynkowi chłopcy, übersetzt von Jerzy Czech, Wołowiec 2015.

Rodric Braithwaite: Afgańcy. Ostatnia wojna imperium, übersetzt von Mirosław Bielewicz, Warschau 2012.

Wojciech Jagielski: Modlitwa o deszcz, Krakau 2016.

Menü XIII

Kate Brown: Czarnobyl. Instrukcja przetrwania, übersetzt von Tomasz S. Gałązka, Wołowiec 2019.

Igor Kostin: Czarnobyl. Spowiedź reportera, übersetzt von Wiktoria Melech, Warschau 2019.

Sierhii Plokhy: Czarnobyl. Historia nuklearnej katastrofy, übersetzt von Marek Fedyszak, Krakau 2019.

Menü XV

Ольга Корелина: »Лучше бы они охотились«. Бывшие работники »Вискулей« – о том, как 25 лет назад не стало СССР 2016, 8. Dezember.

Adam Wajrak, Mitarbeit: Andrzej Kłopotowski: Puszcza Białowieska za drutem kolczastym, Gazeta Wyborcza 2017, 5. April.

В. В. Семаков: Беловежская Пуща. Век XX, Minsk 2011.

Вячеслав Кебич: Искушение властью, Minsk 2008.

Menü XVI

Александр Гамов: Путин носил еду Ленину, Комсомольская правда 2019, 22. April.

Владимир Путин, Наталия Геворкян, Наталья Тимакова, Андрей Колесников: От первого лица. Разговоры с Владимиром Путиным, Moskau 2001. Die amerikanische Ausgabe wurde unter dem Titel: First Person: An Astonishingly Frank Self-Portrait by Russia's President Vladimir Putin, New York 2000 veröffentlicht. Deutsche Ausgabe: Aus erster Hand. Gespräche mit Wladimir Putin, Heyne Verlag 2000.

Menü XVII

Наталья Гуменюк: Потерянный остров. Книга репортажей из оккупированного Крыма, Kyjiw 2020.

BILDNACHWEISE

S. 17: Archiv von Witold Szabłowski
S. 24: (CC BY-SA 4.0) Wikimedia Commons, Vitautas777, Император Николай II Александрович.jpg (Foto links)
S. 51: Lizenz Freie Kunst 1.1, A. Savin, WikiCommons
S. 61: Archiv des Lenin-Museums in Gorki Leninskije
S. 77: (CC BY-SA 4.0) Wikimedia Commons, Nikride, Мала Ростівка. Покровська церква.jpg
S. 81: Archiv von Witold Szabłowski
S. 87: Archiv von Witold Szabłowski
S. 111: Archiv der Familie Alichanow
S. 135: Archiv von Witold Szabłowski
S. 185: Archiv von Witold Szabłowski (beide Fotos)
S. 213: Fotograf: Aliev Alexandr Ibragimovich
S. 247: Archiv von Witold Szabłowski
S. 303: Archiv von Svetlana Chuchuk
S. 357: Archiv des *Kurier Poranny*
S. 417: (CC BY 2.0) Flickr, Adam Baker, »Irina in the Kitchen«, URL: https://flickr.com/photos/44124479650@N01/80919388

INHALTSVERZEICHNIS

Witold Szabłowski

geboren 1980, ist ein polnischer Journalist. Mit vierundzwanzig Jahren arbeitete er als Koch in Kopenhagen und wurde mit fünfundzwanzig Jahren der jüngste Reporter bei einer der größten polnischen Tageszeitungen, wo er über internationale Themen schrieb. Für seine Reportagen wurde er u. a. mit dem Journalistenpreis des Europäischen Parlaments, dem Ryszard-Kapuscinski-Preis und dem englischen PEN-Preis ausgezeichnet, außerdem wurde er für den Nike-Preis nominiert, Polens renommiertesten Literaturpreis. *Jak nakarmić dyktatora* (Deutsch: *Wie man einen Diktator satt bekommt*) wurde in achtzehn Sprachen übersetzt und 2021 mit dem Gourmand World Cookbook Award ausgezeichnet. Witold Szabłowski lebt in Warschau.

Foto: © Kuba Celej, in cooperation with Grupa Wydawnicza Foksa, Illustration: KATAPULT

Paulina Schulz-Gruner

geboren in Polen, lebt seit 1989 in Deutschland und studierte Übersetzen am Deutschen Literaturinstitut in Leipzig. Sie hat u. a. Jerzy Pilch, Marek Krajewski, Magdalena Parys, Angela Bajorek, Manuela Gretkowska und Michał Wójcik ins Deutsche übersetzt und mehrere eigene Bücher veröffentlicht.
Heute lebt sie in Dresden.

Foto: © Nadia Szagdaj, Illustration: KATAPULT